Im Dissens zur Macht

Forschungen zur Geschichte und Kultur
des östlichen Mitteleuropa

Im Dissens zur Macht

Samizdat und Exilliteratur
der Länder Ostmittel- und Südosteuropas

Herausgegeben von
Ludwig Richter und Heinrich Olschowsky

Akademie Verlag

Die deutsche Bibliothek – CIP-Einheitsaufnahme

Im Dissens zur Macht : Samizdat und Exilliteratur der Länder
Ostmittel- und Südosteuropas / hrsg. von Ludwig Richter und
Heinrich Olschowsky. - Berlin : Akad. Verl., 1995
   (Forschungen zur Geschichte und Kultur des östlichen Mitteleuropa)
   ISBN 3-05-002629-4
NE: Richter, Ludwig [Hrsg.]

Gedruckt auf chlorfrei gebleichtem Papier.
Das eingesetzte Papier entspricht der amerikanischen Norm ANSI Z.39.48 – 1984
bzw. der europäischen Norm ISO TC 46.

Druck: GAM Media GmbH, Berlin
Buchbinderei: Dieter Mikolai, Berlin

Printed in the Federal Republic of Germany

Inhalt

Heinrich Olschowsky, Ludwig Richter

Exil- und Samizdatliteratur in Ostmittel- und Südosteuropa

Voraussetzungen, Themen, Funktionen

Der hier vorgelegte Band zum Thema Literatur des Exils und im Samizdat entstand in einer paradoxen Situation; zu einem Zeitpunkt nämlich, da sein Gegenstand im Begriff steht sich aufzulösen. Exil, das politische wie das literarische, hat verschiedene historische Ursachen: Krieg und Okkupation, Invasion von außen und Repression nach innen als Ausdruck des Machtmonopols einer Partei innerhalb des sowjetisch dominierten Staatssozialismus in den Ländern Ostmittel- und Südosteuropas.

Mit dem Zerfall des staatssozialistischen Systems und dem Ende der vom Anspruch her totalen Kontrolle der Öffentlichkeit durch die kommunistische Partei sind die Bedingungen für den Status eines Exilschriftstellers sowie die Notwendigkeit, im Lande einen nichtoffiziellen literarischen Kommunikationskreis zu etablieren, hinfällig geworden.

Andererseits ermöglichte erst der Umbruch der Jahre 1989/90 eine wissenschaftlich unbehinderte und offene Beschäftigung mit einem Gegenstand, der vor unseren Augen aus der Gegenwart in die Geschichte hinüberwechselt.

Inwiefern war eine Aufarbeitung des Themas früher nicht möglich?

In einigen Ländern, wie Polen oder Ungarn, verhielt sich die Kulturpolitik seit den sechziger Jahren, wechselnden Gesichtspunkten der Werbung oder der "Bestrafung" folgend, elastisch zu einzelnen Autoren im Exil. Von mancher konjunkturellen Schwankung begleitet, setzte sich dort die Haltung durch, auch ein Exilautor bleibe Mitglied der nationalen Sprachgemeinschaft und sei somit als integraler Teil der Nationalliteratur zu betrachten und zu behandeln. Freilich, die im politischen System des sozialistischen Lagers liegenden Gründe für das Exil blieben, trotz zaghafter Versuche, sie zu benennen oder aufzuhellen, im letzten tabuisiert.

Die besondere nationale Lage des deutschen Teilstaates DDR schloß das Entstehen einer Exilsituation für ostdeutsche Autoren in der alten Bundesrepublik aus. Sie verblieben innerhalb derselben Sprachgemeinschaft, der nationalen Kultur und Geschichte - und straften auf solche Weise die These von der eigenen sozialistischen Nation in der DDR Lügen.

Erst sehr spät, Ende der achtziger Jahre, kam es in der DDR zu spärlichen, verlegerisch unbeholfenen Versuchen, eine Samizdat-Bewegung ins Leben zu rufen. Als ein Weg, einen öffentlichen Kommunikationskreis jenseits staatlicher Kontrolle aufzubauen, waren sie zu wenig effizient. Überwachung durch den Staatssicherheitsdienst bildete da nur eine

Seite der Medaille. Auf der anderen Seite war es einfach wirkungsvoller, in der Bundesrepublik verlegte Texte hiesiger Autoren über die Grenze zu schleusen und zu verbreiten.

Um so rigider hat die parteiliche Kultur- und Wissenschaftspolitik das Thema Exil in anderen osteuropäischen Literaturen gemieden, beziehungsweise seine Behandlung unterbunden. Als Beleg mag das strikte Verschweigen des Literaturnobelpreisträgers von 1980, des polnischen Emigranten Czesław Miłosz, in den Medien der DDR gelten, oder das Ignorieren von Namen wie Milan Kundera, Emil Cioran oder Mircea Eliade.

Als eine gewisse "Bringeschuld" betrachtet die Aufarbeitung dieses Themas daher eine Gruppe ehemals Ostberliner Wissenschaftler, die in den siebziger und achtziger Jahren das Geschick der Literaturen Ostmittel- und Südosteuropas verfolgt und beschrieben hat. Die damaligen Forschungen erfolgten innerhalb der in der DDR gegebenen Rahmenbedingungen, d. h. unter dem allgemeinen Erwartungsdruck zur ideologischen Konformität.

Durch das Engagement in der Sache selbst, für eine historisch und national differenzierte anstatt einer ideologisch uniformierten Darstellung der ostmittel- und südosteuropäischen Kultur einzutreten, wurden die teleologischen Vorgaben bezüglich einer "Literatur der sozialistischen Staatengemeinschaft" hie und da durchkreuzt. Hierzulande verbindliche normierte Denkmuster konnten erweitert, gelegentlich an den fremden Gegenständen aufgebrochen werden.

Für die Gruppe war es stets eine Gratwanderung zwischen Anpassung und Verantwortung für die Wahrheit. In der gesteuerten Öffentlichkeit der DDR, das wissenschaftliche Milieu nicht ausgenommen, gab es Schranken schlichter Unwissenheit und ignoranter Überheblichkeit den osteuropäischen Kulturen gegenüber zu überwinden; ideologische Vorwände, die sich uneingestanden auf hegemoniale deutsche Traditionen stützen konnten und die zu hinterfragen viel argumentative Energie beanspruchte.

Das im Titel enthaltene Stichwort "Dissens zur Macht" bedarf näherer Erläuterung. Wenn es ausschließlich auf die Exilliteratur und die Varianten nichtoffizieller Publikationen im Lande bezogen bleibt, mag es den Umkehrschluß nahelegen, alle durch offizielle Verlage in Umlauf gebrachte Literatur sei im grundsätzlichen Konsens mit der Macht gestanden. Dies wäre ein verführerischer, eklatanter Irrtum. Das Wort "Dissens", wie es in diesem Band gehandhabt wird, berührt zuallererst den Aspekt der literarischen Kommunikation. Durch die Errichtung eines unabhängigen Kommunikationskreises (im Lande oder durch das Exil) waren bestimmte Texte der politischen Kontrolle entzogen. Damit ist zunächst eine besondere distributive und rezeptive Situation umschrieben, zugegeben, von einiger politischer Brisanz. Keineswegs waren damit aber die Inhalte, ästhetischen Werte aller übrigen, im offiziellen Kommunikationskreis erschienenen Werke oder die Haltung ihrer Verfasser von vornherein präjudiziert.

Verschiedene Vorschläge der Autoren des Bandes aufgreifend, empfehlen wir die Unterscheidung zwischen *offizieller* und *nichtoffizieller* (unabhängiger) literarischer Kommunikation. Die offizielle schloß stets das Element staatlicher Kontrolle und somit eine deutlich bis widerwillig erteilte Approbation durch die kulturpolitischen Instanzen ein. Aber damit war nicht alles offiziell Veröffentlichte auch schon offiziös. Und umgekehrt: das im nicht offiziellen Kommunikationskreis Publizierte war sehr wohl öffentlich, es drängte an die Öffentlichkeit und wurde dort (jedenfalls seit den siebziger Jahren in Polen und Ungarn) in gewissen Maßen geduldet.

Selbstverständlich wirkten die Teilnehmer der offiziellen literarischen Kommunikation darauf hin, diese auf Pluralität hin zu öffnen. Veränderungen der politischen Lage wie der Kulturpolitik nutzend, suchten sie durch offene Konfrontation (Denkschrift der 34 polnischen Schriftsteller und Intellektuellen mit einem Forderungskatalog an die Regierung 1964, Proteste gegen die Ausbürgerung Wolf Biermanns in der DDR 1976) oder auf beharrlich unspektakuläre Weise die Spielräume des von der Partei Geduldeten zu erweitern.

Ungeachtet der theoretischen Debatte, ob es zur "systemimmanenten Eigenschaft" des realen Sozialismus gehöre, unreformierbar zu sein, belegen die Erfahrungen der Nachkriegsjahrzehnte in Osteuropa, daß es der parteilichen Kulturpolitik nicht gelungen ist, die Autonomie der Literatur sich bleibend unterzuordnen oder den dialogischen Charakter der Kultur gänzlich zu zerstören.

Ein vergleichender Blick auf die ostmittel- und südosteuropäischen Literaturen zeigt, daß in ihnen die Kommunikationskreise des Exils und des Samizdat unterschiedlich ausgebildet waren. Mit innerliterarischen Ursachen hat dieser Befund wenig zu tun. Er ist vor allem auf verschiedene historische Umstände wie auch auf die jeweilige kulturpolitische Konstellation zurückzuführen. Bei aller Gemeinsamkeit der ideologischen Prämissen - das System durfte nicht prinzipiell in Frage gestellt werden - gab es in den vormals sozialistischen Ländern Ostmittel- und Südosteuropas im Umgang mit Literatur zum Teil tiefgehende Unterschiede.

Seit Mitte der siebziger Jahre bahnte sich etwas qualitativ Neues in den Beziehungen osteuropäischer Exilautoren untereinander an. Exilblätter veröffentlichten nicht mehr nur Schriftsteller der eigenen Literatur; in verstärktem Maße nahmen sie nun auch Vertreter der nichtoffiziellen Literatur anderer Länder wahr. Über den nationalen Horizont hinweg setzte ein Dialog zwischen Exilautoren und Dissidenten über kulturelle Identitäten, politische Auffassungen und gemeinsame Interessen ein. Dieser Dialog schuf sich auch gemeinsame kulturelle Foren wie z. B. die 1974 gegründete Zeitschrift "kontinent" (Stuttgart/Bonn), an der seither Deutsche, Polen, Tschechen und Russen mitwirkten.

In den siebziger Jahren intensivierten sich andererseits auch die Beziehungen zwischen der politischen Opposition Polens und der ČSSR - KOR und Charta 77 -, die später zu einem Netz illegaler Kontakte ausgebaut wurden.

Was das Schreiben im Exil anbelangt, so verfügen einige dieser Literaturen über weit in die Vergangenheit reichende Traditionen, die im kulturellen Bewußtsein der betreffenden Völker bis auf den heutigen Tag lebendig geblieben sind. Bei den Tschechen und Slowaken ist es die protestantische Exulantenliteratur aus der Epoche der Gegenreformation, aus der das pädagogische und philosophische Werk von Jan Amos Komenský als eines Denkers von europäischem Format herausragt. In Polen hatten nach den Teilungen des Landes am Ausgang des 18. Jahrhunderts zahlreiche Vertreter der Kultur und Literatur das Exil gewählt. Nach der Niederschlagung des antizaristischen Novemberaufstandes 1830/31 setzte die Große Emigration nach Westeuropa, hauptsächlich Frankreich ein. Ihr gehörten die klangvollsten Namen der polnischen Literatur überhaupt an, wie Adam Mickiewicz, Juliusz Słowacki und Zygmunt Krasiński, Autoren, die durch das Exil verstärkt mit dem Nimbus der "Dichterpropheten" umgeben wurden. Im Rahmen der geschichtsphilosophischen Doktrin des Messianismus wurde das Exil als heilsgeschichtliche Pilgerschaft gedeutet, als strenge Prüfung und besonderes Opfer auf dem Weg zum endgültigen Sieg der Freiheit und des Glaubens in allen unterdrückten Völkern Europas. In Ungarn formte sich nach der Niederlage der Revolution von 1848/49 die sogenannte Kossuthsche Emigration in Europa und Amerika aus. Nach dem Scheitern der Ungarischen Räterepublik im Jahre 1919 wurden Wien, Berlin, Moskau, Paris und New York zu Zentren einer Exilliteratur, die nicht nur in der Geschichte der eigenen Nationalliteratur, sondern auch im interliterarischen Bezugsfeld einen festen Stellenwert besitzt. Bei den Rumänen schließlich zeigt sich, daß einige der bedeutendsten Repräsentanten ihrer Literatur im 20. Jahrhundert, Tristan Tzara, Panait Istrati, Eugène Ionesco, in der besonderen Konstellation des französischen Exils ihre künstlerischen Persönlichkeiten entfaltet haben und mit dem Sprachwechsel zugleich zu Vertretern der französischen Literatur geworden sind, ja international vor allem als solche in der literarischen Öffentlichkeit wahrgenommen werden.

So wie die früheren Situationen des Exils zumeist von einschneidenden nationalgeschichtlichen Ereignissen ausgelöst worden sind, so ist auch das Entstehen von Exilliteratur seit 1939 eng mit politischen Ereignissen verknüpft, die einmal länderübergreifend gewirkt haben, ein anderes Mal nur in ein oder zwei Ländern Ostmittel- und Südosteuropas aufgetreten sind. Unschwer festzustellen sind dabei Interdependenzen zwischen den politischen Inhalten der die Emigrationswellen auslösenden Ereignisse und dem Ideengut der im Exil entstandenen künstlerischen wie publizistischen Werke.

Das erste Ereignis, das in einem Land eine Emigrationswelle auslöste, war die im Gefolge des Münchener Abkommens möglich gewordene Zerschlagung der Tschechoslowakei, die Bildung des Protektorats Böhmen und Mähren sowie der Slowakischen Republik im März 1939. Unter den politischen Emigranten, die sich in Paris und London niederließen, befanden sich auch einige Literaten.

Das zweite Ereignis war der Beginn des Zweiten Weltkriegs im September 1939, als Polen erneut aufgeteilt wurde, diesmal zwischen dem Deutschen Reich und der Sowjetunion. Unter den Polen, die - das gegen Slawen und Juden gerichtete Rassenprogramm der Nazis fürchtend und vor der sowjetischen Expansion ausweichend - in die Emigration nach Frankreich, später England und in die beiden Amerika gingen, befanden sich zahlreiche polnische Schriftsteller, die im Exil ein literarisches Leben aufzubauen begannen.

Die dritte, umfassendere Zäsur war das Ende des Zweiten Weltkriegs 1944/45, das in den Ländern Ostmittel- und Südosteuropas durchweg zu einer Emigrationswelle führte, deren politische Motive im einzelnen sehr verschieden waren. Es flohen nicht nur Amtsträger von Regimen, die sich während des Krieges politisch mit dem Deutschen Reich und damit nolens volens auch mit dem Nationalsozialismus arrangiert hatten, sondern es gingen bzw. blieben außer Landes auch Personen christlicher und nationaler demokratischer Gesinnung, die begriffen hatten, daß Ostmitteleuropa nach den Beschlüssen von Jalta der sowjetischen Einflußsphäre zugeschrieben wurde, und die sich dem Totalitarismus stalinistischer Prägung entziehen wollten. Für die Etablierung einer Literatur im Exil war diese Emigrationswelle von sehr unterschiedlichem Gewicht, am bedeutendsten wohl für die polnische, slowakische und rumänische Literatur.

Das vierte Ereignis, das in mehreren Ländern eine Emigrationswelle verursachte, war die strikte Durchsetzung des sowjetischen Modells im gesellschaftlichen und kulturellen Leben der volksdemokratischen Staaten in den Jahren 1947/48. Sie unterschied sich weltanschaulich insofern von der vorangegangenen Welle, als sich diesmal zahlreiche Angehörige von bis dahin unter dem Dach der "antifaschistisch-demokratischen Ordnung" noch zugelassenen, nun aber verbotenen politischen Parteien befanden. Literarisch kann sie mehr oder weniger dem vorangegangenen Strom der Exilliteratur zugeordnet werden; hinzu kamen die ersten enttäuschten Sympathisanten einer nichtkapitalistischen Alternative.

Das fünfte Ereignis bildet der XX. Parteitag der KPdSU im Jahre 1956 und die an Chruschtschows Stalinkritik geknüpften Hoffnungen auf eine politische Tauwetterperiode, welche mit der blutigen Niederschlagung des Ungarischen Volksaufstands durch sowjetische Truppen nachhaltig enttäuscht wurden. Folgerichtig kam es vor allem in Ungarn zu einer gewaltigen Emigrationswelle. In Polen schuf die kulturelle Öffnung nach Westen hin Reiseerleichterungen, was bei gleichzeitiger Zurücknahme liberaler Reformansätze manchen Autor veranlaßte, im Ausland zu bleiben. In Rumänien folgten auf eine gewisse Liberalisierung 1958 erneut Unterdrückungsmaßnahmen gegenüber Intellektuellen, die einige Autoren ins Exil trieben. Die Exilliteratur erfuhr jetzt weltanschaulich, poetologisch wie auch generationsmäßig einen sichtbaren Wandel. Nun waren neben den in den frühen fünfziger Jahren in Ungarn verfolgten auch viele etablierte, mit dem sozialistischen Realismus verbundene Autoren unter denen, die ins Exil gingen, auch viele Studenten, die erst später literarisch tätig wurden. Dies hatte zur Folge, daß sich innerhalb des Spektrums der Exilliteratur die politische Polarisierung und ästhetische Differenzierung verstärkte.

Das sechste Ereignis war der Prager Frühling und der Einmarsch der Truppen des Warschauer Vertrages 1968 in die Tschechoslowakei, der hier eine ähnlich gewaltige Emigrationswelle auslöste wie zur Zeit der Gegenreformation. Es war ein Exodus von nahezu 150.000 Tschechen und Slowaken, unter ihnen besonders viele Intellektuelle, die das Konzept des "Sozialismus mit menschlichem Antlitz" vertreten hatten, eines reformierten demokratischen Sozialismus, der sich vom realen Sozialismus deutlich abhob. Das Ausmaß der Emigration hatte für die tschechische Literatur zur Folge, daß sie fortan bis zur "samtenen Revolution" von November 1989 als eine "gespaltene Literatur"[1] gelten muß, innerhalb der das Exilschaffen und der Samizdat im Lande sich als eine alternative, unabhängige, dem offiziellem Diskurs sich entziehende Literatur entfaltete. Während also diese Emigrationswelle für die Tschechen literarisch-künstlerisch die produktivste war, gilt dies

---

1   Květoslav Chvatík, Eine gespaltene Literatur. Die tschechische Literatur zwanzig Jahre nach dem Prager Frühling. In: Kultur und Gewalt.Erfahrungen einer Region. Kendal, Cumbrie 1988, S. 45-53.

für die slowakische nicht, hier bleibt die von 1945 die künstlerisch bedeutendste und auch in bezug auf das literarische Leben ertragreichste. Im selben Jahr 1968 kam es in Polen im Zusammenhang mit einer von der Partei gesteuerten antiintellektuellen und antijüdischen Kampagne noch einmal zu einer größeren Emigrationswelle, die auch nationalliterarisch bedeutende Autoren erfaßte oder andere davon abhielt, ins Land zurückzukehren.

Das siebente und chronogisch letzte Ereignis bildet der singuläre Vorgang der Gründung einer unabhängigen Gewerkschaftsbewegung in einem sozialistischen Land: der Solidarność in Polen 1980/81. Vorausgegangen war seit 1976 der Aufbau einer breiten, verlegerisch relativ stabilen Samizdat-Bewegung literarischer und publizistischer Art. Das gestaffelte Vorgehen der sozialistischen Staatsmacht gegen die zur sozialen und politischen Herausforderung herangewachsene Solidarność-Massenbewegung gipfelte am 13. Dezember 1981 in der Verhängung des Kriegsrechtes in Polen. In die Emigration gingen nicht nur bedrohte politische Aktivisten dieser Bewegung, sondern auch Schriftsteller und Künstler, die mit ihr sympathisierten.

Die Aufmerksamkeit, welche der jeweiligen Emigrationswelle im Zielland zuteil wurde, hing unter anderem ab vom Stellenwert der politischen Ereignis-Zäsur innerhalb des globalen Ost-West-Konflikts. Auf die hier charakterisierte Gesamtperiode 1939-1989 bezogen, kann ein durchaus wechselndes Interesse an einzelnen Ländern und Ereignissen festgestellt werden. Danach bestimmte sich in entscheidendem Maße auch der Grad an Öffentlichkeit, den eine Emigrationswelle erhielt oder nicht erhielt. Insofern war das publizistische wie das künstlerische Wort eines Dichters auch in den freiheitlichen Demokratien nicht vor politischer Instrumentalisierung gefeit. Augenblickliche politische Aktualität bzw. Opportunität und nicht unbedingt die ästhetische Wertigkeit wurde zum Gradmesser für das Interesse, das die Medienöffentlichkeit einem Werk entgegenbrachte.

Gleichwohl bedeutete die Darstellung politisch brisanter, tabuisierter Gegenstände für das Leserpublikum im Lande einen Gewinn an wertvoller, dort verweigerter Information, womit die staatliche Zensur unterlaufen werden konnte. In dieser Hinsicht fungierten die Kommunikationskanäle des Exils und des zweiten Umlaufs im Lande nahezu parallel. Zu den nur im Exil und im Samizdat behandelten Themen gehören u.a. die folgenden: sowjetische Gulags, das Schicksal der polnischen Offiziere, die in Katyń vom sowjetischen NKWD ermordet wurden, die tatsächlichen Ausmaße und Intentionen des ungarischen Volksaufstandes 1956 oder des Prager Frühlings 1968, die Analyse der Machtmechanismen des realen Sozialismus in Ostmitteleuropa unter der direkten Ingerenz der sowjetischen Hegemonialmacht, alternative Gesellschaftskonzepte des Eurokommunismus, die Entmythisierung des Begriffs Arbeiterklasse und ihrer behaupteten Machtausübung, die Erhellung der tatsächlichen sozialen Lage und weltanschaulichen Differenzierung der Bevölkerung jenseits der voluntaristischen Vorgaben des Parteiapparats, das wirkliche Verhältnis von Kirche und Staat, die Differenz zwischen verfassungsmäßig garantierter Gewissensfreiheit und respressiver Praxis, Religion als Quelle oppositioneller Haltungen. Und schließlich die verschiedenen Formen und Foren des Eintretens für Menschen- und

Bürgerrechte, ob durch durch die Charta 77 in der Tschechoslowakei oder die Solidarność in Polen.

Das alles hatte natürlich auch Einfluß auf das Genreensemble von Exilliteratur und Samizdat, erklärt das große Gewicht des politischen Essays, dem sich führende Schriftsteller wie der Pole Czesław Miłosz, der Tscheche Václav Havel oder der Ungar György Konrád zuwenden. Neben dem Essay kommt dem Erlebnisbericht, der Memoirenliteratur überhaupt, relativ große Bedeutung zu, worin persönliche Erfahrungen, die der einzelne mit dem stalinistischen Unterdrückungsapparat hatte machen müssen, ihren Ausdruck finden. Breiten Raum nehmen ferner Darstellungen des Lebens im Exil ein, der ambivalenten eigenen Befindlichkeit in stetem Rückbezug und Vergleich mit dem Leben in der Heimat. Dabei ist zu beobachten, daß die Ankunft im Exilland nicht nur die erhoffte Freiheit, das Loswerden vielfältiger Zwänge mit sich bringt, sondern auch das Gefühl der Entwurzelung, der Vereinsamung, der Anonymität des Individuums in einer nicht überschaubaren pluralen Welt. Häufig wird ein psychischer Transformationsprozeß geschildert, der die selbsttäuschende Neigung überwinden soll, das einst als zu eng empfundene Leben daheim im nachhinein zu verklären, also Nostalgie zu wecken nach dem verlorenen, vermeintlich einfachen Leben. Es gehört zu den Leistungen solcher literarischer Aufarbeitung, daß sie überzogene Erwartungen, Ansprüche und Wünsche an die westlichen Demokratien kritisch hinterfragt, aber auch die Enttäuschung über eine Welt ausdrückt, deren Sinnen und Trachten unabweislich vom Geld und Konsum bestimmt erscheint.

Ein Schriftsteller, der ins Exil geht, gibt eine existentielle Antwort auf politische Unterdrückung und Unfreiheit. Im engeren literarischen Sinne ist es ein Schritt, mit dem er sich dem anmaßenden Diktat der Machthaber in die Kunst hinein entzieht. Insofern besitzt ein im Exil oder im Samizdat erschienener Text die besondere moralische Autorität des unzensierten Wortes. Die guten Gründe, die für eine solche Entscheidung sprechen, garantieren einem Autor, der diesen Schritt tut, aber noch keine künstlerisch besseren Werke, verglichen mit jenen Schriftstellern, die im Lande unter den dort gegebenen Verhältnissen leben und schreiben. Allerdings weist die Situation des Exils der dort entstandenen Literatur spezifische Funktionen zu, deren Wahrnehmung über ihren Beitrag zur Nationalliteratur entscheidet. Exilautoren haben die Möglichkeit, im Lande unterdrückte Themen aufzugreifen, womit die kollektive Erinnerung vor selektiver Verdrängung und Gedächtnisverlust bewahrt wird. Die so in Umlauf gebrachte Information trug dazu bei, die Vielstimmigkeit und Kontinuität der Kultur - in einem gewissen Rahmen - zu bewahren.

Aus dem Blickwinkel und der Distanz des Exils zeichneten sich die moralischen Haltungen von Autoren im Lande schärfer ab. Deutlicher sichtbar erschienen auf der einen Seite verschiedene Varianten "höfischer Literatur" und auf der anderen Positionen, die die Abgrenzung zum Machtapparat der Partei als identitätsstiftendes Element geltend machten. So haben Stimmen aus dem Exil, ihre Freiheit gegenüber den Anpassungszwängen in der Heimat nutzend, relativ früh zu einer ethischen Klärung der Notwendigkeit und der Grenzen eines modus vivendi der Literatur in der Diktatur aufgefordert. Zu einer "Abrechnung" einiger Schriftsteller mit sich selbst und ihrer kommunistischen Einstellung nach 1945 ermunterte Gustaw Herling-Grudziński die polnischen Autoren, um keine "Leichen im Schrank" der neueren Literaturgeschichte zu belassen.[2]

Als exemplarischer Fall einer solchen Rechenschaftslegung über die Motive der eigenen, zeitlich begrenzten Option für die kommunistische Regierung und über die Beweggründe für den Bruch mit ihr, kann der 1981 erstmals veröffentlichte Briefwechsel zwischen Miłosz und Melchior Wańkowicz aus den Jahren 1952-1956 gelten. Thematisiert wird darin das Problem: um welchen Preis durfte ein Schriftsteller, der kein Kommunist war, mit seinem in der Kultur bedeutenden Namen die Praktiken kommunistischer Machthaber stützen, die auf die Unterdrückung des eigenen Volkes hinausliefen? Dabei kamen gravierende Unterschiede in der Betrachtung der Dinge zwischen dem Beteiligten und dem Beobachter zum Vorschein.[3]

An der nach 1956 einsetzenden geistigen Abrechnung mit dem ideologischen Stalinismus waren die Analysen aus dem Exil und dem Samizdat mitbeteiligt. Der Beobachtungsstandpunkt, den das Exil einem Autor gewährt - auch wenn er sich dort nicht freiwillig aufhält - erlaubt ihm, Seiten der Wirklichkeit zu erkennen, die von anderswoher nicht sichtbar sind. So gehört es zu den Chancen der Exilliteratur, daß sie in die Lage versetzt wurde, das in den ostmitteleuropäischen Ländern oft in provinziellen, nationalen Horizonten befangene Denken zu erweitern und zu globalisieren. Hierzu gehört ohne Zweifel die Mitteleuropa-Diskussion, die der tschechische Exilautor Milan Kundera 1983 mit seinem Essay "Un occident kidnappée oder Die Tragödie Mitteleuropas" provoziert hat. An ihr läßt sich ablesen, daß Vertreter der unabhängigen Literatur das Denken in den Bahnen des status quo verließen. Durch Rückbesinnung auf die kulturelle Gemeinsamkeit Mitteleuropas, als dessen Kernstück die einstige k.u.k-Monarchie betrachtet wurde, entwarfen sie die Vision eines zukünftigen Europa, das sich einerseits der blinden Kraft des Nationalismus widersetzen und andererseits die politische Zweiteilung des alten Kontinents nach Jalta überwinden sollte. Die Reaktion des Ungarn György Konrád zeigte, daß seinerzeit wenig Hoffnung auf Veränderung und mehr Skepsis vorhanden war: "Wir leben im Niemandsland der Werte. Hier gelten weder die Werte des Vorkriegs noch des heutigen westlichen oder östlichen Wertesystems ... Die Ideologie des Staatssozialismus ist im Sinken begriffen, die Perspektiven des demokratischen Sozialismus oder der liberalen Demokratie sind noch nicht da."[4] Auch in anderer Hinsicht verlief die Debatte durchaus kontrovers, so warnten der seinerzeit in der Slowakei lebende tschechische Dissident Milan Šimečka[5] und der Pole Leszek Szaruga[6] davor, Rußland aus Europa und seiner Zivilisation auszu

---

2   Gustaw Herling-Grudziński, Wyjście z milczenia. Warszawa 1993, S. 332.
3   Korespondencja Wańkowicz - Miłosz (1952-1956). Opracowanie Aleksandra Ziołkowska. In: Twórczość, 11/1981.
4   Vgl. hierzu H.-P. Burmeister - F. Boldt - Gy. Mészáros (Hrsg.), Mitteleuropa. Traum oder Trauma. Bremen 1988, S. 17
5   Milan Šimečka, Noch eine Zivilisation. Eine andere Zivilisation? Ebenda, S. 65-72.
6   Leszek Szaruga, Der Körper Rußlands. Ebenda, S. 85-98.

grenzen. Damals ein rein theoretisches Problem, dem sich heutzutage die Europäische Union realpolitisch stellen muß.

Eine offene Frage bleibt es indes, inwieweit die Erfahrungen, die Exilautoren in Westeuropa gemacht haben, vermittelnd in den gegenwärtigen Prozeß der gesamteuropäischen Integration eingebracht werden können. Wie u. a. rumänische Debatten zeigen, öffnet sich da ein vielfältiges Spannungsfeld. Den enthusiastischen Erwartungen, die das osteuropäische Schlagwort von der "Rückkehr nach Europa" assoziiert, steht das realistische, ernüchternde Westeuropabild zahlreicher Emigranten gegenüber. Da erscheint Westeuropa nicht allein als Region reicher liberaler Kultur, sondern als Verbund partikularer, zu den östlichen Ländern gegenläufiger wirtschaftlicher und politischer Interessen, zugedeckt von gesamteuropäischer Rhetorik. Auf der anderen Seite weckt die Vision eines integrierten Europa Ängste vor kultureller Uniformität nach dem Muster transatlantischer Standards, die der eigenen, neu ins Auge gefaßten kulturellen Identität abträglich erscheinen. Es kann sein, daß der Exilliteratur von gestern hier ein neuartiges Wirkungsfeld erwächst.

Der Zusammenbruch totalitärer Machtstrukturen hat nicht nur den Status der Exilautoren verändert, sondern auch das gesamte binnenkulturelle Gefüge tief erschüttert. Das Ende der staatlich gelenkten Kulturpolitik hatte als Kehrseite den Wegfall des staatlichen Kulturmäzenats (Literaturfonds, subventionierte Verlagstätigkeit), woran sich Schriftsteller durchaus gewöhnt hatten. Durch den Rückzug des Staates aus der umfassenden Kultursteuerung und -förderung wurde das literarische Leben nach den Regeln des Marktes neu geordnet - durchaus nicht zum Vorteil der nach künstlerischen und ethischen Maßstäben wertvollsten Positionen. Zu der Veränderung der materiellen Grundlagen des literarischen Lebens trat eine Krise des geistigen Selbstverständnisses hinzu, die freilich in unterschiedlichen Ländern verschieden scharfen Ausdruck fand. Der Schriftsteller, bisher Sachwalter durch die Tradition sanktionierter ethischer bzw. nationaler Werte und auch einflußreicher Mitgestalter der öffentlichen Meinung, mußte sich plötzlich mit einem Rollenverlust abfinden. Eine Gesellschaft, die sich aufmachte, eine pluralistische, demokratische marktorientierte Struktur zu erlangen, marginalisierte über Nacht das soziale Prestige des Schriftstellers. In den Kulturen Ostmittel- und Südosteuropas, in denen die außerkünstlerische Stellung eines Schriftstellers traditionell sehr hoch war, bedeutete das eine schockartige Erfahrung.

Aber auch die Exil- und Samizdatliteratur, die unter den neuen Bedingungen ihren ursprünglichen Begründungszusammenhang verloren haben, werden sich nun in einer prinzipiell veränderten Kulturlandschaft zu behaupten haben. Der tschechische Literaturwissenschaftler Květoslav Chvatík, selber Emigrant von 1968, trifft den Nagel auf den Kopf, wenn er meint, daß in bezug auf den heutigen Rezipienten eine "merkwürdige Zwischensituation" entstanden sei: "... für die Vergangenheitsbeschreibung der Diktatur (ist) die Zeit schon fast vorbei, während es für die Thematisierung der widersprüchlichen neuen Wirklichkeit eher noch zu früh ist"[7]. Diese Zwischensituation macht die Reintegration der

---

7 Květoslav Chvatík, Zwischen Stagnation und Chaos. In: Neue Zeit vom 15. September 1993, S. 14.

verschiedenen unabhängigen literarischen Kommunikationskreise in den gegenwärtigen Literaturprozeß durchaus problematisch. Jedenfalls läßt sie keine Prognosen darüber zu, in welchem Tempo sie sich vollziehen wird. Setzt dies doch eine Klärung in der Hinsicht voraus, welche ästhetischen Werte der nichtoffiziellen wie der offiziellen Literatur den Systemwechsel überdauert haben. Und welche wiederum - als Tribut für eine auf den Tag bezogene politische und künstlerische Kritik an den früheren Zeitverhältnissen oder als Quittung für bereitwillige Anpassung an ideologische Vorgaben der Kulturpolitik - nun unter den gewandelten gesellschaftlichen Rahmenbedingungen ihre einstige Funktion bzw. Bedeutsamkeit eingebüßt haben. Bei der Beurteilung dieses Sachverhalts ist allerdings Behutsamkeit geboten.

Neuerliche Aufmerksamkeit verdient in diesem Zusammenhang eine Äußerung der polnischen Prosaistin Maria Dąbrowska, einer klassischen Autorin im 20. Jahrhundert, in der sie grundsätzlich über das Verhältnis von Literatur im Exil und im Lande reflektierte. Was bleibt, so fragt sie, angeregt durch eine Begegnung mit Thomas Mann 1955 anläßlich der Schiller-Ehrung in Weimar, einem "Sohn des Volkes" zu tun übrig, wenn eine Katastrophe, äußerer oder innerer Art, sein Volk trifft? Und ihre Antwort lautet: "Er fällt im Kampf; er geht ins Exil, um sich für bessere Zeiten zu bereiten und um solche vom Ausland her zu kämpfen; oder er bleibt bei seinem Volk, um mit ihm zu teilen, was alle erleiden müssen. Keine dieser Optionen hat das Recht, sich über die anderen zu erheben. Allein die Richterin-Zeit wird entscheiden, wer den richtigen Weg gewählt hat, genauer, wer auf dem gewählten Weg seine Pflicht gegenüber dem Vaterland erfüllt hat, denn in jedem der drei Fälle kann man seine Pflicht irgendwie erfüllen oder nicht erfüllen."[8]

Fassen wir noch einmal zusammen: der Kommunikationskreis der nichtoffiziellen (unabhängigen) Literatur vollzieht sich im wesentlichen in drei Erscheinungsformen, und zwar im Samizdat, Tamizdat und in der Exilliteratur.[9]

Unter Samizdat ist solches Schrifttum in den vormals sozialistischen Ländern zu verstehen, das außerhalb des offiziellen öffentlichen Diskurses eine eigene Produktions- und Distributionssphäre der Gegen- bzw. Parallelkultur, den "zweiten Umlauf", schuf. Dieser Begriff hat sich international durchgesetzt, weil er präziser ist als andere synonym verwendeten Begriffe wie verbotene, verfolgte oder illegale Literatur und die eigene editorische Initiative nachhaltig unterstreicht. Mit Blick auf die tschechische Situation schlagen Jiří Gruša und Antonín Brousek vor, Samizdat durch den Begriff "Literatur außerhalb der Massenmedien" zu ersetzen,[10] was insofern unscharf ist, als Samizdatwerke ja im Ausland häufig von den Massenmedien verbreitet wurden.

---

8   Zitiert nach: W. Karpiński, Broń ostatnia. In: Zeszyty Literackie, 16/1986, S. 71.
9   Vgl. H. Gordon Skilling, Samizdat and an Independent Society in Central and Eastern Europe. London 1989, S. 4-6.
10 Jiří Gruša und Antonín Brousek, Tschechische Literatur außerhalb der Massenmedien. In: Wolfgang Kasack (Hrsg.), Zur tschechischen Literatur 1945-1985. Berlin 1991, S. 120-138.

Unter Tamizdat sind solche Werke zu verstehen, die zwar im Lande entstanden sind, aber nur im Ausland, meist in Editionsreihen wie z. B. Biblioteka "Kultury" (Paris), Index (Köln) oder Sixty-Eight-Publishers (Toronto) erscheinen konnten und auf verschiedenen Wegen wieder zurück in den "zweiten Umlauf" im Lande gelangten. Eine weitere, durch die elektronischen Medien ermöglichte Variante des Tamizdat ist der sogenannte Radizdat: Von ausländischen Rundfunkstationen wie BBC London, Freies Europa München, Stimme Amerikas oder Deutsche Welle Köln gelangten über den Äther nicht nur politisch-publizistische, sondern auch literarisch-künstlerische Beiträge ins Heimatland, wurden dort aufgenommen, kopiert und weiter verbreitet.

Hingegen ist unter Exil- bzw. Emigrationsliteratur die im Ausland entstandene und verlegte literarische Produktion der Emigranten bzw. Ausgebürgerten zu verstehen. Zu beobachten ist hierbei, daß sich nicht wenige Autoren von ihrer Muttersprache ab- und der Sprache ihres Gastlandes zuwandten, damit also einen anderen Adressaten als das nationale Leserpublikum daheim anvisierten. "Die muttersprachliche Exilliteratur" ist auf gleichem Wege wie die Tamizdat-Literatur wieder in das Heimatland der Autoren gelangt, und hat zum Teil noch vor dem demokratischen Umbruch von 1989 Eingang in den offiziellen Umlauf gefunden.

Diese drei Erscheinungsformen der unabhängigen Literatur näher zu beleuchten und innerhalb der Literatur Ostmittel- und Südosteuropas im Zeitraum von 1945 bis 1989 zu orten, aber auch danach zu fragen, ob und inwieweit es zu Reintegrationsversuchen gekommen ist, darin besteht das Anliegen des vorliegenden Studienbandes. In seinen Grundzügen geht er auf das vom Forschungsschwerpunkt Geschichte und Kultur Ostmitteleuropas vom 27. bis 30. Oktober 1992 in Berlin veranstaltete internationale Symposium "Zum Verhältnis von Samizdat, Tamizdat, Exilliteratur und offizieller Literatur in Ostmittel- und Südosteuropa" zurück. Die Beiträge sind aber mit den seinerzeit gehaltenen Referaten nicht identisch, dem inzwischen erreichten Forschungsstand entsprechend sind sie wesentlich erweitert worden.

Berücksichtigt wird der polnische, tschechische, slowakische, ungarische, rumänische, bulgarische und jugoslawische Kontext; die literarische Situation der Sowjetunion ist nicht Gegenstand der Betrachtung. Dafür sprechen pragmatische Gründe und solche der historischen Ungleichzeitigkeit.

Die unabhängige Literatur in den hier näher definierten Erscheinungsformen ist bislang sowohl biobibliographisch als auch in nationalliterarischen Längsschnitten aufgearbeitet worden. Darüber hinaus fehlte es nicht an Versuchen, ihre künstlerische Wertigkeit anhand der Individualpoetiken herausragender Vertreter zu bestimmen, verwiesen sei beispielsweise auf Arbeiten über die Polen Witold Gombrowicz oder Czesław Miłosz, über die Tschechen Milan Kundera oder Václav Havel, über die Slowaken Jozef Cíger Hronský und Ladislav Mňačko oder den Ungarn György Konrád.[11]

---

11 Vgl. hierzu die in den einzelnen Beiträgen des vorliegenden Studienbandes zitierte Sekundärliteratur. Von den in deutscher Sprache zugänglichen Überblicksdarstellungen zu den einzelnen Literaturen seien erwähnt: Zbigniew Wilkiewicz, Polnische Exilliteratur 1945-1980 (Eine Bestandsaufnahme). Köln-Wien 1991; Antonín Měšťan, Geschichte der tschechischen Literatur im 19. und 20. Jahr-

Des weiteren gibt es mehrere Arbeiten, die die Entwicklung der unabhängigen Literatur länderübergreifend darstellen und die Frage erörtern, welche der im offiziellen Kommunikationskreis unterdrückten Traditionen die unabhängige Literatur weitergeführt und welchen dort verschwiegenen Gegenständen sie sich zugewendet hat.[12] Neuestens gilt die Aufmerksamkeit auch den Bedingungen, die der demokratische Umbruch in den vormals sozialistischen Ländern für die Eingliederung der Samizdat- und Exilliteratur in die jeweilige Nationalliteratur geschaffen hat.[13] Ohne diese Vorarbeiten wäre uns der Zugang zu dieser in den Literaturwissenschaften der sozialistischen Länder meist verdrängten oder nur am Rande behandelten Problematik nicht möglich gewesen.

Die Problematik des Exils und der nichtoffiziellen literarischen Kommunikation ist seit 1989/90 durch den Wegfall politischer Zwänge und den ungehinderten Zugang zum Material auf neue Art ins Gespräch gekommen. In dieses Gespräch will sich unser Band einfügen.

Zu den Standpunkten der Autoren unseres Bandes gibt es in den jeweiligen Ländern selbstverständlich auch davon abweichende Positionen. Es war nicht die Absicht der Herausgeber, diese Spannung zu schlichten. Sie verfolgten das kompositorische Ziel, Überblicke und Fallstudien als komplementäre Einheiten anzubieten, darüberhinaus wollten sie die Spuren einer spezifisch ostdeutschen Forschungsgeschichte sichtbar lassen.

Der Studienband hat historische und literarische Vorgänge im vormals sozialistischen Lager zum Gegenstand, denen sich die gemeinsamen politischen Systembedingungen tief eingeprägt haben. Eine Betrachtung, die sich mit dieser pauschalen Feststellung zufriedengäbe, steht in Gefahr, die nationalen Unterschiede in der Handhabung der Exilproblematik und des Samizdat unangemessen zu vereinheitlichen, die weltanschauliche und ästhetische Vielfalt unabhängiger Literatur einzuebnen und den Respekt für bestimmte politische Haltungen mit dem künstlerischen Wert eines Werkes zu verwechseln. Damit würde ein überwundenes Blockdenken nachträglich sanktioniert. Im Augenblick des Zusammenbruchs des alten Systems und des abrupten Übergangs zu einer offenen Gesellschaft wächst freilich die Neigung zu einer vergröbernden Sicht der Vergangenheit.

Eine gegenteilige Absicht verfolgen die Autoren und Herausgeber dieses Bandes, sie wollen durch literaturgeschichtliche Überblicke und punktuelle Analysen auf die tatsächliche nationale und künstlerische Differenzierung in allen drei Bereichen - in der Exilliteratur, im offiziellen Kommunikationskreis und im "zweiten Umlauf" aufmerksam machen.

---

hundert. Köln-Wien 1984; Wolfgang Kasack (Hrsg), Zur tschechischen Literatur 1945-1985. Berlin 1991; Ivo Bock, Die Spaltung und ihre Folgen. Einige Tendenzen der tschechischen Literatur 1969-1989. Berlin 1993.

12 Vgl. Dietrich Beyrau/Wolfgang Eichwede, Auf der Suche nach Autonomie. Kultur und Gesellschaft in Osteuropa, Bremen 1988; Skilling, Samizdat and an Independent Society in Central and Eastern Europe; Der Zensur zum Trotz. Das gefesselte Wort und die Freiheit in Europa. Weinheim 1991.

13 Forschungsstelle Osteuropa (Hrsg.), Kultur im Umbruch. Polen - Tschechoslowakei - Rußland. Bremen 1992.

Dietrich Scholze

Endlich befreit oder wieder entmündigt?
Zum Auto-Image des polnischen Exils nach 1945

Grundcharakteristika des polnischen Nachkriegsexils

Ein breites Spektrum von gesellschaftlichen bis zu privaten Motiven veranlaßte nach 1944 einige hundert polnische Autoren dazu, nicht in die Volksrepublik überzusiedeln, sondern in Westeuropa, im Nahen Osten, in Nord- oder Südamerika zu leben und zu arbeiten. In einer Vielzahl der Fälle lagen diesem Entscheid zweifellos politische Differenzen zugrunde. Insbesondere Intellektuelle lehnten das von der UdSSR diktierte System in Polen ab und boykottierten bewußt seine Institutionen. "Unter einem Exilautor wollen wir also" - mit Zbigniew Wilkiewicz - "im engeren Sinne einen Schriftsteller verstehen, der aufgrund der politischen Verhältnisse nach dem Krieg nicht in seine Heimat zurückkehrte oder diese nach 1945 verließ oder verlassen mußte, da es ihm die gesellschaftlichen Bedingungen nicht erlaubten, sich literarisch frei zu äußern."[1] In der Regel publizierten diese Autoren ihre polnischsprachigen Werke zuerst bei Exilverlagen.

Von Beginn an, noch ehe sie sich intern zu stabilisieren und zu differenzieren vermochte, mußte sich die Nachkriegsemigration an einem Phänomen messen lassen, das aus der Eigenart polnischer Geschichte erwuchs: an der Großen Emigration des 19. Jahrhunderts.[2] Unter den 6000 Polen, die im Umfeld des antirussischen Novemberaufstands von 1830/31 das Land verließen, hatten sich die sogenannten Dichter-Propheten Mickiewicz, Słowacki und Krasiński (und übrigens auch Chopin) befunden. Sie stilisierten das Exulantendasein zu einer Pilgerschaft für die Freiheit und leiteten davon den messianistischen Anspruch Polens ab. Damit beeinflußten sie die nationale Psyche wesentlich. Die bedeutendsten literarischen Leistungen der Großen Emigration, die zugleich eine umfangreiche politische und propagandistische Tätigkeit entfaltete, lagen bei der Lyrik und beim Drama. Die hohe Verpflichtung, die sich aus dem Vergleich mit jener zweiten, auswärtigen Phase der polnischen Romantik (1831-1863) ergab, verführte die Erben im 20. Jahrhundert mitunter zu einer Überbetonung des Patriotismus. Denn in der Isolation vermischen sich, so Józef Wittlin in seinem berühmten Vortrag von 1958, unwillkürlich die Epochen: "Der

---

1   Zbigniew R. Wilkiewicz, Polnische Exilliteratur 1945-1980 (Eine Bestandsaufnahme). Köln - Wien 1991, S. 64 (= Bausteine zur Geschichte der Literatur bei den Slaven, Band 38); zu diesem Band vgl.: Dietrich Scholze, Rezension in: Zeitschrift für Slawistik, 38/1993, 1, S. 169 f.

2   Vgl. BI-Lexikon: Literaturen Ost- und Südosteuropas. Ein Sachwörterbuch. Hrsg. von Ludwig Richter und Heinrich Olschowsky. Leipzig 1990, S. 108 f.

Emigrant nämlich lebt gleichzeitig in zwei verschiedenen Zeiten, in der Gegenwart und in der Vergangenheit."[3]

Die Gegenwart der polnischen Nachkriegsexulanten bestand aus mehreren historischen Phasen.[4] Auf die Jahre des Zweiten Weltkriegs, in denen die Londoner Exilregierung international anerkannt war, folgte die unmittelbare Nachkriegsphase mit einer Konsolidierung der Formen und Institutionen des Exils. Sie war beendet mit dem vielberufenen Exildebüt von Gombrowicz und Miłosz in der Mai-Nummer 1951 der maßgebenden polnischsprachigen Pariser Monatszeitschrift "Kultura". Zwischen 1951 und 1980 gelangte die polnische Exilliteratur zu voller Ausprägung, wobei sich ihr geographisches Zentrum von London nach Paris verschob. 1952 begann der Rundfunksender Freies Europa in München mit einem polnischen Programm. Ende der fünfziger und Ende der sechziger Jahre strömten infolge politischer Umbrüche neue Wellen von Exilschriftstellern vor allem nach Frankreich, England und Nordamerika, das Exil verjüngte sich mithin mehrfach. Dieser Effekt trat zum letztenmal nach dem Dezember 1981, nach Ausrufung des Kriegszustandes in Polen, ein. Inzwischen aber hatten mit der Zulassung der Gewerkschaft "Solidarność" im Spätsommer 1980 Liberalisierung und Pluralisierung in der Noch-Volksrepublik einen qualitativ neuen Stand erreicht. Die Exilliteratur prosperierte daher in den achtziger Jahren nicht nur im illegalen "zweiten Umlauf", sondern fand schrittweise auch in offizielle Publikationen Eingang; zunehmend wurden Bücher von Auslandsautoren gedruckt.[5] Mit der politischen Wende von 1989 schließlich verlor die jahrzehntelange Zweiteilung in Exil- und Inlandsliteratur ihre kulturhistorische und ideologische Bedeutung.

Denn eine solche hatte sie ohne Zweifel besessen. Das literarische Exil, das seine Rechtfertigung auch im 20. Jahrhundert stets zuerst aus der Arbeit *für* Polen, *für* die Nation hergeleitet hatte, verfügte über eine Reihe von Themen, die im kommunistischen Polen als tabu galten. Ihre ideellen Inhalte waren um so signifikanter, "als sie vor dem Hintergrund eines durch Zensur eingeschränkten Wahrheitsgehalts der Literatur im offiziellen Umlauf rezipiert wurden"[6]. Ein vorherrschendes Thema, das lange Zeit allein den Emigranten vorbehalten blieb, waren die authentischen oder fiktiven Schilderungen von Schicksalen, die den ab 1939 in die Sowjetunion verschleppten Polen widerfuhren. Diese und andere Themenbereiche, darunter zu Beginn der fünfziger Jahre selbst der abendländische Einfluß auf die polnische Kultur, durften in Polen lange nicht dargestellt werden. Insofern genossen die Exilierten, die überdies universelle Erfahrungen sammelten, als Schriftsteller ein Privileg. Sie garantierten dafür die Identität und Kontinuität im geistigen

---

3 Józef Wittlin, Blaski i nędze wygnania. Paris 1963. Zitiert nach: Wittlin, Glanz und Elend des Exils. In: Autoren im Exil. Hrsg. von Karl Corino. Frankfurt a. M. 1981, S. 16.

4 Vgl. dazu: Krzysztof Dybciak, Panorama literatury na obczyźnie. Kraków 1990, S. 11 ff.

5 Vgl. Marian Stępień, Dalekie drogi literatury polskiej (Szkice o literaturze emigracyjnej). Kraków 1989, S. 512-516 (Bibliographie). - Stępień hatte 1983 gemeinsam mit Aleksander Wilkoń in der 3. Aufl. der zweibändigen "Historia literatury polskiej w zarysie" erstmals in einem Nachschlagewerk Volkspolens die Exilliteratur angemessen in die historisch-synthetische Darstellung einbezogen.

6 Janusz Sławiński, Vorwort zu: Literatura źle obecna. Materiały z konferencji naukowej IBL PAN 27. X. - 30. X. 1981. Kraków 1986, S. 7.

Leben der Polen, überschritten die nationalen und thematischen Beschränkungen der Literatur im Land. Dabei war ihnen an den heimischen Lesern (Jerzy Stempowski nannte sie das "Auditorium letzter Instanz") aus gutem Grund gelegen. "Der polnische Leser im Ausland hat im allgemeinen traditionelle Neigungen, dem Experiment, besonders dem formalen Experiment, begegnet er mit Mißtrauen", erklärte der in München lebende Tadeusz Nowakowski.[7] (Nicht jeder Autor verschmerzte diese Tatsache so leicht wie Witold Gombrowicz.)

In Hinsicht auf die wünschenswerte Resonanz in der Heimat erwies sich ein Beschluß als verhängnisvoll, den der Verband Polnischer Schriftsteller im Ausland im Oktober 1956 faßte. Er verbot den Autoren, in offiziellen Verlagen Polens zu publizieren. Zwar stimmten von 113 Verbandsmitgliedern lediglich 23 für den Entwurf, doch wirkte der Vorfall in seiner - laut Czesław Miłosz - "grellen Disproportion zu den Ereignissen in Polen und in der Welt"[8] auf Abgrenzung hin und belastete das Verhältnis zwischen Inlandsinstitutionen und Auslandspolen für viele Jahre.

Gleichwohl war er nur ein Symptom für den permanenten politischen Konflikt, der von 1945 bis 1989 zwischen beiden "Lagern" schwelte. Mit unterschiedlicher Intensität wiederholten sich Versuche, einander gute Autoren abspenstig zu machen. Dem lag das Bedürfnis nach jeweiliger ideologischer Selbstbestätigung zugrunde. Warben die einen um Heimkehr und Integration in die "einzig wirkliche" Nationalliteratur, so suchten die anderen durch "Hinausführen" der Literatur die Kulturlosigkeit des Kommunismus zu beweisen. Erst von den achtziger Jahren an mehrten sich in Polen die kulturpolitischen und literaturwissenschaftlichen Bemühungen um die Rezeption wichtiger Werke der Exilschriftsteller. Die Überzeugung griff zunehmend Raum, daß die Reduktion des nationalen Kulturbewußtseins schädlich sei und daß "Werte, ohne die eine Kultur unvollständig und zu gesetzmäßiger Entwicklung nicht fähig ist, aus dem geistigen Leben nicht ausgeklammert werden"[9] dürfen.

Die Differenzierungen nahmen mit den Jahren auf beiden Seiten des "eisernen Vorhangs" zu. Der Gegensatz zum - vereinfacht gesagt - kommunistischen Polen konnte Konflikte innerhalb des Exils nicht dauerhaft überdecken. Schon im Herbst 1939 hatte Wittlin in Frankreich sehr kritische Worte über die "Crème" der ersten Ausreisewelle geäußert, ihre Angehörigen als "käufliche Patrioten" verdächtigt, die selbst Mitschuld hätten an der Katastrophe. Er zog hier die ersten Striche für ein Eigenporträt des polnischen zeitgenössischen Exils. In seinem Generalangriff im "Dziennik" (Tagebuch) der fünfziger Jahre tadelte Gombrowicz dann vor allem die Unfähigkeit seiner emigrierten schreibenden Landsleute, ihre Freiheit vom "polnischen Buckel" in wirkliche ästhetische Innovation umzusetzen, um auf diese Weise dem Provinzialismus und Isolationismus zu entkommen.

In den sechziger und siebziger Jahren wogte der Meinungsstreit innerhalb des Exils, kritische Statements steuerten unter anderen Miłosz und Mrożek bei. Beide Autoren

---

7　Zitiert nach: Dybciak, Panorama literatury na obczyźnie, S. 77.

8　Zitiert nach: Stępień, Dalekie drogi literatury polskiej, S. 67.

9　Andrzej Lam, Pisarze obecni - nieobecni. In: Polityka, 2/1982, S. 9.

waren politischer Instrumentierung unverdächtig. In Polen selbst war das Ansehen des Exils nach Verkündung des Kriegszustandes Ende 1981 deutlich gewachsen. Aus der Sicht der Heimat dominierte die Legende, die verklärende Gesamtschau. Interessant ist in diesem Kontext ein Resümee, das 1990 in einer Veröffentlichung für ein knappes halbes Jahrhundert Exilliteratur gezogen wurde. Im Zeitalter postmodernistischer Relativierung von Ganzheiten und Gewißheiten betreibt in Polen offenbar eine Mitte-Rechts-Literaturwissenschaft aus dem Umkreis der Katholischen Universität Lublin die neokonservative Aufwertung der Emigration. "In dem für unsere Epoche zentralen Konflikt zwischen Totalitarismen und Demokratie hat die Exilliteratur einen eigenen und originellen Platz eingenommen", erklärt Krzysztof Dybciak.[10] Während die totalitären Systeme laizistische Pseudoreligionen geschaffen hätten, seien die pluralistisch-liberalen Demokratien areligiös und aphilosophisch, jedenfalls relativistisch geworden. Seien die einen moralisch und philosophisch gescheitert, so hätten sich in den anderen innere Leere und linke Illusionen ausgebreitet. Allein die polnische Exilliteratur hätte beide Extreme vermieden.

Am Selbstporträt des polnischen literarischen Exils haben seine Vertreter in Selbstzeugnissen und literarischen Werken beständig und unmerklich gearbeitet. Die Kategorie Auto-Image, wie sie etwa in der literaturwissenschaftlichen Komparatistik der Aachener Schule definiert ist, dient dazu, den Charakter einer (nationalen) Gruppe z. B. in Konfrontation mit der Außensicht zu bestimmen.[11] Das Problem in seiner Gesamtheit reicht über das streng Literarische hinaus, anzustreben ist in jedem Fall eine entideologisierte, rationale Interpretation.

Die beiden Gewährsleute innerhalb des polnischen Exils nach 1945, auf die wir uns bei der folgenden Argumentation stützen, sind Witold Gombrowicz (1904-1969) und Sławomir Mrożek (geb. 1930). Beide besaßen bzw. besitzen eine psychische Konsistenz, die sie eine selbständige, unabhängige Position in der Gruppe der Exulanten erringen und ertragen ließ. Ihre Wertungen enthalten daher ein Höchstmaß an Ungebundenheit. Neben ihrer prinzipiellen Autorität als Schriftsteller, die in der polnischen Gesellschaft nicht eigens begründet zu werden braucht, wirkte in beiden Fällen als zusätzliche Autorisation, daß sie den ersten Teil ihrer Schriftstellerexistenz in Polen verbrachten, das verhandelte Problem - das Bild des Exils - also von beiden Perspektiven her kannten bzw. kennen. Zugleich entgingen sie weitgehend jenen - positiven oder negativen - Stereotypen[12], von denen Kulturfunktionäre, Publizisten, Schriftsteller und dgl. in Volkspolen zwischen 1945 und 1989 so häufig beeinflußt waren.

---

10 Dybciak, Panorama literatury na obczyźnie, S. 10.

11 Vgl. Hugo Dyserinck, Komparatistik. Eine Einführung. Bonn 1977, S. 132.

12 Als Stereotype betrachten wir in diesem Zusammenhang übertriebene Vorstellungen, die mit einer sozialen Kategorie oder Gruppe assoziiert werden; vgl. Bernd Simon, Soziale Identität und wahrgenommene Intragruppen-Homogenität in Minoritäts-Majoritäts-Kontexten. Münster (Diss.) 1989, Einleitung, S. 1.

Witold Gombrowicz und sein Polen-Verhältnis im "Dziennik" und im Abrechnungsroman "Trans-Atlantyk"

Für Gombrowicz hatte der Sommer 1939 die Wende in der Biographie gebracht. Als geladener Gast bei der Jungfernfahrt des Überseedampfers "Chrobry" traf der Fünfund- dreißigjährige am 22. August in Buenos Aires ein, um sich zwei Wochen in der argentini- schen Hauptstadt aufzuhalten. Doch nach dem deutschen Angriff auf Polen, dem Aus- bruch des Krieges, verzichtete er auf die Heimkehr. Nach der Umwälzung von 1944/45 wurde ihm die Heimat erst recht suspekt. So harrte er fast 24 Jahre im südamerikanischen Exil aus, und erst ein Stipendium führte ihn, bereits als renommierten Autor, Anfang 1963 nach Europa zurück. Ein Jahr verbrachte er als Gast der Akademie der Künste in WestBerlin, 1964 zog er nach Südfrankreich, nach Vence. Polen sah er nicht wieder.

Das Image, das Gombrowicz den polnischen Emigranten in Westeuropa und Amerika aus der teilnehmenden Beobachtung heraus verlieh, wird hier und im folgenden von zwei Gesichtspunkten nachgezeichnet: zum einen anhand der diskursiven Äußerungen, wie sie namentlich die umfänglichen Aufzeichnungen des Schriftstellers zwischen 1953 und 1969 - niedergelegt im "Dziennik" (Tagebuch) - zum Thema enthalten; zum anderen kraft einer Analyse des Romans "Trans-Atlantyk" (Trans-Atlantik), der 1949-1951 in Argentinien entstand und 1953 in Paris - zugleich mit dem Drama "Ślub" (Die Trauung) - erstmals erschien.

Gombrowicz' Polen-Verhältnis anhand des "Dziennik"

Im allerersten Fragment seines "Dziennik" (von manchen das wichtigste Buch der pol- nischen Literatur im 20. Jahrhundert geheißen), das die Pariser "Kultura" im April 1953 druckte, befaßte sich der Noch-Bankangestellte Witold Gombrowicz mit der Rolle der ihm nahestehenden Emigranten und gleichzeitig mit deren Zentren England und Nordamerika. In den Kriegs- und Nachkriegsjahren hatte den Autor, wie viele, das Emigrantengeschick emotional erschüttert, nun schlug er einen eher spöttischen Ton an: "Die Emigranten- presse erinnert an ein Krankenhaus, wo den Rekonvaleszenten nur leichtverdauliche Süpp- chen gereicht werden. Wozu alte Wunden aufreißen?"[13] Sanftheit und Zurückhaltung aber schienen ihm angesichts der Auseinandersetzung mit den neuen Machthabern an der Weichsel fehl am Platz. Die großen Namen früherer polnischer Emigranten, Mickiewicz oder Chopin - sie dienten nach seinem Eindruck lediglich zur Hebung des Selbstwert- gefühls gegenüber den Einheimischen, für die nationalen Probleme der Gegenwart er- brachten sie wenig.

Gombrowicz hatte rasch und exakt jenes Dilemma erfaßt, dem sich die Intellektuellen im Nachkriegspolen gegenübersahen: "entweder ein kommunistisches Polen oder das

---

13 Witold Gombrowicz, Dziennik 1953-1969. Zitiert nach: Gombrowicz, Tagebuch 1953-1969. Aus dem Polnischen von Olaf Kühl. München - Wien 1988, S. 10 (= Gombrowicz, Gesammelte Werke, Band 6-8, durchgehende Seitennumerierung; Zitate im folgenden nach dieser Ausgabe).

sentimental-klerikale, fremdenfeindliche Polen, das man aus der Vorkriegszeit kannte."[14]
Konnten die ausgewanderten Schriftsteller dem Westen etwas von ihren "finsteren Erfahrungen" mit Totalitarismen mitteilen? Gombrowicz ermahnte speziell Czesław Miłosz,
Emigrant seit 1951, mit dem er später oft übereinstimmte, die kommunistische Gefahr
nicht zu dämonisieren. "Revolutionen, Kriege, Katastrophen - was bedeutet dieser Schaum
im Vergleich zum fundamentalen Grauen des Daseins?"[15] fragte er mit philosophischer
Attitüde. Dabei lag es ihm fern, Vorkriegspolen zu idealisieren: "War das Leben dort
nicht auch elend, ärmlich und beschränkt - war es nicht ein ewiges Warten auf das Leben,
das 'morgen beginnt'?"[16] Im Vorwort zur "Trans-Atlantyk"-Ausgabe von 1953 war das
Bemühen um Differenzierung ganz deutlich geworden: "Das neue, 'proletarische' Polen,
welches das alte ersetzte, hat zwar den Anachronismus in verschiedenen Hinsichten über-
wunden und manche berechtigte Reform durchgeführt, versucht aber wieder, den Polen
einen engen und primitiven Stil, eine lähmende Form aufzudrängen."[17]

Gombrowicz neigte dazu, den Kommunismus als Revanche für die jahrhundertelange
Unterdrückung der Bauern - die ihm in Argentinien erneut begegnete - zu betrachten.
Doch er dachte nicht daran, sich diesem System selbst auszusetzen. Zwar äußerte er verschiedentlich Verständnis für die emanzipatorischen Ziele der Kommunisten, glaubte aber
nicht an die Wirksamkeit ihrer Mittel. Dem "Dziennik" vertraute er 1954 - ein Jahr nach
Erscheinen von Miłosz' differenzierter Abrechnung mit dem Totalitarismus "Zniewolony
umysł" (Versklavtes Denken, dt. unter dem Titel "Verführtes Denken") - diese Erwägungen an: "Es ist nicht schwer, Kommunistenfresser zu sein, wenn man an die Heilige Drei-
faltigkeit glaubt. Wenn man vergangene Schönheit atmet. Wenn man verläßlicher
Vertreter seines Milieus, wenn man Graf, Herrenreiter, Gutsbesitzer, Kaufmann oder
Industrieller, Ingenieur oder Finanzmann, Sienkiewicz oder Antisemit ist. Aber ich? Ich,
der ich eine Menschheit ohne Fetisch fordere, ich, der 'Verräter' und 'Provokateur' meiner
eigenen Kreise, ich, für den die moderne Kultur eine Mystifikation ist. ... Weshalb lehne
ich den Kommunismus ab?"[18] Es war vor allem eine lebens- und schaffensnotwendige
Ungebundenheit, die Autonomie des Künstlers, also "etwas höchst Persönliches", das die
Aussöhnung Gombrowicz' mit dem Regime Nachkriegspolens ausschloß und ihn den
Emigrantenstatus als das kleinere Übel tragen ließ.

---

14 Ewa Kobylińska in: Deutsche und Polen. 100 Schlüsselbegriffe. Hrsg. von Ewa Kobylińska, Andreas
    Lawaty und Rüdiger Stephan. München - Zürich 1992, S. 205.

15 Gombrowicz, Tagebuch 1953-1969, S.31 (vgl. Anm. 13).

16 Ebenda, S. 112.

17 Witold Gombrowicz, Trans-Atlantyk. Zitiert nach: Gombrowicz, Trans-Atlantik. Aus dem Polnischen
    von Rolf Fieguth. München - Wien 1987, S. 201 (= Gombrowicz, Gesammelte Werke, Band. 2;
    Zitate im folgenden nach dieser Ausgabe). - Über die dominante Opposition Form - Anti-Form bei
    Gombrowicz vgl. die Monographie: Jan van der Meer, Form vs Anti-Form. Das semantische
    Universum von Witold Gombrowicz. Amsterdam - Atlanta 1992; zu diesem Band vgl.: Dietrich
    Scholze, Rezension in: Zeitschrift für Slawistik, 39/1994, 1, S. 150 f.

18 Gombrowicz, Tagebuch 1953-1969, S. 139 f. (vgl. Anm. 13).

Nachdem Gombrowicz aus der Gemeinschaft der Polen einmal herausgefallen war, mußte er zu ihr auf Distanz gehen, den nationalen gegen einen allgemeingültigen Maßstab eintauschen. "Das ganze Leben habe ich darum gekämpft, kein 'polnischer Autor', sondern ich selbst, Gombrowicz zu sein"[19], notierte er 1969 rückblickend. Je länger die Entfernung von Polen andauerte, desto souveräner hat der Autor auch das Polnische in sich wieder betont (am sichtbarsten übrigens in den "Berliner Notizen" von 1963/64). Und desto eifriger ist er gegen den "polnischen Komplex", verstanden sowohl als Minderwertigkeitsgefühl wie als Größenwahn, zu Felde gezogen. "Mich, der ich fürchterlich polnisch bin und fürchterlich gegen Polen rebelliere, hat die kindliche, abgeleitete, bereinigte und fromme polnische Welt immer geärgert. In ihr sah ich den Grund für die historische Unbeweglichkeit Polens."[20] 1947 erkannte Argentinien überraschend die neue Warschauer Regierung an, aus diesem Anlaß reflektierte der Schriftsteller erstmals als Emigrant über seine Beziehung zur Heimat. "Wie hatte mein Umgang mit dem Vaterland bislang ausgesehen? Solange ich in Polen lebte, d. h. bis zum Krieg, war es mir kaum aufgefallen - nur flüchtig und nebelhaft, wie eine Atmosphäre, die man atmet."[21] Nach Kriegsausbruch plagte Gombrowicz dann zunehmend die Antinomie Jugend und Reife, "so daß Staaten und Nationen ihren Sinn für mich verloren". Die Abneigung gegen die Nation resultierte auch daraus, daß der Autor sich als psychisch unfähig zur Verteidigung des Vaterlandes erfahren hatte. "Wie konnte ich mich mit der Nation abfinden, wenn sie mich zu Taten zwang, die mir unmöglich waren, über meine Fassung gingen?"[22]

Aus dem schwierigen Verhältnis zur polnischen Nation erwuchsen mit der Zeit Ideen, wie der Nationalcharakter zu verändern wäre: "Zu Zerstörern der eigenen Geschichte müssen wir werden und uns allein auf unsere Gegenwart stützen - denn die Geschichte ist gerade unsere Erblast, sie vermittelt uns ein künstliches Bild von uns selbst ..."[23] Mit dieser Absage - 1954 - an eine überlebte Tradition, die Polen "unreif" belassen und daran gehindert habe, seinen gleichberechtigten Platz im Europa der Zwischenkriegszeit einzunehmen, war ein Grundaspekt der Gombrowiczschen "nationalen Philosophie" umrissen. Darin spiegelte sich künftig nicht mehr nur das Autor-Ich, sondern auch dessen Beziehung zur Welt. Eröffnet war ein Schauplatz für publizistische Geplänkel, auf dem es Gombrowicz - zunächst bei der Emigration, später auch im Lande - zu großer Wirkung brachte. Er ging davon aus, daß "Pole sein vor allem bedeutet, nach einem bestimmten gesellschaftlichen Muster geprägt zu sein"[24]. Mit dem Begriff Pole assoziiert wurden demnach Kennwörter wie Romantiker, Idealist, tapferer Soldat, Patriot. Gombrowicz drang seit Beginn der fünfziger Jahre auf den Abbau dieserart Klischees, Konventionen oder

---

19 Ebenda, S. 989.

20 Ebenda, S. 299.

21 Ebenda, S. 1001.

22 Ebenda, S. 1002.

23 Ebenda, S. 183.

24 Wojciech Wyskiel, O "Trans-Atlantyku" Witolda Gombrowicza. In: Ruch Literacki 14/1973, 4, S. 250.

Stereotypen, die in erster Linie durch die Literatur, eine Form der nationalen Ideologie, befestigt worden waren. Direkt aufs Korn nahm er seine Mitexulanten, die nach dem Krieg die Hauptrezipienten der in der Pariser "Kultura" publizierten Beiträge waren. Gombrowicz scheute sich nicht, ihnen intellektuelle Erstarrung, Traditionalismus und geistige Enge vorzuhalten. Da er sich an Aktionen wie jenem Boykott polnischer Verlage von 1956 fast niemals beteiligte, waren Diskrepanzen mit der namentlich in London institutionalisierten Emigration vorprogrammiert.

Gombrowicz' Haltung hatte ihren geistesgeschichtlichen Hintergrund; sie war, wie ein Kritiker schrieb, "die Negation des in früheren Epochen obligaten poetischen Lobpreises der Nation"[25]. Hier war eine Revision an der Zeit, wollte Polen den zivilisatorisch führenden Nationen nicht ewig hinterherlaufen. Gerade unter psychologischem Aspekt wirkte Gombrowicz' Initiative nachhaltig, denn seine Strategie war vermutlich die einzig erfolgversprechende: "Wir müßten uns psychisch so einstellen, daß wir zugleich in der Nation und außerhalb ihrer sind - und sogar über der Nation stehen. Außenstehen und darüberstehen, um uns die Nation nach unserem eigenen Ebenbild zu schaffen."[26] Nur aus dieser archimedischen Position heraus sei die polnische Nation - ganz wie der Erdball in Mickiewicz' rebellischer "Oda do młodości" (Ode an die Jugend) - aus den Angeln zu heben und in neue Bahnen zu lenken.

Nach 20 Jahren Ausland, 1959, zieht Gombrowicz im "Dziennik" Bilanz; nebenbei wertet er einige Errungenschaften der Polen daheim und draußen. "Wie haben sich schließlich die Rollen verteilt? Wer hat verspielt, wer triumphiert - Polen oder die Emigration? Wo hat Polen letztlich ein Zuhause gefunden - im Heimatland oder 'in den Herzen der Auswanderer'? - Gesteht es: die Emigration ist ein einziger großer 'Blindgänger', in der Ausgabe von 1939 ist sie mißglückt."[27] "Intensität bewiesen" hat sie, so der Spötter Gombrowicz, allein "beim Sichverschanzen und Verbarrikadieren im Antikommunismus, beim Kampf gegen das rote Polen"[28]. Gombrowicz verlangt mehr - einen Unterschied zu machen zwischen dem politischen bzw. propagandistischen Antikommunismus und jenem des Dichters und Denkers. Nach seiner Auffassung hatten die Emigranten samt ihren Schriftstellern, mit Ausnahme wenigstens von Miłosz, sich weder mit dem theoretischen Marxismus noch mit dem Existentialismus ernsthaft beschäftigt. Und so verwundert sein Fazit nicht, "daß - allem Elend zum Trotz - die Oberschicht in Polen heute die Elite der Emigration an Intelligenz und Bildung übertrifft. ... Während die Emigration die meisten Chancen vertan hat, die ihr durch die große Freiheit im Westen und durch den Kontakt mit seinen Reichtümern geboten wurden, haben die Menschen in der Heimat ihre Vorzüge zumindest teilweise zu nutzen verstanden. Was für Vorzüge das sind? In erster Linie ein innerer, verborgener, fast konspirativer Reifeprozeß, den man in einer Atmosphäre der Er-

---

25 Stanisław Gębala, Diagnoza stanu świadomości Polaków zawarta w "Dzienniku" Witolda Gombrowicza. In: Pisarz na obczyźnie. Hrsg. von Bujnicki/Wyskiel. Wrocław u. a. 1985, S. 140.

26 Gombrowicz, Trans-Atlantik, S. 203 (vgl. Anm. 17).

27 Gombrowicz, Tagebuch 1953-1969, S. 591 (vgl. Anm. 13).

28 Ebenda, S. 593.

stickung, Gewalt, aller möglichen Schikanen und Schwierigkeiten wohl findet - und erst recht bei Katastrophen, Gefährdungen, Traumen und Niederlagen. Das alles hat sie hart gemacht, während die Weichheit und Monotonie der Emigration (deren einziger Kampf der ums Geld ist) sie zur idealen Bourgeoisie werden ließen."[29]

Es wäre sicherlich verkehrt, dieses Urteil von 1960 auf die Geschichte der polnischen Nachkriegsemigration insgesamt zu übertragen.

Das Bild der Polen in "Trans-Atlantyk"

Am Ende der vierziger Jahre, also ein gutes Jahrzehnt früher, war die soeben dokumentierte Sichtweise bei dem Schriftsteller längst noch nicht so ausgeprägt. Gombrowicz' Empfinden aber muß in diese Richtung gegangen sein, weshalb sonst hätte er "Trans-Atlantyk", "die Geschichte meines Anbändelns mit dem Vaterland"[30], in Angriff nehmen sollen? Dieser satirische, unter sprachlich-formalem Aspekt hochinteressante kurze Roman wurde zur Abrechnung Gombrowicz' mit Mentalität und nationaler "Form" des (antiquierten) polnischen Adels und der aus ihm hervorgegangenen Intelligenz. Es blieb zugleich, freilich à rebours, das am meisten polnische Buch des Autors.

"'Trans-Atlantyk' ist von allem, was ihr wollt, etwas: Satire, Kritik, Traktat, Spaß und Spiel, Absurdität, Drama - aber nichts davon ist es ganz und ausschließlich, denn es ist nur ich, meine 'Vibration', meine Entladung, meine Existenz."[31] Dieser Satz aus dem Vorwort zur ersten Warschauer Ausgabe von 1957 ist, bis hin zur teilweisen Zurücknahme, typisch für Gombrowicz' (postmoderne) Strategie, die Rezeption seiner Werke durch geschickt gestreute Autokommentare nach eigenem Konzept zu manipulieren. Auch wir werden uns diesem Mechanismus nicht ganz entziehen können. Der Schwerpunkt der Interpretation soll auf dem Umgang mit polnischen Verhaltensmustern liegen, wie er im Buch direkt oder indirekt erscheint.

Vorab kurz zur Fabel. Der Roman gestaltet eingangs, in scheinbar autobiographischer Manier, die Erfahrungen eines polnischen Ankömmlings im Einwanderungsland Argentinien. Im Sommer 1939 - in Polen bricht derweil der Krieg aus - sucht und findet die Erzählerfigur "ich Gombrowicz" Anschluß an Einheimische und wird in verschiedene bizarre Aktivitäten hineingezogen. So soll er einem homosexuellen argentinischen Millionär einen jungen, tugendsamen Polen, den Sohn eines Majors, zuführen. Dabei gewinnt er Einblick in die groteske, archaische Denk- und Lebenswelt seiner Landsleute. Die Ereignisse geraten in absurde Bahnen, die Handlung verklingt in homerischem Gelächter.

Der historisch verbürgte Auftakt samt Ich-Erzähler "Gombrowicz" legt eine realistische Spur und taucht die weiteren Abläufe, nach dem Prinzip des Konstrasts, in ein desto irreaeleres Licht. Spätestens der Gang in die polnische Gesandtschaft im dritten und vierten

---

29 Ebenda, S. 604 f.

30 Ebenda, S. 1011.

31 Witold Gombrowicz, Vorwort zur Warschauer Ausgabe von "Trans-Atlantyk". In: Gombrowicz, Trans-Atlantik, S. 207 (vgl. Anm. 17).

Abschnitt des Buches zeigt, daß gerade auf Außenposten - "an einer recht distinguierten Straße"[32] - die Polen gewillt sind, ihre nationalen Stereotype am Leben zu erhalten: "Wir werden den feind schlagen!" (S. 20) versichert der Minister pflichtgemäß, und nachdem er sich davon überzeugt hat, daß der Gast Literat ist, erweist er nebst Botschaftsrat dem "Großen Polnischen Schriftsteller" (S. 22) nach außen hin untertänigst Ehre - während er ihn intern "Güllenscheißer" (so Fieguths alliterierende Übertragung von "gówniarz") tituliert. Gleichermaßen verknöchert und infantil geht es bei der Banco Polaco zu, bei der sich der Held einstellen läßt (und wo Gombrowicz zwischen 1947 und 1955 selbst beschäftigt war). Eine erste Kumulation der grotesken Mittel tritt ein, als der Erzähler im siebten Abschnitt dem reichen Homosexuellen Gonzalo begegnet, bei dessen Anblick er als guter Pole zuerst natürlich "die treppe hinunter vor meiner schande geflohen war" (S. 50). Doch es kommt zur näheren Bekanntschaft, nach anfänglicher Weigerung macht sich der Erzähler auf einem "Tanz-Saal" mit dem Vater des jungen, attraktiven Polen Ignatz auf altpolnisch bekannt ("Verzeihen Sie meine dreistigkeit, doch vernahm ich unsere Sprache; wünsche drum den herrn Landsmann zu begrüßen" - S. 64), währenddessen hinter beider Rücken der "Puto" (der Päderast) Gonzalo zu seinem Opfer Kontakt findet. Der Erzähler entschließt sich nach einigem Schwanken gegen die traditionelle, "gottesfürchtige" - weil allzu polnische - Haltung und wird in der Folge zum Zuhälter an seinem Landsmann. Ignatz' Vater, der Major a. D. Kobrzycki, fordert den Millionär zum Duell: "... es darf nicht sein, daß ich als feigling gelte, und dies auch noch vor Ausländern!" (S. 71). Das ist ein Kennzeichen der Romanwelt: Die Polen wollen unbedingt Polen bleiben - Polen und stolz -, die hehren Vorstellungen von sich selbst bewahren und möglichst anderen weitervermitteln. Das Vaterland seinerseits bleibt "heilig" (und darf nicht zum "Sohnland" werden), die alten Schlachta-Traditionen, wie sie die Emigranten pflegen, ketten sie in der Fremde buchstäblich aneinander.

Gombrowicz, der diese Traditionen im "Dziennik" eine "Erblast" nannte, projizierte sie in "Trans-Atlantyk" in eine phantastisch-absurde Welt, in der sie als Stereotype, Klischees und Konventionen vor den Augen des Lesers reihenweise "störzen". Zur Denunziation obsoleter, prekärer nationaler Haltungen verwandte er diverse literarische Stilmittel, in deren Zusammenspiel unter anderen Miłosz eine Erneuerung der polnischen Prosa erblickte. Denn vor allem auf der Ebene des Stils führte Gombrowicz die ästhetische Kampagne gegen die erstarrten Bruchstücke nationalen Bewußtseins, komponierte er die "kunstvoll beziehungsreiche Abschiedsetüde von Polen" (Fritz J. Raddatz). Als die auffälligste, weil allgegenwärtige Waffe fungiert im Buch die Parodie, gefolgt vom Paradoxon. Gombrowicz bezog sich - die zitierten Textstellen lassen es vermuten - auf Traditionen der Barockliteratur, doch nur, um sie im parodistischen Falsifikat zu entstellen. Mit der Art dieses Tagebuchs erinnert er an den Barockautor Jan Chryzostom Pasek (um 1636-1701), den Inbegriff jener zwiespältigen Ideologie des 17. Jahrhunderts, die als Sarmatismus bis heute auf die provinziellen, intoleranten Züge in Lebensstil und Weltanschauung des polnischen Adels verweist. Da in der Romantik nationaler Kult und freiheitliches Pathos

---

32 Ebenda, S. 16. - Die Seitenangaben im folgenden Text beziehen sich auf diese Ausgabe.

diesen Ursprungs funktional wiederbelebt wurden, richtete Gombrowicz einen parodistischen Seitenhieb auch gegen Adam Mickiewicz: Die feindlichen Lager in ihrem Streit und die Familienbeziehungen assoziieren das Nationalepos "Pan Tadeusz".[33]

Auch das Paradoxon, als verblüffende, scheinbar widersinnige Behauptung, ist ein im Barock angelegtes Stilprinzip, das die höhnische Negation des Gesagten erlaubt. Durch Wiederholungen und Steigerungen, durch einen eigenen Rhythmus strukturierte der Autor in oft paradoxer Weise den Erzählablauf. Ähnliche Effekte ließen sich mit Ironie, Groteske und Absurdem erzielen. Wie in seinen Theaterstücken zitierte der Schriftsteller literarische Formen hauptsächlich dazu, um sie zu überwinden, zu "zerbrechen". Die Lexik des Romans ruft ständig die polnische Kulturtradition herauf, doch Sinn und Funktion der sprachlichen Elemente in ihrem Kontext generieren eine ganz andere, unübliche, schockierende Rezeptionsweise.[34]

In einem Begleittext zu ersten Fragmenten des Romans (gedruckt in der Mai-Nummer von 1951 der "Kultura") hatte der Verfasser noch arglos eine "altfränkische Plauderei" angekündigt, womit das seit der Romantik in Polen bekannte Genre der "Gawęda" gemeint war. Darin schmückt ein Ich-Erzähler - meist adliger Herkunft - seine Erlebnisse phantasievoll aus.[35] Die öffentlichen Reaktionen aber waren stürmisch. Ein "Gebrüll der Empörung" habe die Leserschaft in der Emigration angestimmt, berichtet Gombrowicz im Vorwort zur Warschauer Erstausgabe. Als vorbeugende Erklärung für das Publikum daheim fügte er hinzu, daß es sich zwar um eine Abrechnung handele, doch "mit dem Polen, wie es die Bedingungen seiner historischen Existenz und seiner Stellung in der Welt hervorgebracht haben (d. h. mit einem schwachen Polen)"[36]. Er wollte einer engen, oberflächlichen Lektüre seines Buches vorbeugen, dessen Konterbande auf nichts Geringeres als Befreiung vom "polnischen Komplex", von der "polnischen Form" gerichtet war. Denn nur wenige Landsleute hatten sofort und so klar erkannt wie der seit 1941 im New Yorker Exil lebende Józef Wittlin, daß "Gombrowicz unserem Bewußtsein widerstrebende, *peinliche* und geradezu krankhafte Zustände unseres psychischen Lebens brutal enthüllt"[37].

Sławomir Mrożeks Kammerspiel "Emigranci"

---

33 Vgl. Jerzy Jarzębski, Gra w Gombrowicza. Warszawa 1982, S. 400; vgl. auch: Janusz Rohoziński und Tomasz Wroczynski, Tradycja barokowa w "Trans-Atlantyku" W. Gombrowicza. In: Przegląd Humanistyczny 32/1988, 1-2, S. 69-80.

34 Vgl. Ewa Widota, Leksyka symboliczna w "Trans-Atlantyku" Witolda Gombrowicza. In: Ruch Literacki 16/1975, 1, S. 1-12.

35 Witold Gombrowicz, Vorwort zu den ersten in "Kultura" abgedruckten Auszügen aus dem Roman (1951). In: Gombrowicz, Trans-Atlantik, S.178 (vgl. Anm. 17).

36 Ebenda, S. 206.

37 Wittlin, Einleitende Bemerkungen zur Pariser Ausgabe von "Trans-Atlantyk" (1953). Zitiert nach: ebenda, S. 184.

Im Jahre 1963, nach den ersten großen Erfolgen, verließ Mrożek Polen, zog zunächst nach Italien, zwischen 1968 und 1990 lebte er überwiegend in Paris. Seine künstlerische Weltsicht gab er mit der Abreise aus Krakau keineswegs sogleich auf, er verstand sich ausdrücklich nicht als Emigrant, sondern "als Reisender in Raum und Zeit". Die Exilproblematik an sich beschäftigte ihn daher nicht. Erst mit dem wenig populären Stück "Vatzlav" (Watzlaff, 1968) unternahm er einen vorsichtigen Versuch, die eigene Exilsituation zu bestimmen: "Durch unfreiwilligen Schiffbruch aus der Unfreiheit ausgebrochen, bin ich jetzt frei, weil ich schiffbrüchig bin, aber zu gebrochen, um mich ganz frei zu fühlen."[38] Überhaupt scheint das europäische Schicksalsjahr 1968 einen Wandel in Mrożeks Schaffensprinzipien verursacht zu haben. Aus essayistischen und feuilletonistischen Bekundungen ergibt sich der Eindruck, daß die damaligen Ereignisse - Mrożek war in Paris hautnah dabeigewesen - den Dramatiker zu der Auffassung gedrängt hatten, das Publikum wolle jetzt mit Ernst und Verantwortungsgefühl über Grundfragen der Zeit informiert werden. Dieser Verantwortung suchte er sich zu stellen.[39]

Das 1973/74 entstandene, 1974 veröffentlichte Schauspiel in einem Akt "Emigranci" (Emigranten) zeigte sowohl durch sein Thema als auch auf der formalen Seite den Wandel an. Es ist keine Parabel mehr, sondern ein herkömmliches, scheinbar aus dem Leben gegriffenes Zweipersonenspiel, das damals wie eine Rehabilitierung des traditionellen, psychologischen Dramas auf der Basis mimetischer Abbildung wirkte. Die beiden Figuren sind in ihrem Denken und Tun, also psychologisch, detailliert gezeichnet, sie befinden sich in einer vergleichsweise normalen, historisch und sozial konkreten Situation. Ihre Sprache ist nach Herkunft und Status unterschieden, sie gehören unterschiedlichen Gesellschaftsgruppen an. Die Spannung erwächst primär aus dem abendfüllenden Dialog, Handlungsakzente sind sparsam gesetzt. Die Interaktion der Gestalten produziert - im Vergleich zu früheren Stücken - nur noch selten groteske oder absurde Momente, bestimmend sind die tragikomischen Züge, die sich aus dem Konflikt der Heimatlosigkeit bzw. des Kulturwechsels ergeben. "Emigranci" wurde zu dem nach "Tango" (1964) meistgespielten Stück Mrożeks.[40] Und zwar in Polen wie im Ausland, denn es besitzt sowohl eine universelle als auch eine eminent nationale Komponente.

Im Keller eines Mietshauses, in einer westeuropäischen Großstadt, verbringen zwei Gastarbeiter anfangs der siebziger Jahre den Silvesterabend miteinander. Angesichts der Gesprächsthemen liegt es nahe, sie als polnische Emigranten in Frankreich oder der Bundesrepublik zu identifizieren, die seit graumer Zeit gemeinsam in dieser primitiven Behausung leben. Ihre Motive zur Auswanderung aber sind diametral entgegengesetzt: der eine, AA genannt, ist ein Intellektueller, der andere, XX, ein politisch desinteressierter Prolet aus den unteren Schichten seiner Klasse. (Die Unterscheidung durch Buchstaben verweist

---

38 Zitiert nach: Jürgen Serke, Die verbannten Dichter. Berichte und Bilder von einer neuen Vertreibung. Hamburg 1982, S. 207.

39 Sławomir Mrożek, List na temat "Rzeźni". In: Dialog 18/1973, 9. S. 110.

40 Zum dramatischen Werk Mrożeks vgl.: Dietrich Scholze, Zwischen Vergnügen und Schock. Polnische Dramatik im 20. Jahrhundert. Berlin 1989, S. 215-240.

auf die Absicht, das Typische hervorzukehren.) Aus dem Aufeinanderprall zweier grundlegender, grundverschiedener Verhaltens- und Denkweisen erhellt das jeweilige Persön-
lichkeitsprofil, analytisch veranschaulicht wird - "bei geschlossenen Türen" (Sartre) - ein
zweifaches Drama der Existenz.

Für die historische Reflexion des Themas Exil im Sinne der polnischen "nationalen
Ideologie" ist die Figur des Intellektuellen AA die ergiebigere. XX - kräftig, untersetzt,
etwas primitiv - ist ein markanter Vertreter der Erwerbsemigration. Er schuftet im Ausland, um später daheim der Familie ein Haus zu finanzieren. Politik und Ideologie sind
ihm, solange er verdient, gleichgültig. Doch AA beweist ihm im Disput, daß er nicht nach
Hause zurückkehren wird, weil er über der Manie des Geldscheffelns dessen eigentlichen
Zweck immer weiter verdrängt: "Ein Sklave von Dingen zu sein bedeutet eine noch
größere Unfreiheit als das Gefängnis."[41] In einem halbbewußten Verzweiflungsausbruch
zerreißt XX, auf dem dramaturgischen Höhepunkt des Stücks, die gesparten Banknoten
und bestätigt so AAs Vorhersage.

Diesem aber geht damit eine Illusion, geradezu der Sinn seines Emigrantendaseins verloren. Er hatte, getrieben von der Chimäre der absoluten Freiheit, seine Existenz daheim
als ein Turnen im Käfig empfunden und beschlossen, ein Buch über das Wesen der Unfreiheit zu verfassen. "Ich, der gefangene Affe, habe beschlossen, ein Buch über den
Menschen zu schreiben." (S. 346.) Dies schien nur im Ausland, in der Freiheit, möglich.
Doch als AA dort eingetroffen war, schwand in den veränderten Bedingungen die Motivation. Da er sich nur als "Sklave" zu definieren vermochte, löste er sich vor der
Grenzenlosigkeit in nichts auf, "weder der Wille noch das Bedürfnis" (S. 348) zur Selbstverwirklichung waren mehr vorhanden. Da eben erblickte er in dem "idealen Sklaven"
XX seinen Gegenstand - wenngleich auf einer anderen, "niederen" Ebene, auf die er sich
notgedrungen begab. Er zahlte die Miete, bevormundete und erniedrigte dafür den Landsmann. Der Ausbruch, bei dem XX in einem Anfall von eigenem Willen seine Ersparnisse
vernichtet, beraubt AA endgültig der Vision eines Lebenswerks. Daher ist seine Verzweiflung schließlich die größere: Er schluchzt "herzzerreißend" (S. 364), während XX seinen
Rausch aus- und einem neuen Joch, doch auch neuer Hoffnung entgegenschläft.

Mit seiner Figurenkonstellation reproduziert Mrożek den alten sozialen Konflikt
zwischen "Kordian" und "Cham" (so in Kruczkowskis Roman von 1932), also zwischen
Adligem (bzw. Intelligenzler) und Bauern (bzw. Arbeiter). Hier verbergen sich über
Epochen hinweg soziologische Konstanten der polnischen Gesellschaft. Die Intelligenz
rekrutierte sich in ihrer Mehrheit aus dem degradierten Adel, der nach dem Januar-
aufstand von 1863 seine ursprüngliche Funktion eingebüßt hatte. Und wie zuvor der Adel,
so betrachtete sich nun die Intelligenz als die Nation schlechthin, weshalb sie bis heute
den historischen Mythos verlängert, "eine Mission gegenüber der Nation zu haben, und
sich als eine moralische Instanz versteht, an der keiner vorbeikommt"[42]. Als "moralische

---

41 Sławomir Mrożek, Emigranci. Zitiert nach: Mrożek, Stücke. Berlin 1977, S. 358. - Die Seitenzahlen
    im folgenden Text beziehen sich auf diese Ausgabe.

42 Kobylińska in: Deutsche und Polen, S. 201 (vgl. Anm. 14).

Beherrscherin", als Haupt des staatenlosen polnischen Volks war die Intelligenz am Ende des 19. Jahrhunderts zu Recht als Beschützerin der nationalen Kulturgüter und der Nationalliteratur hervorgetreten. Zugleich aber hatte sie sich, ihrer adligen Provenienz gemäß, innerhalb der tief zerklüfteten Gesellschaft eine soziale Exklusivität gesichert. "Diese Abgrenzung beruhte nicht auf dem Meiden der gesellschaftlichen Kontakte überhaupt, sondern auf der Einhaltung eines solchen Abstandes zwischen sich selbst und den Angehörigen des geringeren Standes, daß die Möglichkeit, deren Urteile zu ignorieren, bestehen blieb"[43], schrieb der Soziologe Józef Chałasiński in den fünfziger Jahren über das "Intelligenz-Ghetto".

Zwischen den beiden Emigranten in Mrożeks Drama erstreckt sich ein Abgrund, sie scheinen verschiedenen menschlichen Gattungen zuzugehören. Im Lichte dieses sozialen Kontrasts ist AAs zynische Überlegung, ob seine und XX' Vorfahren "wirklich einen gemeinsamen Gott hatten" (S. 319), durchaus statthaft. Seine Erklärung, er trinke an diesem Silvesterabend mit dem Schlafgefährten zur Buße für die "Sünden meiner Väter und Vorväter", ja für die "Nationalsünde" (S. 341), ist ein Scherz, der von der eigenen "Sünde" ablenkt. Denn AA gehört einer depravierten Generation polnischer Intellektueller an, die in Volkspolen herangewachsen ist. Sie besitzt zwar noch den Dünkel ihres Standes, aber kein Gespür mehr für soziale Verantwortung. So stellte es sich zumindest bis zum Beginn der siebziger Jahre dar: Während der Posener Arbeiterunruhen von 1956 war die linke Idee von der Einheit der fortschrittlichen Intelligenz und der Arbeiterschaft zum erstenmal widerlegt worden, bei den Streiks und Demonstrationen an der Küste im Dezember 1970 zum zweitenmal. Andererseits blieb im März 1968, beim Vorgehen des Staates gegen Warschauer Studenten und Intellektuelle, jeglicher Soliarisierungseffekt der Arbeiter aus. Diese Situation änderte sich erst ab 1976. So konnte Mrożek 1974 darauf noch nicht reagieren. Aus seiner damaligen Sicht dominierte in Polen jener untätige Intellektuelle, der es beim Einmarsch mehrerer Ostblockstaaten in die Tschechoslowakei im August 1968 nicht einmal - wie Mrożek selbst, der dafür fünf Jahre Aufführungsverbot in Kauf nahm - zu einem Protest gebracht hatte.

Daß sich Intellektuelle diesen Typs gerade zu jener Zeit verstärkt bei der polnischen Emigration einfanden, dürfte einer der Schreibanlässe für den Autor gewesen sein. Die kritische Darstellung des AA hat hier ihre Wurzeln. Zweifellos sind persönliche Eindrücke in die Gestaltung des Stoffes eingeflossen, und Mrożek wahrte schließlich zu beiden Figuren Distanz. Das negative Bild polnischer Emigranten in Westeuropa korrespondiert mit Erfahrungen, die der Dramatiker in zehn Jahren Exil hatte sammeln können. Dabei spielten freilich auch die Bedingungen in den Gastländern eine Rolle. In Beiträgen für die Pariser "Kultura" und in Essays, die er ab 1974 in der Warschauer Theaterzeitschrift "Dialog" veröffentlichte, hat Mrożek gerade die Intellektuellen mehrfach vor übertriebenen Vorstellungen vom Rang der Kultur und ihrer Träger im Westen

---

43 Józef Chałasiński, Vergangenheit und Zukunft der polnischen Intelligenz. Marburg a. d. L. 1965, S. 96 (Originalausgabe Warszawa 1958).

gewarnt.[44] Daß Einsichten dieser Art, in Dramen umgesetzt, die Rezeption behindern konnten, stellte 1982 der - prokommunistischer Neigungen unverdächtige - "Stern"-Publizist Jürgen Serke fest: "Je klarer ... Mrożeks Blick für die subtilere Menschenfeindlichkeit des Kapitalismus wurde, desto stärker distanzierte sich von ihm die 'bürgerliche' Kritik."[45] Vielleicht ein Hinweis darauf, daß Mrożek sich sein unabhängiges Urteil in jeder Hinsicht zu bewahren wußte - gegenüber dem kommunistischen Polen, den von dort kommenden Emigranten sowie den westeuropäischen Ordnungen, in denen er lebte.

*

In die Erzählung von 1933, "Pamiętnik Stefana Czarnieckiego" (Memoiren des Stefan Czarniecki) hat Gombrowicz einen Absatz aufgenommen, der den Nationalcharakter der Polen im Vergleich zu anderen Völkern betrifft. Der Ich-Erzähler illustriert darin die Vorstellungen und Klischees, die an seiner Schule in Umlauf waren:
"Ich entsinne mich eines Aufsatzes - Der Pole und andere Völker. - Freilich, es lohnt kein Wort zu verlieren von der Überlegenheit der Polen über die Neger und Asiaten, die eine abstoßende Haut haben - hatte ich geschrieben.
Doch ebenfalls im Vergleich zu europäischen Völkern ist die Überlegenheit des Polen nicht zu bezweifeln. Die Deutschen - schwerfällig, brutal, mit Plattfüßen, die Franzosen - klein, zierlich und depraviert, die Russen - behaart, die Italiener - bel canto. Welch ein erleichterndes Gefühl, ein Pole zu sein, und kein Wunder, daß alle uns beneiden und uns am liebsten von der Erde hinwegfegen möchten. Einzig der Pole erweckt keinen Widerwillen in uns.[46]
Die Stelle offenbart, daß sich der junge Autor bereits in einem seiner ersten Prosaversuche gleichsam der Völkerpsychologie zuwandte. Unter anderem das lebenslange Interesse für das Thema begründet die Kompetenz, die Gombrowicz auf dem Gebiet erworben hat. Die späteren Erfahrungen als Schriftsteller und Emigrant, der sowohl bei Exilverlagen als auch - sporadisch seit 1957 - in Volkspolen publizierte, ergänzten diese Legitimation.
Die persönlichen Erfahrungen mit beiden politischen Systemen sprechen in gleicher Weise für die Befugnis Mrożeks, zur Innensicht des polnischen Exils mit seinen Mitteln beizutragen. Da der Dramatiker auch vom Ausland her die politische Entwicklung im Lande selbst genau verfolgte, war er zur Beurteilung insbesondere der jüngeren Emigranten aus seiner Generation befähigt. Für Gombrowicz wie für Mrożek gilt, daß sie ihre publizistische oder literarische Diagnose ohne Sentiment und Rücksichten formulieren

---

44 Vgl. z. B.: Sławomir Mrożek, O polskim artyście. In: Kultura (Paris), 11/1970, S. 10-12.

45 Serke, Die verbannten Dichter, S. 208.

46 Witold Gombrowicz, Pamiętnik Stefana Czarnieckiego. Zitiert nach: Gombrowicz, Bacacay. Erzählungen. München - Wien 1984, S. 19 (= Gombrowicz, Gesammelte Werke, Band 9).

konnten bzw. können, weil sie - beide überzeugte Individualisten - eine ausgesprochen eigenständige Position innerhalb der jeweiligen Gruppen errangen.

Zeugen mit diesem Grad von Unabhängigkeit werden für die historische Aufarbeitung und Bewertung des politischen und literarischen polnischen Exils bis 1989 vonnöten sein. Schriftsteller als Produzenten von poetischen Bildern und Selbstzeugnissen sind naturgemäß für diese Rolle prädestiniert. Eine Vielzahl von Stimmen sollte überdies einseitigen Wertungen entgegenwirken. Zum Gesamtbild des polnischen Exils gehören sowohl eine Außen- wie eine Innensicht. Trotzdem scheint die interne Perspektive, die Naheinstellung, besonders aufschlußreich. Gombrowicz und Mrożek sind nicht die einzigen Autoren, die dazu etwas beigesteuert haben. (Zu nennen wären des weiteren unter anderen Michał Choromański, Tadeusz Nowakowski oder Czesław Straszewicz mit ihren literarischen Werken.) Aber für die Erforschung des Auto-Images polnischer Emigranten im 20. Jahrhundert sind gerade ihre Sichtweisen unverzichtbar. Im Falle Gombrowicz wirkt unterdessen das Paradoxon, daß seine bilderstürmerische Haltung gegenüber dem Bild des polnischen Nationalcharakters und der "nationalen Ideologie" nun, nachdem das Gesamtwerk im Lande zugänglich ist (seit 1986), ihrerseits an der Stiftung neuer Stereotype teilzunehmen beginnt.

Marian Stępień

Polnisches literarisches Leben im Exil seit 1939
Versuch einer Periodisierung

Eine Folge des Zweiten Weltkrieges war die Spaltung der polnischen Literatur in zwei gesonderte, doch gleich wichtige Strömungen: die des Landes Polen und die des Exils. Angesichts der neuen politischen Karte Europas bzw. der Jalta-Entscheidungen dreier Siegermächte von 1945 entwickelten sich diese beiden Strömungen unter gänzlich verschiedenen Bedingungen. Dennoch waren sie nicht völlig isoliert voneinander, sondern vielfältig miteinander verknüpft: von bewahrten persönlichen Autorenfreundschaften über das Abkühlen der Beziehungen bis hin zum definitiven Bruch hatte auf der individuellen Ebene alles Platz. Im größeren Kontext reichte die Skala von Rezensionen und wechselseitiger Einflußnahme bis hin zu scharfen Attacken und gegenseitigem Herabwürdigen.
   Die Dynamik der Wechselbeziehungen zwischen dem literarischen Leben im Lande und im Exil ist bisher kaum aufgegriffen worden. Und wenn gelegentlich doch, so meist stereotyp und oberflächlich: entweder überwiegt das Hochjubeln der Exilliteratur oder deren Verriß. Dabei sind die Relationen zwischen den beiden Strömungen des polnischen literarischen Lebens nach dem Kriege tiefgehend, komplex und faszinierend. Treffen wir doch hier auf unerwartete Ähnlichkeiten und Konvergenzen, dort auf gegeneinander aufgerichtete Widerstände und Kontraste, die ihrerseits ebenfalls gegenseitige Verquickungen erkennen lassen.

Der ganze Zeitraum des literarischen Lebens im Exil vom Ausbruch des Zweiten Weltkrieges an bis zum Jahre 1989 läßt sich in fünf Abschnitte untergliedern.
Der erste umfaßt die Kriegsjahre, die Zeit der deutschen Okkupation polnischer Gebiete, die dem Deutschen Reich angeschlossen wurden, sowie des Generalgouvernements, und andererseits der sowjetischen Besetzung polnischer Territorien östlich von San und Bug - die auslösenden Faktoren für eine Emigrationswelle nach Frankreich, später nach England und in die beiden Amerika.
   Der zweite Abschnitt erstreckt sich auf das erste Nachkriegsdezennium, 1945 bis 1955. Auf ihm lasten große Bitterkeit, Gefühle der Enttäuschung und der Niederlage, ausgelöst durch das Jalta-Abkommen, das im Urteil der polnischen Emigration Verrat war - verübt von den wichtigsten Verbündeten: Großbritannien und den USA.
   Der dritte Abschnitt erfaßt die Jahre zwischen 1956 und 1968. Zu Beginn dieses Zeitraums verzeichnen wir innerhalb Polens wachsende Hoffnungen auf positive Verände-

rungen im Lande und in der Folge auch einen Aufschwung hoffnungsvoller Orientierungen inmitten der Emigrantenzentren. Diese tendierten nun zu einer gewissen Annäherung an das Heimatland, weil sie einige Veränderungen als prinzipiell und irreversibel
verstehen wollten. Dagegen flauten die Hoffnungen am Ende dieses Zeitabschnitts angesichts der politischen Ereignisse von 1967/68 und 1970 in Polen ab.

Gerade in diese Jahre fällt der Beginn des vierten Abschnitts, der von 1968 bis 1981
reicht. Eine neue Auswanderungswelle kennzeichnet ihn; diesmal betrifft sie viele Polen
jüdischer Herkunft - unter ihnen zahlreiche Intellektuelle, Schriftsteller. Sie bringen neue
Inhalte ins literarische Leben des Exils ein; das rechtfertigt die Behandlung dieser Zeit
als einer gesonderten Periode.

Der fünfte Abschnitt umfaßt schließlich die Zeitspanne vom 13. Dezember 1981 bis zum
Jahre 1989. Den Beginn markiert die Einführung des Kriegsrechts in Polen, es setzt nun
eine neue Welle politischer Emigration ein, die mit der Tätigkeit von "Solidarność" in Zusammenhang steht. Sie betrifft im wesentlichen junge Menschen, die weithin in jungen
Autoren ein Sprachrohr finden.

Die Kriegsjahre

Eine Reihe polnischer Schriftsteller überraschte der Kriegsausbruch jenseits der polnischen Grenzen. Jan Lechoń war im diplomatischen Dienst in Paris. Ebenfalls in Frankreich befand sich Józef Wittlin - nun erfüllt von Sorge um die in Polen verbliebene Familie. Auch ein führender polnischer Berichterstatter, Aleksander Janta Połczyński, hielt sich
gerade in Frankreich auf, desgleichen Andrzej Bobkowski, der eine Radtour durch das
Land unternahm. Diese hat er in den prächtigen "Szkice piórkiem" (Skizzen, mit der Feder gezeichnet) beschrieben. Kurz vor Kriegsausbruch waren Witold Gombrowicz und
Czesław Straszewicz per Schiff nach Argentinien gereist. Dort blieben sie nun.

Ein beachtlicher Teil polnischer Schriftsteller wich aus Furcht vor Verfolgung durch die
Besatzer zunächst in die östlichen Gebiete Polens aus. Als auch diesen die Okkupation
drohte - von zwei Fronten her: von deutscher und nach dem 17. September 1939 auch
von sowjetischer Seite -, entzogen sich viele der Gefangennahme durch die Flucht nach
Rumänien und nach Ungarn, um später von dort auf verschiedenen Wegen ins noch freie
Frankreich zu gelangen und dann, nach dessen Kapitulation, nach England und weiter in
die Vereinigten Staaten und nach Südamerika. Auf diese Weise verließen das besetzte
Vaterland: Kazimierz Wierzyński, Marian Hemar, Julian Tuwim, die Dichterin Maria Jas-
norzewska-Pawlikowska, Antoni Słonimski, Stanisław Baliński, um hier nur die bekannteren Autoren zu erwähnen. Überall dort, wo sie sich einfanden, zuerst in Paris, nach
Frankreichs Fall in London, New York und Rio de Janeiro, wirkten sie mit am Gewebe
eines polnischen Literaturbetriebs und setzten zugleich die eigene schöpferische Arbeit
fort. Die wichtigsten Zentren der Emigration entstanden (nach kurzzeitiger Existenz in
Paris) in London und New York. In London erschienen die "Wiadomości Polskie" (später

"Wiadomości"), herausgegeben von Mieczysław Grydzewski; und in New York der "Tygodnik Polski", den Jan Lechoń herausbrachte.

Jene polnischen Autoren, die sich vor allem nach Lemberg (Lwów) abgesetzt hatten, wurden auf der Flucht vor den Deutschen von der sowjetischen Besatzung eingeholt. Viele wurden verhaftet, ins Gefängnis geworfen, in weit entfernte Arbeitslager verschleppt oder in Kolchosen der asiatischen Sowjetrepubliken angesiedelt.

Als 1942 ein Abkommen zwischen der polnischen Exilregierung und der Regierung der Sowjetunion unterzeichnet wurde, kamen viele Polen aus den Gefängnissen und Arbeitslagern frei. Sie schlossen sich der polnischen Armee an, die General Władysław Anders in der Sowjetunion aufbaute. Die Truppen wurden in den Nahen Osten überführt, dann weiter nach Nordafrika und nach Europa - zum Kampf gegen die Deutschen. Von ihnen gehörte eine ansehnliche Gruppe zur schreibenden Zunft, von der später mancher als Autor im Exil blieb.

Während des Krieges hat sich polnische Literatur im Ausland um mehrere Themenkreise herum entwickelt:

Der erste umfaßt vor allem patriotische Lyrik, die den Schmerz, die Leiden und die Verzweiflung über die September-Katastrophe zum Ausdruck bringt. Diese Art Lyrik schufen vornehmlich Autoren der älteren Generation, die am Frontgeschehen nicht unmittelbar beteiligt waren. Sie empfanden sich als die Erben und Fortsetzer der polnischen Großen Emigration des 19. Jahrhunderts, die nach der Niederschlagung des Novemberaufstandes von 1830/31 eingesetzt hatte. In ihren nach den traditionellen Regeln der Verskunst komponierten Werken finden sich zahlreiche Anspielungen auf die Emigrantensituation des 19. Jahrhunderts, wie sie von den romantischen Dichtern beschrieben worden war, insbesondere in Mickiewicz' drittem Teil der "Dziady" (Totenfeier) und in den "Księgi Narodu i Pielgrzymstwa Polskiego" (Bücher des polnischen Volkes und der polnischen Pilgerschaft). Zu diesem Kreis zählen die Werke der Dichter Kazimierz Wierzyński, Jan Lechoń, Julian Tuwim, Józef Wittlin, Stanisław Baliński.

Der zweite Themenkreis betrifft Poesie und Prosa, die polnische Soldaten an den Fronten des Zweiten Weltkrieges begleitete. Diese Literatur wollte den Soldaten Mut zusprechen, ihren Kampfeswillen stärken, weckte Optimismus und den Glauben an den letztendlichen Sieg; zugleich ist sie ein Zeugnis der alltäglichen leidvollen Erfahrungen des Soldaten, Ausdruck seiner Sehnsucht nach daheim und den Seinen, seiner Träume und seines unglückseligen Geschicks. Sie zeichnet sich durch Einfachheit und Verständlichkeit aus, appelliert an das Gemeinschaftserleben. Töne der Verzweiflung wie der Ohnmacht spart sie aus. Sie ordnete sich einem übergeordneten Ziel unter: den Kampf gegen den Feind, der das Heimatland überfallen und der Freiheit beraubt hatte, zu einem erfolgreichen Ende zu führen.

Von der Teilnahme polnischer Piloten an der Verteidigung Großbritanniens hat Arkady Fiedler in seinem Buch "Dywizjon 303" (Division 303) berichtet, die Kämpfe der See-Eskorte gegen deutsche U-Boote stellte er in dem Erzählungsband "Dziękuję ci, kapitanie" (Danke, Kapitän) dar. Den Feldzug in Norwegen beschrieb Ksawery Pruszyński in der

Reportage "Droga wiodła przez Narwik" (Der Weg führte über Narvik). Die größte Schlacht polnischer Truppen auf italienischem Boden stellte Melchior Wańkowicz in der Reportage "Monte Cassino" dar. Sehnsucht, Sorgen und Alltagsfreuden der Soldaten durchziehen die Dichtung Władysław Broniewskis, Jan Bielatowicz', Marian Czuchnowskis, Marian Hemars, Bolesław Kobrzyńskis.

In den Kriegsjahren reifte noch ein anderer Themenkreis. Er sollte erst Jahre danach im Druck an die Öffentlichkeit gelangen, aber jene tiefgreifenden Erfahrungen, die später nach Ausdruck verlangten - sie wurden jetzt gemacht: die Härte und Not, die Polen in den stalinistischen Arbeitslagern, Gefängnissen und an den verschiedenen Verbannungsorten erleiden mußten. Dieser Themenkomplex wird bis zum heutigen Tag in gewichtigen Werken dokumentiert, deren Quellen im Krieg, in der sowjetischen Gefangenschaft, zu suchen sind.

Alle Autoren, die während des Krieges an ihren Werken arbeiteten, selbst die, deren Texte Verzweiflung und Niedergeschlagenheit atmen, begleitete die mehr oder minder deutlich artikulierte Hoffnung, daß am Ende der Sieg über den deutschen Faschismus stehen und die glückliche Rückkehr in ein freies Heimatland möglich sein würde.

Die Geschichte nahm jedoch einen anderen Lauf. Im Gegensatz zu den besetzten Ländern Westeuropas war es Polen nicht vergönnt, zur Vorkriegssituation zurückzukehren. Durch die Entscheidungen der Jalta-Konferenz verlor Polen seine Unabhängigkeit, wurde territorial nach Westen verschoben und fand sich unter der politischen Kontrolle der Sowjetunion wieder.

Für die Exilautoren war dies ein Schlag, der manchen härter traf als die September-Niederlage; nach dieser war noch Raum gewesen für eine Hoffnung, die nun zu verfliegen begann. Die Exulanten sahen sich auch von seiten der Alliierten, Englands und der Vereinigten Staaten, verraten. So brachte also das Ende des Zweiten Weltkrieges nicht - wie vorher erwartet - das Ende des Exildaseins. Im Gegenteil: es eröffnete eine neue, anders geartete - vielleicht die eigentliche - Phase polnischen literarischen Lebens in der Fremde.

Die Jahre 1945 bis 1955

Die Exilautoren hatten den Gedanken an ein siegreiches Kriegsende stets mit dem Traum von der Rückkehr in ein unabhängiges Land verknüpft. Die Nachricht von den Ergebnissen der Konferenz von Jalta stürzte sie in einen tiefen Zwiespalt. Melchior Wańkowicz schrieb: "Nach dem Septemberfeldzug durchbrachen wir das zugeteilte Los, um zu kämpfen. Der Schlag von Jalta erforderte mehr Zeit."[1]
Kazimierz Wierzyński hat die Bitterkeit angesichts der großen Enttäuschung in Verse gefaßt:

Sie riefen Freiheit, Freiheit über alles,

---

1   Melchior Wańkowicz, Polacy i Ameryka. Newton 1967, S. 8 (Übersetzung der Zitate - U. B.).

und lieferten verräterisch die Freien aus,
dem Verderben und Hohn zur Beute. -
Und Stille ringsum. Die Welt ist nicht aus den Fugen.[2]

Nachdem er vom Jalta-Abkommen erfahren hatte (schon seit der Teheraner Konferenz war er von Sorge erfüllt gewesen), äußerte Jan Lechoń in seinem "Tygodnik Polski" zornigen Protest:
"Nach fünf Jahren des Kampfes zur Verteidigung der Freiheit in der Welt, in dem wir am Anfang einsam standen und den wir dann mit unvergleichlichem Heldenmut an der Seite Großbritanniens und der Vereinigten Staaten zuendeführten ..., jetzt, nachdem in einem gnadenlosen Untergrundkampf fünf Millionen Polen gefallen sind, jetzt, nach dem Warschauer Aufstand ... wird Polen erneut einer schrecklichen Unfreiheit überantwortet ... Das ist der wesentliche Inhalt der in Jalta getroffenen Entscheidungen, unter die die USA und Großbritannien ihre Unterschrift gesetzt haben."[3]
Witold Leitgeber notierte: "Wenn Premierminister Churchill gekommen wäre und gesagt hätte, daß er alles in seinen Kräften Stehende getan, aber mehr einfach nicht habe tun können, weil Rußland stark sei und Polen okkupiere, dann brächte man seiner Situation Verständnis entgegen. Indessen jedoch versichert der Premier, die mitgebrachte Lösung sei rechtmäßig und gerecht. Jalta eröffnet eine düstere Zukunftsprognose."[4]
Zygmunt Nowakowski hat den Jalta-"Erfolg" der westlichen Staatsmänner so kommentiert: "In Jalta haben sich zwei Amateure mit einem Profi und überdies Falschspieler an einen Tisch gesetzt. Sie verließen den Tisch - ohne Hosen."[5]
In dieser Lage entschieden viele polnische Schriftsteller im Ausland, daß die Rückkehr in ein Land, das nach wie vor der Freiheit beraubt war - diesmal durch die Sowjetmacht -, undenkbar war. Sie hielten es für ihre Pflicht, das freie polnische Wort zu verkünden (das in der Heimat nicht laut werden durfte) und unaufhörlich das Recht des polnischen Volkes auf Unabhängigkeit einzufordern. Außerdem lehnten sie die Abtretung der polnischen Ostgebiete an die Sowjetunion ab. Zugleich erkannten sie das Recht Polens auf die nach dem Kriege erworbenen westlichen und nördlichen Territorien an. Sie protestierten entschieden, als Churchill 1946 in Fulton und später Byrnes in Stuttgart erwähnten, daß die letzte Entscheidung über die polnische Westgrenze noch offen sei. Die polnische Regierung, die sich 1944 in Lublin konstituiert hatte und später in Warschau residierte, erkannten sie nicht an. Sie glaubten, daß sich früher oder später der Konflikt zwischen den Westmächten und der Sowjetunion zuspitzen und Polens Schicksal dann eine Veränderung erfahren werde.
Ungeachtet dieser Situation entschlossen sich viele Schriftsteller, die während des Krieges im Westen gelebt hatten, nach 1945 zurückzukehren. Zu ihnen zählten: Julian Tuwim,

---

2 Aus Kazimierz Wierzyński, Krzyknęli wolność. In: Krzyże i miecze. New York 1946, S. 72.
3 Jan Lechoń, Wobec gwałtu nieznanej historii. In: Tygodnik Polski (New York), 7/1945, S. 1.
4 Witold Leitgeber, W kwaterze prasowej. Dziennik z lat wojny 1939-1945. London 1972, S. 328.
5 Zygmunt Nowakowski, Lajkonik na wygnaniu. Felietonów sto i jeden (1950-1962). London 1963, S. 154.

Antoni Słonimski, Ksawery Pruszyński, Władysław Broniewski, Konstanty Ildefons Gałczyński, Leon Kruczkowski, Gustaw Morcinek. Und von den jüngeren: Tadeusz Borowski, Seweryna Szmaglewska.

Polnische Exilautoren waren über viele Länder der Erde verstreut: in Italien (Gustaw Herling-Grudziński), in Westdeutschland (Tadeusz Nowakowski, Józef Mackiewicz), in Spanien (Józef Łobodowski), in Kanada (Wacław Iwaniuk), in Australien (Andrzej Chciuk), in Argentinien (Witold Gombrowicz, Czesław Straszewicz) - um hier nur die Bekannteren zu nennen.

Das wichtigste, zahlenmäßig stärkste und einflußreichste Emigrantenzentrum des ersten Nachkriegsjahrzehnts war London; es folgte New York und dann Paris. In London erschien die damals bedeutendste Literaturzeitschrift, die "Wiadomości". Ebenfalls hier wurde 1945 der Verband Polnischer Schriftsteller im Ausland gegründet. Seine Mitglieder faßten jenen Beschluß, der den Exilautoren das Publizieren ihrer Werke in Polen untersagte. Obwohl nicht alle Literaten die Meinung teilten, daß eine solche Vereinbarung gerechtfertigt sei (einen kritischen Standpunkt vertrat z. B. von Anfang an Gustaw Herling-Grudziński) - der moralische Druck des Zentrums war zu stark, um ihn zu kippen. Aleksander Janta widersetzte sich ihm mit der Leidenschaft des Vollblut-Reporters. Er setzte sich dafür ein, zwischen Exil und Heimatland Verbindungen zu knüpfen. 1948 besuchte er Polen und berichtete darüber in seinem Buch "Wracam z Polski" (Ich kehre aus Polen zurück). Er hat das mit jahrelanger Ausgrenzung seitens der Emigrantenkreise bezahlt: mit einhelligem Stillschweigen über sein Schaffen, mit der Weigerung, seine Werke in Literaturzeitschriften des Exils zu veröffentlichen, und mit der Verbannung seiner Bücher aus den Buchhandlungen.

Zu wichtigen poetischen Phänomenen dieser Zeit gehören die Gedichte Jan Lechońs aus der Sammlung "Aria z kurantem" (Arie mit Glockenspiel), daneben zwei Poesiebände von Kazimierz Wierzyński - "Korzec maku" (Ein Scheffel Mohn) und "Siedem podków" (Sieben Hufeisen). Wierzyński litt nach Kriegsende unter tiefer Niedergeschlagenheit - ausgelöst durch die Jalta-Beschlüsse. Für eine gewisse Zeit verstummte er. Aus dieser Krise half ihm ein Werk, das er auf Bestellung schrieb: "Życie Chopina" (Das Leben Chopins), ein Buch, das sich an den amerikanischen Leser richtete.

Ein Ereignis von nachhaltiger Wirkung zu Beginn der fünfziger Jahre war die Entscheidung Czesław Miłosz', im Westen politisches Asyl zu suchen. Miłosz hatte bis dahin im diplomatischen Dienst der Warschauer Regierung gestanden; das bewirkte, daß man ihn in Emigrantenkreisen sehr reserviert aufnahm, besonders in London und New York. Allerdings fand er auch Unterstützung - durch Jerzy Giedroyć im Kreis um die Pariser "Kultura". Sein erster im Exil herausgebrachter Gedichtband (1953) trägt den bezeichnenden Titel "Światło dzienne" (Tageslicht); er enthielt Verse, die wegen der Zensur in Polen nicht hatten erscheinen können. Der Band war ein wichtiges dichterisches Ereignis dieser Jahre.

Mit ebenso markanten Werken wartete die Prosa auf. Denn ein ganzer Bücherreigen beanspruchte hier vorderste Ränge: die Autoren zeichneten den Leidensweg nach, den Polen nach dem 17. September in der Sowjetunion haben gehen müssen. Die Berichte sind oft biographisch. Bemerkenswert ist vor allem das Buch "Inny świat" (Eine andere Welt) von Gustaw Herling-Grudziński, das 1949 mit einem Vorwort von Bertrand Russell in London herauskam: es war ein früher Vorläufer der Werke eines Solženicyn zum gleichen Thema, ohne daß es diesem hinsichtlich des ästhetischen Wertes nachstünde. Neben "Inny świat" reiht sich Józef Czapskis Buch "Na nieludzkiej ziemi" (Auf unmenschlicher Erde) ein. Es handelt von der Suche nach den polnischen Offizieren, die in sowjetische Gefangenschaft geraten waren und die - vom NKWD ermordet - bereits nicht mehr unter den Lebenden weilten, als der Autor sie noch zu finden hoffte. In diesem Umkreis ist auch der Roman Marian Czuchnowskis, "Tyfus, teraz słowiki" (Typhus, jetzt Nachtigallen) angesiedelt, weiterhin Herminia Naglerowas "Kazachstańskie noce" (Kasachische Nächte), Beata Obertyńskas "W domu niewoli" (Im Haus der Knechtschaft), Anatol Krakowskis "Książka o Kołymie" (Das Buch über Kolyma), Weronika Horsts [Hanka Ordonówna] "Tułacze dzieci" (Verwaiste Kinder).

Der Exilprosa des ersten Nachkriegsdezenniums entgingen die Leidenswege nicht, die jene Polen erduldeten, die, von den Westalliierten aus den KZs befreit, anschließend in sogenannte DP-Lager verfrachtet wurden (Lager für "Dipis", d. h. für displaced persons). Es waren Menschen ohne festen Platz auf der Welt, ohne Staatsbürgerschaft, Menschen, die irgendeine Lösung ihrer Lebenssituation durch den Krieg erwartet hatten. Diese Thematik, die die Literatur in Polen außer acht ließ (Tadeusz Borowski hat sie in der Erzählung "Bitwa pod Grunwaldem" <Die Schlacht bei Grunwald> lediglich berührt), ist aber ein wesentlicher Bestandteil der Nachkriegsgeschicke polnischer Obdach- und Heimatloser. Es waren dies dramatische Schicksale von Überlebenden, die nicht ins Nachkriegspolen zurückkehren wollten (oft stammten sie aus den nun sowjetischen Ostgebieten des alten Polen) und die nun wie auf einem Sklavenmarkt all ihre Wünsche darauf richteten, von einem Vermittler billiger Arbeitskräfte für Kanada, Amerika oder Australien "gekauft" und damit aus dem Lager herausgeholt zu werden. Der nun befreite und freie Mensch wurde jedoch weiter bewacht und beaufsichtigt wie im Gefängnis, stellte er doch für das sich normalisierende Leben im damaligen Deutschland eine Gefahr dar. Diese Erscheinungen behandelt Tadeusz Nowakowski in seinen Erzählungen und seinem besten Roman "Obóz Wszystkich Świętych" (Das Lager Allerheiligen; dt. unter dem Titel "Polonaise Allerheiligen").

Der Analyse und Beschreibung des Lebens innerhalb der Emigrantenzentren wandten sich damals zwei Autorinnen zu, deren Romane in den vierziger Jahren erschienen: Danuta Mostwin mit "Dom starej lady" (Das Haus der alten Lady) und Maria Kuncewiczowa mit "Zmowa nieobecnych" (Die Verschwörung der Abwesenden).

1953 erschien ein Eckstein der Exilliteratur - Witold Gombrowicz' Roman "Trans-Atlantyk" (Trans-Atlantik). Die Exilkritik reagierte ausgesprochen negativ, hielt er doch den Polen, vor allem denen im Exil, den Spiegel vors Gesicht, enthüllte ihren Provinzgeist, ihre Unreife und die Komplexe, zu denen man sich ungern bekannte, auch die Heuchelei einiger anerkannter Größen.

Im gleichen Jahre veröffentlichte Czesław Miłosz in Paris "Zniewolony umysł" (Versklavtes Denken; dt. unter dem Titel "Verführtes Denken"), ein Werk, in dem er am Beispiel ausgewählter polnischer Schriftstellerbiographien die psychologischen Mechanismen bloßlegt, die unter dem Einfluß des Stalinschen Totalitarismus Verleugnung der Authentizität und Selbstbeschränkung anstelle gedanklicher Kühnheit und künstlerischer Entfaltung bewirkten.

Gombrowicz und Miłosz starteten die für die polnische Exilliteratur sehr wichtige Buchreihe "Biblioteka Kultury". Der Name leitete sich vom Titel der bedeutendsten Monatsschrift der Emigration, "Kultura", her. Dieses Periodikum war 1947 erstmalig erschienen, anfangs kurzzeitig in Rom, später in Paris, wo es noch heute unter der redaktionellen Leitung und Federführung von Jerzy Giedroyć publiziert wird.

Mitte der fünfziger Jahre verlagert sich das Schwergewicht polnischen Kultur- und Literaturlebens von London nach Paris, wo es im Umkreis der "Kultura" und des hier entstandenen Literaturinstituts pulsiert.

Die Jahre 1956 bis 1968

Im Vergleich zum Kreis um die Pariser "Kultura" war das Londoner Zentrum konservativer und unversöhnlicher, ja feindselig gegen alles eingestellt, was in Polen geschah. Die geistige und politische Weltsicht dieses Zentrums ließ keine Gedanken oder Emotionen zu, die eine Meinungskorrektur hinsichtlich des polnischen Staates begünstigen oder am negativen Verhältnis des Exils zu diesem Lande hätten rütteln können. So verwundert es nicht, daß sich in den Emigrantenkreisen immer häufiger kritische Stimmen vernehmen ließen, die am verengten Horizont von Vertretern des polnischen Exils Anstoß nahmen. Mitte der fünfziger Jahre wurden Anzeichen einer Krise der Ideologie, die in den polnischen Exilzentren von London und New York vorherrschte, spürbar.

Ein unüberhörbares Signal waren die Reaktionen auf den Beschluß, den der Kongreß des Verbandes Polnischer Schriftsteller im Ausland im Oktober 1956 faßte. Dieser Beschluß bestätigte erneut die Festlegung von 1945, das Publikationsverbot bei Verlagen in Polen, als nach wie vor bindend für die Mitglieder. Hatten seinerzeit die meisten Autoren dieses Verbot gebilligt, so erschien dasselbe nun, 1956, anachronistisch, und dies um so mehr, als gerade jetzt in Polen Wichtiges geschah, das begründete Hoffnungen weckte und eine glücklichere Entwicklung des Landes verhieß: hin zu mehr Demokratie und Souveränität. Ja, die politische Situation in Polen und in der Welt schien viel eher dazu angetan, Exil und Vaterland einander näher zu bringen, als die Isolation zu vertiefen. So verwundert es nicht, daß von 113 registrierten Verbandsmitgliedern sich kaum 23 für den Fortbestand der alten Festlegung aussprachen und selbst von diesen wenigen einige ihre Haltung im nachhinein stillschweigend korrigierten, indem sie in Polen zu publizieren begannen (z. B. Stanisław Baliński, Marian Czuchnowski, Ignacy Wieniewski) - und zwar auch noch zu Zeiten, die hierfür wesentlich ungünstiger erscheinen mußten, als es der Oktober 1956 war.

Gegen den Beschluß stimmten viele der besten Exilautoren, und in den Antworten auf eine entsprechende Umfrage von "Kultura" wurden scharfe Töne zu diesem Thema laut.[6] Sehr grundsätzlich fiel die Reaktion Gustaw Herling-Grudzińskis aus. Tadeusz Nowakowski nannte den Beschluß "ein beunruhigendes Zeugnis von Isolationismus", Czesław Miłosz stellte fest, daß er "in krassem Mißverhältnis zum Geschehen in Polen und der Welt" stehe, der führende Publizist der "Kultura" schließlich, Juliusz Mieroszewski, nannte ihn antipolnisch und trat zum Zeichen des Protestes aus dem Verband Polnischer Schriftsteller im Ausland aus.[7]

Ein anderes beredtes Signal, das eine ideelle Gärung und eine Revision bestehender Ansichten in den Emigrantenkreisen anzeigte, war eine Bewegung junger Literaten, die sich Mitte der fünfziger Jahre in London zu Wort meldeten: eine Generation, die von Kindesbeinen an in der Fremde gelebt hatte und nun den geistigen und politischen Horizont der Väter sehr kritisch bewertete. Diese jungen Leute fanden die Kraft, einengende Begrenzungen zu überwinden und ein eigenes Programm zu erarbeiten. Sie gründeten ihre Zeitschrift "Merkuriusz Polski", in deren Geleitwort es heißt:

"Zu unseren wichtigsten Zielen zählt die Schaffung einer freien und unabhängigen Tribüne für die Jugend.

Unter dem Eindruck des Tatbestands, daß seit einer Reihe von Jahren unter Emigranten eine spezifische, erstarrte Sprache vorherrscht und eine Scheinwelt glorifiziert wird, wollen wir die Dinge so sehen, wie sie sind und von ihnen so klar und einfach wie möglich sprechen.

Als Polen, die ihre Aufgaben außer Landes erfüllen, wollen wir lebendige Bande zu unserem Volk bewahren."[8]

In dem programmatischen Artikel "Moralne prawo" (Moralisches Recht) unterzog Bolesław Taborski, ein führender Autor der Gruppe, die politische Führungsriege des polnischen Exils einer scharfen Kritik:

"Es gibt heute unter den Emigranten niemanden, der das moralische Recht beanspruchen darf, das Volk zu repräsentieren und in seinem Namen zu sprechen. Dies allein wäre noch keine Tragödie. Traurig ist erst der zweite Fakt: daß es niemanden gibt, der das Exil repräsentieren und in seinem Namen sprechen könnte."[9]

Taborski kritisierte die Erziehungsarbeit der Emigration: für die Lehrer komme es nicht darauf an, eine idealistisch verbrämte Staatsgeschichte weiterzugeben, die die Gebiete am Dnestr oder Zbrucz einschließe, sondern vielmehr - und dies vorrangig - "die heutigen Angelegenheiten des Volkes, das zwischen Oder und Bug lebt, zu beleuchten.[10]"

---

6 Vgl. Kultura (Paris), Dezember 1956. - Noch 1960 fragte Gombrowicz: "Erinnert Ihr Euch an den Beschluß des Schriftstellerverbandes in London, der es verbot, in Polen zu drucken, an jenen monumentalen Beschluß, jenes Standbild der Plumpheit?" (Gombrowicz, Dzieła zebrane. Band 7: Dziennik 1957-1961, Paris 1971, S. 177.)

7 Vgl. Juliusz Mieroszewski, Podsumowanie ankiety. In: Kultura, Januar 1957.

8 Od redakcji. In: Merkuriusz Polski (London), 1-2/1957, S. 1.

9 Bolesław Taborski, Moralne prawo. Artykuł programowo-dyskusyjny. In: Merkuriusz Polski (London), 1-2/1957.

10 Ebenda.

Die jungen Londoner Poeten riefen die Gruppe "Kontynenty" ins Leben und gingen gemeinsam mit der Anthologie "Ryby na piasku" (Fische auf Sand) an die Öffentlichkeit. Ihre Aufmüpfigkeit gegen die Exilpolitiker drängte sie in Richtung Polen, dem sie sich nach Gefühl und Kultur eng verbunden wußten; die Veränderungen im Lande nach 1956 begünstigten diese Näherung. So kehrten mehrere Dichter aus der "Kontynenty"-Gruppe später für immer nach Polen zurück(z. B. Jerzy S. Sito), andere bereisten das Land und publizierten ihre Werke dort (z. B. Adam Czerniawski oder Bolesław Taborski).

Von einem weitgreifenden Wandel des Exils zeugt ferner die Rückkehrwilligkeit nach Polen. 1956 vollzog der ehemalige Premier der Londoner Exilregierung und führende politische Publizist, Stanisław Cat-Mackiewicz, diesen Schritt, ein Jahr darauf Zofia Kossak-Szatkowska und Stanisław Młodożeniec, 1958 Michał Choromański und Melchior Wańkowicz. Andere bereisten das Land mehrmals, bevor sie sich dann ebenfalls dort niederließen (z. B. Teodor Parnicki, Maria Kuncewiczowa). Ein noch größerer Teil kehrte in metaphorischem Sinne heim, mittels in Polen veröffentlichter Werke - das Verbot mißachtend, das der Verband Polnischer Schriftsteller im Ausland erneuert hatte. Daneben entstanden Stiftungen, die polnische Autoren im In- und Ausland unterstützten. In New York wurde die Alfred-Jurzykowski-, in Brüssel die Kościelski-Stiftung geschaffen, zudem der Polnische Kulturfonds in London.

Der Abschitt zwischen 1956 und 1968 ist der fruchtbarste in der Entwicklung der Exilliteratur; davon zeugen beachtliche Literaturereignisse. An der Schwelle dieses Zeitraums veröffentlichte Czesław Miłosz in Paris zwei Romane. Der erste, "Zdobycie władzy" (Machtergreifung), behandelt ein politisches Thema: die Jahre nach dem Kriege, als sich in Polen unter der Kontrolle des NKWD die Strukturen der neuen Macht herausschälten. In den Helden erkennen wir einige Aktivisten aus Politik und Kulturleben jener Zeit wieder. Im zweiten Roman, "Dolina Issy" (Tal der Issa) kehrt Miłosz in die Welt seiner Kindheit und frühen Jugend, die Gegend um Wilna, zurück. Ein wichtiges Ereignis war ferner sein "Traktat poetycki" (Poetischer Traktat), der 1957 in Paris erschien. Neuartige Wertvorstellungen und eine bisher unbekannte Weltsicht kommen hier zum Tragen. Der Autor kehrt traditionellen polnischen Motiven den Rücken, um sich universellen Problemen und Werten zuzuwenden. 1960 siedelt Miłosz von Frankreich in die Vereinigten Staaten über, hält an der Universität von Berkeley (Kalifornien) Vorlesungen zur polnischen Literatur, bringt in Paris neue Gedichtbände heraus, in welchen er ein Engagement im politischen Streit vermeidet, dafür aber in seiner Welt- und Menschendarstellung weitreichende - globale und kosmische - Perspektiven erkennen läßt.

Ende der fünfziger und im Laufe der sechziger Jahre entwickelt sich Kazimierz Wierzyńskis Dichtkunst weiter. Pessimistische Stimmungen vertiefen sich. Mit selbstironischen Elementen versucht er, Unruhe und Gefühle der Leere zu tarnen; ein überaus suggestives Bild ist seine Vision der Vögel, die auf ihre Fütterung warten. An die Stelle des früheren Gesanges des Orpheus, des Glaubens an das Schöne treten jetzt pessimistische Reflexionen über menschliche Hilflosigkeit. Sie beherrschen die Verse seiner Sammlung "Tkanka ziemi" (Gewebe der Welt; Paris 1960) und dominieren auch im darauffolgenden Band "Kufer na plecach" (Koffer auf dem Rücken; Paris 1964); sie zeugen vom Schicksal des sensiblen, von Nostalgie gepeinigten Emigranten, der beobachtet, wie an so vielen Orten dieser Welt Menschenrecht mit Füßen getreten wird. Ungeduld, Gereiztheit und Zorn durchziehen den Band "Czarny polonez" (Schwarze Polonaise; Paris 1968), eine Satire auf die Lebensverhältnisse und -bedingungen in Polen. Pessimistische Töne, ein sich ständig verschärfender Blick für die Übel dieser Welt, für menschliche Kleinlichkeit und Dummheit vertiefen sich im letzten Gedichtband Wierzyńskis, "Sen mara" (Alptraum; Paris 1969). Der Dichter war nahe daran, nach Polen zu gehen. Doch die politischen Bedingungen im Lande wurden Ende der sechziger Jahre komplizierter, die Ereignisse vom März 1968, die Führungskrise innerhalb der PVAP erzwangen die Vertagung dieser Entscheidung - für immer, wie sich zeigte, denn Wierzyński starb 1969.

In diesen Zeitraum fällt auch die interessante Schaffensentwicklung einiger Dichter, die kurz vor dem Kriege debütiert hatten, doch erst unter dem Eindruck der Kriegserfahrungen zu ihrem poetischen Stil fanden: Wacław Iwaniuk, der Autor von "Milczenie. Wiersze 1949-1959" (Schweigen. Gedichte 1949-1959) und "Ciemny czas" (Finstere Zeit), Tadeusz Sułkowski mit dem Band "Dom złoty" (Das goldene Haus) und dem epischen Poem "Tarcza" (Der Schild). Dieser Autor besticht durch besondere Reinheit und Harmonie, durch Empfänglichkeit für Schönheit und moralische Klarheit. Hinter der traditionellen Form verbirgt sich das Bedürfnis nach ästhetischer und ethischer Ordnung, im Stilgewand einer klassizierenden Epik sucht seine Sensibilität sich zu bewahren.

Die jungen Autoren, die die Gruppe "Kontynenty" gegründet und gemeinsam die Anthologie "Ryby na piasku" (Fische auf Sand) zusammengestellt hatten, fanden ebenfalls zu neuen Wegen und Entfaltungsmöglichkeiten. In den sechziger Jahren bot sich manchem aus diesem Kreis Gelegenheit, dem eigenen Künstlerprofil Konturen zu verleihen. Andrzej Busz, Adam Czerniawski, Jan Darowski, Zygmunt Ławrynowicz, Bolesław Taborski veröffentlichten beachtenswerte Gedichtbände.

Keinesfalls darf ein weiterer bedeutender Dichter unerwähnt bleiben: Aleksander Wat. Er lebte bis 1963 in Polen, reiste dann aus (zunächst nach Frankreich, später in die Vereinigten Staaten) und blieb bis zu seinem Tod 1967 im Ausland. In Paris erschien sein Gedichtband "Ciemne świecidło" (Dunkler Flitterglanz). Hier wird autobiographisch der leidvolle, tragische Lebensweg nachgezeichnet: Vor 1939 stand der Dichter kommunistischen Auffassungen nahe, die Kriegsjahre verbrachte er in sowjetischen Gefängnissen, nach dem Kriege konnte er den offiziell geförderten sozialistischen Realismus nicht bejahen, erst nach 1956 veröffentlichte er einen Gedichtband. Auch suchte ihn eine schwere Krankheit heim, mit der starke, kaum beeinflußbare Schmerzen einhergingen. Als er bereits zu krank, zu schwach zum Schreiben war, zeichnete er in Gesprächen mit Miłosz seine Erinnerungen auf Tonband auf. So entstand das zweibändige Werk "Mój wiek. Pamiętnik mówiony" (Mein Jahrhundert. Gesprochenes Tagebuch), das 1977 in London erschien - das dramatische Lebensdokument eines polnischen Linksintellektuellen jüdischer Herkunft.

Dieser Zeitraum, den wir den fruchtbarsten in der Exilliteratur genannt haben, war auch für die Prosa ergebnisreich. Witold Gombrowicz publizierte zwei neue Romane: "Pornografia" (Pornographie; Paris 1960; dt. auch unter dem Titel "Verführung") und "Kosmos"

(Paris 1965). Überdies erschien in den Spalten von "Kultura" regelmäßig sein "Dziennik" (Tagebuch), in dem wir vielleicht sein wichtigstes Werk sehen dürfen.

Auf einem hohen Niveau der Erzählkunst bewegt sich Gustaw Herling-Grudziński. Das zeigen die Bände "Skrzydła ołtarza" (Altarflügel; Paris 1960) und "Drugie przyjście" (Die zweite Ankunft; Paris 1963).

Lebens- und Alltagsprobleme der polnischen Emigranten in Amerika greift Danuta Mostwin auf, die als Soziologin wie als Schriftstellerin gleichermaßen über die Gabe realistischer Darstellung verfügt. Beweis dafür sind ihre Erzählungen "Asteroidy" (Asteroiden; London 1965) und der Roman "Ameryko! Ameryko!" (Amerika! Amerika!; Paris 1961).

Zofia Romanowiczowa beschreibt in "Baśka i Barbara" (Bärbelchen und Barbara; Paris 1956) die Erfahrungen einer in Frankreich lebenden Polin, die wehmütig beobachten muß, wie ihr Kind dem Sog des fremden Sprach- und Kulturelements erliegt. Im folgenden wendet sie sich Fragen der Kriegszeit zu: "Przejście przez Morze Czerwone" (Der Zug durch das Rote Meer), "Słońce dziesięciu linii" (Sonne der zehn Linien), "Szklana kula" (Die gläserne Kugel), "Próby i zamiary" (Versuche und Vorsätze), "Łagodne oko błękitu" (Mildes Auge des Himmelblaus) - alle zwischen 1960 und 1968 erschienen.

Unter künstlerischem Aspekt sind zwei längere Erzählungen Andrzej Chciuks von Interesse: "Rejs do Smithon" (Die Seereise nach Smithon) und "Stary Ocean" (Der alte Ozean) - beide 1960 in Paris erschienen.

Einen der besten Romane über das Leben der polnischen Emigranten in Argentinien verfaßte Florian Czarnyszewicz: "Losy pasierbów" (Stiefkinderschicksale; Paris 1958).

Besondere Aufmerksamkeit verdient das Schaffen Józef Mackiewicz'. Seine Publizistik und die ideologiegeladene Sprache seiner Werke, dazu sein Verhalten während des Krieges fordern zu kontroversen Bewertungen heraus. Ein großes realistisches Talent ist ihm nicht abzusprechen. Im Roman "Droga donikąd" (Weg ins Nirgendwo) steht eine polnische Familie aus dem Wilnaer Gebiet im Mittelpunkt. Angesichts der drohenden Ausweisung ins Innere der Sowjetunion flieht sie mit einem kleinen Fuhrwerk gen Westen, erfüllt von der ganzen Hoffnungslosigkeit dieser Entscheidung, dieser Fahrt ins Nichts, zu den Deutschen, die dabei sind, Polen zu besetzen. Im folgenden Roman, "Kontra" (Paris 1953), macht er sich zum Fürsprecher der Ukrainer und Kosaken, die im Zweiten Weltkrieg an der Seite der Deutschen gekämpft hatten und später, nach ihrer Gefangennahme durch die Alliierten, an die Sowjets ausgeliefert wurden. Auf ein großes, wenngleich kritisches Echo von seiten der Historiker, Politiker und Publizisten des Exils traf sein Roman "Lewa wolna" (Freie Linke; London 1965). Seine Handlung spielt in der letzten Phase des Ersten Weltkrieges und kurz nach dessen Ende. Der Leser soll überzeugt werden, daß die Polen damals eine falsche Entscheidung getroffen haben: Man hätte, so die Meinung des Autors, nicht gegen Rußland kämpfen, sondern sich mit ihm im Kampf gegen den Bolschewismus verbünden sollen.

Der Roman "Nie trzeba głośno mówić" (Man soll nicht laut darüber sprechen; Paris 1969) spielt mit seiner Handlung zwischen dem Ausbruch des deutsch-sowjetischen Krieges und 1945. Der Autor führt historische Personen ein: Rosenberg, Himmler,

Wlassow, Bór Komorowski, Adam Rapacki. Er zitiert aus Befehlen der Armia Krajowa, aus deutschen wie sowjetischen Erlassen. Die Ideologie des Werkes läuft auf eine totale Parteinahme für die Deutschen und gegen die Sowjetunion hinaus. In diesem Krieg sehnt der Autor den Sieg des Dritten Reichs herbei. Negativ bewertet er die Entscheidungen Hitlers, die ein grausames Vorgehen gegen die ukrainische, belorussische und russische Bevölkerung zur Folge hatten: das habe die Möglichkeit zunichte gemacht, die Völker für die deutsche Sache zu gewinnen. Bei einer solchen Einstellung ist es nur logisch, daß der Autor auch am antideutschen konspirativen Kampf auf polnischem Boden Kritik übt.

Bezeichnend für die Exilliteratur zwischen 1956 und 1970 war auch eine Essayistik von bemerkenswerter philosophischer und historischer Tiefe. Sie bereicherte dieses Literaturgenre um Themen, die aufgrund der Zensur in Polen nicht behandelt werden konnten, und um jene andere Blickrichtung auf Ereignisse und Prozesse der Nachkriegszeit, die dort verstellt war. Auch lieferte sie Informationen, die man im Lande verschwieg.

Ein bedeutender Essayist war Stanisław Vincenz. Im mehrbändigen Zyklus "Na wysokiej połoninie" (Hoch auf der Alm), den er vor dem Kriege begonnen und im Exil abgeschlossen hat, beschreibt er auf wunderbare Weise das Fleckchen Erde seiner Geburt, die Huculszczyzna, die sich seit 1945 auf dem Territorium der Sowjetunion befand. Im "Dialog z sowietami" (Dialog mit den Sowjets), im Essayband "Po stronie pamięci" (Auf seiten des Gedächtnisses), in Skizzen zu Dante, Shakespeare, zu den Juden und über Ungarn, wo er Jahre des Krieges verbracht hatte, schuf er eine neue Art des polnischen Essays, indem er das althergebrachte Genre der Adels-"Gawęda" mit dem eigenen humanistischen Anliegen und philosophischem Weitblick verbindet.

Eine Schlüsselrolle für das Verständnis eines anderen großen Essayisten, Jerzy Stempowskis, besitzt der Titelessay seines Bandes "Eseje dla Kasandry" (Essays für Kassandra; Paris 1961). Des Autors eigene Qualen und deren Ursachen werden hier offenkundig: Sie liegen im Selbstgefühl eines Menschen, begabt mit analytischem Geist und der Fähigkeit, Ereignisse in ihrem unabwendbaren Verlauf vorauszusehen, dessen Warnungen bei den Mitmenschen jedoch auf taube Ohren treffen. Die Mitwelt interessiert sich selbst dann nicht für seine Gedanken, wenn die Entwicklung diese rechtfertigt. Er kritisiert Europas Intellektuelle, die die Bedrohung durch den Faschismus nicht rechtzeitig erkannt haben. Er macht die westlichen Demokratien dafür verantwortlich, daß sie in Vorkriegszeiten den Juden die Ansiedlung in ihren Ländern verwehrt haben und sie damit, wie sehr bald ersichtlich wurde, dem Untergang preisgaben. Sehr kritisch wertete er den verengten intellektuellen Gesichtskreis vieler Londoner Aktivisten des Exils. Nach 1956 sprach er sich dafür aus, feste Bande zu Polen zu knüpfen.

Ein Analytiker unter den Exilessayisten war Józef Wittlin. Er litt unter dem Streit der Auswanderer. Die politische Emigration sah er in erster Linie als ein Unglück an. Er warnte davor, "an der Vertreibung Geschmack zu finden" und verwies auf Umstände, die die Exilliteratur verkrüppeln oder vergreisen lassen könnten. Er trug sich mit dem Gedanken an ein umfassendes Werk, an "etwas in der Art eines Abrisses der Physiologie der Exilliteraturen". Wenngleich er diese Absicht nicht verwirklicht hat, so tauchen doch viele Ideen dieses Vorhabens in anderen Essays vertreut wieder auf, insbesondere in "Blaski i nędze wygnania" (Glanz und Elend des Exils), enthalten im Band "Orfeusz w piekle XX wieku" (Orpheus in der Hölle des 20. Jahrhunderts; Paris 1963).

Seit Mitte der fünfziger Jahre bereicherte auch Czesław Miłosz die Exilessayistik, und zwar beginnend mit dem sehr interessanten "Zniewolony umysł" (Verführtes Denken). Mit "Rodzinna Europa" (Heimatliches Europa; Paris 1959; dt. unter dem Titel "West- und östliches Gelände") machte er klar: seine Wurzeln habe er "dort, im Osten, das ist eine unumstößliche Tatsache". Er kehrte in Gedanken zurück ins Land um Wilna und ins besetzte Warschau. Reflexionen, bezogen auf den neuen Wohnort Kalifornien, nehmen viel Raum im Band "Widzenia nad Zatoką San Francysko" (Visionen an der Bucht von San Francisco; Paris 1969) ein. Bei "Prywatne obowiązki" (Private Verpflichtungen; Paris 1972) handelt es sich um Skizzen über Schriftsteller, denen Miłosz Wesentliches verdankt: Autoren aus Vergangenheit und Gegenwart, aus Polen und aller Welt.

Ein vortrefflicher Essayist war auch Gustaw Herling-Grudziński. Der Band "Drugie przyjście" (Die zweite Ankunft) enthält Essays über Pepys, Conrad, Camus, Kafka, Babel, Solženicyn, daneben Berichte über Gespräche mit Croce und Guido Battaglia, die auch für die Beziehung zum polnischen Exil breitere Bedeutung erlangten. Der nächste Essayband dieses Autors waren die "Upiory rewolucji" (Gespenster der Revolution; Paris 1969), die Skizzen über die russische Literatur und die literarische Situation in der UdSSR enthalten. Eine berühmte Essayreihe, in der er inner- und außerpolnische Ereignisse kommentiert, ist sein "Dziennik pisany nocą" (Tagebuch - nachts verfaßt). Dieses "Tagebuch" erschien in regelmäßigen Fortsetzungen in der "Kultura" und wurde später als mehrbändiges Sammelwerk herausgegeben.

Die Jahre 1969 bis 1981

Der so fruchtbare Abschnitt, der Werke von Bedeutung und großer Themenbreite sowie eine Plejade beachtlicher Talente hervorgebracht hatte, ging am Ausgang der sechziger Jahre zuende. Zum einen war es der Tod bedeutender Autoren, der das Ende einläutete: Witold Gombrowicz, Juliusz Mieroszewski, Jerzy Stempowski, Stanisław Vincenz, Kazimierz Wierzyński schieden aus dem Leben, einige Jahre später Józef Wittlin.

Die Veränderungen, die jetzt in der Exilliteratur Platz griffen, hatten jedoch noch andere, weiterreichende Ursachen. Gingen sie doch mit einer Welle von Ereignissen globalen, europäischen Ausmaßes einher, die aber auch im kleineren - polnischen - Rahmen zum Tragen kamen; schon seit geraumer Zeit heraufziehend, nahmen sie je nach dem Ort des Geschehens einen wechselnden Verlauf. 1967/68 ging förmlich ein Beben durch die Welt, über das Soziologen und Historiker das letzte Wort noch nicht gesprochen haben. In Polen kommt es im März 1968 zu einer Führungskrise in der PVAP, die hier nicht ausführlich erörtert werden kann. Für Änderungen in der polnischen Exilliteratur wird vor allem der Aspekt des Antisemitismus relevant, denn er löst eine neue Emigrationswelle aus Polen aus. Eine zahlenmäßig starke Gruppe polnischer Autoren jüdischer Herkunft verläßt das Land und wendet sich nach Frankreich, West-Berlin, Westdeutschland, den

Vereinigten Staaten, nach Israel. Unter diesen Emigranten sind Jan Kott, Henryk Grynberg, Arnold Słucki, Stanisław Wygodzki, Witold Wirpsza.

Die polnischen Märzereignisse von 1968, die Teilnahme Polens an der bewaffneten Intervention in der Tschechoslowakei im gleichen Jahre, die Niederschlagung der Arbeiterproteste an der Küste im Dezember 1970, bei denen es Todesopfer gab - all das veränderte die Einstellung der Emigranten zu Polen, es machte den Hoffnungen und Illusionen ein Ende, die nach der Oktoberwende von 1956 aufgekeimt waren. Die kritische Haltung polnischer Literaten und Intellektueller zur Regierung führte zu verschärften Konflikten und in vielen Fällen zum Verlassen des Landes (z. B. emigrierte der Philosoph Leszek Kołakowski). Im Zentrum der Exilschriftsteller legte man das Verlangen nach Zusammenarbeit mit dem Land, das mit der Hoffnung auf positive Veränderungen verknüpft gewesen war, nun auf Eis. Die kritische Einstellung gegenüber den politisch Mächtigen und den Verhältnissen in Polen vertiefte sich. Besonders beredte Zeichen dieses Wandels waren der Verzicht Kazimierz Wierzyńskis auf die geplante Polenreise und sein Gedichtband "Czarny polonez" (Schwarze Polonaise; Paris 1969), in dem er die polnischen Machthaber wegen ihres Antisemitismus sowie der Beteiligung an der Aggression gegen die Tschechoslowakei angriff und sie schuldig sprach, das Land in eine kulturelle Regression zu treiben.

Der Emigrantenzustrom brachte in die Exilliteratur neue Themen und Fragestellungen ein. Die Leidenswege polnischer Juden im Kriege, aber auch bittere Erfahrungen aus jüngerer Zeit drängten jetzt in den Vordergrund.

Nach 1945 waren im Exil von Anfang an Werke entstanden, die von der Tragödie der Juden während des Krieges erzählten. In Einklang mit den historischen Fakten klagten sie Hitlerdeutschland des Genozids an den Juden in den okkupierten Ländern an. Oft schöpften die Autoren aus eigenem Erleben, so auch Tadeusz Stabholz in seinem Buch "Siedem piekieł" (Sieben Höllen), einem ergreifenden Bericht eines Juden aus Hitlers Lagern. Er beginnt mit dem Aufstand im Warschauer Ghetto, führt sodann in die Lagerwirklichkeit von Treblinka, Maidanek, Auschwitz, Sachsenhausen und Dachau.

Von großem Wert ist auch ein Roman von Nina Tomkiewicz, der vom Leben im Warschauer Ghetto berichtet: "Bomby i myszy" (Bomben und Mäuse; London 1966). Die Heldin wird von Polen gerettet. Ihnen verdankt sie, die aus dem Ghetto Entkommene, den rettenden Unterschlupf. Der Roman zeigt Polen, die selbstlos und aufopferungsvoll halfen, und andere, die dazu nur für eine erhebliche Belohnung bereit waren. Es treten auch polnische Antisemiten auf, die sich den Deutschen als Helfershelfer anbiedern. Zu den objektiven Bildern polnisch-jüdischer Beziehungen im Krieg gehören mehrere Erzählungen von Irena Krzywicka aus dem Band "Mrok, światło i półmrok" (Dunkel, Licht und Halbdunkel; London 1969).

Unter dem Einfluß der jüngsten Emigrationswelle aus Polen setzte ein grundlegender Wandel in der Behandlung dieser wichtigen, nun ziemlich exponierten Thematik ein. Es entstanden Werke, in denen die polnische Gesellschaft des Antisemitismus bezichtigt wird. Dabei ging es nicht mehr um antijüdische Einstellungen eines bestimmten Teils der polnischen Bevölkerung. Solche gab es leider, sie lassen sich nicht leugnen und waren auch früher Gegenstand der Darstellung gewesen. Jetzt aber betrafen die Beschuldigungen Polen überhaupt, nicht nur das der siebziger Jahre, vielmehr griff die Anklage auf die Vergangenheit zurück, erfaßte auch die Kriegszeit, machte damit die Polen mitverantwortlich für den Holocaust.

In Verbindung mit dem Nahostkonflikt und dem Verhalten der sozialistischen Länder in dieser Frage verschlechterten sich die Beziehungen zwischen Polen und Israel. Bald brachen sie vollends ab. Eine Gruppe hochrangiger polnischer Regierungsvertreter, die diese von Moskau diktierte Politik nicht akzeptierten, schieden aus dem Amt. Viele emigrierten.

Vor diesem gesellschaftlichen Erwartungshorizont, und nicht aus dem Bedürfnis heraus, Geschehenes zu bezeugen, entsteht nun eine Exilliteratur, in der die Polen pauschal antisemitisch genannt werden und diejenigen die Oberhand gewinnen, welche die von Polen geleistete Hilfe für Juden geringschätzen. Beredtes Schweigen herrscht hingegen um das so wichtige Detail, daß Polen unter den besetzten Ländern zu denen gehörte, in denen auf Hilfe für einen Juden der Tod stand. Barbara Toporska äußert gar in ihrem Roman "Siostry" (Schwestern; Paris 1966) die Ansicht, Juden hätten die Gestapo weniger gefürchtet als die Polen. Auf eine ähnliche Sicht des okkupierten Polen treffen wir in Jadwiga Maurers Roman "Liga ocalałych" (Liga der Überlebenden; London 1970).

Viele solcher Werke, die ungerechte Urteile über Polen fällen, sind - bei allen Qualitätsunterschieden - im Grunde genommen ein Stück Selbstrechtfertigung für die Entscheidung der Autoren, Polen zu verlassen. Es ist wahr, daß Juden gezwungen wurden zu emigrieren. Wahr ist aber auch, daß sich viele von konjunkturellen Beweggründen leiten ließen und die sich bietende Gelegenheit zu ihrem Vorteil nutzten.

Die wertvollsten Werke zu dieser Thematik sind jene, die einen authentischen Leidensweg aufzeichnen. Sie bleiben es auch dann, wenn ein Autor mitunter überzeichnet. In dieser Beziehung kommt Henryk Grynberg, einem Überlebenden des Holocaust, ein besonderes Verdienst zu. Er hält es für seine Pflicht, die Erinnerung an die Schicksale seines Volkes wachzuhalten, er will erwirken, "daß die Toten weniger tot sein mögen"[11].

Die Bedeutung seiner Romane "Zwycięstwo" (Sieg), "Życie ideologiczne" (Ideologisches Leben), "Wojna żydowska" (Jüdischer Krieg), "Kadisz" (Kaddisch), der Erzählungen "Szkice rodzinne" (Familienskizzen) und schließlich der Gedichte Grynbergs beruht darauf, daß sie die geistige Welt polnischer Juden erschließen, die dem Holocaust entkommen sind. Sie werden vor allem durch den sachlichen, natürlichen Stil des Autors lebendig, durch jene Einfachheit, mit der er Lebenswege und Erfahrungen mitteilt. Es wird bei ihm immer deutlicher, daß er, der mit großer Sensibilität antisemitische Erscheinungen unter Polen registriert, dennoch nicht zu jenen Schriftstellern zählt, die nach 1968 die Verantwortung für Hitlerdeutschlands Verbrechen relativierten und teilweise auf das polnische Volk abluden. Zu Recht darf er über sein Exilschaffen schreiben: "Ich habe die Schuld Hitlerdeutschlands weder den Polen noch den Juden zugeschoben."[12] Diese

---

11 Henryk Grynberg, Prawda nieartystyczna. Berlin 1984, S. 91.
12 Ebenda, S. 142.

Haltung hat ihm das Publizieren seiner Bücher in westlichen Verlagen nicht gerade erleichtert. Waren diese doch weniger an der redlichen Darstellung der Wahrheit interessiert als vielmehr anfällig für aktuelle politische Tendenzen. Das komplexe Wesen seiner Schriftstellerexistenz hat Grynberg so definiert:

"Meine Identität ist in sehr starkem Maße die eines jüdischen Überlebenden. ... In Jerusalem an der alten Tempelmauer habe ich den Opfern der Shoah treue Erinnerung gelobt. An eben dieser Mauer leistete ich als Freiwilliger der israelischen Armee dem jüdischen Volk den Treueid. ... Dies Treuegelübde galt dem Volk, nicht einem Staat; deshalb kollidiert es nicht mit der Loyalität gegenüber einem anderen Lande. ... Den Polen und der polnischen Kultur gehört meine Begabung. Meine Werke sind ein Treuebeweis dieser Kultur. Ich versuche, ihr ein klein wenig jüdischen Geist einzuhauchen ... Alle meine Bücher richten sich in erster Linie an die Polen, deshalb bin ich ein polnischer Schriftsteller."[13]

Die bittere Wahrheit über das Selbstgefühl eines polnischen Juden in der Fremde drücken die Gedichte von Stanisław Wygodzki aus. Sie sind ein Zeugnis der letzten Lebensjahre des Dichters, gezeichnet vom Schmerz der Vertreibung. In ihnen wiederholen sich die wichtigsten Motive des Autors: die nächsten Angehörigen - von Deutschen ermordet, der Anblick derer, die ins Gas gehen, die Erinnerung an Eisenbahntransporte, die Juden in den Tod brachten. Ebenso wie bei zahlreichen anderen aus Polen emigrierten Dichtern jüdischer Herkunft verstärkt sich auch in Wygodzkis und Arnold Słuckis Versen die pessimistische Grundstimmung durch die Sehnsucht nach der polnischen Erde, der polnischen Landschaft, der polnischen Kultur.

Die Ereignisse zwischen 1968 und 1970 sind das deutliche Signal einer tiefen Krise des sozialistischen Systems in Polen. Immer häufiger kam es zu schwerwiegenden Konflikten zwischen den politischen Machthabern und der gesellschaftlichen Meinung, die in hohem Maße von polnischen Schriftstellern des In- und Auslands artikuliert wird. Diese verbanden sich im Protest gegen die Zensur, gegen Verfassungsänderungen und Verletzungen der Menschenrechte. Die Bewegung zum Schutz der Freiheit des Wortes und der Rechte der Werktätigen organisiert sich umfassend, spielt eine wachsende Rolle und nimmt 1976 die Form des illegalen, aber öffentlich wirkenden Komitees zur Verteidigung der Arbeiter an. An der Spitze dieser Bewegung stehen unter anderem Literaten, die vom Exil einhellig unterstützt werden. Es kommt nun zu einer inoffiziellen, doch um so intensiveren Annäherung der Exilautoren an Polen. Dank den Untergrundverlagen, die sich der Kontrolle durch die Zensur entzogen, gelangt Exilliteratur an den polnischen Leser. Selbst in den offiziellen staatlichen Verlagen erscheint eine immer größere Zahl von Exiltiteln - besonders 1980/81, in der "Solidarność"-Zeit.

Der Nobelpreis für Czesław Miłosz öffnet die Tore weit, nicht nur für das Werk dieses Autors. Er selbst reist im Triumphzug durch Polen.

---

13 H. Grynberg, "Wróciłem. Wiersze wybrane z lat 1964-1989". Warszawa 1991, S. 148.

Die Entwicklung der politischen Ereignisse nimmt indessen eine andere Richtung: Den Prozeß der Annäherung unterbricht am 13. Dezember 1981 die Ausrufung des Kriegs rechts in Polen.

Dezember 1981 bis Juni 1983

Die Einführung des Kriegsrechts, der Gang der "Solidarność" in die Illegalität, die Inhaftierung und Internierung der Führer der Bewegung für Demokratie und nationale Unabhängigkeit schufen eine Situation, die auch die Weiterentwicklung der Exilliteratur beeinflußte. Nahm doch in den achtziger Jahren wiederum eine Auswanderungswelle aus Polen ihren Lauf. Man kann sie die Emigration der "Solidarność" nennen.

1981 hatten viele junge Polen, die Reisefreiheit nutzend, Europa und die USA besucht. Sie waren auf Arbeitssuche gegangen, aber auch auf die Suche nach engeren Kontakten zum westlichen Kulturbetrieb, zu Intellektuellenkreisen oder politischen Zirkeln. Zu ihnen zählten besonders viele junge Schriftsteller. Der 13. Dezember ereilte sie im Ausland, schnitt ihnen den Rückweg nach Polen ab, wo sie mit Internierung und Haft, in jedem Falle aber mit Freiheitsbeschränkung rechnen mußten. Sie wurden zu Emigranten. Ihnen folgten in den nächsten Jahren, legal oder illegal, andere, die sich ihren Vorgängern anschlossen. Die politischen und kulturellen Exilzentren leisteten Unterstützung, ebenso die Regierungen der Gastländer. Die polnischen Emigranten der "Solidarność" wurden generell sehr herzlich aufgenommen. Ihren Kampf gegen das totalitäre System des realen Sozialismus in Polen unterstützte man und protestierte gegen das Kriegsrecht und seine Anordnungen.

Nacheinander fanden sich nun im Exil ein: Kazimierz Brandys, Zbigniew Herbert und eine Reihe jüngerer Autoren, unter ihnen Stanisław Barańczak, Janusz Głowacki, Ryszard Krynicki, Adam Zagajewski, um nur einige zu nennen. Gemeinsam mit jungen Geisteswissenschaftlern und Journalisten gründen sie neue literarische Zentren im Westen, so in Schweden, in West-Berlin. Neue Exilverlage entstehen - z. B. "Aneks", "Puls" und "Zapis" in London, "Poglądy" in West-Berlin. In Paris erscheint von 1983 an die Quartalsschrift "Zeszyty Literackie" auf hohem inhaltlichem Niveau.

In den achtziger Jahren setzt eine sehr aktive Zusammenarbeit zwischen der Untergrundbewegung in Polen und den kulturellen wie politischen Exilzentren ein. In den Untergrundverlagen wird nun vieles gedruckt, was zuvor nur im Westen erscheinen konnte, also in Polen noch weithin unbekannt war: Arbeiten zur jüngsten Geschichte Polens, Dokumente aus westlichen und Exilarchiven, eine Vielzahl politischer Broschüren unterschiedlichen Wertes. Wichtige Werke von Witold Gombrowicz, Czesław Miłosz, Józef Mackiewicz, aber auch fortlaufende Nummern der Monatsschrift "Kultura" erscheinen als Reprints.

Das Exil fördert polnische Dissidenten, treibt materielle Mittel auf - Geld, Papier, drucktechnisches Know-how. Es unterstützt aber auch das Literaturschaffen innerhalb Polens.

So wird ein spezieller Literaturfonds eingerichtet, der mittels Veröffentlichungen im Ausland Autoren im Lande Hilfe leistet.

Die Exilverlage publizieren Werke, deren Autoren (zum Teil sind sie im Gefängnis oder interniert) Erfahrungen mit dem Kriegsrecht mitteilen. So erscheinen in London Andrzej Szczypiorskis Buch "Z notatnika stanu wojennego" (Aus dem Notizbuch zum Kriegszustand, 1983; dt. in Auswahl in: Notizen zum Stand der Dinge, Zürich 1990), Wiktor Woroszylskis "Dziennik internowania" (Tagebuch der Internierung), zwei Erzählungsbände von Marek Nowakowski mit dem Titel "Raport o stanie wojennym" (Rapport über das Kriegsrecht) und in Paris Adam Michniks Skizzenband "Z dziejów honoru polskiego" (Aus der Geschichte der polnischen Ehre) sowie Jan Józef Szczepańskis "Kadencja" (Eine Wahlperiode), ein Buch, das die Hintergründe der Auflösung des Polnischen Schriftstellerverbandes von 1983 beleuchtet.

Die an den Internierungsorten, im Untergrund, unter der studentischen Jugend entstandene Poesie der Gefühle und Erlebnisse derer, die die Notwendigkeit des Kriegsrechts nicht akzeptierten, ist in zwei Ausgaben im Ausland erschienen, einmal in London, das andere Mal in New York unter dem Titel "Poezja stanu wojennego" (Poesie des Kriegsrechts). Dies sind Anthologien junger, zumeist noch unbekannter Autoren, unter denen aber auch bekannte Namen auftauchen; z. B. Zbigniew Herbert mit seinem höchst populären, oft abgedruckten Gedicht "Raport z oblężonego miasta" (Rapport aus einer belagerten Stadt), das einem in Paris erschienenen Poesieband den Namen gibt.

Eine andere interessante Anthologie mit dem Titel "Poeta pamięta. Antologia poezji pamięci i protestu. 1944-1984" (Der Dichter bringt es an den Tag. Anthologie einer Poesie des Gedächtnisses und Protestes. 1944-1984) hat Stanisław Barańczak im Ausland bearbeitet und herausgegeben. Dieses Buch dokumentiert das ununterbrochene, alle Kriegsjahre überdauernde Ringen der polnischen Literatur um Verteidigung der nationalen Identität und der Rechte der Persönlichkeit.

Der 4. Juni 1989 ist ein außerordentlich wichtiges Datum in der polnischen Nachkriegsgeschichte: An diesem Tag fanden die ersten Parlamentswahlen seit dem Kriegsende statt, die - wenngleich noch nicht völlig frei - immerhin allen politischen Stimmen Gehör verschafften. Dank den Stimmen derer, die sich in der "Solidarność"-Bewegung, im Rahmen der Kirche oder in der PVAP von hohem Verantwortungsgefühl für Polens Geschicke leiten ließen, gelang es der polnischen Gesellschaft, nationaler Unabhängigkeit und parlamentarischer Demokratie ein großes Stück näher zu kommen.

Im Lichte unseres Themas war dies praktisch das Ende der jüngeren Exilliteratur, jedenfalls in dem Sinne, wie das literarische Leben im Exil in den Nachkriegsjahrzehnten begriffen wurde. Sämtliche bis dahin verbotenen Bücher der Exilautoren erschienen nämlich nun legal, kamen in Umlauf und gelangten an den polnischen Leser. Wer wollte, konnte nun ungehindert nach Polen zurückkehren. Diejenigen, die es vorzogen, im Ausland zu bleiben, sind keine Exilautoren mehr, sondern ganz einfach außer Landes wohnende polnische Schriftsteller.

Postscriptum

Daß aber freilich nicht alles so einfach ist, wie es auf den ersten Blick scheinen könnte, dafür sei als lebendiger Zeuge jener Mann genannt, der sich um polnische Exilkultur in hohem Maße verdient gemacht hat - der Begründer des Literaturinstituts in Paris und der wichtigen soziokulturellen Monatsschrift "Kultura", deren Herausgeber und Redakteur er von Beginn an war und bis heute ist: Jerzy Giedroyć hält das gegenwärtige Polen noch nicht für jenes, für das er über Jahrzehnte gestritten hat, für ein Polen, in das er heimkehren möchte.

Texte von ihm und anderen Autoren in der "Kultura" verhehlen weder die Kritik an den politischen Post-Solidarność-Eliten noch solche an Präsident Lech Wałęsa. Als Giedroyć diese seine Meinung in Polen vorstellen und in der Zeitung "Życie Warszawy" veröffentlichen wollte, wurde ihm das verwehrt - wie zu Zeiten der Zensur. So mußte er sie in der Pariser Emigrantenschrift "Kultura" publizieren.

Es klingt paradox: Jahrzehntelang hat man sich eingeschmuggelte Nummern der "Kultura" beschafft, um die Wahrheit über Polen zu erfahren. Heute nun greift man auf der Suche nach stimmigen Fakten und aktuellen Kommentaren über Polen erneut nach der Pariser "Kultura". Immerhin, die "Kultura" ist keine Schmuggelware mehr, sie ist in Polen allgemein zugänglich - wenngleich wenig publik gemacht und weithin totgeschwiegen.

Übersetzt von Uta Bock.

Heinrich Olschowsky

Emigrantenschicksal und literarische Strategie
Überlegungen zu Czesław Miłosz

1

Exil und Verbannung sind keine absolut neue Erfahrung in der Geschichte der Literatur. Dafür stehen die Verbannung Ovids an die Küste des Schwarzen Meeres, der Tod des Florentiners Dante in Ravenna oder Puschkins zwangsweise Entfernung von dem Petersburger Hof nach Südrußland. Für die polnische Literatur des 19. Jahrhunderts ist diese Erfahrung besonders prägend geworden. Nahezu sämtliche kanonischen Werke der Romantik sind in der erzwungenen oder von den Autoren freiwillig gewählten Emigration entstanden. Dem Status eines Schriftstellers im Exil ist somit eine besondere Würde zugewachsen. Neu ist allenfalls die im 20. Jahrhundert gestiegene Zahl politischer Regimes, die ihre Macht auch auf die Kontrolle der Sprache ausdehnen und die - mit den Mitteln der Zensur und der öffentlichen Sprachregelung - die Kommunikation der Gesellschaft im gewünschten Sinne zu kanalisieren trachten.[1] Auf dem Spiel steht die Freiheit des Wortes und oft genug Leib und Leben dessen, der das unbotmäßige Wort führt.

Der Grund, weshalb Schriftsteller das Exil wählen - so Czesław Miłosz in seiner Nobelpreisrede 1980 in Stockholm -, sei der Wunsch, sich einem doppelten Druck zu entziehen: nicht der Zensur unterworfen zu sein, aber auch nicht gegen das von der Zensur Verbotene zwanghaft denken und schreiben zu müssen.[2] Wer ins Exil geht, will die Freiheit und muß das Fremdsein als Preis in Kauf nehmen.

Über die Einsamkeit, die Verzweiflung, kurz: über das zerstörerische Elend des Exils zu reflektieren liegt nahe, wenn man sich die Freitode von Kurt Tucholsky, Stefan Zweig oder des Polen Jan Lechoń vor Augen hält. Weniger plausibel erscheint es dagegen, auch über den "Glanz des Exils" zu sprechen, wie es der Pole Józef Wittlin in einem Essay getan hat. Wittlin (1896-1976), ein bedeutender expressionistischer Lyriker und Verfasser des einzigen pazifistischen Romans in Polen, "Sól ziemi" (Salz der Erde; 1936), stammte aus Galizien und war mit Joseph Roth befreundet, dessen Romane er übersetzte. Bei

---

1 Eine klassische Analyse der Sprachregelung im Nationalsozialismus stellt Victor Klemperers "Lingua Tertii Imperii" (LTI) dar. Den Sprachmustern der Propaganda in Polen zwischen 1966 und 1981 widmete Michał Głowinski zwei Bände seiner analytischen Kommentare: Marcowe gadanie (Warszawa 1991) und Peereliada (Warszawa 1993).

2 Vgl. Czesław Miłosz, Rede vor der Königlichen Schwedischen Akademie (Wykład Nobla - Nobelpreisrede); vgl. Zaczynając od moich ulic. Paris 1985, S. 351 ff. - Der Nobelpreisträger von 1980 wurde in der DDR verschwiegen. Erst 1988 erschien sein Roman "Dolina Issy" (Tal der Issa) bei Kiepenheuer in Leipzig mit einem Nachwort von Heinrich Olschowsky. Vgl. auch: Olschowsky, Czesław Miłosz. In: Literatur Polens. 1944-1985. Berlin 1990, S. 352-369.

Ausbruch des Zweiten Weltkriegs floh er seiner jüdischen Herkunft wegen nach Frankreich und von dort in die Vereinigten Staaten. In seinem Essay "Blaski i nędze wygnania" (Glanz und Elend des Exils; 1957) unternahm er den Versuch, die Auswirkungen der Emigration auf die Literatur unvoreingenommen zu betrachten. Solche ruhige Erörterung mußte sich des Ressentiments und des Zorns der Emigranten erwehren, fiel daher nicht leicht. Um so bemerkenswerter ist Wittlins Skizze über die Vorzüge und Nachteile einer Literatur im Exil, in der er das Emigrantendasein nicht allein als Gift sehen möchte, das einen Schriftsteller im wörtlichen Sinne töten kann, sondern zugleich auch als ein Stimulans, das die schöpferischen Kräfte steigert.

In zweifacher Hinsicht deutet Wittlin den Begriff Exil. Er erinnert daran, daß in der christlichen Tradition, wie es z. B. die Antiphon "Salve Regina" nahelegt, alle Menschen als "vertriebene Kinder Evas" (exules filii Evae)[3] gesehen werden können. Vertriebene aus dem Paradies, das als eschatologische Verheißung dem irdischen Dasein eine jenseitige Heimat entwirft. Mithin könne Heimatlossein als eine Grundgegebenheit menschlichen Daseins begriffen werden. Zum anderen ruft er ins Gedächtnis, wie oft der "originale Künstler" als ein Fremder im eigenen Land erscheint, weil er sich dem Common sense nicht fügt. Beide Deutungen lockern das Verständnis von Exil auf, um seiner Ambivalenz mit größerer Gelassenheit zu begegnen. Ein Autor, der ins Exil geht, muß die Tatsache ins Auge fassen, daß er in vielfacher Hinsicht vom heimischen kulturellen Kontext abgeschnitten ist:

Er scheidet aus dem Milieu seiner Muttersprache aus, dem Medium seines Denkens und Empfindens, das das Material seiner literarischen Produktion bildet und den Kreis seiner Leser absteckt.

Zum anderen verkümmert sein Gespür für den lebendigen Pulsschlag des außerliterarischen Zeitgeschehens in seiner Heimat. Er lebt in verschiedenen Zeiten gleichzeitig - in der Gegenwart des Aufnahmelandes (die ihm nur mittelbar zugänglich ist) und in der Vergangenheit seiner Heimat, die er festzuhalten sucht.

Und schließlich ist er vom literarischen Leben daheim ausgeschlossen; verdrängt oder vergessen, nimmt er an dessen Konjunkturen nicht mehr direkt teil.

Dieser Zustand kann als eine Art Amputation wahrgenommen werden. Dann stumpft das Feingefühl für die Sprache ab, und von der Vergangenheit gebannt, verliert der Blick des Emigranten auf die Gegenwart an Schärfe. Der isolierte Autor überläßt sich der Verbitterung und Nostalgie.

Eine Zwangsläufigkeit gibt es hierbei allerdings nicht, Erfolg oder Mißerfolg sind nicht im voraus bestimmt. Das Leben in der Fremde, gewählt, um geistigem Zwang und persönlicher Bedrohung zu entgehen, kann auch befreiend wirken:

Es wird möglich, einen unabhängigen Standpunkt gegenüber kollektiven Mythen und Mechanismen der eigenen nationalen Kultur einzunehmen. Aus dem räumlich-zeitlichen Abstand zeichnen sich Wert und Unwert mancher Erscheinung objektiver ab.

---

3 Józef Wittlin, Blaski i nędze wygnania. Zitiert nach: Wittlin, Glanz und Elend des Exils. In: Autoren im Exil. Hrsg. von Karl Corino. Frankfurt a. M. 1981, S. 10.

Und das Bestreben, ein fremdes Publikum zu erreichen, das mit den Symbolen und Chiffren der nationalen Kultur nicht vertraut ist, zwingt zu nicht emotionalisierter Stringenz im Denken und zu sachbezogenem, klaren Ausdruck.

"Die Einsamkeit kühlt die Leidenschaften ab, schärft aber das Wahrnehmungsvermögen", sie bereitet den Boden für eine "zeitlose Sicht auf die Zeitlichkeit".[4] Als Quintessenz obiger Erörterung kann gelten, daß es keineswegs von vornherein entschieden ist, welche Auswirkungen das Exil auf die literarische Strategie eines Autors hat. Von Fall zu Fall bedarf dies eingehender Betrachtung, die hier am Beispiel von Czesław Miłosz vorgenommen werden soll.

Unter literarischer Strategie verstehen wir die Art und Weise, wie ein Autor seine Exilsituation schreibend bewältigt. Es geht um die Einstellung zu seiner andersprachigen Umgebung und zu seinem Herkunftsland in vielfacher Hinsicht: in politischen, kulturellen und literarischen Fragen. Eingeschlossen ist hierin das Verhältnis, das ein Autor zu den verschiedenen Erwartungen einnimmt, mit denen er von beiden Seiten konfrontiert ist.

Erwägungen solcher Art durchziehen wie ein roter Faden die Essays, Gedichte und brieflichen Äußerungen von Miłosz, ihr Fazit gleichsam findet sich in den 1975 erschienenen "Noty o wygnaniu" (Anmerkungen über das Exil; dt. unter dem Titel "Schreiben im Exil")[5].

In der reichen wissenschaftlichen Literatur über den Nobelpreisträger ist unter anderem die These vertreten worden, daß Miłosz in der moralischen Kritik an der eigenen Nation "als ihr strenger, gelegentlich allzu strenger Richter auftritt". Von den Kritikern vergangener Zeiten unterscheide ihn die Eindringlichkeit des Blicks und die große intellektuelle Distanz zum Weltbild des nationalen Sprengels. Letztere sei "allerdings nicht dem langjährigen Leben im Ausland geschuldet, vielmehr der ihm eigentümlichen planetaren Optik"[6].

Im folgenden soll gezeigt werden, daß manches für das Gegenteil spricht. Miłosz selbst hat eine Spur in diese Richtung gelegt: "Gerade in Kalifornien empfand ich deutlicher als je, daß die Problematik meiner Zeit durch Ereignisse des 20. Jahrhunderts von unheimlichem Ausmaß, von globaler Dimension diktiert wurde, die das Entstehen einer planetaren Zivilisation anzeigen - welcher Art sie sein wird, gehört in den Bereich der Fragen, nicht der Antworten."[7]

Im Ausland hat Miłosz die in seiner Poetik angelegte philosophische Sichtweise zu einer globalen entfaltet und sie vor provinzieller Einengung durch heimische Kontexte bewahrt. So scheint es nicht übertrieben zu sagen, dank des Exils ist es dem Dichter, unter enormer

---

4 Ebenda, S. 21.
5 Czesław Miłosz, Noty o wygnaniu. Zitiert nach: Miłosz, Schreiben im Exil. In: Zeichen im Dunkel. Poesie und Poetik. Hrsg. von Karl Dedecius. Frankfurt a. M. 1980, S. 111-124.
6 Jerzy Kwiatkowski, Miejsce Miłosza w poezji polskiej. In: Poznawanie Miłosza. Studia i szkice o twórczości poety. Hrsg. von Jerzy Kwiatkowski. Kraków - Wrocław 1985, S. 90. Vgl. ebenda: Aufsatz von I. Sławińska.
7 Czesław Miłosz, Ogród nauk. Paris 1979, S. 163.

Anstrengung, gelungen, das Streben nach ästhetischer Distanz zu einem geistigen Habitus auszubauen.

In seinen Äußerungen zum Exil vermeidet Miłosz den Ton des Selbstmitleids und sucht dem Begriff das Exzeptionelle zu nehmen. Darin berührte er sich mit der metaphysischen und soziokulturellen Argumentation Wittlins, die auf den Schluß zustrebte, das Exil könne nicht ausschließlich als "Schule des Wahnsinns" betrachtet werden: "Es kann auch eine Schule heller und scharfsinniger Weltbetrachtung sein."[8] Im Einklang damit standen die philosophischen Überlegungen von Miłosz, in denen er die Situation der modernen Dichtung allgemein als ein Exil auffaßt; als Auszug aus "dem Paradies metaphysisch begründeter Werte". Gemessen daran, erscheint ihm sein persönliches Exil nicht schwieriger als die Lage jedes anderen Dichters. "Im Gegenteil, sie mag sogar gewisse Vorzüge haben."[9]

2

Miłosz begann sein Exil 1951 mit einem politisch spektakulären Schritt; er verließ seine Stellung als Diplomat an der Botschaft Volkspolens in Paris und blieb im Ausland. Zunächst in Frankreich, 1960 folgte er dem Ruf als Professor für slawische Literaturen an die Universität von Berkeley (Kalifornien). Mitten im Kalten Krieg hat er die politischen Fronten gewechselt. Die Entscheidung, die ihm sehr schwer gefallen ist, war ein verlustreicher Befreiungsschlag; der Diplomat hat dem Zwang zur Anpassung und zur Verstellung ein Ende gesetzt, der Schriftsteller konnte fortan unbehindert sich äußern - vorausgesetzt, es fand sich ein Publikum, das seine poetische und politische Botschaft entgegennahm. "Als Dichter hatte ich nur in der Heimat ein Publikum"[10], schrieb er 1953, und das war ihm durch den Schritt ins Exil unerreichbar geworden. Seine literarische Karriere stand in Frage.

In politischer Hinsicht war der Entschluß des Diplomaten mit vielfältigen Risiken behaftet. Wollte er mit dem Wechsel des politischen Systems nicht zugleich auch seine Gesinnung wechseln, so mußte er in dem neu gewonnenen Freiraum seine geistige Unabhängigkeit behaupten. Die bekam man nicht geschenkt. Im Gegenteil. Im Osten und im Westen standen diesem Vorhaben dezidierte Erwartungen entgegen, die der politischen Logik des Kalten Krieges folgten.

Für das offizielle Warschau war Miłosz ein Verräter. Seine Person mußte verleumdet, sein Werk totgeschwiegen werden. Bestellte literarische Stimmen lieferten Verdammungsurteile (Kazimierz Brandys, Gałczyński, Słonimski) und sagten dem Abtrünnigen voraus, er werde in der Fremde bald vergessen sein. Zwischen den Zeilen ließ sich ein Ton des Neids vernehmen, daß er den bequemeren Weg schöner Abenteuer und einträglicheren Ruhms gewählt habe. Dahinter stand die plausible Annahme, daß, wer dem "Aufbau des

---

8   Wittlin, Blaski i nędze wygnania. Zitiert wie Anm. 3, S. 21.
9   Miłosz, Noty o wygnaniu. Zitiert wie Anm. 5, S. 111.
10 Czesław Miłosz, Zniewolony umysł. Zitiert nach: Miłosz, Verführtes Denken. Frankfurt a. M. 1980, S. 12.

Sozialismus" den Rücken gekehrt hat, folgerichtig ein Befürworter des Kapitalismus sein müsse, den man im Westen mit offenen Armen aufnehmen werde.[11] Beiden Seiten blieb die konkrete Erfahrung des Exulanten verschlossen; die Ambivalenz von Befreiung und Demütigung, Herausforderung und Entwurzelung, die Miłosz' Persönlichkeit und sein Talent auf eine harte Probe gestellt hat.

Indessen lebte der Exildichter in den Jahren 1951-1953 praktisch mittellos in Paris. Die polnische Emigration begegnete dem kommunistischen Ex-Diplomaten mit Mißtrauen und denunzierte ihn als einen verkappten Agenten. Er nutzte die Freiheit zu einem Buch, das die Entmündigung der Intellektuellen unter dem Stalinismus darstellen und seine eigene Lage erklären sollte - "Zniewolony umysł" (Gefesseltes Denken; 1953, dt. unter dem Titel "Verführtes Denken").

Sein Abrechnungsbuch, das er später als "Befreiung von lange unterdrückter Wut und einen kalten Racheakt" bezeichnete, wurde zu antikommunistischen Zwecken genutzt, war aber den Emigranten gleichwohl nicht antikommunistisch genug.[12] Er widersprach darin der Auffassung, daß allein die Angst die Mehrheit der Intellektuellen in Polen und anderswo dem "Neuen Glauben" des Marxismus-Leninismus in die Arme getrieben habe. Dagegen zeigte er, daß die Kritik der liberalen Intelligenz an den politischen Zuständen Vorkriegspolens und an der realitätsfernen Politik der Londoner Exilregierung sowie die Schrecken des Faschismus einen günstigen Boden bildeten, sich von der kommunistischen Vision faszinieren und von den sozialen Privilegien der Diktatur einfangen zu lassen. So antworteten die osteuropäischen Intellektuellen auf die alternativlos erscheinende äußere Macht mit Anpassung aus Überzeugung, aus Selbsttäuschung oder Verstellung.

Von dieser seiner Sicht der Dinge waren auf der anderen Seite auch die Linksintellektuellen Frankreichs aus dem Umkreis der "L'Humanité" und Sartres "Les Temps Modernes" düpiert. Sie rümpften die Nase über die Vermessenheit eines Osteuropäers, der die Stirn hatte, die schöne abstrakte Idee von der Revolution sowie Stalins Glanz als Bezwinger Hitlerdeutschlands mit der kruden Erfahrung von Verbrechen und Terror zu beflecken.[13]

Miłosz zog es vor, in einer liberalen Demokratie zu leben, aber das machte ihn weder zu einem blinden Antikommunisten, noch bedeutete es eine unbedingte Bejahung des Kapitalismus. In Briefen an den amerikanischen Theologen und Schriftsteller Thomas Merton legte er seine Vorbehalte gegen die "Macht des Geldes der französischen Bourgeoisie ..., die alle zwischenmenschlichen Beziehungen verändert und vergiftet", offen dar. Und auch seine Wahrnehmung von 1960, daß die amerikanische Gesellschaft vom Antikommunismus wie von einer "schweren, vielleicht tödlichen Krankheit befallen"[14] sei, zeugte keineswegs von seiner Bejahung des Kommunismus. Er beobachtete, dachte, formulierte seine Schlüsse auf eigene Verantwortung. Seine Position ähnelte in manchem der von Al-

---

11 Vgl. Kazimierz Brandys, Nim będzie zapomniany (1955). In: Brandys, Obrona Grenady i inne opowiadania. Warszawa 1966.
12 Thomas Merton - Czesław Miłosz, Listy. Kraków 1991, S. 26.
13 Vgl. Czesław Miłosz, Rok myśliwego. Kraków 1991, S. 166-168.
14 Merton - Miłosz, Listy. S. 71 und 90.

bert Camus, mit dem er befreundet war und auf dessen Unterstützung im Verlagshaus Gallimard Miłosz rechnen durfte. Nach Veröffentlichung des Essays "L'Homme révolté" (Der Mensch in der Revolte; 1951) ist Camus zum Gegenstand heftiger Angriffe von links und rechts geworden. Da er sich weder den Kommunisten noch den Christdemokraten zuordnen ließ, war er in den Augen der Schwarz-weiß-Denker ein Nichts, und das eben war anstößig.[15]

Indem Miłosz in "Zniewolony umysł" Erfahrungen osteuropäischer Intellektueller als widersprüchliche zu vermitteln suchte, ohne sich dabei fertige Deutungsmuster überstülpen zu lassen, enttäuschte er die von verschiedenen Seiten an einen politischen Emigranten gerichteten Erwartungen. Zu allen angebotenen Rollen hielt er Distanz. Wie Karl Jaspers im Vorwort zur deutschen Ausgabe des Werkes, "Verführtes Denken", bemerkte, spricht darin vor allem der "erschütterte Mensch, der ... durch die Analyse des im Terror Geschehenden zugleich sich selber zeigt. Wir werden durch ihn vorsichtiger in der Beurteilung der Menschen unter totalitären Regimen"[16]. Mit dieser Interpretation durfte sich der Verfasser durchaus richtig verstanden fühlen.

Die Tatsache, daß Miłosz als ein osteuropäischer Emigrant im sogenannten Westen lebte, definierte noch keineswegs erschöpfend seine politischen Ansichten. Beharrlich unterstrich er die durch harte Arbeit erworbene "vollständige Unabhängigkeit von den Forderungen der einen oder anderen Propaganda"[17] - wodurch er seinen geistigen Horizont offenhalten konnte.

3

Im Jahre 1959, einige Zeit nach Erscheinen des Buches "Zniewolony umysł" und während der Arbeit am Essay "Rodzinna Europa" (Heimat Europa; dt. unter dem Titel "West- und östliches Gelände") schilderte Miłosz in einem Brief an Thomas Merton, seine Lage: "Die Schwierigkeit besteht darin, daß, wenn man aus einem Kreis kollektiver Erfahrung in einen anderen wechselt, allzu vieles erklärt werden muß. Das ist eine vorzügliche Übung, auch wenn man gern die Kürzel und Anspielungen bevorzugen würde."[18]

Solcher Sorgen war ein Schriftsteller im Lande enthoben. Er konnte mit Lesern rechnen, denen die Symbole und Chiffren der nationalen Tradition vertraut waren und mit denen sich von vornherein ein emotionales Einvernehmen herstellen ließ. Aus diesem Grund blieb ihm auch die "vorzügliche Übung" erspart.

In seinem Essay nahm sich Miłosz vor, die Mentalität und den kulturellen Habitus eines Osteuropäers zu beschreiben, eines Menschen, der nicht in den "herkömmlichen Kate

---

15 Vgl. Miłosz, Rok myśliwego, S. 15 und 117; B. Sändig, Albert Camus. Eine Einführung in Leben und Werk. Leipzig 1988, S. 201-208.
16 Karl Jaspers, Vorwort zu: Miłosz, Verführtes Denken (vgl. Anm. 10), S. 8.
17 Miłosz, Noty o wygnaniu. Zitiert wie Anm. 5, S. 113.
18 Merton - Miłosz, Listy, S. 14.

gorien deutscher Ordnung und russischer *âme slave* Platz findet"[19]. Die eigene Biographie dient dabei als Leitfaden der Darstellung, sie wird aber mit "teleskopischem Auge" betrachtet, d. h., das individuell Bekenntnishafte rückt zum Gegenstand soziologischer Analyse auf. Ein solches Verfahren entsprach der Abneigung des Autors gegenüber literarisch inszenierter Aufrichtigkeit. Notwendig geworden war es aber durch die Situation des Exils. Miłosz hatte erfahren müssen, daß Dinge, die in seinem Vaterland als eine Sache von Leben und Tod galten, draußen niemandes Interesse weckten oder Emotionen berührten. Sein Bemühen, "wahrheitsgetreu über die unendlich komplexen Probleme (seiner) Heimat zu berichten"[20], lief Gefahr, bizarr wie eine Geheimlehre zu wirken. Man verstand ihn nicht. Auf der anderen Seite waren ihm in der Begegnung mit der fremden Denkweise die Voraussetzungen der eigenen deutlicher bewußt geworden.

Um der Gefahr von Nostalgie und Sterilität zu entgehen, mußte das Exil als eine Chance begriffen werden. Als Chance einer besonderen literarischen Perspektive, in der alles Geschriebene "der neuen Leserschaft verständlich und nachvollziehbar erscheint"[21].

Plausibilität war gefragt, nicht verzückte Beschwörungen. Klarheit des Ausdrucks, ohne mit äsopischer Rede oder mit dem Anschlagen der Klaviatur kollektiver Empfindungen auf Wirkung spekulieren zu können. In "Rodzinna Europa" erreichte der Autor eine verblüffend einleuchtende Diktion. Ein flüchtiger Vergleich mit Tadeusz Konwickis (der ebenfalls litauischer Herkunft ist) Tagebuch "Kalendarz i klepsydra" (Kalender und Sanduhr) zeigt den Unterschied. Es sind Fragmente, in denen sich beide Verfasser mit Weißrußland beschäftigen.

Miłosz: "... Polen und Litauer fanden sich in der gemeinsamen Abneigung gegen die orthodoxe Religion und ihre Bekenner. Dieser Makel fiel auf die Weißrussen, bekannt durch ihre Passivität, Hilflosigkeit und Demut vor dem Schicksal. Ich muß gestehen, daß die Weißrussen bis heute für mich ein Rätsel sind. Ein großer Raum, bewohnt von einer großen Masse, deren Sprache man als eine Brücke zwischen Polnisch und Russisch bezeichnen könnte, deren Volksbewußtsein das späteste Produkt der nationalistischen Bewegungen in Europa ist, deren Grammatik erst im 20. Jahrhundert fixiert wurde."[22]

Konwicki: "Weißrußland, Weißrußland. Warum heißt du Weißrußland, wenn es dir an Weiß gebricht. Denn weiß sind deine rotgelben Stoppelfelder im Herbst, weiß sind die grauen Leinenstücke, zum Bleichen in die Sonne gelegt, weiß ist der heiße Schweiß erschöpfter Menschen. Du solltest Gutrußland heißen, du solltest Gutes Land Guter Leute heißen."[23]

Bei Miłosz ist das biographische Moment der auf den Gegenstand gerichteten Erklärungsabsicht untergeordnet. Konwickis Sprache verinnerlicht den Gegenstand, um eine vage Stimmung des Autors auszudrücken. Hier ein aufklärender Bericht, da eine lyrische

19 Czesław Miłosz, Rodzinna Europa. Zitiert nach: West- und östliches Gelände. München 1986, S. 9.
20 Miłosz, Noty o wygnaniu. Zitiert wie Anm. 5, S. 115.
21 Ebenda, S. 118.
22 Miłosz, Rodzinna Europa. Zitiert wie Anm. 19, S. 19.
23 Tadeusz Konwicki, Kalendarz i klepsydra. Warszawa 1976, S. 31.

Apostrophe. Zudem stilisiert sich Konwicki als unbeholfener Provinzler, zwinkert dem Leser zu, möchte ihn mit seiner Weltläufigkeit staunen machen.

Die osteuropäische Herkunft des Autors von "Rodzinna Europa" schärfte auf der anderen Seite dessen kritischen Blick auf verschiedene Aspekte seiner neuen Umwelt. Mit Distanz begegnete er der Medienkultur (Siegeszug der TV) in den Vereinigten Staaten, dem "kompletten Irrsinn" westlicher Kunstmoden (über Jean Genet) oder den blauäugigen Vorstellungen der Linken über die Realität des Sozialismus unter sowjetischem Vorzeichen. "Wir unterschieden uns auch von den Linken des sogenannten Westens, denn sie pflegten eine Legende, und uns schnitten die Monate und Jahre dieser Legende ins lebendige Fleisch."[24]

So bildete sich eine Unabhängigkeit heraus, die zu den Vorzügen des Exils gehörte, denn im Lande war sie nicht ohne weiteres möglich. Außer der staatlichen Zensur standen einer solchen Haltung auch mancherlei Opportunitätserwägungen entgegen, die man zu berücksichtigen hatte, ohne die Möglichkeit zu besitzen, die Gründe dafür offen darzulegen. Für die Mitte der achtziger Jahre bestätigen verschiedene Stimmen diese Situation in Polen. Der Kunsthistoriker und Publizist aus der Gruppe katholischer Intellektueller um die Zeitschriften "Znak" und "Tygodnik Powszechny", Jacek Woźniakowski, schrieb 1986: "Selbständiges Denken gehört nun mal zu den Seltenheiten, um so mehr, als es bei uns schon seit Jahren belastet ist von der Unmöglichkeit, eine erschöpfende oder auch nur halbwegs anständige Diskussion darüber zu führen. Jedes Wort - insonderheit jedes originelle - wird sofort durch eine Vielzahl sogenannter Kontexte zerquetscht ... Natürlich werden auch anderswo Gedanken nicht in einem Vakuum ausgetauscht ... Hierzulande aber ist der Kontext tyrannisch ..."[25] Diese Äußerung Woźniakowskis griff 1989 Adam Michnik auf und sinnierte darüber, ob man schreibend dem "Lärm der Kontexte" entrinnen könne. Seine Antwort lautete, nein, man könne es nicht - aber man müsse es dennoch tun. "Man muß sich immer wieder zwischen zweierlei Verantwortung hindurchschlängeln: der Verantwortung für die Situation und der für die Wahrheit."[26]

Gegenüber den verschiedenen polnischen "Kontexten" verschaffte die Emigration Miłosz den Vorzug einer Position außerhalb. Diese erlaubte es ihm, seine Verantwortung für die Wahrheit unverstellter und unverblümter wahrzunehmen, als es anderen im Lande möglich war.

4

Von den heimischen Rücksichten nicht gebunden zu sein, das beflügelte durchaus Miłosz' Reflexion über die verschiedenen Seiten der polnischen Kultur. Schon der junge Dichter, Vertreter des "Katastrophismus", hatte sich der nationalen Verstiegenheit nicht gebeugt,

---

24 Miłosz, Rodzinna Europa. Zitiert wie Anm. 19, S. 335.
25 Jacek Woźniakowski, Znak (Kraków), Nr. 2-3/1986.
26 Adam Michnik, Czy intelektualistom wolno angażować się w politykę? In: Fermentum massae mundi. Warszawa 1990. S. 29.

wie sie in den dreißiger Jahren zum landläufigen polnischen Selbstbewußtsein gehörte. 1949 vom amerikanischen Kontinent zurückschauend, behielt er jene größere Einheit im Blick, die er im Gedicht "Meine süße europäische Heimat"[27] nannte. Ein solcher Heimatbegriff kann nicht zum Alltäglichen in der polnischen Literatur gerechnet werden.

Europa als einen familiären Zusammenhang hervorhebend, ließ sich Miłosz jedoch nicht dazu verleiten, die besonderen geschichtlichen Erfahrungen seiner Landsleute einzuebnen oder zu fetischisieren. Er hielt daran fest, daß das Zusammenspiel der Diktaturen Hitlers und Stalins den Osteuropäern eine beispiellose Verkehrung aller verläßlichen Werte und Ordnungen beschert hat. Sollte dieses Wissen nicht verloren gehen, mußte es der westeuropäischen Wahrnehmung als Bereicherung und Kritik vermittelt werden. Er tat es in den sarkastischen Belehrungen des Gedichts "Dziecię Europy" (Ein Kind Europas; 1946) und in dem aufklärenden Essay "Rodzinna Europa" (1959).

Das Thema Europa war im 20. Jahrhundert in der polnischen Literatur wiederholt aufgegriffen worden, oft von Jarosław Iwaszkiewicz, der als eifriger Europäer gilt. Sein Gedichtband "Powrót do Europy" (Rückkehr nach Europa; 1931) ist getragen von der Sehnsucht nach dem Abendland, zugleich aber herrscht darin die Überzeugung, daß es eine besondere polnische Zeit gebe, die den Verfasser mit Stolz erfülle und ein schicksalhaft gesetztes Anderssein der polnischen Dichtung gegenüber jener Westeuropas begründe. Einem französischen Dichter ("Do Pawła Valéry" - An Paul Valéry) sei das so wenig verständlich zu machen, wie sich die Zeitrhythmen von Natur und Geschichte in Deckung bringen lassen.[28] Iwaszkiewicz bleibt also bei der Bekräftigung des alten (romantischen), unüberbrückbaren Gegensatzes zwischen nationaler Sendung, die sich als prophetisches Stammeln äußert, und dem europäischen Ideal lyrischer Klarheit und Harmonie.

Miłosz ging dagegen anders vor; er mochte kein polnisches Sonderbewußtsein pflegen. Ihm war es darum zu tun, "Europa den Europäern näherzubringen", wie es in der Einleitung zu "Rodzinna Europa" heißt.[29] Er brauchte dazu eine Diktion, welche das widerspruchsvolle Wissen über die Geschicke eines Osteuropäers Unbeteiligten nachvollziehbar machen konnte, ohne sich zu weit den klischeehaften Erwartungen westlicher Leser anzupassen. Der Exilautor ist sich darüber im klaren, daß das verwirrende Mosaik "kleiner Völker" Osteuropas einen französischen oder amerikanischen Leser nur irritiert. Dieser ist geneigt, deren kulturelle Eigenständigkeit kurzerhand der russischen bzw. deutschen Kultur zuzuschlagen. Gegen solches irritiertes Unwissen schreibt er an. Auf der anderen Seite möchte er aber nicht den trotzigen Nationalismus rechtfertigen, oder sich ihn gar zu eigen machen, mit dem Polen, Litauer, Weißrussen die Hegemonialansprüche der größeren Nachbarn beantworteten. Seine Darstellung meidet die gleichmacherische Abstraktion; sie rückt die ethnische, religiöse und kulturelle Vielfalt als besondere Qualität des europäischen Ganzen in den Mittelpunkt.

---

27 Czesław Miłosz, Ziemia. In: Poezje. Warszawa 1981, S. 157.
28 Jarosław Iwaszkiewicz, Do Pawła Valéry. In: Iwaszkiewicz, Wiersze. Band 1, Warszawa 1977, S. 283; vgl. auch: Literatura Polska 1918-1975. Band 1: 1918-1932. Warszawa 1975, S. 326.
29 Miłosz, Rodzinna Europa. Zitiert wie Anm. 19, S. 8.

Seit der Studienzeit in den dreißiger Jahren hegte Miłosz eine heftige Abneigung gegen alles, was "nationalen Geruch" hatte und sich, vom Antisemitismus begleitet, in Roman Dmowskis Partei der Nationalen Demokraten ("endencja") politisch formierte.[30] Die Okkupationsjahre haben ihn darin nicht umgestimmt. Nach dem Krieg erkannte und benannte er vom Exil aus ohne Umschweife das verhängnisvolle Wirken der "nationalen Ideologie" in bisweilen paradoxen Verkleidungen - in der kommunistischen Partei und in der katholischen Kirche. In dem Abrechnungsbuch "Zniewolony umysł" enthüllte er die Taktik der Staatspartei, einen bewußt entfachten Chauvinismus und den Haß auf die Deutschen als Karte im Spiel um die Gunst der Gesellschaft einzusetzen. Chauvinistische Argumente, gegen die Deutschen gerichtet, waren in den Augen der Mehrheit der Bevölkerung durch die deutschen Verbrechen während der Okkupation vollauf gerechtfertigt; die verwundete Volksseele nahm sie als Genugtuung auf. Da aber jene Mehrheit - wie Miłosz ausführte - die Russen ebenso haßte wie die Deutschen, war es für die Partei besonders wichtig, die ganze Aufmerksamkeit auf die deutsche Seite zu lenken und damit den Haß des Volkes in die gewünschte Richtung abzuleiten.[31]

Im "Traktat poetycki" (Poetischer Traktat; 1957) brachte es der Dichter auf den Punkt, welches geistige Erbe er im Wirken der PVAP fortgesetzt sah:

> Hier sei es endlich einmal gesagt:
> Erbin der Falange ist die Partei.
> ...
> Wer hat Bolesławs Schwert aus dem Schimmer gehoben?
> Wer in Gedanken Pfähle gerammt bis auf den Grund der Oder?
> Und wem galt die nationale Leidenschaft
> Als Zement der großen Gebäude der Zukunft?[32]

Das hieß, das faschistoide Programm radikaler Nationalisten (Obóz Narodowo-Radykalny) aus den dreißiger Jahren war in der Praxis einer Partei wiederbelebt worden, die sich als sozialistisch und internationalistisch deklarierte.

Nun gehörte das Schüren nationaler Leidenschaft zu den "Sünden", welche die polnische Intelligenz der ansonsten ungeliebten kommunistischen Partei am ehesten nachzusehen bereit war. Das machte sie irgendwie heimisch. Viele mochten sich davon mehr Souveränität gegenüber dem sowjetischen Hegemon erhoffen, jedenfalls ließen sie sich durch nationale Parolen ihren kritischen Sinn einschläfern und somit von der Partei manipulieren.

Der eigentlich heikle, nicht eben populäre Punkt, den Miłosz angesprochen hatte, bestand darin, daß sich der patriotisch verkleidete Chauvinismus als ein "wirksames Betäubungsmittel" erwiesen hat, gleich nach dem Krieg und über die Jahrzehnte der Volksrepublik hin. Ein älteres mentales Muster, das von den kommunistischen Machthabern ge-

---

30 Vgl. ebenda, S. 108-110.
31 Miłosz, Zniewolony umysł. Zitiert wie Anm. 10, S. 30.
32 Czesław Miłosz, Gedichte 1933-1981. Frankfurt a. M. 1982, S. 94.

schickt benutzt wurde, ist nach dem Ende ihrer Herrschaft selber keineswegs aus der Welt geschafft.

In dem späten essayistischen Rückblick "Rok myśliwego" (Das Jahr des Jägers) von 1990 schreibt Miłosz: "Die Nationalismen in meinem Teil Europas tragen stark pathologische Züge ... Hätte ich den polnischen Nationalismus nicht in praxi erfahren und nur seine schönen Urkunden und Nährstoffe gekannt, ich würde das anders sehen. Der zeitgenössische Patriotismus ist sich seiner Voraussetzungen nicht bewußt, er nennt sich nicht selber Nationalismus, spricht aber gern vom Nationalismus der Nachbarn."[33]

Kein Denkverbot legte sich Miłosz auch bezüglich eines weiteren empfindlichen Aspekts der polnischen Wirklichkeit auf, es ging um das Verhältnis der Intelligenz zum Katholizismus. Obwohl an theologischen Problemen lebhaft interessiert, bleiben seine Äußerungen über die aktuelle Rolle der Kirche jahrelang auf private Briefe beschränkt. In "Zniewolony umysł" fehlt ein Kapitel über die Kirche, was der Verfasser nachträglich bedauert hat. Was machte dieses Thema so heikel?

Als weltanschaulicher Kontrahent des erklärtermaßen atheistischen sozialistischen Staates wurde die Kirche in den Augen der Gesellschaft auch zu seinem politischen Gegenspieler. An Kräften schwächer als der Staat, erhob sie den Anspruch, die geistigen Werte und die nationale Identität der Gesellschaft zu vertreten. Mochte manches daran überzogen sein, so war ihr Anspruch doch authentischer als jener der Partei. Nach einer ungeschriebenen Übereinkunft durfte die moralische Autorität der Kirche in diesem Kräftemessen nicht untergraben werden.

Das Bild, das sich aus westlicher Sicht darbot: hier das Lager der Finsternis (die Kommunisten), da das Lager des Lichts (die Kirche mit Kardinal Wyszyński), sei irreführend vereinfacht - schrieb Miłosz 1961 an Thomas Merton. Die Wirklichkeit sei viel komplizierter. Die vom Staat bedrängte Kirche habe viele Intellektuelle zur Solidarität mit ihr angehalten. Auf der anderen Seite aber seien die besten Vertreter der Intelligenz in Polen seit je antiklerikal eingestellt, diese Tradition reiche ins 19. Jahrhundert zurück.[34] Die historischen Gründe werden an anderer Stelle erläutert. "Wo sich die nationale von der religiösen Überlieferung nicht scheiden läßt, verwandelt sich die Religion in eine gesellschaftliche, konservative und konformistischeMacht ..."[35] In den Augen der liberalen Intelligenz habe sich die Kirche in Polen vor 1939 "durch die Übereinkunft mit der verknöcherten Ordnung mit der Gutsbesitzermentalität befleckt"[36]. Darum gebe es in Polen, im Unterschied zu Frankreich oder England, keine "katholischen Schriftsteller", weil das Beiwort "katholisch" gleichbedeutend mit einer konservativen politischen Option sei. Von jemandem im neutralen Verständnis zu sagen, er sei ein "fortschrittlicher Katholik", gehe aber auch nicht, denn damit käme man der Regierung zu weit entgegen, die mit solchen Attributen Gläubige für ihre Ziele zu gewinnen sucht, um sie gegen die Kirche auszuspielen. So werde die Lage für einen Intellektuellen kompliziert, wenn er den emotionalen

---

33 Miłosz, Rok myśliwego, S. 39 f.
34 Vgl. Merton - Miłosz, Listy, S. 118.
35 Miłosz, Rodzinna Europa. Zitiert wie Anm. 19, S. 94.
36 Merton - Miłosz, Listy, S. 118.

Glauben des Volkes nicht teilt, aber auch kein Atheist ist; wenn ihm die konservativen und nationalistischen (Pole gleich Katholik) Zutaten der kirchlichen Strategie nicht behagen, er aber auch nicht wünscht, von der Partei gegen die Kirche benützt zu werden.

Diese Situation wahrhaftig und differenziert zu benennen war im Lande nicht ohne weiteres möglich. Wo nicht die Zensur eine solche Aufhellung verhinderte, unterband sie die Macht der Kontexte. Es verbot sich aus Gründen der Opportunität, diffizile religiöse und politische, moralische und kulturelle Sachverhalte zu berühren, die von der einen oder der anderen Seite unweigerlich vergröbert und instrumentalisiert worden wären.

Miłosz resümierte: "Meine Freunde aus dem 'Znak' sind Opfer allzu vieler Widersprüche."[37] Gemeint ist die Gruppe katholischer Intellektueller um die Zeitschrift "Znak", die, offen für zeitgemäße soziale und philosophische Konzepte, eine kulturelle Modernisierung des Katholizismus in Volkspolen anstrebte. Von der kirchlichen Hierarchie (halbherzig) unterstützt, vom Staat bekämpft und umworben, begegnete man ihr von beiden Seiten mit Argwohn. Im Vergleich zu seinen Freunden verschaffte das Exil Miłosz eine vorteilhafte Distanz zu den vielfältigen Verstrickungen und Rücksichten im Lande. Das erlaubte ihm, auch über den Preis des Kompromisses zu sprechen, den die "Znak"-Gruppe für ihre Anwesenheit auf der politischen Bühne zu zahlen hatte.[38]

Der Exilautor und "metaphysische Zweifler" ist frei, der katholischen Kirche seinen Respekt nicht zu versagen und ihre nationalistisch-antisemitischen Schattenseiten "entsetzlich" zu nennen. Mit gleicher Unbestechlichkeit wird Miłosz vor den Gefahren eines konfessionellen Staates warnen, dessen Anzeichen er nach 1989 in Polen zu erkennen meinte.

5

Bisher beschäftigte uns die Art und Weise, wie der Emigrant aus Volkspolen sich zu den verschiedenen politischen und kulturellen Kontexten verhielt. Festzustellen war, daß Miłosz, an dem doppelten Abstand zu der alten Heimat und zu der neuen Umwelt festhaltend, seine geistige Unabhängigkeit gegenüber verschiedenen ideologischen Erwartungen behauptete.

Wie erging es nun dem Dichter, der fortfuhr, seine Lyrik und Essays in Polnisch zu schreiben? Auf die Veränderungen seiner Poetik im Zusammenhang mit dem Exil sind inzwischen mehrere Studien eingegangen, auch wenn sich zwingende Schlüssigkeit dabei nicht einstellte.[39]

Seit den dreißiger Jahren bevorzugte Miłosz das Rollengedicht. Sein Subjekt sprach vornehmlich durch den fremden Mund von Doppelgängern, Partnern und Gegenspielern. Dieses zumeist ironische Spiel mit wechselnden Masken spornte den Leser an, die wahre

---

37 Ebenda, S. 118.
38 Vgl. ebenda, S. 134.
39 Vgl. Z. Łapinski, Spotkania autorskie. Miłosz i jego czytelnicy. In: Jak współżyć z socrealizmem? London 1988, S. 63-73; vgl. auch die Aufsätze von J. Kwiatkowski, J. Błoński, I. Sławińska. In: Poznawanie Miłosza (vgl. Anm. 6).

Physiognomie des Schreibenden zu entziffern. Das Gedicht sollte von seinem Verfasser zeugen. Während des Krieges und danach verstärkte sich der aktuell-geschichtliche und der didaktische Bezug der Lyrik. Die entworfenen Situationen hielten den Adressaten zur weltanschaulichen Reflexion an, ermunterten ihn, historische und moralische Belehrungen entgegenzunehmen. Der ästhetische Grundsatz, Abstand zur Welt und ihrer zerstörerischen Gewalt zu halten, war nicht aufgegeben worden, aber er erschien dialektisch gebrochen durch den (unbesänftigten) Zorn des Moralisten über den Zustand der Welt und den Willen, daran etwas zu ändern.

In der Emigration, insbesondere nach 1960 in den Vereinigten Staaten, schwächt sich in der Lyrik der aktuelle Bezug zu Polen ab zugunsten einer historischen Perspektive, die größere Dauer beanspruchen kann. Die Landschaft Kaliforniens wird zum Gegenstand philosophischer Meditation über die Natur. Religiöse, metaphysische Themen (Beschäftigung mit William Blake und Swedenborg) nehmen zu, und nachdrücklich wird die Wertekrise einer westlichen Überflußgesellschaft reflektiert, in der die Grenze zwischen Liberalität und Libertinage zerfließt. Trat der lyrische Sprecher einst als Regisseur fremder Rede auf, scheint er nun zum Objekt fremder Regie zu werden: fremde Stimmen, Gesichte, unsichtbare Gäste suchen ihn heim. Der Dichter sieht sich als Medium äußerer Zwänge und schreibt "mit der Hoffnung, / daß gute, und nicht böse Geister uns als Instrument erwählen"[40]. Unbeeindruckt von puristischen Gattungsregeln, welche Poesie im Gegensatz zur Prosa definieren, formuliert er tastend seine "ars poetica": die Sehnsucht nach der "weiten Form", die vor allem ein hohes geistiges Fassungsvermögen besitze. Was sich mithin als Wandel der Poetik abzeichnet, trägt der Exilsituation durchaus Rechnung.

Was die "gewissen Vorzüge" eines Schriftstellers im Exil angeht, so hat sich Miłosz in den "Noty o wygnaniu" (Schreiben im Exil) von 1975 einigermaßen systematisch dazu geäußert. "Um der zerstörerischen Wirkung der Isolation standzuhalten", heißt es da, brauche der Schriftsteller Widerstandskraft. Diese sei aber nicht zu gewinnen, indem man das Exil unablässig beklagt, erst wenn man es als Schicksal akzeptiert, könne es helfen, die eigenen "Selbsttäuschungen zu durchschauen"[41]. In Volkspolen habe ein Autor nie konsequent lernen müssen, sozial und geistig auf eigenen Füßen zu stehen. Er war eingefügt in das System staatlichen Mäzenatentums, das bestimmte Abhängigkeiten mit sich brachte und dafür materielle Sicherheit bot. Auch konnte er sich auf eine Gruppe von Schreibern verlassen, die das milieugerechte Ritual pflegten, sich "untereinander Lob und Tadel zu spenden"[42]. Dieses süße Spiel um den befriedigten Ehrgeiz gewährt das Exil nicht, dafür erlaubt es, die eingebildete Bedeutsamkeit solcher Riten zu durchschauen.

Was Miłosz an der polnischen Sprache festhalten läßt, ist keine nationale Verpflichtung, in diesem Punkt gesteht er freimütig seine Laxheit ein. Es sind private Pflichten gegenüber dem Geist der Sprache - Heimat für den, der keine andere hat. Und so beschreibt er das naturgemäß sensible Verhältnis des Emigranten zu seiner Muttersprache nüchtern,

---

40 Czesław Miłosz, Ars poetica? In: Poezje, 1981, S. 338.
41 Miłosz, Noty o wygnaniu. Zitiert wie Anm. 5, S. 117 und 119.
42 Ebenda, S. 119.

bemüht um eine Bilanz von Verlust und Gewinn. Die Erfahrung, in einem fremden sprachlichen Umfeld zu leben, macht er zu einem Schlüssel, der ihm neue Nuancen der Muttersprache öffnet. Was er im idiomatischen Bereich an Einbuße hinnehmen muß, sieht er durch Erweiterungen anderswo wettgemacht: "Reinheit des Vokabulars, rhythmische Ausdruckskraft, syntaktisches Gleichgewicht"[43]. Ein Autor im Exil ist natürlich in besonderer Weise auf seine Sprache angewiesen, aber die Abhängigkeit ist nicht einseitig. Das Gedicht "Moja wierna mowo" (Meine treue Sprache; 1968) macht den Dichter verantwortlich für den moralischen Zustand der Sprachgemeinschaft und weist ihm die Aufgabe zu, seine Sprache zu retten. Der Exildichter hat in seiner Sprache nicht nur eine Ersatz-Heimat, er hält an ihr nicht nur als dem Medium seiner Erinnerung fest. Ihm ist es auch aufgetragen, sie reinzuhalten und zu retten, damit sie Heimat bleiben kann. Diese Aufgabe nimmt Miłosz ernst. Seine auf den ersten Blick "gänzlich nutzlose Beschäftigung", nämlich das Vorhaben, Teile der Bibel ins Polnische zu übersetzen, erklärt sich aus solcher Verantwortung. Er möchte damit seine Sprache reinigen von dem "Gespinst aus Phrasen, Slogans und Doppelrede, von der Invasion eines allgegenwärtigen Journalistenjargons, der selbst in die Bibelübersetzungen Einzug hält ... Vielleicht ist die Arbeit an der Übersetzung der Bibel mein Reinigungsritual, effektiver als manches moderne Gedicht oder Prosastück."[44]

Greifen wir die Ausgangsüberlegungen noch einmal auf. Wenn die Rede vom "Glanz des Exils" frivol erscheinen mag, so soll am Ende doch von der Chance gesprochen werden. Das Exil als Chance, auf eine neue, aus der Distanz erwachsene Art zu sehen. "Neue Augen, neue Gedanken, eine neue Distanz"[45] - all das hat, laut Miłosz, ein Dichter im Exil nötig. Und, fügen wir hinzu, er kann es dort zwingender als sonstwo einüben. Er ist angehalten, bei Betrachtung vertrauter Gegenstände die daheim zwischen Routine und Ritual festgelegte Sehgewohnheit zu verlassen. Diese neue Perspektive macht seine Wahrheiten auch jenen Lesern nachvollziehbar, denen seine Herkunftskultur sonst verschlossen ist. Das Verfremden vertrauter Dinge macht, daß sie Fremden vertraut werden können.

Für Miłosz ist Distanz jedoch nicht nur eine pragmatische Kategorie zur Beschreibung der Exilsituation, sie ist zudem und vor allem ein Schlüsselwort seines ästhetischen Programms: "Wenn Distanz das Wesen des Schönen ist, weil durch sie die Wirklichkeit gereinigt wird ... von all unserer raubtierhaften Besitz- und Machtgier ..., so erreicht man solche Distanz dann, wenn die Welt als Erinnerung erscheint."[46]

Hierin liegt das Geheimnis und der Glücksfall des Exilautors Miłosz.

---

43 Ebenda, S. 124
44 Czesław Miłosz, Vorwort zu: Księga Hioba (Übersetzung des Buches Hiob ins Polnische: Czesław Miłosz). Lublin 1981, S. 44.
45 Miłosz, Noty o wygnaniu. Zitiert wie Anm. 5, S. 118.
46 Czesław Miłosz, Ziemia Ulro. Paris 1977, S. 24 f.

Jan Čulík

Tschechisches literarisches Leben im Exil 1971-1989

Versuch einer Bestandsaufnahme

Die Herausgabe tschechischer Bücher im Ausland hat eine lange Geschichte, die sich über mehrere Jahrhunderte erstreckt. Die älteste Periode, in der unabhängige tschechische Literatur erstmals außerhalb von Böhmen gedruckt wurde, war die Zeit nach der Schlacht am Weißen Berge (1620), die Epoche der Gegenreformation. Vorwiegend protestantische religiöse Schriften gaben die in der deutschen Stadt Zittau lebenden tschechischen Exulanten Kristian Pešek und Václav Klejch heraus und schmuggelten sie nach Böhmen. Später veröffentlichten Jan Liberda, Jan Theofil Elsner, Jiří Petermann u. a. tschechische nichtkatholische Bücher im Ausland. Diese Bücher wurden nach Böhmen geschmuggelt. Auch Graf František Antonín Špork brachte über 150 theologische Werke auf seinem Landsitz in Ostböhmen heraus, als jedoch die Jesuiten im Jahre 1712 seine Druckerei schlossen, ließ er die Publikationen im Ausland drucken und heimlich auf verschiedenen einfallsreichen Wegen wieder nach Böhmen bringen: so wurden beispielsweise 1721 tausend Exemplare eines in Dresden gedruckten Buches in einem Musikautomaten über die Grenze geschmuggelt, der die Gestalt eines Dudelsackpfeifers hatte.

Viele tschechische Bücher und Zeitungen wurden im 19. Jahrhundert in den Vereinigten Staaten veröffentlicht. Wie Josef Škvorecký mehrfach betont hat, handelt es sich hierbei um ein noch völlig unerforschtes Terrain. Mehrere Erzählungen von tschechischen Autoren über den amerikanischen Bürgerkrieg erschienen damals. Um 1900 hat es in Amerika annähernd 340 tschechischsprachige Zeitungen und Zeitschriften gegeben.

Nach der kommunistischen Machtübernahme 1948 in der Tschechoslowakei wurden tschechische Bücher zunächst nur sporadisch und gewöhnlich in sehr niedrigen Auflagen im Westen gedruckt. Systematischer wurde die Veröffentlichung tschechischer Belletristik erst, als der Dichter Robert Vlach 1958 im schwedischen Lund die Reihe "Sklizeň svobodné tvorby" (Ernte freien Schaffens) gründete. In Rom brachte der Verlag Accademia Cristiana seit den frühen fünfziger Jahren wichtige Arbeiten tschechischer Autoren heraus. So erschienen Prosawerke von Jan Čep, Egon Hostovský und Zdeněk Němeček, auch Gedichtbände von Ivan Jelínek, Robert Vlach und Pavel Javor wurden in dieser Periode zumeist im Westen publiziert.[1]

---

1   Vgl. hierzu Ludmila Šeflová, Bibliografie literatury vydávané českými a slovenskými autory v zahraničí 1948-1972 (S dodatkem do srpna 1978). Köln-Paris 1978.

Seinen wirklichen Höhepunkt erreichte das Veröffentlichen tschechischer Literatur im Westen allerdings erst nach 1968. Zwei Gründe vor allem waren hierfür verantwortlich: Nach der Invasion der Truppen des Warschauer Pakts in die Tschechoslowakei verließen zwischen 100 000 und 150 000 Tschechen und Slowaken ihr Land in Richtung Westen. Zu ihnen zählte auch eine Reihe von Schriftstellern und Übersetzern. Viele dieser neuen Auswanderer waren Intellektuelle, die sich in der Tschechoslowakei der sechziger Jahre an ein reiches kulturelles Leben gewöhnt hatten. Sie waren darum gewillt, auch nach ihrem Fortgang ins Ausland weiterhin tschechische Bücher zu kaufen. Schon bald wurden mehrere tschechische Exilverlage ins Leben gerufen, während in der Tschechoslowakei selbst von 1969/70 an viele Autoren Publikationsverbot erhielten. Sehr wichtig war ferner, daß ungeachtet der offiziellen Hindernisse sich nach 1968 relativ enge Beziehungen zwischen den nach wie vor in der Tschechoslowakei lebenden Autoren und den Exilverlagen anbahnten. Diese Kontakte wurden in den siebziger und achtziger Jahren ständig intensiviert. In den zwei Jahrzehnten seit 1968 war der Eiserne Vorhang alles andere als undurchlässig - am wenigsten passierbar freilich von Ost nach West. Die tschechischen Exilverlage existierten keineswegs in einem luftleeren Raum, vielmehr vermochten sie ihren Lesern das Beste zu bieten, was die tschechische Literatur damals daheim wie auch im Ausland hervorbrachte. Somit war die Kontinuität zur Literaturentwicklung vor 1968 mehr oder weniger gewahrt, auch wenn tschechische Autoren nach 1968 daheim wie im Exil unter radikal veränderten Bedingungen schrieben.

Das zweifellos größte Verdienst der Herausgabe unabhängiger tschechischer künstlerischer Literatur kommt in dieser Periode dem 1971 in Toronto gegründeten Verlag Sixty-Eight Publishers Corporation zu, der von den Schriftstellern Zdena und Josef Škvorecký geleitet wurde. Bis 1989 brachten sie über 220 Werke in tschechischer Sprache, zumeist Prosa, Lyrik und Memoirenliteratur, heraus.[2] Großen Anteil an der Veröffentlichung unabhängiger tschechischer Literatur hatte auch das eher exklusive kleine Verlagshaus Arkýř, das Karel Jadrný vor allem von München aus betrieb. Zwischen 1980, dem Jahr seiner Gründung, und 1989 veröffentlichte Arkýř lediglich 16 Titel, doch jeder von ihnen war ein echtes literarisches Ereignis. Beachtliches zur Pflege der tschechischen Dichtung leistete ferner Daniel Strož mit seinem Münchener Verlag Poezie mimo Domov. 1977 begann er, Lyrik zu verlegen, und bis 1990 brachte er es auf mehr als 100 Titel. Der Münchener Verlag Index, unter Leitung von Adolf Müller, konzentrierte sich primär auf gemäßigt linksgerichtete Literatur, unter den 174 Titeln, die hier zwischen 1971 und 1990 herauskamen, gab es ebenfalls viele literarische Glanzstücke. Die Konfrontation AG in Zürich, CCC Books in München und Haarlem sowie Archa - Freie Presse Agentur, ansässig in Wurmannsquick und Eggenfelden, waren mehr kommerziell orientierte Verlagsunternehmen. Die Organisation Opus bonum in Frankfurt a. M. und München und die Accademia Cristiana in Rom hingegen konzentrierten sich vornehmlich auf das Verlegen von religiösem Schrifttum, gaben Prosa wie Lyrik katholischer Autoren heraus. Alexander

---

2 Vgl. hierzu und zum folgenden: Jan Čulík, Knihy za ohradou. Česká literatura v exilových nakladatelstvích 1971-1989. Praha 1991, S. 341-385. Dort sind, nach Publikationsreihen geordnet, die Titel der wichtigsten Exilverlage bibliographisch erfaßt.

Tomský mit seinem Londoner Verlagsunternehmen Rozmluvy war ein Nachzügler unter den tschechischen Exilverlagen. Erst 1982 begann er, Bücher zu editieren, zunächst überwiegend Reprints von Bestsellern der tschechischen Exilliteratur oder anderen bekannten Werken. Später brachte er auch manchen neuen Titel heraus. Übrigens ist Tomský der einzige unabhängige Verleger, der nach der Revolution sein Unternehmen von London nach Prag verlegte und erfolgreich im Geschäft blieb. Im Prager Viertel Vinohrady hat er auch eine Buchhandlung eröffnet.

In der Regel war das tschechische Verlagswesen im Exil alles andere als profitabel. Die Verlage wurden von Enthusiasten geleitet, die sich anderweitig ihren Lebensunterhalt verdienten. Meist befanden sich diese kleinen Verlage in den Wohnungen ihrer Eigner, so nutzte etwa Daniel Strož dazu das schmale Schlafzimmer seiner herangewachsenen Kinder. Die Absatzzahlen pro Titel gingen weit auseinander, doch ist es wohl gerechtfertigt, bei den meisten Büchern von einer Auflagenhöhe von ungefähr 1000 Exemplaren zu sprechen. Strož' Verlag Poezie mimo Domov war nur deshalb in der Lage, tschechische Lyrik zu drucken, weil er etwa 200 Subskribenten in der ganzen Welt hatte gewinnen können. Über viele Jahre kauften diese Leute alles, was Strož herausbrachte.

Die tschechischen Exilverlage funktionierten als eine Art Buchklub - die Bücher wurden per Post in die exotischsten Winkel der Erde versandt. Subskribenten tschechischer Verlage gab es selbst in Papua Neuguinea oder in Ländern Äquatorialafrikas. Die Auflagen der im Westen publizierten tschechischen Bücher mögen mit durchschnittlich 1000 Exemplaren relativ niedrig erscheinen. Gehen wir jedoch von 100 000 bis 150 000 Tschechen und Slowaken aus, die nach der Invasion des Warschauer Pakts 1968 die Tschechoslowakei verließen, dann hätten diese Bücher in der Tschechoslowakei selber, wo ein hundertmal größeres potentielles Leserpublikum bestand, eine Auflagenhöhe von ungefähr 100 000 Exemplaren je Titel erreicht!

Bis etwa 1977 erschienen in den tschechischen Exilverlagen zumeist Titel von emigrierten Autoren. Zunächst war man eher übervorsichtig, wenn es darum ging, Manuskripte von in der Tschechoslowakei lebenden Schriftstellern zu veröffentlichen, standen doch Schwierigkeiten mit den Autoritäten zu befürchten. So kündigte Sixty-Eight Publishers in Toronto den ersten von diesem Hause verlegten Roman des Prager Autors Karel Pecka, "Štěpení" (Spaltung), ursprünglich als einen anonymen Titel an. Später fanden die Werke des tschechoslowakischen Samizdat mehr und mehr Eingang in die Produktion der tschechischen Exilverlage, vor allem wohl nach dem Entstehen der Menschenrechtsgruppe Charta 77 (1977), welche dem Samizdat in der Tschechoslowakei großen Auftrieb verlieh, wenngleich bereits 1973 die wichtigste Samizdat-Edition, die Edice Petlice von Ludvík Vaculík, ins Leben gerufen worden war.

Die Entwicklungsphasen der tschechischen Exilliteratur zwischen 1971 und 1989 gesondert auszuwerten ist insofern schwierig, als sich die Geschichte der tschechischen Verlagstätigkeit im Exil nach 1968 nicht in einzelne, klar definierte Entwicklungsabschnitte unterteilen läßt. Vielmehr ist die Geschichte eines jeden Verlages vor allem eine Geschichte individueller Aktivität: individueller editorischer Neigung, individuellen Enthusiasmus, individuellen Ankämpfens gegen eine Übermacht von Widrigkeiten. Es gibt kein histo-

risches Merkmal für den Anfang und das Ende irgendeines klar umrissenen Entwicklungs-
abschnittes. Und die tschechischen Schriftsteller selbst, deren Werke im Westen publiziert
wurden? Auch sie lassen sich aus meiner Sicht keiner klar definierbaren Schule zuordnen. Es gibt keine größere literarische Bewegung, die in jener Zeit mit Manifesten hervorgetreten wäre. Abermals ist, wie im Falle der Verleger, die Geschichte der unabhängigen
tschechischen Literatur der letzten beiden Jahrzehnte vor allem eine Entwicklungsge-
schichte einzelner literarischer Persönlichkeiten, denen man nicht gerecht würde, versuchte man, sie nach bestimmten Gruppen oder Bewegungen in Schubfächer zu sortieren.

Eine weitere Schwierigkeit stellt das Konzept einer "tschechischen Exilliteratur" dar.
Wie soll ein tschechischer Exilschriftsteller definiert werden? Die simpelste Antwort auf
diese Frage könnte lauten: Das ist ein Autor, der in den letzten beiden Jahrzehnten im
Westen gelebt und publiziert hat. Bei genauerem Hinsehen erkennt man jedoch das Unbe-
friedigende einer solchen Antwort. Viele tschechische Autoren, die in den Westen gingen,
nahmen nämlich Werke mit hinaus, die sie in ihrer Heimat verfaßt, dort aber nicht hatten
publizieren können. Diese Werke wurden erstmals außerhalb der Tschechoslowakei verlegt; sind sie aber deshalb ein Teil der Exilliteratur? Ist "Tankový prapor" (Das Panzer-
bataillon) von Josef Škvorecký, 1954 in Prag geschrieben und 1971 in Toronto erstmals
veröffentlicht, ein Teil der Exilliteratur? Gehört Milan Kunderas "Valčík na rozloučenou"
(dt. Abschiedswalzer), 1972 in Prag verfaßt und 1979 in Toronto herausgebracht, zur
Exilliteratur? Offenbar versagt diese Art der Kategorisierung. Das Konzept der Exilliteratur weckt die Vorstellung von einem Schriftsteller, der sich, aus seiner natürlichen Umgebung herausgerissen, über seine neuen Lebensumstände im Westen ebenso äußert wie
"aus der Ferne" über die zurückgelassene Situation in seinem Heimatland. Offensichtlich
trifft ein solches Konzept auf die in den letzten zwei Jahrzehnten im Westen erschienene
tschechische Literatur ganz und gar nicht zu. Es gibt nur einige Exilautoren, die das Leben in der Tschechoslowakei aus einer ruhmvollen Isolation heraus, von "irgendwo weit
her" kommentieren. Die kulturellen und literarischen Aktivitäten unabhängiger Schriftsteller innerhalb und außerhalb der Tschechoslowakei sind im Zeitalter der elektronischen
Kommunikation, die große geographische Räume im Nu überbrückt, viel zu eng miteinander verknüpft, als daß sich unter den tschechischen Autoren im Ausland eine eigenständige Mentalität des literarischen Exils hätte voll ausbilden können. Im Westen entwickelte sich ein starker, selbstbewußter Strom unabhängiger tschechischer literarischer
Kultur. Gespeist wurde er zu gleichen Teilen von Samizdat-Autoren in der Tschechoslowakei, deren Werke in tschechischer Sprache während der achtziger Jahre in immer
größerem Umfang im Westen ediert wurden, und von im westlichen Ausland lebenden
tschechischen Autoren.

Diesen Punkt gilt es immer wieder zu betonen. Irgendwie war der Eiserne Vorhang vom
Westen aus weit durchlässiger als vom Osten. Dies war eindeutig auch reinen Distribu-
tionsmechanismen geschuldet. Wenn ein unabhängiges literarisches Werk erst einmal aus
der Tschechoslowakei in den Westen geschmuggelt und dort erschienen war, dann konnte
es auch zugängig gemacht werden. Im Gegensatz dazu war für ein im Westen gedrucktes
und in die Tschechoslowakei eingeschmuggeltes tschechisches Buch die Verbreitung im

Lande selbst höchst begrenzt. Daher waren auch die Leser in der Tschechoslowakei über das Aufkommen dieser starken internationalen tschechischen literarischen Kultur nicht völlig im Bilde. Im Zusammenhang mit den eigenen Aktivitäten in der Edice Petlice bekannte Ludvík Vaculík 1987 in den "ACTA", daß er zu Beginn seiner Samizdat-Veröffentlichungen nach 1968 von der Existenz tschechischer Verlage im Westen nichts gewußt habe.[3] 1992 führte ich für Radio Freies Europa ein Interview mit dem mährischen Schriftsteller Jan Trefulka. Im Laufe des Gespräches diskutierten wir über seine während der siebziger/achtziger Jahre im Westen erschienenen Romane. Ich kannte sie als im Westen herausgekommene tschechischsprachige Editionen: Trefulka indes bezog sich nach wie vor auf ihre Veröffentlichung im tschechischen Samizdat, so als sei die Tatsache, daß sie mit der Drucklegung im Ausland ein weitaus größeres Leserpublikum gefunden hatten, selbst heute noch für ihn etwas Unwirkliches. Und als ich 1991 die "Knihy za ohradou" (Bücher hinter der Barriere), eine Studie über im westlichen Ausland erschienene tschechische Literatur der letzten beiden Jahrzehnte, veröffentlichte,[4] da erregte die Tatsache, daß ich den starken Strom tschechischer literarischer Kultur in der Diaspora behandelte, in Prag sogar Mißfallen: Kritisch angemerkt wurde, daß bei meiner Betrachtung unabhängiger tschechischer Literatur nicht die Samizdat-Veröffentlichungen in der Tschechoslowakei die Optik bestimmt hätten. Die im Westen lebenden tschechischen Autoren haben jedoch in gleichem Maße ihren Anteil am hohen internationalen Standard der tschechischen Literatur wie die Samizdat-Autoren von daheim. Um noch einmal zusammenzufassen: Nach meinem Dafürhalten ist es schwierig, thematisch zwischen sogenannter Exilliteratur und Samizdat-Literatur der letzten beiden Jahrzehnte zu unterscheiden, denn in der Produktion der tschechischen Exilverlage sind diese beiden Stränge nahezu unlösbar miteinander verflochten.

Nichtsdestoweniger sollte vielleicht auf andere Art und Weise versucht werden, einige sogenannte Exilschriftsteller aus dem Strom der tschechischen unabhängigen Literatur der beiden zurückliegenden Jahrzehnte herauszufiltern. Wie wäre es mit der folgenden Definition: Könnten nicht diejenigen als typische Exilautoren gelten, die wenigstens in einigen Werken ihre Lebenserfahrung im Westen mit ihrer einstigen Lebenserfahrung unter dem Kommunismus in Osteuropa vergleichen und kontrastieren? Dann wären ohne Zweifel die ersten Namen, die einem dabei einfallen, Josef Škvorecký und Milan Kundera. Überdies würde ein solcher Blickwinkel auch Raum für weitere interessante Fragestellungen öffnen.

Aus persönlicher Erfahrung weiß ich, daß der Schritt aus dem kommunistischen Osten in den kapitalistischen Westen gewöhnlich eine traumatische psychische Übergangsphase nach sich zieht, denn das Individuum muß sich auf eine radikal andersartige Lebensauffassung, auf die Philosophie und Mentalität einer unbekannten Umgebung einstellen, und dies zudem gewöhnlich in einer Situation tiefster Ungewißheit über die eigene Zukunft. Dieser Aspekt der Emigration wird von allen Osteuropäern, die diese Erfahrung nicht gemacht haben, ständig übersehen.

---

3   Ludvík Vaculík, O Petlici na zámku Švarcenberku. in: Acta 3-4/1987, S. 36-40.

4   Vgl. Anm. 2.

Tschechische Exilliteratur par excellence ist vielleicht gerade diejenige Literatur, die versucht, verschiedene Abschnitte dieses psychischen Transformationsprozesses zu erfassen, des Erwerbs von Kenntnissen über das neue Milieu oder, wie es Jaroslav Hutka ausdrückte, des "Wiedergeborenseins, doch diesmal ohne Kindheit". Die verschiedenen Abschnitte dieses Prozesses hängen davon ab, wie lange ein bestimmter Autor schon im Westen lebt, und natürlich auch von seiner eigenen psychischen Befindlichkeit. Karel Hvížďalas Sammlung von zwanzig Interviews mit im Westen lebenden tschechischen Schriftstellern "České rozhovory ve světě" (Tschechische Gespräche in der Welt)[5], bietet eine interessante Einführung in dieses Problem, denn sie enthält Gespräche mit Autoren, die sich selbst auf verschiedenen Stufen dieses Assimilationsprozesses sehen. Josef Škvorecký z. B. hat immer wieder erklärt, sein Weggang aus der Tschechoslowakei nach Kanada sei völlig schmerzlos erfolgt, und er fühle sich in Kanada ganz heimisch. (Mitunter, so scheint es, hat, wie Shakespeare sagt, "die Dame zu sehr widersprochen" - als ich vor einigen Jahren Škvorecký im Auto mit ins Schottische Hochland nahm, da stieß er einen sehnsüchtigen Seufzer aus: "Oh, diese Landschaft hier ist der tschechischen doch viel ähnlicher als in Kanada!" Selbstverständlich hat Škvorecký immer mit Nachdruck betont, daß er Heimweh verspüre nach der Welt seiner Jugend, nicht aber nach der Tschechoslowakei an sich.) Hutka, der während seines elfjährigen Aufenthaltes in Holland stets sehr kritisch dem Thema Westen gegenüber war, bildet innerhalb dieses Spektrums das Gegenstück zu Škvorecký. Ferner haben sich die Prosaisten Jan Beneš, Jaroslav Vejvoda, Vlastimil Třešňák, Ivan Binar, Ota Ulč, Jan Drábek, Jan Novák, Karel Friedrich, vielleicht auch Sylvie Richterová, sowie die Dichter Ivan Diviš, Karel Kryl, Antonín Brousek, Pavel Javor und Ivan Schneedorfer mit diesem Problem auseinandergesetzt.

Doch zunächst zu den beiden bekanntesten im Westen lebenden tschechischen Autoren, zu Josef Škvoreckýs und Milan Kunderas Werken, insoweit sie sich in obigem Sinne als Exilliteratur bezeichnen lassen.

Josef Škvorecký ist der geborene Geschichtenerzähler. Auf dem Geschichtenerzählen, oder genauer: dem Anekdotenerzählen, gründet seine Schreibweise. Komik und surrealistisch inspirierte Karikatur sind die Grundelemente seiner literarischen Methode. Zugleich sind Škvoreckýs Werke von höchst ernsthafter Natur. Mit tragikomischen Farcen zapft Škvorecký verborgene Energiereserven an. Das reißt den Leser mit und bringt ihn in Berührung mit dem Eigentlichen, dem Wesentlichen im Leben. In der Tschechoslowakei neigt man mitunter dazu, Škvorecký als einen wenig anspruchsvollen Autor abzutun wegen der extrem leichten Lesbarkeit der meisten seiner Texte: der Leser muß nicht erst ins Detail gehende Anstrengungen unternehmen, um sie zu verstehen. Die Schlichtheit von Škvoreckýs Schreibart täuscht allerdings.

Škvoreckýs Komik wie auch sein Erzähltalent basieren weitgehend auf dem Sprachexperiment. Die Figuren seiner Romane werden vor allem durch ihre karikierenden Redemuster charakterisiert. Darüber hinaus nutzt der Autor makkaronische Effekte, wechselt er vom Tschechischen ins Englische, wie es gewöhnlich tschechoslowakische Einwanderer

---

5   Karel Hviždala, České rozhovory ve světě. Köln: Index 1981.

auf dem amerikanischen Kontinent tun. Es handelt sich dabei nicht nur um das mechanische Einfügen einzelner englischer Ausdrücke in tschechische Sätze. Auch die synthetischen Strukturen des Tschechischen werden wesentlich durch den englischen Satzbau sowie durch englische Idiome beeinflußt. Der sprachliche Humor eines solchen Makkaronismus bleibt freilich Lesern, die des Englischen unkundig sind, verborgen.

Das erste bedeutende Werk, das Škvorecký in Kanada verfaßte und auch veröffentlichte, war sein Roman "Mirákl" (Das Mirakel, 1972), eine Geschichte über die ersten zwanzig Jahre Kommunismus in der Tschechoslowakei. Hier setzte Škvorecký erstmalig die Technik mosaikhaften Erzählens ein. Mehrere Handlungsstränge werden im Roman gleichzeitig entwickelt. Die Geschichten sind aufgebrochen in kurze anekdotische Episoden und werden so miteinander vermischt. Dadurch wird ein starker Eindruck von Synchronität erreicht, sind wir Zeugen eines "teatrum mundi". Škvoreckýs wohl erfolgreichster Roman in englischer Übersetzung ist sein "Příběh inženýra lidských duší" (engl. The Engineer of Human Souls, 1977; Der Ingenieur der menschlichen Seelen); hier wird die gleiche Technik wie in "Mirákl" angewandt, doch ist der Handlungsrahmen in Raum wie Zeit ausgedehnt. Wie in "Mirákl" wird auch in "Příběh inženýra lidských duší" der Zusammenhalt durch den halb-autobiographisch konzipierten Haupthelden, den teilweise zynischen, kühl unbeteiligten Beobachter Danny Smiřický, gewahrt. In "Příběh inženýra lidských duší" unterrichtet Smřiricky, wie Škvorecký selbst, an einem kanadischen College Englische Literatur. In Rückblenden werden Smiřickýs - oder besser: Škvoreckýs - Jugendjahre in der ostböhmischen Stadt Kostelec während der deutschen Okkupation sichtbar, der Autor vergleicht und kontrastiert die eigene Lebenserfahrung unter dem Totalitarismus der Nazis und der Kommunisten mit der Erfahrung der Kanadier, die immer nur in einer westlichen Demokratie gelebt haben. Die Konfrontation beider divergierenden Wertesysteme ruft ernsthafte wie auch komische Mißverständnisse hervor. Grundsätzlich halten die Osteuropäer die Erfahrung der Westler für nicht authentisch, dies gilt freilich auch in umgekehrter Richtung. Mehr noch, es wird klar, daß Worte ein recht unvollkommenes Verständigungsmittel sind, wer nicht selber am eigenen Leibe die Erfahrungen des anderen gespürt hat, der läßt sich auch durch verbale Bekundungen nicht von deren Gültigkeit überzeugen. Škvorecký stellt auch innerhalb der Gemeinschaft tschechoslowakischer Immigranten in Kanada selbst bestimmte Unterschiede bei der Wahrnehmung der Welt fest: wer bereits vor vielen Jahren die Tschechoslowakei verlassen hat, der versteht womöglich die nach ihm Gekommenen schon gar nicht mehr.

Mehr experimentell und stärker lyrisch ist Škvoreckýs Roman "Scherzo Capriccioso. Veselý sen o Dvořákovi" (Scherzo Capriccioso. Ein fröhlicher Traum von Dvořák); auch hier wird das Leben in Mitteleuropa mit dem in den Vereinigten Staaten verglichen, jedoch ist die Handlung Ende des 19. Jahrhunderts angesiedelt. Der Roman versucht, in das Mysterium des Künstlergenies einzudringen. Er setzt sich außerdem mit den ewigen und geheimnisvollen Fragen von Liebe und Tod auseinander. Zugleich ist er eine Hommage des Immigranten Škvorecký an die Vereinigten Staaten. Der Autor zögert nicht, verschiedene negative Seiten des Lebens in Amerika kritisch zu betrachten. Als Demokrat zeigt er sich insbesondere von der schweren Lage der amerikanischen Neger betroffen, die wie zu Dvořáks Zeiten in den Vereinigten Staaten noch immer diskriminiert sind. Doch wenn Škvorecký auch viele Aspekte des Lebens in Amerika für engherzig, begrenzt und roh hält, so zieht er doch den Populismus der Vereinigten Staaten der stagnierenden, pompösen und antidemokratischen Atmosphäre in Mitteleuropa vor.

In Škvoreckýs letztem Roman, "Nevěsta z Texasu" (Eine Braut aus Texas, 1991), hat sich des Autors Eingewöhnung in seine neue Umgebung vollendet. Wie mehrere Rezensenten angemerkt haben, ist "Nevěsta z Texasu" ein rein amerikanischer Roman, auch wenn er in tschechischer Sprache geschrieben ist und das Schicksal von Tschechen im amerikanischen Bürgerkrieg behandelt. Mancher Leser in Prag fand die Struktur von "Nevěsta z Texasu" zu kompliziert, zu überladen mit den verschiedensten minutiös dargestellten Aspekten des amerikanischen Lebens, so daß der Roman für den "normalen" tschechischen Leser, der nicht im Detail mit der Geschichte des einstigen amerikanischen Lebens vertraut ist, ans Unverständliche grenze. Hier hat Škvorecký vielleicht die tschechische Literaturgesellschaft hinter sich gelassen.

"Kniha smíchu a zapomnění" (dt. Das Buch vom Lachen und vom Vergessen) ist der erste von drei Romanen, die Milan Kundera im Westen geschrieben hat. Im Vergleich zu seinen früheren Erzählwerken "Směšné lásky" (dt. Das Buch der lächerlichen Liebe), "Žert" (dt. Der Scherz) , "Život je jinde" (dt. Das Leben ist anderswo) und "Valčík na rozloučenou" (dt. Abschiedswalzer) kommt hier die didaktische Grundtendenz, die latent in seinem ganzen Werk vorhanden ist, sehr deutlich zum Vorschein. Im Westen angelangt, mußte Kundera erkennen, daß das dortige konsumgewohnte Leserpublikum im allgemeinen nicht zu tieferer, abstrahierender Reflexion über sein Werk fähig war, daß die Menschen im Westen nur eine sehr vage Vorstellung vom Leben in Osteuropa unter dem Kommunismus hatten. Aus diesem Grunde entwickelte Kundera in der Emigration eine besondere Arbeitsmethode: Er gewährt dem Leser Einblick in seine literarische Werkstatt. Im Schreiben baut er eine komplizierte literarische Struktur auf und erklärt zugleich dem Leser explizit alles, was er macht. Und er tut gut daran, mußte er doch ohne die direkte Erläuterung befürchten, daß der Leser die komplizerteren Aspekte seines Werkes nicht zu erfassen vermag. In seinen literarischen Essays beschreibt Kundera detailliert die Konstruktionsweise seiner Romane und legt dem Leser dar, was er sich als Botschaft seines Werks erhofft. Normalerweise unterlassen Schriftsteller dies. Kundera bekennt, daß seine Romane auf mehreren thematischen Grundkonzepten aufbauen, die genutzt werden, um - wie er es ausdrückt - die Welt, in der wir leben, "existentiell zu erklären".

Diese offene Schreibmethode, die Kundera augenscheinlich als Reaktion auf den Druck der westlichen Konsumgesellschaft kreierte, hat ihm einen außerordentlichen internationalen Erfolg beschert. Heute ist Kundera der einzige tschechische Schriftsteller, der wirklich international bekannt ist. Zugleich ist keineswegs jedermann im Westen bewußt, daß er ein *tschechischer* Schriftsteller ist.

In den meisten seiner im Ausland entstandenen Romane vergleicht auch Kundera das Leben in der Tschechoslowakei mit dem im Westen, insbesondere in Frankreich. Er ist dem Westen gegenüber kritischer als Josef Škvorecký. Sein Roman "Kniha smíchu a zapomnění" ist zuerst und vor allem die Geschichte der jungen tschechischen Emigrantin Tamina, die nach 1968 nach Frankreich kommt, wo sie als Kellnerin arbeitet. In der neuen Umgebung gerät sie in eine Atmosphäre von Konventionalität, Engstirnigkeit und Absurdität. Wie es bei vielen osteuropäischen Emigranten im Westen der Fall ist, kann sich auch Tamina mit ihrer komplizierten Erfahrung den Mitmenschen nicht verständlich machen, ja sie versucht es auch gar nicht erst. Für sie erscheint das Leben der Menschen im Westen leer und mühelos. So wird die Emigration für Tamina zu einer Reise in eine Sackgasse der Zeitlosigkeit, zu einer Ersatzexistenz, in der sie nach und nach alle Erinnerung an ihr vorheriges, authentisches Leben verliert.

Das Leitmotiv des Romans ist Lachen, die lustvolle, primitive Unbewußtheit einer Gesellschaft, die ohne historisches Gedächtnis in der Zeitlosigkeit des gegenwärtigen Augenblicks lebt, ohne auch nur eine Ahnung beispielsweise vom weltoffenen kulturellen Erbe der eigenen Nation zu haben. Paradoxerweise werden in Kunderas Verständnis sowohl der Osten als auch der Westen vom Lachen und vom Vergessen regiert. So bietet die Emigration keine Befreiung: sie ist nur ein neuer Typus der Versklavung.

Kunderas Werk ist ein Paradoxon an sich. Der Autor interessiert sich für Philosophie, doch seine Erzählprosa ist im Grunde "antiphilosophisch", denn Kundera nutzt die literarisch-philosophische Kontemplation, um zu zeigen, daß es absurd ist, allumfassende philosophische Systeme konstruieren zu wollen. Kundera zufolge ist eine zuverlässige und objektive Analyse der Wirklichkeit ohnehin nicht möglich. Der Mensch verfügt nicht über unumstößliche Fakten: er ist von Vieldeutigem umgeben. Deshalb ist auch sein Verhalten unlogisch und willkürlich. Der Mensch handelt grundsätzlich nach seinen Gefühlen und Vorurteilen, erst im nachhinein gibt er seinen irrationalen Entscheidungen eine rationale Deutung.

Dies scheint eine der Hauptideen des Romans "Nesnesitelná lehkost bytí" (Die unerträgliche Leichtigkeit des Seins, 1985) zu sein. Er ist wohl Kunderas international bekanntestes Werk, vielleicht sogar das bekannteste Werk eines tschechischen Autors überhaupt, vor allem dank der Romanverfilmung durch Philip Kaufman.

In "Nesnesitelná lehkost bytí" wendet sich Kundera unter anderem der allgemeinen menschlichen Neigung zu, falsche Mythen zu schaffen. Das Instrument solcher Mythenbildung ist die Metapher. Aus einer Vielzahl von Merkmalen, die mit bestimmten Fakten oder Ereignissen assoziiert werden, wählt der Mensch willkürlich und rein gefühlsmäßig ein einzelnes Kennzeichen aus, das unterschiedliche Fakten oder Ereignisse zusammenzufügen scheint. Die schädlichsten Imitationen der Wirklichkeit sind gerade diejenigen, welche die negativen Aspekte des Lebens vorsätzlich unterdrücken. Nach Kunderas Meinung sind solche Imitationen Kitsch. Militantes Vorgehen gegen das Private ist eines der Hauptmerkmale von Kitsch. Stimmt es, daß das Leben in all seinen Aspekten gut ist, so argumentieren die Verbreiter und Helfershelfer des Kitsches, dann gäbe es nichts auf der Welt, was ihrem Blick verborgen bleiben sollte.

Gerade in "Nesnesitelná lehkost bytí" stellt Kundera das Leben im Osten dem im Westen gegenüber: gründlich überprüft er seine theoretischen Schlußfolgerungen an Ge-

schichten, die in beiden Gesellschaften angesiedelt sind. Vielleicht gehört es zu den typischen Zwangslagen eines Emigranten, weder die eine noch die andere Gesellschaft akzep-
tieren zu können. Osteuropa kann wegen seines Totalitarismus nicht toleriert werden,
Westeuropa deshalb nicht, weil es absurd, degeneriert und impotent ist.

Wie verhält es sich nun mit Autoren, die ganz gezielt versucht haben, jenen Prozeß der
psychischen Veränderung festzuhalten, der sich in einem Individuum abspielt, das dem
Osten den Rücken gekehrt hat? Eines der in dieser Hinsicht interessantesten Werke ist die
Sammlung sorgsamst stilisierter Texte "Bermudský trojúhelník" (Das Bermuda-Dreieck,
1986) von dem - ja, wie nennen wir ihn am besten? Vielleicht Hippie? - Vlastimil Třešňák. Dichter, Maler, Fotograf, Liedermacher und Erzähler in einer Person, war Třešňák
1982 von der tschechischen Staatssicherheit gezwungen worden zu emigrieren. Bis dahin
hatte er mehrere humorige Geschichten geschrieben, die im Prager Arbeitermilieu spielten
und ferne Reminiszenzen an Hrabal darstellen.

Die fünf Erzählungen in "Bermudský trojúhelník" allerdings legen unmittelbar Zeugnis
ab von dem langwierigen und diffizilen Prozeß der psychischen Regeneration und sozialen Adaptation nach dem Trauma, gewaltsam zum Verlassen der natürlichen Umgebung
gezwungen worden zu sein. Das Niederschreiben dieser Geschichten hatte für Třešňák
zweifellos einen therapeutischen Effekt. Dadurch, daß er den Prozeß des Wiederauftau-
chens aus den Tiefen der Verzweiflung und der Einsamkeit schriftlich aufzeichnete,
literarisierte, gelang es dem Autor, diesen auch selbst erfolgreich durchzustehen.

Jede der fünf Erzählungen befaßt sich mit einem anderen Aspekt des Traumas. Im ersten
Text vermißt der Held Prag entsetzlich. Nach jedem Strohhalm greifend, schließt er sich
einer Gruppe westlicher Outsider mit flüchtigen Beziehungen zur Tschechoslowakei an.
Schließlich muß er jedoch erkennen, daß es für ihn keine Rückkehr mehr gibt; es ist unmöglich, zweimal in den selben Fluß zu steigen. Am Schluß der ersten Erzählung befreit
sich der Held selber von seiner anfänglichen Last, der tötenden, krankhaften Abhängigkeit
von der Vergangenheit, die nicht zurückgeholt werden kann. Hierin unterscheidet sich
Třešňáks Held wesentlich von Kunderas Tamina, die es nicht schafft, diese besondere
Bürde loszuwerden und wahrscheinlich an ihr zugrunde gehen wird.

In der zweiten Erzählung befreit sich Třešňáks Held vom Trauma der osteuropäischen
Politik, indem er den osteuropäischen Totalitarismus beschreibt und beim Namen nennt.
Handlungsort ist das Sinnbild des Kalten Krieges, das geteilte Berlin. Hier hallt es nur
so wider von Motiven der Klaustrophobie, der Ausweglosigkeit und Unfreiheit. Im dritten Text muß der Held mit einer Krise in seinem Liebesleben fertig werden, nachdem
seine Freundin ihn verlassen hat. In der vierten Geschichte wird das unsinnige und
unbegreifliche Verhalten von Leuten in des Haupthelden Umgebung, wie es von Immigranten so oft in entfremdeten Gesellschaften erfahren wird, auf die Spitze der Absurdität
getrieben - und ebenso die Einsamkeit des Helden. Seine Persönlichkeit ist gespalten, und
letztlich kommuniziert er nur noch mit seinem Alter ego - denn es ist niemand anderes
da. Die Handlung endet freilich mit einer Katharsis, einer positiven Re-Integration der
Persönlichkeit des Helden. Im fünften und letzten Text des Bandes nimmt dann der

Erneuerungsprozeß seinen vollen Lauf, hier erweist sich der Held schließlich als fähig, sich in eine Lebenswelt zu integrieren, die er bis vor kurzem noch als absurd verworfen hatte.

Der von der Staatssicherheit zum Verlassen des Landes gezwungene tschechische Protestsänger Jaroslav Hutka zeichnete den Vorgang seiner psychischen Re-Adaptation an die neue Gesellschaft ebenfalls auf. Erst nach dem Verlassen der Tschechoslowakei im Jahre 1978 wurde Hutka bewußt, daß für ihn der Verlust der Heimat eine extreme traumatische Erfahrung bedeutete.

Als Hutka 1977 durch die kommunistischen Machthaber Auftrittsverbot erhielt, begann er, Feuilletons zu schreiben, die er im Samizdat in Umlauf brachte, um den Prozeß des Vergessenwerdens aufzuhalten. Er unterzeichnete dann die Charta 77, und eine Zeitlang konzentrierten sich seine Feuilletons auf die Verteidigung von Dissidenten. Auch nach dem Weggang aus der Tschechoslowakei schrieb er Feuilletons und dokumentierte in ihnen seine Anstrengungen, sich in die neue Umgebung einzuleben. Diese sehr gehaltvollen Texte zeugen von einer unabhängigen Gesinnung, die manchmal schon fast provokativ wirkt. Sie kritisieren nicht nur das Leben in der Tschechoslowakei, sondern auch viele Seiten des Lebens im protestantischen Holland, wohin es Hutka schließlich verschlagen hatte. Erstaunlicherweise wurde ihr stolzer Freigeist von den tschechischen Emigranten nicht immer gutgeheißen. Hutkas Feuilletons wurden zensiert und mitunter sogar von der Exilpresse völlig unterdrückt. Es ist bezeichnend, daß die tschechische Emigrantengemeinschaft nicht imstande war, einen solch völlig unabhängigen Kritizismus anzunehmen. Und dabei gebrauchte Hutka lediglich Methoden, welche in gutfunktionierenden demokratischen Gesellschaften durchaus akzeptabel sind. Indem er absichtlich "Schockvorstellungen" evozierte, wollte er seine Leser oder Gesprächspartner zu unabhängigem Denken anhalten. Hutka versuchte, sich ein eigenes Bild von seiner neuen Umgebung zu machen, er setzte in seinen Feuilletons die Mittel der Ironie, des Spiels, des Humors, wie auch der philosophischen Reflexion ein. Häufig sah er auf die Mißstände in der Tschechoslowakei von seiner neuen, westlich geprägten Warte aus. Er wandte sich gegen den Hang mancher tschechischer Emigranten, die Wirklichkeit allein auf den Kampf gegen den Kommunismus zu reduzieren. So schrieb er beispielsweise: "Gewiß, der Kampf gegen eine Diktatur ist noch keine freie Existenz. Vielmehr ist ein solcher Kampf nur eine der Manifestationen von Diktatur. Was wir erschaffen müssen, ist eine freie Welt, nicht bloß eine antikommunistische Welt." Dieses Zitat ist kurioserweise auch heute, fünf Jahre nach dem Zusammenbruch des Kommunismus, noch aktuell. Hutka veröffentlichte seine Feuilletons 1989 auf eigene Kosten unter dem Titel "Požár v bazaru" (Brand auf dem Trödelmarkt), so benannt nach dem strittigsten Text, in welchem Hutka all das attackierte, was für viele Tschechen als ruhmvolle Nationalgeschichte gilt.

Jaroslav Vejvoda, der in der Schweiz lebt, debütierte mit einer fast "beatnik"-artigen Sammlung von Kurzerzählungen mit deutlich lyrischem Unterton: "Plujícf andělé, letící ryby" (Schwimmende Engel, fliegende Fische, 1974), die vor allem die Desillusionierung junger Leute durch die Engstirnigkeit und Pedanterie der älteren Generation zum Gegenstand hat. In den Kurzerzählungen "Ptáci" (Vögel, 1981) und den Romanen "Osel aneb Splynutí" (Esel oder Verschmelzen, 1977) sowie "Zelené víno" (Grüner Wein, 1986) führt er dieses Thema weiter. Vejvoda stellt das Leben der tschechischen Emigranten in der Schweiz, in einem reichen, doch äußerst bürokratischen Land, dar. Er wirft den Schweizer Tschechen vor, in ihrem Bemühen, sich in die neue, eher intolerante Gesellschaft zu integrieren, die eigene Integrität und die Jugendideale preisgegeben zu haben. Der Autor begreift nicht, warum solche Leute überhaupt den Wunsch gehabt hätten, die Tschechoslowakei zu verlassen, ihre Heimat, ihren meist ansehnlichen Besitz aufzugeben, wenn nicht um ihrer Ideale willen; doch kaum in der Schweiz eingetroffen, seien ihnen diese Ideale restlos abhanden gekommen. Ein Hauptthema des Romans "Osel aneb Splynutí" ist wiederum die totale, frustrierende Unfähigkeit eines osteuropäischen Emigranten, im Westen ein neues Leben anzufangen. In "Zelené víno" kontrastiert Vejvoda die mentale Befindlichkeit dreier Generationen von Tschechen: die Großmutter, die mit einer Besuchserlaubnis in die Schweiz kommen darf; ein Paar mittleren Alters, das 1968 der Tschechoslowakei den Rücken gekehrt hat und dessen Ehe gescheitert ist, sowie deren halbwüchsigen Sohn, der inzwischen schon fast ein waschechter Schweizer geworden ist.

Jan Drábek ist Autor zweier Romane, die mit ihrer teilweise thrillerhaften Anlage an der Schwelle von ernster zu Unterhaltungsliteratur stehen; er findet, daß ein Osteuropäer im Westen nie und nimmer froh werden kann. Die Helden seiner Romane "A co Václav?" (Und was macht Wenzel? 1975) und "Zpráva o smrti růžového kavalíra" (Bericht über den Tod eines Rosenkavaliers, 1977) sind jeweils tschechische Emigranten aus der Zeit nach 1948; sie versuchen, sich den neuen Bedingungen anzupassen, und fürs erste scheint der Prozeß ihrer Integration auch erfolgreich zu verlaufen. Letztlich aber rebelliert ihr Unterbewußtsein gegen das neue Leben. Anfangs zeigt sich das in verschiedenen psychosomatischen Beschwerden, am Ende dann kommt es bei beiden Figuren zur Persönlichkeitszersetzung. Frustrierende Erfahrungen eines Tschechen mit dem Leben in den Vereinigten Staaten reflektieren ferner die Romane "Zelenou nahoru" (Die Grünseite hinauf, 1977) von Jan Beneš sowie "Špatně časovaný běženec" (Ein Flüchtling zur Unzeit, 1985) von Ota Ulč. In seinem in Wien handelnden halb-autobiografischen Roman "Kytovna umění" (Die Kunstkitterei, 1988) versucht Ivan Binar, die Scherben seines unfaßbaren Leben nach der Vertreibung aus der natürlichen tschechoslowakischen Umgebung zu einem sinnvollen Ganzen zusammenzufügen. Es gelingt ihm nicht: das Leben ist ein spontaner, nicht regulierbarer Fluß von Ereignissen, eine Reihe von Prüfungen, die vielleicht erst nach dem Tode verständlich werden.
    Sylvie Richterová, Literaturwissenschaftlerin an der Universität zu Rom, nutzte das Trauma vom Verlust ihrer tschechischen Wurzeln als Abstoßpunkt für zwei hervorragende experimentelle Texte: "Návraty a jiné ztráty" (Rückkünfte und andere Verluste, 1978) und "Místopis" (Ortsbeschreibung, 1983). Richterová nimmt mehrfach konkrete Erkundungen der sie umgebenden, aber ihr unverständlichen Wirklichkeit vor. Diese Umwelt ordnend, hofft sie, imstande zu sein, ihre eigene Persönlichkeit zu redefinieren. Wie bei Marcel

Proust ist der Ausgangspunkt dieser semantischen und philosophischen Analyse die einschneidende, intensive Erfahrung der Kindheit. Doch außerhalb der Erinnerungen an die Kindheit und die Jugendjahre findet die Heldin dieser Texte (und vielleicht auch die Autorin selbst?) nichts, woran sie sich bei ihren verzweifelten Versuchen der Selbstbestimmung klammern könnte. Richterovás Existenz im Westen zerfällt in einzelne Fragmente. Das hat logische Konsequenzen für die Textgestalt ihrer beiden Bücher, die gleichfalls bald in Fragmente - seien es Erinnerungsbrocken oder knappe Tagebucheintragungen - zerfällt. Die Autorin beschreibt anscheinend zusammenhanglose routinehafte Alltagsepisoden (eine Zugfahrt etwa), oder sie erzählt kurze Anekdoten oder schockierende Geschichten. In letzter Instanz sind alle diese Episoden ohne Bedeutung. Das Leben ist eine leere Seifenblase, auf deren Grund das Entsetzen haust. Wie in einem Traum oder in einem Märchen agieren Richterovás Protagonisten wie unter einem unerklärlichen inneren Zwang. Grundlos meiden sie Tabubereiche. Wenn die Welt ohne Bedeutung - oder genauer: wenn die Welt unverständlich ist, dann kann keine Ordnung und kein Verbot überzeugend erklärt werden. Der Traumcharakter der Texte von Sylvie Richterová wird noch betont durch gelegentliche sinnspruchhafte Aussagen, was ihrem Schreiben eine wahrhaft numinose, magische Qualität verleiht.

Wie steht es nun mit tschechischen Dichtern, die zu meiner Definition eines Exilautors passen könnten? Pavel Javor, der die Tschechoslowakei 1948 verließ und 1981 verstorben ist, wird gewöhnlich als typischer, ja mitunter sogar als "offizieller" Dichter des tschechoslowakischen Exils angesehen. Die Lyrik, die er verfaßte, ist vom Ton her hin und wieder etwas konservativ. Seine Gedichte sind fast impressionistisch, indem sie versuchen, die Atmosphäre des flüchtigen Augenblicks einzufangen. Sie können sehr melodisch sein, doch manches in Javors Schaffen ist auch ziemlich schwunglos. Hauptthema ist die Sehnsucht nach der verlorenen Heimat. Der Dichter klagt häufig darüber, wie fremd ihm das Land bleibe, in das er emigrierte, und wie unvergleichlich schön hingegen sein Heimatland sei, das er auf immer habe verlassen müssen. Es währt nicht lange, und den Leser befallen gewisse Zweifel bezüglich dieser Gedichte. Javors Haltung verkehrt sich in Manierismus. Es wirkt befremdlich, daß der Dichter, der immerhin den größeren Teils seines Lebens in Kanada und nicht in der Tschechoslowakei zubrachte, die neue Heimat seiner poetischen Aufmerksamkeit nie für würdig befunden hat. Und es ist kein Wunder, daß die konkreten Erinnerungen an Böhmen mit der Zeit in Javors Gedächtnis verblaßten. So wirkte seine Dichtung später leblos. Dennoch beharrte Javor trotzig auf seiner tragischen Haltung.

Das Werk von Ivan Diviš, der für viele der bedeutendste lebende tschechische Dichter ist, bringt ebenfalls viele Frustrationen ans Tageslicht. Ohne Zweifel hängen sie mit der unbefriedigenden Situation des Autors als Emigrant in einem fremdem Land zusammen, wo er sich lediglich als ein passiver Beobachter, an dem das Leben vorübergegangen ist, über Wasser hält. In "Odchod z Čech" (Abschied von Böhmen, 1981), einem umfangreichen lyrischen Poem mit mehreren zum Narrativen tendierenden Kernstücken, ist der Autor, ausgehend von seiner Erfahrung in der Fremde, bemüht, sich über seinen tschechischen Hintergrund klar zu werden, den Hintergrund einer "sterbenden Nation", deren "Sprache primitiv ist" und deren Schicksal es ist, "ohne Männer, ohne Frauen, ohne Kinder, ohne Soldaten und ohne Blut" zu sein. Diviš ist nicht nur über Böhmen verzweifelt, sondern über die Situation des Menschen in der heutigen Welt überhaupt. "Beránek na sněhu" (Lamm im Schnee, 1980) ist eine weitere monumentale, apokalyptische Vision des Autors von der heutigen Welt, Ausdruck seiner Verzweiflung über die Zweitklassigkeit des Lebens im zwanzigsten Jahrhundert. Der Autor entwickelt eine Reihe von beklemmenden, aufschreckenden Bildern, die sich übereinandertürmen wie erkaltete Gesteinsmassen. Doch die Dichtung von Diviš hat religiöse Untertöne: mitten in seiner Verzweiflung über die verrückte Welt von heute, kommt dem Dichter die göttliche Vision eines friedlich grasenden Lammes und Schafes. Voller Sorge bittet er sie, der Welt die Erlösung und den Frieden zu bringen.

Auch andere tschechische Exildichter wie etwa Antonín Brousek oder der Songschreiber Karel Kryl haben äußerst frustrierte Gedichte verfaßt. Insgesamt deckt die Poesie tschechischer Exilautoren, die sich des Themas der Entwurzelung annimmt, nicht den ganzen Prozeß der psychologischen Anpassung an die neue Umgebung ab, wie dies in der Exilprosa zu beobachten ist. Viele tschechische Exildichter verharren bei ihrer Enttäuschung. Ivan Schneedorfer, der im kanadischen British Columbia auf der Halbinsel Tsawwassen lebt, ist vielleicht nur die Ausnahme, welche die Regel bestätigt. 1987 brachte Schneedorfer unter dem Titel "Básně z poloostrova" (Gedichte von der Halbinsel), eine bemerkenswerte siebenteilige Gedichtsammlung, heraus. Anders als Pavel Javor ist Schneedorfer nicht von seinem fernen Heimatland behext, obwohl auch er dann und wann das geliebte Böhmen seiner früheren Jahre anruft. Schneedorfer hat sich sozusagen bereits eingerichtet in seiner neuen Umgebung, hat ihre wilde, exotische Landschaft lieben gelernt. Die Dichtung beruht auf seiner gefühlsstarken persönlichen Erfahrung mit dem Leben in diesem exotischen Landstrich "am Ende der Welt", wo der Autor neue Wurzeln geschlagen hat. Schneedorfer schreibt besinnliche Lyrik, oft ist sie inspiriert vom gewöhnlichen Leben. Seine Gedichte sind getragen: sie quellen über von Bildern der weiten kanadischen Prärie, Fischerhäfen unter Regenschleiern, dem grenzenlosen Pazifik. Sie sind unaufdringlich, wohltuend und fast lustvoll. Der Dichter hat einen Sinn für den Zauber des Alltagslebens. Er glaubt daran, daß der Mensch sein Dasein genießen soll, auch dann, wenn er es nicht versteht.

Es leben, um gerecht zu sein, natürlich noch weitere wichtige tschechische Autoren im Westen. Zdena Salivarová, Ota Filip und Pavel Kohout haben in ihren tschechischsprachigen Werken vornehmlich das Leben in der Tschechoslowakei unter den verschiedenen Formen des Totalitarismus dargestellt; darüber hinaus hat Kohouts Erzählwerk mit Elementen des Makabren und mit Motiven geliebäugelt, welche die Vernunft wie die physikalischen Gesetze herausfordern. Arnošt Lustig hat weiterhin Geschichten über den Holocaust herausgebracht, während Jan Křesadlo als Verfasser von extrem exzentrischen, doch höchst unterhaltsamen Romanen hervorgetreten ist, die in der geistigen Landschaft des Autors selbst angesiedelt und nur zu seinem eigenen Vergnügen geschrieben sind.

Allgemein kann gesagt werden, daß das Schaffen von Schriftstellern und Dichtern, welche der Welt um sich herum einen Sinn zu geben bestrebt sind, indem sie das Leben im kommunistischen Osten - ihre Herkunft - mit dem Leben im kapitalistischen Westen - ihrer Ankunft - vergleichen, ein überaus interessantes Kapitel darstellt im nie enden wollenden Bemühen des Menschen, die eigene Existenz zu begreifen. Persönlich halte ich diese Werke für anregender als jene tschechische Literatur, die lediglich Zeugnis ablegt von der Unterdrückung durch das kommunistische Regime.

Aus dem Englischen übersetzt von Barbara Beyer.

Manfred Jähnichen

Verantwortung als Prinzip
Zum essayistischen und dramatischen Werk von Václav Havel

Das literarische Werk von Václav Havel kann man wie jede Erscheinung der Lebenswelt und damit der geistigen Kultur selbstredend von den verschiedensten Aspekten aus darstellen. Denkbar wäre - um nur auf einige wenige gleichsam paradigmatisch zu verweisen - die Konzentration auf die ideelle Sprengkraft seines Werkes gegenüber dem erdrückenden Umfeld der seinerseits offiziellen "realsozialistischen" Ideologie; das wäre dann wohl in erster Linie eine ideologiekritische Betrachtung. Vorstellbar wäre auch die Akzentuierung des deutlich autoreferenziellen Bezugs seines Schaffens besonders in der Zeit der sog. "Normalisierung", also der siebziger und achtziger Jahre; das könnte man dann wohl vor allem zu einer vergleichenden typologischen Modellierung der Samizdat- bzw. Exilliteratur im tschechoslowakischen Kontext, gegebenenfalls im weiteren Umfang führen, etwa im Vergleich zu Dominik Tatarka, Sławomir Mrožek, Stefan Heym u. a. Möglich wäre auch die ausschließliche Konzentration auf die Strukturierung, sagen wir, seiner Dramen der sechziger Jahre als Stücke eines neuen Typs des absurden Theaters und ihrer "Konkretisation" im deutschsprachigen oder europäischen Umfeld; das könnte man dann eventuell als Applikation bzw. Weiterführung strukturalistischer Prinzipien bezeichnen.

Ich will versuchen, diese und andere denkbare und - ich gestehe - auch verlockende Analyseverfahren bei meinen folgenden Ausführungen über Václav Havels essayistisches und dramatisches Werk zu berücksichtigen, der leitende Aspekt aber soll der sein, der auch in der Überschrift ausgewiesen ist: Verantwortung als Prinzip oder - anders ausgedrückt - von der Verantwortung des Individuums.

Das mag, ich weiß um die Problematik solcher moralphilosophischer Kategorien im Bezugsfeld zur Literatur, dem Strukturalisten vor allem vielleicht verschwommen erscheinen und assoziieren, daß da mit Hilfe moralischer Prinzipien erneut eine vordergründige Politisierung versucht wird. Dem ist aber nicht so. Es geht vielmehr darum, von jenem Prinzip aus Havels schriftstellerisches Werk darzustellen und auch sein politisches Wirken etwa als einer der Organisatoren und ersten Sprecher der Charta-77-Bewegung, das dieses Werk und Wirken in seiner Ganzheit erschließen hilft, zumal auch nach Jan Patočka der Schriftsteller "der eigentliche und ursprüngliche Verwalter der Ganzheit des Lebens ist"[1].

---

1   Zit. nach: Jan Patočka, Der Schriftsteller und seine Sache. Zur Philosophie der Literatur, in: Patočka, Kunst und Zeit. Kulturphilosophische Schriften. Hrsg. von Klaus Nellen und Ilja Srubar. Stuttgart

Bei Havel nun ist dies das Prinzip der Verantwortung, aus dem heraus er etwa seinen Brief an Gustáv Husák im April 1975 geschrieben hat, er die Charta-77-Bewegung entscheidend mitgeformt hat, er Verfolgungen und langjährige Haft auf sich genommen hat anstatt das Angebot zur Emigration anzunehmen, und er auch sein literarisches Schaffen rückhaltlos für die Demokratisierung der Gesellschaft eingesetzt hat. Aus einem solchen Verständnis heraus konnte er im Umkreis vieler ähnlich gesonnener Schriftsteller und Kulturschaffender von Ludvík Vaculík bis zu Pavel Kohout, von Dominik Tatarka bis zu Miroslav Kusý[2], zu einer der Leitpersönlichkeiten des Widerstandes gegen den Neostalinismus der "Normalisierung" werden.

Es war das Prinzip der Verantwortung sich und seinen Mitbürgern gegenüber, die er als Subjekte einer "freien selbständigen, demokratischen, wirtschaftlich prosperierenden und zugleich sozial gerechten Republik, kurz gesagt, einer menschlichen Republik, die dem Menschen dient", wie er in seiner Neujahrsansprache als Präsident am 1. Januar 1990 formulierte,[3] sehen wollte, das ihn dabei leitete. Gerade in seiner Essayistik, die er im wesentlichen in den Jahren seines erzwungenen Rückzuges aus der Gesellschaft, d. h. im "Normalisierungs"kontext der siebziger und achtziger Jahre geschrieben hat (ich sehe hier einmal von seinen späteren bedeutenden Reden als Präsident ab), hat Havel dieses Prinzip und die Konsequenzen für das Verhalten im "realsozialistischen" Alltag vielfach dargestellt.

An erster Stelle stehen hier seine "Dopisy Olze" (Briefe an Olga), die Havel während seiner zweiten Gefängnishaft zwischen dem 4. Juni 1979 und dem 30. Januar 1983 geschrieben hat und die 1983 schon in einer Samizdat-Ausgabe seiner Freunde Jan Lopatka und Jiří Dienstbier in Prag erstmals erschienen. In Wirklichkeit sind das Essays, die für die Öffentlichkeit bestimmt waren, die er jeweils am Wochenende im Umfang von vier Seiten schreiben durfte und deren Inhalt durch die Gefängniszensur umgrenzt war.[4] Trotzdem hat es Havel hier vermocht, Grundlinien seiner Vorstellung über die Existenz und den Menschen und auch über sich und sein Werk präzise und systematisch zu artikulieren. Einer der immer wiederkehrenden Gedanken ist dabei eben jenes Prinzip der Verantwortung, das er etwa im 62. Brief von Anfang Januar 1981 u. a. so formuliert: "In meinen Betrachtungen entwickelte sich ... die Bedeutung des Begriffs der menschlichen Verantwortung, die mir immer deutlicher als jener grundlegende feste Punkt zu erscheinen begann, aus dem jegliche Identität erwächst und mit dem sie steht und fällt; als ihre Grundlage, Wurzel, ihr Schwerpunkt, Bauprinzip oder ihre Achse."[5]

1987, S. 340.

2 Vgl. z. B. H. Gordon Skilling, Samizdat and an Independent Society in Central and Eastern Europe. Oxford 1989, bes. S. 43 ff.; außerdem Antonín Brousek, Tschechische Exilliteratur. In: Zur tschechischen Literatur 1945-1985. Hrsg. von Wolfgang Kasack. Berlin 1990, S. 35 ff.

3 Zit. nach Václav Havel, Angst vor der Freiheit. Reden des Staatspräsidenten. (Ausgabe) Reinbek 1991, S. 17 (Neujahrsansprache 1990).

4 Václav Havel, Briefe an Olga. Betrachtungen aus dem Gefängnis. (Ausgabe) Hamburg 1990; insgesamt sind es 145 Briefe, die aber nicht alle publiziert wurden; siehe bes.: Jiří Dienstbier, Über das Briefeschreiben. Ebenda, S. 321 ff.; vgl. auch: Květoslav Chvatík, Esejistické dílo Václava Havla. in: Melancholie a vzdor. Praha 1992, S. 241 ff.

5 Havel, 62. Brief an Olga. Ebenda, S. 91 ff.

Akzentuiert hatte Havel damit jene Kategorie, von der aus sich ihm die für ihn so wichtige "Einheit des Menschen durch sich selbst" erschloß. Diese wiederum war nach Havels moralphilosophischen Vorstellungen, wie er sie trotz aller auferlegten Beschränkung durch die Gefängniszensur deutlich formulierte, die Voraussetzung einer menschlichen Existenz, die ihr "eine sinnvolle Ordnung gibt; Kontinuität und einheitlichen Umriß."[6] Eine solche "sinnvolle Ordnung, Kontinuität und einheitlichen Umriß" für den konkreten Menschen mitzuschaffen war und bleibt Havels eigentliches Anliegen. Dabei war er sich in seinem tiefen Respekt vor der Individualität des Menschen wohl bewußt, daß die Motivation der Verantwortung für den Einzelnen sehr unterschiedlich sein kann. Für den modernen Menschen, soweit er nicht gläubig ist und - wie Havel in eben diesem Brief formuliert - "die Verantwortung für ihn keine Beziehung zu Gott ist"[7], kann sie sich vielfach anders begründen. "Für einige", argumentiert er dazu prinzipiell, "ist Verantwortung die Beziehung des Menschen zu anderen Menschen, zur Gesellschaft, und ihre Wurzeln suchen sie ... in der Erziehung, der Gesellschaftsordnung, in sozialen und kulturellen Traditionen, im Selbsterhaltungstrieb, in unbewußter Berechnung oder im Gegenteil in Liebe und Opferbereitschaft, also in unterschiedlichen psychologischen Potenzen des Menschen. Für einige ist die Quelle der Verantwortung einfach das Gewissen als Bestandteil der biologischen Ausstattung unserer Art (zum Beispiel als das Freudsche "Über-Ich")."[8]

Seine persönliche "Welterfahrung" begründet dabei Havel in diesem, ich glaube schon sagen zu dürfen, für sein Denkmodell zentralen 62. Brief vom Januar 1981 als "existentielle Erfahrung ..., die über den konkreten Horizont sich verändernder und vergänglicher Landschaften und menschlicher Silhouetten" hinausreicht, "die unseren Weg durch das Leben säumen" und die "jener andere", unveränderliche Horizont bildet, "den wir dahinter fühlen". Das aber ist, wie es Havel auch formuliert, eine Beziehung von uns "zu unserem einzigen wirklichen Gegenpol, nämlich zu dem, was uns überhaupt ermöglicht, unsere Relativität als Relativität zu erfahren: zu einer Art allgegenwärtigem, absolutem Horizont als der "letzten Instanz", die hinter und über allem ist, die allem den Rahmen, den Maßstab und Hintergrund gibt und die im letzten alles Relative begrenzt und definiert."[9]

Havel aber gibt dieses Begreifen der absoluten Erfahrung - und das ganz im kantianischen Sinne, auch wenn er womöglich diesen Bezug gar nicht im Auge haben konnte - die Sicherheit für sein konkretes Handeln. Eine der wichtigsten Konsequenzen daraus ist ihm - wie er wörtlich schreibt - "die Fähigkeit oder Entschlossenheit oder anerkannte Pflicht des Menschen, unter allen Umständen, ein für alle Mal und total für sich einzustehen". Dies ist ihm die "einzige echte Schöpferin der Freiheit, worin erst im Hinblick auf

---

6   Ebenda, S. 92; vgl. auch Havel, 118. Brief an Olga vom 6.3.1982.
7   Ebenda, S. 92.
8   Ebenda, S. 92/93.
9   Ebenda, S. 93/94; vgl. auch Havels schon zitierte Neujahrsansprache am 1. Januar 1990 als neugewählter Präsident, in der er u. a. sagt: "Der Mensch ist vor allem niemals nur Produkt der äußeren Welt, sondern immer auch fähig, sich auf etwas Höheres zu beziehen ..." Zit. nach: Angst vor der Freiheit. (wie Anm. 3), S. 11.

das Universum der Mensch sich als Mensch definiert, also als jenes Wunder des Seins, das er ist"[10].

Die zweifelsohne entscheidende Schlußfolgerung, die er daraus zieht und die er vielfältig variiert in seinem essayistischen und dramatischen Schaffen gestaltet hat und auch seinem konkreten politischen Handeln unterstellt, ist die Freiheit der Entscheidung, die der Mensch als erkennendes und handelndes Subjekt hat. "Auf der einen Seite", schreibt Havel dazu wörtlich, "begrenzt er erst damit seine Abhängigkeit von der Welt und gibt ihr Sinn, auf der anderen Seite jedoch grenzt er sich - gerade dadurch - selbst definitiv in seiner Souveränität und Unabhängigkeit von der Welt ab."[11] Unter den Bedingungen der Gefängniszensur geschrieben - ich wiederhole das bewußt, damit man den Kontext dieser Formulierungen nicht vergißt -, ist das nichts anderes als ein mit den Argumenten der Phänomenologie begründetes Plädoyer für die freie Entscheidung des Individuums, die so dem Prinzip der staatlich verordneten und materialistisch begründeten Einsicht in die Notwendigkeit und damit der bedingungslosen Unterordnung des Subjekts unter den Willen des "Kollektivs" entgegensteht. Havels Nähe zu den philosophischen Anschauungen Jan Patočkas, etwa seiner Theorie der existentialen Bewegung oder seiner Auffassung der Kunst als Durchbruchsbewegung,[12] bestätigt sich hier. Seine philosophisch intendierte Essayistik, so kann summiert werden, steht somit in der Tradition der europäischen Phänomenologie und akzentuiert die moralphilosophische Kompetenz. Man kann so m. E. durchaus von einem moralischen Rigorismus sprechen, von dem Havels Essayistik und auch politisches Wirken als Dissident und später Präsident entscheidend geprägt werden. Es kann so folgerichtig als ein entscheidendes Angehen gegen die Zerstörung der moralischen Dimension klassifiziert werden, wie wir sie allenthalben in der Welt seit den Schrecken des Zweiten Weltkrieges sehen können, wenn Havel die Krise dieser Einheit des Menschen, mit anderen Worten, die Krise der menschlichen Identität in seinem essayistischen wie besonders auch dramatischen Werk diagnostiziert, beschreibt und darstellt. Allerdings wird dies unter den gesellschaftlichen Bedingungen, unter denen er damals zu agieren hatte, zum unmittelbaren Politikum. Die moralische Ausgangsposition signalisiert sich dabei in seiner Essayistik deutlich z. B. im 118. Brief vom 6. März 1982 in den "Dopisy Olze". Präzis und unter den Gefängnisbedingungen verblüffend offen formuliert hier Havel: "Der Mensch hat sich die Welt in einer Weise zu eigen gemacht, daß er sie de facto verlor; er hat sie sich so untertan gemacht, daß er sie zerstört ... Die tiefsten Ursachen dieses tragischen Geschehens sind, glaube ich, offensichtlich: die Krise der Erfahrung des absoluten Horizonts, die aus der geistigen Struktur unserer Zivilisation selbst hervorgeht und von ihr ständig vertieft wird, führt zum Verlust des Sinns für die Integrität des Seins, den gegenseitigen Zusammenhang des Seienden, seine Eigenart. Die Erscheinungen der Welt verlieren ihre geheimnisvolle Sinnenfülle ... Alles wandelt sich ins "Bloße", und was das Wichtigste ist: die Krise der Erfahrung des absoluten Horizonts

---

10 Havel, 62. Brief an Olga (wie Anm. 4), S. 94.
11 Ebenda, S . 94.
12 Vgl. dazu: Ilja Srubar, Zur Stellung der Kunst in Patočkas Philosophie. In: Patočka, Kunst und Zeit (wie Anm. 1), S. 31 ff.

führt gesetzmäßig auch zur Krise der existentiellen Verantwortlichkeit des Menschen gegenüber der Welt und für die Welt - was auch bedeutet, gegenüber sich selbst und für sich selbst. Und wo solche Verantwortlichkeit nicht ist - als sinnvoller Grund der Beziehung des Menschen zu seiner Umgebung -, da verschwindet nachweislich auch die Identität als ihr durch diese Beziehung gegebener und unveränderbarer Ort in der Welt."[13]

Die politischen Konsequenzen und deren Dimension, die in seinem Lande durch die Bedingungen einer neostalinistischen "Normalisierung" geprägt wurden, hatte Havel essayistisch bereits seit seinem eingangs schon erwähnten Brief an Husák vom April 1975 dargestellt. Am systematischsten hat er das zweifelsohne in seinem Essay "Moc bezmocných" von 1978 getan, der deutsch 1980 im um die deutsche Havel-Rezeption verdienstvollen Hamburger Rowohlt-Verlag unter dem Titel "Versuch in der Wahrheit zu leben" erschien und der so als Beispiel seiner ausgesprochen politischen Essayistik dienen soll. Der Essay ist, verknappt gesagt, der Entwurf einer politischen Alternative zum damaligen "realsozialistischen" System, in dem für ihn die Krise der menschlichen Identität unausweichlich ist. Die Wiedergewinnung dieser Identität ist so eine der entscheidenden Zielstellungen, die Havel hier vor allem politisch begründet: zunächst als tieflotende Analyse der "posttotalitären Diktatur"[14], wie Havel das damalige System in der Brežnev-Ära bezeichnet, danach als systematische Begründung der Bewegung Charta 77 als der Keimform dieser politischen Alternative.

Aus der Fülle der Argumentationen dieses klassisch zu nennenden politischen Essays der neueren Zeit sei, um Havels Denkmodell wenigstens andeutend zu kennzeichnen, aus naheliegenden Gründen auf seine Charakterisierung der Ideologie und ihrer Funktion im "realsozialistischen" System verwiesen. Havel umschreibt sie als eine "scheinbare Art der Sichbeziehung zur Welt, die dem Menschen die Illusion bietet, er sei eine mit sich identische, würdige und sittliche Persönlichkeit"[15]. Er benennt damit präzise die alibistische Funktion der Ideologie: dem Menschen nämlich, "der zugleich ein Opfer und eine Stütze des posttotalitären Systems ist, die Illusion zu geben, daß er sich im Einklang mit der menschenfreundlichen Ordnung und mit der Ordnung des Universums befindet"[16].

Von den hiervon abgeleiteten Folgerungen sei, weil diese für den Dramatiker Havel von Anfang an so wichtig war, zumindest noch auf einen wichtigen Aspekt dieser alibistischen Legitimation der Ideologie verwiesen, den Havel so formuliert: "In dem Maße, wie diese Bedeutung wächst und wie die Emanzipation von der Wirklichkeit fortschreitet, wird die Ideologie zu einer besonderen realen Kraft, sie wird selbst zur Wirklichkeit, wenn auch zu einer *Wirklichkeit sui generis*, die auf manchen Ebenen (und vor allem "innerhalb" der Macht) schließlich ein größeres Gewicht hat als die Wirklichkeit selbst." Und er fügt hinzu und benennt damit einen Vorgang, den er als Dramatiker, vor allem in der ersten Etappe seines Schaffens, also in den sechziger Jahren, konzentriert gestaltet hat: "Es geht immer mehr um die Bravour des Rituals als um die reale Wirklichkeit, die sich

---

13 Havel, Briefe an Olga (Wie Anm. 4), S. 235.
14 Zit. nach: Václav Havel, Versuch in der Wahrheit zu leben (Ausgabe) Hamburg 1990, S. 13.
15 Ebenda, S. 15.
16 Ebenda, S. 16.

dahinter verbirgt; die Bedeutung der Phänome ergibt sich nicht aus ihnen selbst, sondern aus ihrer begrifflichen Einordnung in den ideologischen Kontext. Die Wirklichkeit beeinflußt nicht die Thesen, sondern die Thesen die Wirklichkeit."[17]

Havels vielschichtige Argumentation in diesem gewichtigen politischen Essay führt schließlich zur Beschreibung der Krise der Identität, die sich aus dem Prinzip der "gesellschaftlichen Autototalität" des posttotalitären Systems gleichsam folgerichtig ergibt, weil es "jeden Menschen in die Machtstruktur einbezieht".[18] Die Alternative dazu ist der Versuch, ein *Leben in Wahrheit* zu führen, dessen existentielle, moralische und politische Dimensionen Havel dann im einzelnen als Wiedergewinnung der zerstörten menschlichen Identität darstellt und für die solche Bürgerbewegungen wie die Charta 77 von entscheidender Bedeutung sind.

Bei aller äußersten Verknappung, mit der nur auf einige wenige Aspekte dieses zentralen Essays von 1978 verwiesen werden konnte, bestätigt sich auch hier: die Essayistik Havels ist von grundsätzlicher Bedeutung für die Entwicklung eines demokratischen alternativen Denkens, nicht nur in seinem Lande. Vornehmlich seit Mitte der siebziger Jahre systematisiert Havel in ihr seine Vorstellungen über eine Gesellschaft, die die tiefe Identitätskrise des Menschen in der posttotalitären Diktatur überwinden helfen und das Prinzip der Verantwortung neu konstituieren soll[19]. Seine Essayistik ist so moralphilosophisch und politisch zugleich gewichtet und konstituiert sich aus einem anspruchsvollen moralischen Rigorismus, dem er sich selbst als handelndes Subjekt unterwirft. Havels dramatisches Werk als der andere und ihn als Schriftsteller zunächst vor allem profilierender Komplex seines literarischen Schaffens wird in seinen grundsätzlichen Prämissen natürlich von eben jenen philosophischen, ethischen und moralischen Prinzipien geprägt. Allerdings bedingen selbstredend die spezifischen Prinzipien der Dramatik auch spezifische poetische Gestaltungen. Hinzu kommt als gewichtiger Faktor, daß Havel als Dramatiker schon in den frühen sechziger Jahren beginnt und damit in einer grundsätzlich anderen Atmosphäre als in der erdrückenden "Normalisierungs"zeit der siebziger und achtziger Jahre, da er im wesentlichen seine Essayistik verfaßt hat.

Diese Momente und der Umstand, daß er über ein Dutzend dramatischer Texte in dem reichlichen Vierteljahrhundert bis 1989 verfaßt hat - neben Schauspielen auch je ein Fernseh- und Hörspiel bzw. Texte mit anderen Autoren -, gestatten m. E. folgende Gliederung vor allem nach ihren Sujets und der jeweils dominierenden Poetik:

a) Stücke vor allem der sechziger Jahre, also vorwiegend Schauspiele des absurden Theaters, von "Zahradní slavnost" (Das Gartenfest) 1963 bis zu "Ztížená možnost soustředění" (Erschwerte Möglichkeit der Konzentration, 1968) mit einem zweifachen Nachklang in "Horský hotel" (Berghotel) als ausgesprochen experimentellem Stück und der "Žebrácká opera" (Gauneroper, 1972) als eigenwilliger Adaption des klassischen John-Gay-

17 Ebenda, S. 20.
18 Ebenda, S. 24.
19 Vgl. neuestens Robert B. Pynsent, Questions of Identity. Czech and Slovak Ideas of Nationality and Personality. London 1994, passim.

Stücks, das in Brechts "Dreigroschenoper" bereits Jahrzehnte vorher Weltruhm erlangt hatte;

   b) die Einakter der Vaněk-Trilogie seit Mitte der siebziger Jahre als Stücke einer wachen Authentizität;

   c) Schauspiele, die er nach seiner Entlassung aus dem Gefängnis 1983 geschrieben hat und die eine gleichnishafte Verallgemeinerung der Atmosphäre der "Normalisierung" anstreben.

   Für Havels Beginn ist, wie schon gesagt, dieser zeitliche Vorlauf von Bedeutung. Er fällt in jene Zeit, da die Prager kleinen Theater, das Theater am Geländer (Divadlo Na zábradlí), Semafor und Rokoko, die geistige Aufbruchssphäre der sechziger Jahre entscheidend mitprägen und - wie damals der junge Havel in der Zeitschrift "Kultura 60" vermerkte - "über die Bedeutung als bloße Mittelpunkte intellektuellen Spaßes" hinauswuchsen.[20] Ihren Humor, der, wie er 1960 schrieb, "mit der Verkürzung und dem Zeichen" arbeitete, definierte er als "absurden Humor", was in seinem Verständnis hieß, "daß er im Unterschied zum satirischen Humor, der aus der bloßen Deformation des realen Sujets erwächst, sozusagen vom Auf-den-Kopf-Stellen des realen Sujets ausgeht". Havel stellte dazu prinzipiell fest: "Das freiausgeführte zentrale Sujet dieser Komödien ist begreiflicherweise nicht durch die Dimensionen realer Wahrscheinlichkeit gebunden. Es ist in der Regel ein hyperbolischer oder allegorischer Einfall, der irgendeinem elementaren, gesellschaftlich oder ethisch kritischen Gedanken dient."[21]

   Exakt hatte damit der 24jährige Havel das dramatische Umfeld charakterisiert, aus dem wenig später auch seine eigenen ersten dramatischen Werke erwachsen sollten, "Zahradní slavnost", "Vyrozumění" (Die Benachrichtigung, 1965) und "Ztížená možnost soustředění", und zwar mit jener wichtigen neuen Qualität, daß sie durchweg Stücke des absurden Theaters waren. Sie ordneten sich damit in jene europäische Tradition ein, die dem Autor Havel "die bedeutendste Erscheinung in der Theaterkultur des 20. Jh." ist[22] und die bekanntlich "ein Versuch ist, dem Menschen die elementaren Realitäten seines Daseins wieder zum Bewußtsein zu bringen ..., ihn aufzurütteln aus einer trivialmechanisch und selbstgefällig gewordenen Existenz, der jede Würde fehlt"[23].

   Freilich ist von vornherein auf den prinzipiellen Unterschied hinzuweisen, der etwa Havels absurde Stücke wie z.B. auch die zeitgleichen Schauspiele des Polen Sławomir Mrożek oder Ivan Klímas "Zámek" (Das Schloß) in ihrer wesentlichen Funktion von denen der westeuropäischen Klassiker des absurden Theaters wie der damals vielgespielten Beckett, Ionesco oder Pinter unterscheidet. Während letztere die "Absurdität" als Möglichkeit zur mystifizierenden Gestaltung einer als unsinnig empfundenen Welt nutzen, ist

20 Siehe dazu: Václav Havel, Fernverhör. Ein Gespräch mit Karel Hvížďala. (Ausgabe) Reinbek 1986, S. 56 f.
21 Ebenda.
22 Ebenda, S. 67.
23 Zit. nach Martin Esslin, Das Theater des Absurden. Frankfurt 1964, S. 414.

das Anliegen dieser damals relativ jungen Dramatiker im "realsozialistischen" Kontext vor allem konträr demystifizierend.[24]

Das absurde Theater mit seinen Möglichkeiten einer semiotischen Kritik konnte nämlich in diesem mehr oder minder von der Zensur beherrschten und gemaßregelten Umfeld so die prinzipielle Absurdität solcher Realität relativ deutlich zeigen. Das Ergebnis war, wie es Mitte der sechziger Jahre Martin Esslin vermerkte, "ein der Telepathie naher Zustand der Verbundenheit von Bühne und Zuschauerraum, wie man ihn in der westlichen Welt nicht mehr finden kann. Das Publikum weiß, daß es an der Quelle ist"[25].

Unter den gegebenen Bedingungen war das eine politische Wirkung, die natürlich im damaligen Polen anders war als in der damaligen ČSSR. Hier half sie den Raum öffnen für eine Entwicklung, die als der "Prager Frühling" in die Geschichte eingegangen ist.

Havels Prädestinierung für das absurde Theater hat er häufig selbst betont, u. a. mit dem Bonmot: "Ich habe das Gefühl, hätte das absurde Theater nicht vor mir existiert, ich hätte es mir ausdenken können."[26] Was er damit zweifelsohne unterstreichen wollte, ist seine innere Affinität für das absurde Theater, die er philosophisch wie auch poetologisch, aber auch aus seiner eigenen Biographie als Sohn begüterter bürgerlicher Eltern begründete, dem nach 1948 alle normalen Ausbildungswege verschlossen waren: "Je tiefer das Erlebnis der Nichtgegenwart des Sinnes ist, also die Absurdität, desto energischer wird Sinn gesucht", betonte er in "Dálkový výslech" (Fernverhör), um dann verallgemeinernd fortzufahren: "Ohne lebendigen Kampf mit der Erfahrung der Absurdität gäbe es nichts, worauf man sich richten könnte; ohne das tiefe innere Sehnen nach dem Sinn gäbe es umgekehrt keine Verwundung durch das Sinnlose."[27]

Seine poetologische Affinität wiederum ergibt sich aus seiner Typologie als Dramatiker, der sich als "Konstrukteur" begreift,[28] was er vorher auch schon mit seinen Gedichten "Antikode" gezeigt hatte. Er baue, so bekannte Havel, seine Stücke bewußt ohne "irgendein feines Gewebe von Atmosphäre, Stimmungen, Umrissen oder eine reiche Skala nuancierter psychologischer Situationen oder Durchblicke in die geheimnisvoll komplizierte Bewegung der menschlichen Seele"[29]. Dies gilt im Prinzip, auch wenn Havel etwa in der Gestalt des Dr. Leopold Kopřiva in "Largo desolato" oder des Ingenieurs Zdeněk Bergman in "Asanace" (Sanierung), also in Stücken der achtziger Jahre und damit seiner dritten Schaffensphase als Dramatiker, durchaus auch das feine Gewebe von Atmosphäre und Stimmungen und trotz der Grundtendenz einer bestimmten psychologischen Situation auch ihr mannigfaltiges Raster zumindest anzudeuten vermag. Havels Konzentration auf die Konstruktion seiner Stücke akzentuiert natürlich die Bedeutung ihrer Komposition. In "Ztížená možnost soustředění" von 1968 etwa geht er soweit, die chronologische Ab-

24 Vgl. dazu: Dietrich Scholze, Zwischen Vergnügen und Schock. Polnische Dramatik im 20. Jahrhundert. Berlin 1989, bes. S. 216 ff.
25 Martin Esslin, Politisches Theater - absurd. In: Theater heute, Jg. 7, 1966, S. 8
26 Vgl. Havel, Fernverhör (wie Anm. 20), S. 69.
27 Ebenda, S. 247; vgl. z. B. auch Havel, 116. Brief an Olga vom 20.2.1982 (wie Anm. 4), S. 228.
28 Ebenda, S. 234.
29 Ebenda.

folge der Szenen aufzubrechen und sie in ihren zeitlich differenzierten Segmenten übergangslos gegeneinanderzustellen. So soll von vornherein auch durch die Komposition das Fehlen jeglicher Kausalität betont werden und die Absurdität der Realität als ihre dominierende Tendenz. An der Gestaltung von Grundsituationen des einzelnen in einer in sich geschlossenen Welt, die dem Theater des Absurden zugrunde liegt, ändert das nichts. Das groteske Zerrbild einer unsinnigen, weil inhaltlosen Welt bleibt bestehen, ja wird dadurch noch potenziert.

Solche und andere Prinzipien seiner Poetik bestätigen, was für Havels dramatisches Schaffen als merkmalhaft angesehen werden kann: nämlich "alle möglichen symmetrischen und schließlich symmetrisch asymmetrischen Verwicklungen und Verknüpfungen von Motiven, ihre Entwicklung in Phasen und Rhythmen, ihr spiegelbildliches Kombinieren der Motive mit ihren Antimotiven". "Immer wieder neige ich zur analogen Struktur der Dialoge", schrieb Havel wörtlich, "das Zurückgeben von Repliken, ihre Wiederholung, Veränderung, die Übernahme von Repliken einer Person durch eine andere und deren gegenseitigen Austausch, rückwärts oder gegenläufig laufende Dialoge, die Betonung des rhythmischen Wechsels der Konversationsmotive und also der zeitlichen Dimension."[30]

Für Havels *Schauspiele der ersten Etappe*, also vorwiegend der sechziger Jahre vor dem verhängnisvollen 21. August 1968, gilt dabei als ein charakteristischer Grundzug, daß er diese Kritik zunächst besonders über die Kritik der Sprache artikuliert. Im Ausgangspunkt Sławomir Mrożek ähnlich, greift Havel die Sprachklischees auf, ihre Stereotypen, ihre Phrasen und entlarvt diese als Ausdruck deformierter Denkstrukturen, die allen Inhalt verloren haben, also Nonsens a priori sind. Über die Sprache als "wichtigste Fertigkeit, ... als Ritual und Zauberformel"[31], spiegelt er so jenen Sinnverlust, den er als Verlust der Identität des Menschen und seiner Existenz begreift. "Mich interessiert", bekannte Havel, "die Phrase und ihre Bedeutung in der Welt, wo die verbale Wertung, die Eingliederung in den phraseologischen Kontext, die sprachliche Interpretation vielfach wichtiger sind als die Wirklichkeit selbst und so selbst zur hauptsächlichen Wirklichkeit werden."[32]

Er hatte damit exakt eine der entscheidenden Deformationen der "realsozialistischen" Welt und ihres imaginären Universums benannt, das den Abgrund zwischen Sprache und Wirklichkeit zu kaschieren suchte. Es war die Phrase, die, wie Havel bemerkte, hier "das Leben organisiert, die die Menschen ihrer Existenz enteignet, ... die zum Herrscher, Verteidiger, Richter und Gesetz wird"[33]. Da das Wort, wie Jiří Gruša schrieb, Havel "Bild und dadurch Tatsache" war, deckte er so erbarmungslos die "Machtlosigkeit der Mächtigen" auf, "indem er die Herrscher als Schwätzer entzauberte".[34]

---

30 Ebenda, S. 235.
31 Zit. nach Havel, Fernverhör (wie Anm. 20), S. 236.
32 Ebenda.
33 Ebenda, S. 237.
34 Jiří Gruša, Havels Theatrum mundi. In: Eda Kriseová, Václav Havel. Dichter und Präsident. Berlin 1991, S. 7 ff.

Um diese so übermächtige Phrase in ihrer Eigenbewegung bloßzustellen und zu entlarven, nutzte Havel die oben charakterisierten poetischen Verfahren. Die Phrase wurde gleichsam der vielfach personifizierte "Held" dieser Stücke, als selbst phrasenproduzierender Akteur wie auch als angepaßter Mitläufer. Havel vermochte so die allgemeine Manipulierung des Menschen und den Verlust seiner Identität über den Verlust der eigenen Sprache exemplarisch zu zeigen. In diesen ersten Schauspielen geschah das von einer Position heiter-vergnüglicher Überlegenheit aus, die die Ironie als System- und Herrschaftskritik geistreich nutzte und das oft mit einem dadaistisch anmutenden Wortwitz. Der Autor Havel sah sich dabei als Teilnehmer jenes geistigen Prozesses, den er "Selbstbewußtwerdung und Selbstbefreiung der Gesellschaft" nannte und der jene hoffnungsfrohe Grundstimmung seiner Schauspiele der sechziger Jahre als Stücke, wie es z. B. der Regisseur Jan Grossman 1965 nannte, "appellativen Charakters" potenzieren half.

Diese allgemeine Charakterisierung darf allerdings nicht vergessen lassen, daß die Ausprägungen im einzelnen recht differenziert sind. Für "Zahradní slavnost" hat Havel selbst das dominierende poetische Prinzip lehrbuchartig beschrieben. Dieser Hugo Pludek, die Hauptperson also, "geht in die Welt hinaus ... und trifft dort auf die Phrase als deren zentrales Prinzip. An die Phrase adaptiert er sich also allmählich (er "lernt"); er identifiziert sich mit ihr, je besser er sich mit ihr identifiziert, desto höher steigt er; und als er auf dem Gipfel ist, zeigt sich, daß er sich in der Phrase völlig aufgelöst und so selbst verloren hat. Das Stück endet damit, daß Hugo sich selbst besuchen geht. Nicht etwa, um sich selbst wiederzufinden, sondern um seine Position noch mehr durch die Annäherung mit jemandem sehr Wichtigen zu festigen."[35]

Havel hat damit präzise die Grundidee seines Stückes dargestellt, die zugleich den allgemeinen Prozeß der Anpassung an die Phrase und die Folgen für die menschliche Identität charakterisiert. Havel leistet dies vor allem über die Exzellenz der Dialoge. Im Grunde sind diese häufig nur Stereotypen, sich wiederholende Monologe der jeweiligen Personen, die austauschbar sind und oft ohne Bezug zueinander stehen und gerade durch diese innere Beziehungslosigkeit den allgemeinen Kommunikationsverlust und die Manipulierung um so deutlicher demonstrieren. Der Kampf um die Sprache, das Wort ist so zugleich ein Kampf um die Identität des Individuums und damit seine Verantwortung.[36]

Durch seine gekonnten Dialoge enthüllt Havel die Absurdität der entleerten Formen, aus denen sich der menschliche Sinn verloren hat. Der junge Havel erweist sich dabei als ein geschickter "Konstrukteur", der besonders auch die Primitivität selbstgefälligen bürokratischen Denkens demaskiert. Das wird eine seiner großen Leistungen im dramatischen Dialog bleiben. Eda Kriseová, seine Biographin, charakterisiert dies u. a. mit folgenden Worten: "Havel machte es schon damals Spaß, die Bedeutung von Begriffen zu prüfen: Eröffner, Liquidator; er wollte herausfinden, wie eins das andere durchdringt, wie aus dem einen das andere wird, und zwar durch Sprache."[37]

---

35 Vgl. Havel, Fernverhör (wie Anm. 20), S. 240.
36 Vgl. z. B. den zweiten Aufzug im "Gartenfest", in: Václav Havel, Das Gartenfest und andere Stücke. (Ausgabe) Berlin 1990, S. 18 ff.
37 Vgl. Kriseová, Václav Havel, S. 57.

In "Vyrozumění" greift Havel den von seinem Bruder Ivan, einem Mathematiker, entwickelten Gedanken einer Kunstsprache auf, die er Ptydepe nennt und später an ihrer Stelle Chorukor, mit der er das System der Manipulierung des Menschen und seines Denkens in einer vom Antiintellektualismus geprägten bürokratischen Gesellschaft entlarvt. Diese unsinnige Kunstsprache, deren "Redundanz in der Praxis", wie Havel seinen eifrigen Ptydepe-Lehrer Peřina erklären läßt, "durch das Prinzip der sechzigprozentigen Unähnlichkeit" erreicht wird und für ihr längstes Wort, für die Bezeichnung der Flußschwalbe, 319 Buchstaben besitzt, wird zum Symbol des Unsinns und der allgemeinen Entfremdung, über die zur gleichen Zeit in der damaligen ČSSR, etwa auf der Prager Kafka-Konferenz, leidenschaftlich gestritten wurde.

Der "Konstrukteur" Havel handelt in diesem Schauspiel mit präziser Logik die Konsequenzen ab, die die Einführung und schließliche Absetzung dieser Sprache in einem "Amt" hat, indem der Direktor Josef Gross von seinem primitiven Stellvertreter Jan Balaš, gerade auch mit Hilfe dieses Ptydepe, perfide tyrannisiert wird. Havels Schauspiel wird so zu einem modernen kafkaesken Stück, "einer Art Phänomenologie der allmählichen Zersetzung der Ära Novotný, des Prager Frühlings und seines Verrats in der Form der sogenannten Normalisierung", wie Havel selbst aus Anlaß der Premiere im Wiener Burgtheater 1983 zur ergänzten und korrigierten Textfassung schrieb.[38]

Die Feststellungen zu diesen beiden Werken, die auch teilweise durch "Ztížená možnost soustředění" bestätigt werden, unterstreichen die Behauptung von der neuen Qualität von Havels Schauspielen des absurden Theaters vor allem in folgender Weise: Während das klassische Theater des Absurden in der Regel "nach einer radikalen Abwertung der Sprache strebt und damit nach einer Dichtung, die aus den auf der Bühne unmittelbar sichtbar und gegenständlich gewordenen Bildern hervorgehen soll"[39], ist für Havel als Dramatiker des absurden Theaters gerade die Sprache wichtig. Über sie akzentuiert und glossiert er zugleich in satirischer Zuspitzung die Phrasenhaftigkeit einer Gesellschaft, in der der Verlust der menschlichen Identität vorgegeben ist. Havels Kampf gegen diese semantische "Sprachlosigkeit" und um eine individuelle Sprache ist so zugleich ein Kampf gegen die politische Macht und ihren monolithischen Herrschaftsanspruch. Die Invasion am 21. August 1968 und deren Folgen hatten wie für viele Tschechen und Slowaken auch für Václav Havel einschneidende Konsequenzen. Es begann jene Zeit, da - wie Havel aus der Rückschau schrieb - "die hundertmal enthüllte und ausgelachte Dummheit wieder herrschen" konnte und die "Ära der Apathie und umfangreichen Demoralisierung".[40] Havel selbst wurde aus der Öffentlichkeit vertrieben, zum Staatsfeind erklärt, zog sich nach Hrádeček zurück. Dort versammelte er jene Intellektuellen um sich, die später zum Kern der Charta-77-Bewegung gehörten.[41]

Dabei wurde das Jahr 1975 für Havel zu einem wichtigen Umbruchsjahr: er schrieb seinen schon erwähnten Brief an Gustáv Husák; in Horní Počernice fand die Aufführung

---

38 Vgl. Havel, Das Gartenfest und andere Stücke (wie Anm. 36), S. 62 ff.
39 So Esslin, Das Theater des Absurden (wie Anm. 23), bes. S. 19 f.
40 Vgl. Havel, Fernverhör (wie Anm. 20), S. 145.
41 Vgl. dazu: Kriseová, Václav Havel (wie Anm. 34), bes. S. 116 ff.

seiner "Žebracká opera" statt, die zu einer Art Manifestation dissidentischen Trotzes in einem "normalisierten" Umfeld wurde; und er selbst verfaßte den Einakter "Audience" (Audienz) als das erste Stück seiner bedeutenden Vaněk-Trilogie. Es folgten 1976 "Vernisáž" (Vernissage) und 1978 "Protest". Damit begann für den Dramatiker Havel *jene zweite Entwicklungsetappe*, die man als das Anschreiben des betroffenen Individuums gegen die Macht und vor allem gegen die Mentalität der Anpassung und Angst charakterisieren kann.

Es sind das Stücke eines neuen Typs, die er gleichsam im Wettbewerb mit Pavel Kohout und Jiří Dienstbier verfaßt hat.[42] Die andere Struktur des Einakters ist dabei eher das äußere Moment. Gewichtiger sind vielmehr die Sujets und ihre dramatische Darbietung. Havels Vaněk-Figur des sanften, aber kompromißlosen Schriftstellers mit deutlich autobiographischen Zügen wird vor allem in einem direkten Wirklichkeitsbezug transparent. Dabei ist es vornehmlich die Haltung des dissidenten Trotzes und des angepaßten Umfeldes, die er mit sprachlicher Präzision einfängt. Selbst wenn hier Havel vereinzelter auch mit seinen beliebten "konstruktivistischen" Prinzipien arbeitet, etwa der analogen Struktur der Dialoge und ihrer häufig dreifachen Wiederholung, dem Zurückgeben von Repliken u.a.m., bestimmt doch eine vorwiegend "realistische" Dialogführung das Geschehen. Diese ist aber so gekonnt gefügt, daß sie die Absurdität der gegebenen Situation tieflotend enthüllt. Marketa Goetz-Stankiewicz ist durchweg zuzustimmen, wenn sie diese drei Einakter "spannende, unterhaltende Miniaturstücke" nennt, "die mit Kafka und Bekkett geistesverwandt" seien[43]. Allerdings ist ihre Feststellung, daß diese Stücke "zum Lachen und Umdenken" einladen, nur bedingt akzeptabel; das Lachen hier wird nämlich von der Bitterkeit der Einsicht erstickt, wie weit die allgemeine Anpassung geht und ihre als gesellschaftliche Moral postulierte Rechtfertigung.

Bei der "Personifikation des Trotzes" wie Havel selbst seinen Ferdinand Vaněk nannte, greift er auf persönliche Erfahrungen zurück, die er allerdings als Dramatiker verdichtet: als Hilfsarbeiter in einer Brauerei, der seinem Chef, dem primitiven Braumeister, die offiziell angeforderten Berichte über seine "subversive" Tätigkeit selbst verfassen soll (in "Audience"); als Besuch bei einem angepaßten Freundespaar, das ihn mit generöser Herablassung die Errungenschaften ihrer Konsummoral vorführt (in "Vernisáž"); als Selbstentlarvung eines angepaßten Schriftstellerkollegen, der seine Feigheit hinter großen Phrasen als angebliche Rücksichtnahme auf Vaněks Situation zu bemänteln sucht (in "Protest"). Es sind so Sonden der "Enthüllung" von Denk- und Verhaltensnormen, die die "Normalisierung" produziert hat. Es sind Diagnosen der Anpassungsmentalität, die die Auflösung der menschlichen Identität von einem neuen Blickwinkel aus spiegeln: von der Konfrontation der Wahrheit mit dem Zugeständnis oder, anders ausgedrückt, des Gewissens mit dem Verrat. Auch wenn Havel dabei jeweils nur *eine* dramatische Situation darstellt, geschieht dies hier - und zwar anders als in seinen Stücken der sechziger Jahre - durchaus mit einer feinen Nuancierung der psychologischen Situation, die auf eine büh-

---

42 Vgl. Jiří Dienstbier, Kontext; ders. Hosti (1978), Pavel Kohout, Atest; Marast; Safari; diese drei Einakter handeln ebenfalls über Ferdinand Vaněk, dem "Helden" aus Havels Trilogie.
43 Vgl. in Václav Havel, Vaněk-Trilogie (Ausgabe) Hamburg 1989, S. 12.

nenwirksame Gradation hin komponiert ist. Charakteristisch dafür ist das Gespräch zwischen dem Braumeister und Vaněk in "Audience", das sich gleichsam im Kreis bewegt, bis der Braumeister sein eigentliches Anliegen ausspricht, Vaněk möge doch die Berichte über ihn für die Sicherheit selbst schreiben.[44]

Später, in Havels dritter dramatischer Schaffensperiode in den achtziger Jahren, wird eine solche Konfrontation dann zum Präzedenzfall einer vielfach verästelten, zur Parabel drängenden Gestaltung über Schuld und Sühne bzw. Macht und Moral, wie in "Pokoušení" (Die Versuchung) von 1984. Zuvor allerdings verfaßte er mit "Largo desolato" - geschrieben in nur vier Tagen im Juli 1984 - ein Schauspiel, das den Gefahren der Auflösung dissidentischen Trotzes in einer Atmosphäre der Angst bis an ihre Grenzen nachgeht. Es ist ein Schauspiel, das die Aussagen der Einakter der siebziger Jahre komprimiert und - als erstes nach seiner mehrjährigen Haft geschrieben - nun Havels umfassendere, zur gleichnishaften Gestaltung drängende dritte dramatische Schaffensperiode der achtziger Jahre einleitet.

Auch wenn Havel selbst die sujetbedingte Kontinuität des "Largo desolato" zu den Vaněk-Stücken betont,[45] eben als die Gestaltung der Personifikation des Trotzes hier in der Krise, ist doch das Moment der Innovation vornehmlich auch durch eine andere, neue Gestaltungsweise selbst stärker. "Largo desolato" ist nämlich zuvörderst als verallgemeinerndes Gleichnis konzipiert. An der Gestalt des Philosophen Leopold Kopřiva, der als Symbolfigur für den dissidenten Widerstand fungiert, wird die tiefe Krise der inneren Zerrüttung demonstriert. Havel geht von eigenen unmittelbaren Erfahrungen aus, führt das Stück aber über die Autobiographie weit hinaus. Es wird, wie auch Eda Kriseová vermerkt, sein bestes Schauspiel, ein "Stück über die Post-Gefängnis-Psychose"[46].

Von einer deutlich ironischen Position aus, die aber den Ernst der Krise dieses Leopold Kopřiva nicht zurücknimmt, wird dessen Warten auf die Verhaftung im Kontext unterschiedlicher Freundes-, Familien- und Liebesbeziehungen als tiefgreifende Neurotisierung bis hin zur Gefahr der Auflösung der Identität und damit des Sinnverlustes menschlicher Existenz gezeigt. Die Wiederholung der Dialoge und Repliken und sogar der Szenen, etwa der Besuche der zwei Wenzel als Papierlieferanten oder der zwei Kerle, die die Macht der Staatssicherheit charakterisieren, symbolisieren den Kreisvorgang, in dem sich alles bewegt, bis am Ende dieser Kopřiva zu sich gefunden zu haben scheint: durch die deklarierte Liebe zur jungen Philosophiestudentin Marketka, die ihn, wie vorher schon seine Freundin Lucie, mit ihrer Liebe retten will. Es unterstreicht Havels ironische Distanz zu seinem Helden, daß, als dieser sich entschlossen hat, im Namen seiner Identität die Haftstrafe anzutreten, er von den zwei Kerlen, die ihn erneut besuchen, als belangloser Vorgang abgewiesen wird. Das aber besiegelt seinen definitiven Untergang; die Katharsis-Situation ist perfekt.

---

44 Vgl. z. B. Václav Havel, Audienz. In: Václav Havel, Vaněk-Trilogie (Ausgabe). Berlin 1990, S. 32 ff.
45 Vgl. Havel, Fernverhör (wie Anm. 20), S. 80.
46 Vgl. Kriseová, Václav Havel (wie Anm. 34), S. 213.

Havels Schauspiel führt damit weiter, worüber er, wie seine "Dopisy Olze" zeigen, während der Gefängniszeit intensiv nachgedacht hat: die Frage der Identität und ihrer Zerstörung und damit des Werteverlustes und der Relativität der Wahrheit. Mit der Gestalt der jungen Marketka, die den alternden Helden mit ihrer Liebe retten will, deutet sich dabei zugleich jene Problemstellung an, die er dann in "Pokoušení", wenn auch anders, fortführt. Dieser liegt die alte Faust-Margareta-Problematik zugrunde, auf die Havel bereits während seines ersten Gefängnisaufenthaltes 1977 heftig gestoßen worden war. Damals nämlich litt er stark an dem unangemessenen Schuldkomplex, er habe durch sein Handeln mit der Charta 77 viele Menschen ins Unglück gestürzt; die ihm von den Gefängnisbehörden verordnete Lektüre von Goethes "Faust" und Thomas Manns "Doktor Faustus" konnte so seine Vorstellung nur stärken, "er selbst sei vom Teufel versucht", wie er es in "Dálkový výslech" bekannte.[47]

In "Pokoušení" griff Havel diese weltliterarische Thematik auf und gestaltete sie zum Gleichnis über den Menschen seiner Zeit und seines Umfeldes in einer Interpretation, der die Deutung von Jan Patočka der Faust-Problematik als der prophetischen Sage von der Freiheit des Menschen, von ihrem Labyrinth, ihrer Tragik und Verdammnis zugrunde liegt. Von Havel wird sie auf eine auf den Materialismus eingeschworene bürokratisierte und vom Sicherheitsdienst überwachte Gesellschaft "aktualisiert". Dieses Wissenschaftlerteam, in dem Dr. Faustka arbeitet, bildet dabei den vom Dramatiker Havel bevorzugten intellektuellen Kontext, in dem die Fragen des Paktes mit dem Teufel unter den Bedingungen seiner Gegenwart vielschichtig erörtert werden. Fistula, der aufdringliche Invalide und - wie sich am Ende herausstellt - gedungene Provokateur, der diesen Dr. Faustka in die "Versuchung" treibt, ist ein zwar wesentlich primitiverer, aber letztendlich nicht weniger gerissener Antipode als Mephisto. Ein solches intellektuelles Spiel um die Wahrheit und Lüge, um den Zerfall der eigenen Identität in dem Moment, da der Mensch "seine moralische Wachsamkeit verliert", brachte damit jene Probleme in ein Schauspiel, mit denen sich Havel zwei Jahre zuvor im Gefängnis intensiv beschäftigt hatte.[48] Er hatte hier über sein "Versagen" von 1977 nachgedacht, als er unter dem Druck gefälschter Informationen sein Amt als Sprecher der Charta-77-Bewegung niedergelegt hatte und diesen Zerfall der Identität des eigenen Ichs reflektierte. Es war u. a. die ihm wichtige Erfahrung, "daß der Mensch", wie er im 139. Brief an Olga schrieb, "seine Identität niemals in Besitz hat wie etwas einmal Gegebenes, Fertiges und Unzweifelhaftes, als irgendein Seiendes innerhalb des Seienden ... Wirklich in aller Härte mußte ich erkennen, daß es genau umgekehrt ist: jederzeit kann der Mensch seine ganze Geschichte - in einigen Minuten - leugnen und auf den Kopf stellen."[49]

"Pokoušení" ist die dramatische Umsetzung dieser Erkenntnis. Sie ist zugleich ein intellektuell spannendes Verwirrspiel um gegenseitiges Täuschen und Übervorteilen dieser beiden Hauptakteure Faustka und Fistula und damit jener vom Chef und seinem Stellvertreter

---

47 Vgl. Havel, Fernverhör (wie Anm. 20), bes. S. 86f.
48 Vgl. z.B. Havel, 138. Brief an Olga vom 25.7.1982 (wie Anm. 4), S. 282 ff., siehe dazu auch Jiří Holý, Václav Havels Pokoušení. In: Český parnas. Literatura 1970-1990. Praha 1993, S. 315 ff.
49 Havel, 139. Brief an Olga vom 31.7.1982. Ebenda, S. 290.

repräsentierten "intoleranten Macht, die zu allem fähig ist und nur sich selbst liebt" und für ihre Machterhaltung auch skrupellos die Wissenschaft nutzt. Havels Warnung wird zum modernen dramatischen Gleichnis über den Mißbrauch der Wissenschaft durch politische Systeme und die letztendliche Unterordnung des Wissenschaftlers unter das System. Eine analoge Problemstellung prägt auch Havels vorläufig letztes Schauspiel, "Asanace" (Sanierung) von 1989. Die Architektengruppe um den Ingenieur Bergman, die eine mittelalterliche Stadtregion zum modernen Wohnviertel mit aller Zivilisationslangweile umgestalten soll, "repräsentiert" durch ihre einzelnen Vertreter die unterschiedlichen Verhaltensmuster einer angepaßten Gesellschaft gegenüber der Macht. Die Macht selbst, verkörpert durch den Sekretär und die beiden konträren Inspektorentypen, ist unberechenbar, launisch. Die Architekten, wiederum - wie in der "Versuchung" - in ihren gegenseitigen Verhältnissen und damit Verhaltensweisen gezeigt, nehmen deren konträre Anweisungen und den Protest der Bürger zwar sehr unterschiedlich auf; letztendlich aber bleiben auch sie Ausführungsgehilfen einer Gesellschaft, die sich im Kreise dreht und allen Sinn verloren hat, bis der Selbstmord des Kuzma Plechanow sie alle aufstört. "Wir sind erschüttert vor allem", erklärt da auf einmal Bergman, "weil uns angesichts seines Todes klar wird, daß auch wir unseren Teil der Schuld daran tragen ... Wir sind abgestumpft; träge, gleichgültig, taub für die Stimme des Nächsten und blind für seine Schmerzen".[50]

Havel läßt seinen Protagonisten schließen und akzentuiert damit diesen Selbstmord als den Akt eines Fanals: "Dieses bittere Bewußtsein unserer Mitschuld hat freilich seine bessere Seite: es deutet an, daß es nur an uns liegt, ob der Tod unseres Freundes vergeblich war oder nicht. Nur wir nämlich können ihm Sinn verleihen, indem wir ihn als einen Aufruf verstehen. Einen Aufruf, diese Welt erträglicher und bewohnbarer zu machen. So wollen wir uns in dieser schweren Stunde geloben, daß wir der menschlichen Stumpfheit niemals mehr erlauben werden zu herrschen und Nichtigkeiten zu verbreiten. Versprechen wir uns, niemals mehr unsere Seelen sanieren zu lassen und daß wir nie für andere sanieren werden."[51]

Man muß diese Worte, die als ein moralischer und politischer Appell zu werten sind, in der Parallelität zu Havels derzeitiger persönlicher Situation sehen. Am 21. Februar 1989 sagte er u.a. in seiner Schlußrede vor dem Prager Gericht, als er zu neun Monaten Haft verurteilt wurde, weil er am 16. Januar 1989 am Denkmal des Heiligen Wenzel zu Ehren Jan Palachs Blumen niedergelegt hatte: "Wenn ich bestraft werde, so werde ich meine Strafe als Opfer für eine gute Sache annehmen. Dieses Opfer ist vor dem absoluten Opfer von Jan Palach, dessen Jahrestag wir gedenken wollten, nichtig."[52]

Damit schließt sich der Kreis unserer Betrachtungen zu Havels essayistischem und dramatischem Werk und - ich füge hinzu - politischem Wirken bis 1989, das allerdings nur gestreift werden konnte. Der Moralist Havel fordert die Moral nicht nur von anderen, sondern zunächst und zuvörderst von sich selbst. Es ist das für ihn die Frage der Verantwortung und der Identität. Diese aber sind ihm die Voraussetzung für jedes sinnvolle

---

50 Ebenda, S. 259.
51 Ebenda.
52 Zit. nach Havel, Versuch in der Wahrheit zu leben. (Ausgabe) Hamburg 1989, S. 8.

Dasein. Daß der einzelne es nach dem Maße seines Gewissens und - wie Havel es für sich begreift - nach der Erfahrung des "absoluten Horizontes" leben kann, ist Anliegen seines Wirkens und Werkes. Havel will eine Welt der maximalen Gerechtigkeit. Dem gilt die Kritik des Systems, das eine solche Gerechtigkeit aus einem blinden Totalitarismus heraus verwehrt und dem einzelnen seine Identität nimmt. Havel will die Befreiung des Subjektes und dessen subjektive Wahrheit. Das ist letztendlich auch der Sinn seiner Essayistik und Dramatik, die er als einer der großen Europäer unserer Zeit geschrieben hat und auch als Präsident in einer bewegten Zeit des Umbruchs, des Suchens und Gestaltens neuer Werte als sittliche Autorität zu verwirklichen gewillt ist. Seine Rede im polnischen Sejm und Senat in Warschau vom 25. Januar 1990 zeigt dies stellvertretend, als er unter anderem sagte: "Mein Programm als Präsident ist es also, Geistigkeit in die Politik zu tragen, sittliche Verantwortung, Menschlichkeit, Demut und die Rücksicht darauf, daß etwas Höheres über uns ist, daß unser Tun sich nicht im schwarzen Loch der Zeit verliert."[53]

---

53 Zit. nach Havel, Angst vor der Freiheit. Reden des Staatspräsidenten. (Ausgabe) Hamburg 1991, S. 28.

Peter Zajac

Die slowakische Nachkriegsliteratur zwischen Integration und Desintegration

Zu Beginn der dreißiger Jahre schreibt Štefan Krčméry in seiner Studie "Estetické retro-spektívy" (Ästhetische Retrospektiven), die als Manuskript erhalten blieb und später den Abschluß seiner "Dejiny literatúry slovenskej" (Geschichte der slowakischen Literatur, 1976) bilden sollte: "Und es ist auch möglich, daß sich im Rhythmus von Individualismus und Sozialismus ein neues Europa herauskristallieren wird, auf dessen Landkarte unsere Slowakei, bildungsmäßig mit Böhmen immer enger verwachsend, versöhnlich ihren Platz einnimmt."[1]

Dazu ist es nicht gekommen. Die Geschichte der Slowakei nahm einen anderen Verlauf. Sie überstand zwei kollektivistische, totalitäre Systeme (1939-1945 und 1948-1989), zwischen denen nur die kurze Pause der Nachkriegshoffnung lag. Und dieser Rhythmus war es, der Rhythmus des nationalen und des Klassenkollektivismus, der der Slowakei ganz unversöhnlich ihren Platz auf der historischen Landkarte dieses Jahrhunderts zuwies.

Unter slowakischem Blickwinkel gesehen, traf Krčméry zu Beginn der dreißiger Jahre aber durchaus den Kern der slowakischen Erwartungen. Nach 1918 zeichnete sich zum erstenmal die Möglichkeit einer natürlichen pluralen Entwicklung der slowakischen Literatur auf demokratischer Basis ab. Zudem war das soziale Problem in den Vordergrund getreten, dem sich die Literatur - ungeachtet der unterschiedlichen weltanschaulichen Orientierungen - sehr intensiv zuwandte.

Die natürliche Pluralität und das starke Sozialempfinden wurden zur hauptsächlichen Integrationsbasis der gesamten slowakischen Literatur zwischen den beiden Weltkriegen. Als Beleg hierfür mag das Grundereignis dieser Integration dienen, der Kongreß der slowakischen Schriftsteller 1936 in Trenčianske Teplice, wo sich alle slowakischen Schriftsteller auf Demokratie und Pluralität einschworen. Diese demonstrativ herausgestellte Integration hielt genau drei Jahre vor. Danach kam es zur Desintegration der slowakischen Literatur, die praktisch bis heute währt.

Wenn die Integration und Desintegration der slowakischen Literatur in der zweiten Hälfte dieses Jahrhunderts behandelt werden soll, dann müssen unsere Erwägungen gerade in den dreißiger Jahren einsetzen, waren doch die Jahre zwischen den Weltkriegen - und hier speziell die dreißiger - die einzige Phase der slowakischen Literaturgeschichte, die eine

---

1 Štefan Krčméry, Dejiny literatúry slovenskej. Bratislava: Tatran 1976, S. 324.

natürliche Pluralität aufzuweisen hatten. Gewiß ist die slowakische Literatur innerlich immer plural gewesen, selbst zu Zeiten heftigster Betonung des Monolithischen. Stets handelte es sich jedoch um eine ertrotzte Pluralität. Darum ist die Geschichte der slowakischen Literatur voller Rupturen, Verwerfungen und äußerer Brüche, darum finden wir hier so viel Fragmentarisches, so viel unterirdisch Strömendes, das an den unerwartetsten Stellen ans Tageslicht tritt, so viele nicht herausgegebene Handschriften, so viele Rekonstruktionen des literarischen Lebens, die dank ihrer Vermittlung über andere Medien und Kunstarten (Wandmalereien, Ortsnamen im frühen Mittelalter u.ä.) vom Vorhandensein einer literarischen Kultur auf dem Boden der heutigen Slowakei künden.

Wie Ivan Kadlečík sagt, steckt die slowakische Literaturgeschichte voller Dissidenten.[2] Und das ist nicht bloß ein Bonmot, obschon er hierbei den Begriff des Dissidenten ins siebzehnte und achtzehnte Jahrhundert auf Daniel Krman oder Štefan Pilárik übertragen hat. In der slowakischen Literaturgeschichte häufen sich die Zeitverschiebungen zwischen der Entstehung der literarischen Werke und ihrer öffentlichen Publizierung - und das nahm nicht erst gegen Ende des achtzehnten Jahrhunderts mit dem Autor des ersten "neuzeitlichen slowakischen Romans" Jozef Ignác Bajza seinen Anfang, so wie es an der Neige des zwanzigsten Jahrhunderts mit Dominik Tatarka wohl noch kein Ende finden wird.

Die slowakische Literatur rang um ihre plurale Gestalt überall dort, wo sie sich bereits in einer integrierten Form entfaltete - praktisch bis ins Jahr 1918 hinein. Die natürliche Pluralität der Romantik erfuhr vor allem aus nationalbewahrenden und kultur-repräsentativen Gründen eine Einschränkung. Der Streit zwischen den Spätromantikern und den jungen Realisten war auch ein Streit um die natürliche Pluralität der Literatur - der Bremsversuch der alten Romantiker beim Antritt der jungen Generation war auch Ausdruck des Willens, die natürliche Verschiedenartigkeit zweier literarhistorischer Zeitabschnitte in die Schranken zu weisen.

Wenn wir diesen Aufsatz über die Situation der slowakischen Literatur des letzten halben Jahrhunderts mit einem sondierenden historischen Exkurs einleiten, so hat das seine guten Gründe. Die Situation einer natürlichen Pluralität bildet in der Slowakei eher die Ausnahme als die Regel. Vom Ausgang der dreißiger Jahre an aber wurde ihr Verlust - gerade im Hinblick auf ihre vollständige Konstituierung und Etablierung in der Literatur der Zwischenkriegszeit - und der damit einhergehende Beginn der Monolithisierung des literarischen Lebens als besonders drückend empfunden.

Die Zeit zwischen den Kriegen stellte in der Geschichte der slowakischen Literatur gerade deshalb eine Ausnahme dar, weil die Pluralität hier zur *natürlichen* Schaffensvoraussetzung und zur Funktionsbedingung des literarischen wie auch kulturpolitischen Lebens wurde.[3] Daher hatte Krčméry den Rhythmus von "Individualismus und Sozialismus" mit einer gewissen Erleichterung als ganz natürlich bezeichnen können. Und gerade dieses Problem, der Rhythmus zwischen Individualismus und Sozialismus, sollte dann für die weitere Entwicklung der slowakischen Literatur zu einem Schlüsselproblem werden.

---

2   Vgl. Ivan Kadlečík, Epištoly. Bratislava: Archa 1992.

3   Vgl. Oskár Čepan, Kontúry naturizmu. Bratislava: Slovenský spisovateľ 1977.

Den Zeitabschnitt der Slowakischen Republik (1939-1945) kennzeichnete Vladimír Clementis als die Zeit einer "löchrigen Totalität". Das politische Postulat einer nationalen und sozialistischen Kultur und Literatur ist in ihr niemals konsequent verwirklicht worden. Es war auf Widerstand von innen gestoßen, und das nicht nur bei der säkularen, demokratisch gesinnten Intelligenz (Jozef Felix, Michal Chorváth, Ladislav Novomeský, Mikuláš Bakoš, Alexander Matuška und anderen), sondern auch bei einem Teil der christlich orientierten Intellektuellen (Ladislav Hanus, Jozef Kútnik-Šmálov u. a.). Auch die Kulturinstitution Matica slovenská hatte den aggressivsten Forderungen der offiziellen Kulturpolitik widerstanden.[4] Das bedeutet nicht, daß die ganze Literatur ihr pluralistisch-demokratisches Gepräge beibehielt. In Mitleidenschaft gezogen und aus dem literarischen Leben verdrängt wurden nicht nur die jüdischen Autoren, sondern auch teilweise Autoren demokratischer und tschechoslowakischer Gesinnung, Autoren aus dem Umfeld der Kommunistischen Partei, die Autoren der Avantgarde und nonkonforme Autoren der jungen Generation. Der Aufstand gegen das Regime und für eine demokratische Tschechoslowakei im Jahre 1944 bewirkte eine Polarisierung der slowakischen Literatur und führte im Prinzip jene Situation herbei, in der es zwei Literaturen gab.

Die Zeitphase von sechs Jahren war jedoch zu kurz, um die Situation einer oktroyierten Monolithisierung des öffentlichen literarischen Lebens in einem solchen Maße durchsetzen zu können, wie das später im Zeitraum 1948-1989 geschehen ist. Sie verrann praktisch im Rahmen eines "Moments" und unter Aufrechterhaltung einer einzigen Konfiguration innerhalb und zwischen den Generationen.

Die erwähnte - auch politische - Polarisierung offenbarte sich jedoch gleich nach 1945. Es kam zum ersten Nachkriegsexil. Diese erste Welle setzte sich vor allem aus Autoren zusammen, die nicht nur antikommunistisch waren, sondern sich auf irgendeine Weise mit dem Regime der slowakischen Republik oder mit der slowakischen Eigenstaatlichkeit verbunden gefühlt hatten, was freilich oft ineinander überging. Zur ersten Emigrantengeneration gehörten die Dichter Rudolf Dilong, Mikuláš Šprinc, Karol Strmeň, Gorazd Zvonický, Ján Okál u. a., bei den Epikern war es vor allem Jozef Cíger Hronský, bei den Kritikern Stanislav Mečiar und Imrich Kružliak.

Aber auch solche mit dem Regime verbundenen oder ihm zugerechneten Autoren, die in der Heimat geblieben sind, wie Milo Urban, Valentín Beniak und Tido J. Gašpar, um nur die wichtigsten zu nennen, ließen vom öffentlichen Publizieren ab. Es ist offenkundig, daß demokratische Verhältnisse hier ebenso wie in anderen Ländern Nachkriegseuropas die Lage hätten entspannen und eine allmähliche Reintegration herbeiführen können. Mit dem Februar 1948 vertiefte sich allerdings die Desintegration, so daß sie nun einen weit umfangreicheren Autorenkreis betraf.

Fragt man nach den Ursachen für die desintegrierte Entwicklung der slowakischen Literatur nach 1948, dann werden vor allem die politischen Gründe angeführt, die den Charakter der Kulturpolitik bestimmten. Dieses System, in dem die Rolle der Kommunistischen Partei als führender politischer Kraft fest verankert und später verfassungsrecht-

---

4 Vgl. Alexander Hirner, Matičná myšlienka. Bratislava: Slovenský spisovateľ 1992.

lich definiert war, führte auf direktem Wege zu einer Kulturpolitik, die der Kommunistischen Partei und dem Staat im gesamten Bereich der Kultur und Literatur zu einer Monopolstellung verhalf. Es entstand das System einer ausschließlich staatlichen Verlagstätigkeit, die sich von ideologischen Kriterien leiten ließ. Die Kommunistische Partei regelte vermittels der Staatsmacht das gesamte kulturelle und literarische Leben. Sie entschied in letzter Instanz darüber, was in die Sphäre des öffentlichen kulturellen und literarischen Lebens hineingehörte. Die praktischen Instrumente hierzu waren die aus dem Staatsbudget subventionierten Staatsverlage, das literarische Leben, reguliert von einem einheitlichen staatlichen Schriftstellerverband, in dem die Kommunistische Partei die Kriterien für die Mitgliedschaft festlegte, es waren die vom Staat dotierten Literaturzeitschriften, die durch den Staat reorganisierte Matica slovenská, die staatsgelenkten Medien wie Presse, Rundfunk, später das Fernsehen und eine vom Staat subventionierte finanzielle Unterstützung für Schriftsteller, die über den Literaturfonds erfolgte. Ebenso funktionierte der Literaturunterricht und die literarische Ausbildung an allen staatlichen Schultypen, so funktionierten die vom Staat herausgegebenen Lehrbücher, die Literaturforschung, die vom Staat subventioniert wurde, der Schutz von Literaturdenkmälern, die Archivierung literarischer Dokumente, die Arbeit der Literaturmuseen, so funktionierte die einheitliche und monolithische Doktrin des sozialistischen Realismus als Literaturtyp, der auf dem Klassenstandpunkt, der Parteilichkeit und der Volkstümlichkeit basierte.

Dieses Muster war ein Ableger des sowjetischen Kulturmodells. Es wurde aber nicht nur von außen hereingetragen, war nicht nur von außerhalb der Staatsgrenzen oder jenseits von Kultur und Literatur fremdbestimmt. Es besaß auch seinen eigenen innerliterarischen Nährboden. Vor allem existierte ein gewisser Autorenkreis, der schon in der pluralen Vorkriegssituation den Versuch unternommen hatte, sich mit seinem Modell des sozialistischen Realismus oder der sozialistischen Literatur durchzusetzen, was letzten Endes zwei Varianten ein und derselben Erscheinung waren. Die eine Variante war "hart", proletarisch, die andere "weich", avantgardistisch. Zu diesem Umfeld gehörten auch Autoren, denen ein natürlicher Respekt entgegengebracht wurde, hatten sie doch, wie Novomeský, Werke von unbestrittenem literarischem Wert vorzuweisen.

Schon die Zwischenkriegsgeneration war sozial stark sensibilisiert. Außerdem suchte sie eine Antwort auf die Kriegsschrecken und das faschistische totalitäre System, in dem sie unter anderem auch eine Konsequenz oder ein Entwicklungsresultat des europäischen liberalen Kapitalismus aus dem vorigen Jahrhundert erblickte. Der Antiliberalismus avancierte hierbei zum Bindeglied zwischen den christlich orientierten und den säkularen Intellektuellen. Allerdings spielten bei beiden Gruppen unterschiedliche Beweggründe eine Rolle. Die christlich orientierten Intellektuellen[5] waren vor allem deshalb antiliberal, weil der Liberalismus ein Kind der Moderne in jenem weiten, von der Aufklärung begründeten Sinne des linearen Fortschritts, der wissenschaftlich-technischen Entwicklung und des Individualismus war. Zudem beruhte er selbstverständlich auf dem Prinzip einer freien

---

5   Vgl. Ladislav Hanus, Rozprava o kultúrnosti. Ružomberok: Obroda 1943.

Gesellschaft und auf der Loslösung von Kirche und Staat, was häufig als Angriff auf die Kirche ausgelegt wurde.

Der säkularen, demokratisch orientierten Intelligenz stand der Modernismus des europäischen Liberalismus mit seiner Fortschrittsidee nahe, desgleichen die Trennung von Kirche und Staat, und das auch im Hinblick auf die Rolle der Kirche in der Slowakischen Republik. Den Liberalismus begriff sie aber vor allem als Synonym eines zügellosen Individualismus, als Ausdruck des antisozialen Charakters des Kapitalismus des 19. Jahrhunderts (Felix[6], aber auch Chorváth, Matuška, Dominik Tatarka, Novomeský). Die Bejahung der Modernisierung und der mit ihr verbundenen ersten Industrialisierung der Slowakei verknüpften sie mit Erwartungen, die aus ihrem tiefen Sinn für soziale Gerechtigkeit herrührten. Selbst die Personalisten beriefen sich bei ihrer Standortbestimmung gemeinsam mit Jean Lacroix und Václav Černý auf die Integration der Persönlichkeit und deren erfolgte Sozialisierung. Die soziale Gerechtigkeit der Chancengleichheit tauschten sie jedoch gegen die soziale Vision von der gleichen Verteilung ein, der soziale Aspekt verschmolz bei ihnen mit dem Sozialismus, die soziale Restrukturierung mit einer hastigen industriellen Modernisierung und Urbanisierung, die die traditionelle Kultur von all ihren Wurzeln kappte, ohne einen gleichwertigen Ersatz zu bieten. Anstelle der auf Sozialkonsens und -frieden gegründeten Sozialpartnerschaft, die bereits durch die Enzyklika Rerum novarum im Jahre 1891 definiert worden war, akzeptierten sie die sozialistische Konzeption vom Klassenkampf und von der Konfrontation. Karl Poppers Weg der offenen Gesellschaft, der sich auf die Respektierung der Würde des menschlichen Subjekts, auf die Einhaltung der grundlegenden Menschenrechte, auf die pluralistische Demokratie und die soziale Verantwortung gründete, und Friedrich Hayeks Weg zu einer freien Marktwirtschaft, die zur selben Zeit als demokratische Antwort auf die Vorkriegsprobleme des Kapitalismus und vor allem als philosophische Antwort auf den faschistischen Totalitarismus entstanden waren,[7] sind ihnen fremd geblieben. Am Scheideweg der europäischen Nachkriegsgesellschaft lautete ihre Antwort nicht demokratischer Kapitalismus, sondern kollektivistischer Sozialismus einschließlich seiner Konzeption des "Sozial-Ingenieurswesens", das speziell in der Literatur mit dem Begriff von den Schriftstellern als "Ingenieuren der menschlichen Seelen" verbunden wurde. Der Kollektivismus war somit an allen grundsätzlichen Unterschieden vorbei zum gemeinsamen Nenner des Antiliberalismus christlicher und säkularer Provenienz geworden.

Der Versuch, die Kultur zu demokratisieren - heute würden wir das als Versuch bezeichnen, eine Soziokultur als demokratische Gegenreaktion auf die Linie der repräsentativen Kultur ins Leben zu rufen - schlug fehl. Die Kulturhäuser sind, um es simpel auszudrücken, leergeblieben, obwohl sie später wenigstens teilweise zu Orten einer alternativen Kultur wurden. Die freilich stufte das Regime als systemfeindlich ein. Die Kunst, die un

---

6 Vgl. Jozef Felix, Slovo o inteligencii. In: Nové slovo, 1/1944, 4.

7 Vgl. Hannah Arendt, Elemente und Ursprünge totaler Herrschaft. München: Hanser-Verlag 1986; Emmanuel Lévinas, Humanismus des anderen Menschen. Hamburg: Meiner 1989.

ter die breiten Volksschichten gelangen sollte, vollzog einen Wandel von der Folklore zum Folklorismus und zur Estrade.

Das politische System der Tschechoslowakei und der Slowakei hat - ähnlich wie das der anderen osteuropäischen und mitteleuropäischen Länder - diese monolithische und monopolistische, jede Pluralität weit von sich weisende Kulturpolitik als grundlegende und systemimmanente Voraussetzung der Desintegration verinnerlicht. Pluralismus/Pluralität ist zu einer der am meisten tabuisierten Vokabeln der sozialistischen Kulturpolitik geworden, und in der Slowakei galt das bis 1989. Die Künstler und Schriftsteller, die sich nicht auf den im voraus abgesteckten Leitlinien der parteigelenkten Kulturpolitik und des sozialistischen Realismus bewegten, wurden proskribiert, aus der öffentlichen kulturellen und literarischen Kommunikation ausgeschlossen, sie wurden aus dem öffentlichen literarischen Leben, der öffentlichen Zeitschriften- und Buchproduktion, dem öffentlichen Kontakt mit dem Leser und der öffentlichen Literaturausbildung ausgegrenzt, ihre Bücher wurden aus den Bibliotheken entfernt.

Der Begriff der parteilichen Kulturpolitik, konkret des sozialistischen Realismus hat sich hierbei eine gewisse Flexibilität angeeignet. Anfangs, speziell in den Jahren 1949-1954, galt er als Norm, später, vor allem in den sechziger Jahren, wurde er zum Garaudyschen "Realismus ohne Ufer", um in den siebziger Jahren wieder in seine normsetzende Gestalt (positiver Held, Parteilichkeit, Volkstümlichkeit usw.) zurückzukehren und sich in den achtziger Jahren wiederum "historisch" zu erweitern. Diese Flexibilität vermochte allerdings nichts daran zu ändern, daß er ganz und gar voluntaristisch und schlichtweg unangebracht war. Ästhetisch war er von Anfang bis Ende ein völlig hohler Begriff, ein ideologischer Amboß, auf den es sich mit allen nur erdenklichen Parteihämmern einschlagen ließ. Und der Deckmantel für eine lange Prozession von Koryphäen einschließlich ihrer Pflichtübungen, angefangen bei den ersten Schulungen zu Beginn der fünfziger Jahre bis hin zu ihren letzten Sammelbänden kurz vor der Neige des achten Dezenniums.

Das Panoptikum der Huldiger des sozialistischen Realismus ist weit und ausgedehnt, es beherbergt seine Gallionsfiguren, Heroen, seine Schlagfäuste, Sprachrohre, Beamten und Bürokraten, es ist ein Sammelbecken der Standhaften, Überläufer und Fahnenflüchtigen.

An dieser Stelle soll eine Frage aufgeworfen werden, die die Periodisierung der gesamten slowakischen Nachkriegsliteratur betrifft und bis in die Periodisierung der Vorkriegsliteratur hineinreicht. Die Geschichte der slowakischen Nachkriegsliteratur hat man bis 1989 als eine Geschichte der sozialistischen Nationalliteratur und praktisch als die Geschichte des sozialistischen Realismus aufgefaßt. Hierzu diente ein Konstrukt, das auch schon die Entwicklung der Zwischenkriegsliteratur so projektierte, als habe sie zwangsläufig in die sozialistische Literatur einmünden müssen, obwohl dem die natürliche Pluralität der Literatur zwischen den Kriegen gänzlich widersprach.[8] Die Literarhistoriker stehen hier vor einer elementaren Frage: Ist die Geschichte der Nachkriegsliteratur eine Geschichte von Normen oder eine Geschichte von Werten? Die Kluft zwischen den sozrealistischen Normen und den wirklichen Werten der Nachkriegsliteratur ist so eklatant,

---

8   Vgl. hierzu die Polemik Šmatlák - Čepan 1975: Stanislav Šmatlák, Literatúra a dejiny. In: Slovenská literatúra, 1/1975; Oskár Čepan, Kontúry naturizmu. Bratislava: Slovenský spisovateľ 1977.

der Zeitraum der normativen Applikation des sozialistischen Realismus im konkreten Schaffen ist so kurz (ungefähr 1949-1954), daß sich die Geschichte der Nachkriegs-literatur - selbst wenn wir nur den Strom der öffentlich publizierten[9] Literatur in Betracht zögen - eher als ein Ringen um die normale Gestalt der slowakischen Literatur charak-terisieren ließe, wobei diese Normalität in erster Linie das Ringen um eine innere Plurali-tät bedeutet, und zwar um die individuelle ebenso wie um die gruppen- oder generations-spezifische bis hin zur konzeptionellen Pluralität. Hinzu gesellt sich noch ein unablässiges Ringen um die Reintegration der slowakischen Literatur, und das im Hinblick auf die Tra-dition, auf ihre ideologisch unselektierte Präsenz im aktuellen literarischen Leben wie auch das Ringen um eine Integration der jeweiligen Kommunikationskreise (der öffentlich publizierten Literatur, der Schubfachliteratur, des Dissens, der Exilliteratur). Und schließ-lich zieht sich durch die Geschichte der Nachkriegsliteratur ein unablässiges Ringen um die Durchsetzung echter, wirklicher, realer Werte im Gesamtbild der literarischen Kultur, in die auch das Übersetzen von Werken der Weltliteratur hineingehört, deren Stellenwert und Rezeption im slowakischen literarischen Kontext, und nicht zuletzt die Wirkung die-ser Werke auf die Literatur und das literarische Leben der Slowakei.

Die slowakische Literatur hat sich in dieser Jahrhunderthälfte stellenweise auch in der Isolation, jenseits der Höhenkämme der Weltliteratur entwickelt, oder sie war dazu bereit, lediglich in der Sowjetliteratur, der sozialistischen Literatur der osteuropäischen Länder und in den sogenannten "humanistischen Werken der bourgeoisen Literatur" Werte der Weltliteratur zu erblicken, aber sie entfaltete sich auch und vor allem in einer Öffnung gegenüber der Weltliteratur - innerhalb ihres Kontextes, parallel zu ihr, mit ihr in gegen-seitiger Durchdringung und Wechselwirkung; oft stand sie sogar eindeutig unter dem Ein-fluß der Weltliteratur.

Mit Ausnahme der kurzen Phase zu Beginn der fünfziger Jahre wurde eine prinzipielle Auseinandersetzung um eine moderne und später postmoderne Gestalt der slowakischen Literatur geführt. Der sozialistische Realismus war von Anfang an eine kaum von Werten untermauerte Fiktion und blieb bis zu seinem Ende ein Konstrukt, das sich auf keine kon-kreten literarischen Werte stützen konnte. Zweifellos wird man vor diesem Hintergrund die in der Tat dramatische Entwicklung der slowakischen Nachkriegsliteratur erforschen müssen.

Die Kulturpolitik nach 1948 führte zwangsläufig zur Desintegration der slowakischen Literatur. All das, was sich ihrer monolithischen Konzeption verweigerte und entzog, fand sich am Rande oder jenseits der Grenzen der öffentlichen Publizierbarkeit wieder. Der Kampf um die Pluralität der slowakischen Literatur entbrannte einerseits im Rahmen der öffentlich publizierten Literatur, er wurde andererseits aber auch jenseits ihrer Grenzen, in der Schubfachliteratur, im Dissens und im Exil geführt. Die Pluralitätsgrenzen inner-halb der öffentlich publizierten Literatur waren von der jeweiligen kulturpolitischen Situa-tion abhängig und verschoben sich proportional zu den Veränderungen der politischen

---

9   Peter Zajac unterscheidet ganz bewußt zwischen "öffentlich publizierter" und "nichtöffentlich publizierter" Literatur. Im folgenden macht er durch den jeweiligen Kontext den Hintergrund für diese Wortwahl schrittweise deutlich (Anm. d. Ü.).

Realität des Landes, es wurde aber auch versucht, diese Grenzen gerade durch ein maxi-
males "Ausweiten" der Spielräume der öffentlich publizierten Literatur mitzugestalten.
Ähnlich war auch die Grenze zwischen der öffentlich publizierten Literatur und den anderen Kommunikationskreisen (Umläufen) fließend und speziell von der alternativen Literatur "besetzt", die sich permanent am Übergang von der öffentlich zur nichtöffentlich
publizierten Literatur bewegte.

Das Paradox der sozialistischen Kulturpolitik bestand in folgendem: je besser es ihr gelang, den öffentlichen kulturellen Kommunikationskreis zu monolithisieren, desto öfter
gerieten immer größere Teile der Kultur und Literatur an den Rand oder hinter die Grenze
der öffentlichen Kommunikation. Der Versuch, die Kultur und Literatur zu monolithisieren, führte unweigerlich zu einem größeren inneren Widerstand, aber auch dazu, daß
sich immer bedeutendere Bestandteile der Kultur und Literatur jenseits der öffentlichen
Kommunikation aufhielten und ihre eigenen Kommunikationskreise aufbauten. So entstand die Literatur der drei Exile (nach 1945, nach 1948, nach 1968 und später), die
Schubfachliteratur, die sich ihre Publikationslücken in den "Pausen zwischen den Ideologien" suchte, und schließlich, in Einzelfällen nach 1945 und dann besonders nach 1968,
auch der Dissens als Kommunikationskreis der einheimischen, öffentlich nicht publizierten Literatur.

Es war nicht möglich, eine Literatur mit einem entwickelten Wertpotential, wie es auch
die slowakische Literatur nach dem Zweiten Weltkrieg vorzuweisen hatte, auf irgendeine
Weise in eine monolithische Gestalt hineinzupressen. Das war einfach eine Illusion. Den
prinzipiellen Dialogcharakter der Kultur vermochte auch die sozialistische Kulturpolitik
nicht zu zerstören. Jenseits der Grenzen der offiziellen Wertvorstellungen entstand am
Rande der öffentlich publizierten Literatur eine Literatur mit evidenten Werten. Jenseits
der Grenzen der einheimischen, öffentlich publizierten Literatur im Dissens ebenso wie
jenseits der Staatsgrenzen im Exil.

Der Preis, den die slowakische Literatur, und nicht nur sie, dafür entrichten mußte, bestand gerade in der Desintegration des literarischen (und kulturellen) Systems. Dieser
Preis war der Verlust des Dialogcharakters, jenes "Gesprächs ohne Ende" zwischen Autor
und Leser, zwischen Autor und Autor, zwischen Autor und Literaturkritik und -geschich-
te, zwischen Autor und Literaturausbildung, zwischen Autor und Öffentlichkeit. Gerade
der ungehinderte Polylog der individuellen, der Gruppen- und Generationskonzeptionen,
der literarischen Richtungen, der unterschiedlichen Herangehensweisen, Ansichten und
ästhetischen Lösungen erzeugt eine natürlich plurale Situation, die die Literatur als System zu dynamisieren vermag. Eine desintegrierte Literatur kommt ins Stocken, bleibt
"stakken", wie es in einem treffenden amerikanischen Ausdruck heißt, d. h. sie fährt sich
fest.

In der slowakischen Literatur nach der Jahrhundertmitte rissen die natürlichen Verbindungen innerhalb der Literatur ab, die Vernetzung dieses dynamischen Systems ist mit-
samt der natürlichen Relationen des literarischen Wertgefüges zerstört worden. Unter
diesem Aspekt ist die ganze Zeitetappe als Rückschlag zu bewerten. Das heißt aber nicht,
in der slowakischen Literatur seien während der letzten fünfzig Jahre keine Werte entstanden. Im Gegenteil, die slowakische Literatur ist auf individueller Ebene gereift und hat

sich mit eindeutig europäischen Werten hervorgetan, die heute auch schon literarhistorisch vollauf bestätigt werden. Diese Werte entstanden aber keineswegs unter günstigen Systemvoraussetzungen oder gar im wohlgesonnenen kulturpolitischen Klima einer Bildungsgesellschaft, sondern im Widerstreit zur gültigen kulturpolitischen Doktrin, am Rande des offiziellen literarischen Lebens oder jenseits der Grenzen der öffentlich publizierten Literatur. Die prinzipielle Widersinnigkeit der Kulturpolitik des sozialistischen Staates bestand gerade darin, daß sie die wirklichen literarischen Werte aus dem Rahmen ihres Systems verbannte und daß diese Werte als literarische, ästhetische, kulturelle oder direkte politische Konfrontation mit dem System der sozialistischen Kultur oder zumindest als Versuch um die Reformierung dieser Kultur entstanden. Letztlich war es auch nicht möglich, von einer Konzeption der Kultur als *Kampf und Konfrontation* irgend etwas anderes zu erwarten.

Sämtliche im Sog der Desintegration entstandenen Literaturtypen - die öffentlich publizierte Literatur, der Dissens und das Exil - brachten ihren eigenen Kommunikationskreis hervor, in dem sie praktisch eingeschlossen blieben. Das führte zur wertmäßigen Isolierung dieser Literaturtypen voneinander, die sich nur noch von innen heraus und im Rahmen des eigenen Kommunikationskreises einer Beurteilung unterzogen. Gegenseitige Verflechtungen und Interdependenzen blieben aus, so daß sich im Prinzip drei unabhängige, abgeschlossene Wertsysteme herausformten, die miteinander nicht korrelierten. Als spezifische Werte sind dann in den entsprechenden Kommunikationskreisen die "Werte der offiziellen Ideologie", die "Werte des Protestes gegen die offizielle Ideologie", die "Werte der schweigenden Autoren" (deren Manuskripte von kleinen Zirkeln Eingeweihter gelesen wurden), die "Werte des Dissens" und die "Werte des Exils" aufgefaßt worden, die nicht immer mit den wirklichen literarischen Werten der entsprechenden Werke identisch sein mußten. Gerade darum kam es und kommt es gegenwärtig im Reintegrationsprozeß zu einer deutlichen und nicht selten prinzipiellen Umgruppierung von Werten, und das nicht nur bei einzelnen Autoren, sondern auch in ganzen Kommunikationskreisen.

Schließlich ist noch ein weiteres Problem anzuschneiden. Die Situationen, die jeweils nach 1948, nach 1968 und selbst nach 1989 eintraten, sind oft als Nullpunkte der Literatur beschrieben worden. Dies hatte nach 1948 zur Folge, daß man die sozialistische Literatur als völlig neue, einmalige literarhistorische Epoche aufzufassen begann, die den definitiven literarhistorischen Fluchtpunkt und den Zukunftshorizont der Literatur bilden sollte. Nach 1968 hat sich diese Situation in einer gemäßigten Variante des Versuchs um eine sozialistisch-realistische Retrospektive wiederholt.[10] Letzten Endes führte das aber bloß zu einem Resultat, das sich als ein "Ausscheiden aus der Geschichte" bezeichnen ließe, wobei sich die ursprüngliche Idee der historischen Einzigartigkeit in die Vorstellung von der Geschichtslosigkeit umwandelte. Diese Geschichtslosigkeit bedeutete vor allen Dingen eine selektive Traditionsaneignung, bei der nur solche Traditionen berücksichtigt wurden, die zu den "Werten" der sozialistischen Literatur in Beziehung gesetzt werden konnten. Es sei daran erinnert, daß der Traditionsbegriff schlichtweg zu einem Kautschukbegriff

---

10 Vgl. Ján Stevček, Estetické modely súčasnej prózy. In: Romboid, 3/1970.

geworden war, den man entweder normativ anwandte, d.h. nur das wurde als produktive
Tradition anerkannt, was nach den konstruktivistischen sozialistisch-realistischen Vorstellungen unabwendbar auf das sozialistisch-realistische "Endziel" der Literaturgeschichte
zusteuerte, oder die einzelnen Traditionen wurden erweitert und den sich verändernden
Bedingungen des literarischen Prozesses angepaßt. Zudem kam es, wie bereits erwähnt,
zu einer selektiven Rezeption der Weltliteratur, und zwar nicht nur bei der Aufnahme
ihrer historischen, sondern speziell ihrer aktuellen Werte. Gerade das führte dazu, daß das
geschlossene System der sozialistischen Literatur jenseits der weltliterarischen Prozesse
weiterexistierte, bis es dann gänzlich auf die Möglichkeit verzichtete, sich durch eigene
Initiativen aktiv in diese Prozesse einzubringen. Die ursprüngliche Ahistorizität (Die
Geschichte sind wir allein) hatte sich schließlich in eine hoffnungslose Geschichtslosigkeit
verwandelt (Die Geschichte findet jenseits von uns statt).

Der Versuch, die Situation nach 1989 abermals zum Nullpunkt zu erklären,[11] war von
ganz anderer Art. Hier ging es vor allem darum, hinter ein halbes Jahrhundert slowakischer Literaturentwicklung einen dicken Schlußstrich zu ziehen, der zugleich die Start-
linie für ihre neue Integration bilden sollte. Die einzelnen Ströme und Kommunikationskreise sollten in ihrer Wertigkeit gleichberechtigt werden. Dieser Prozeß der prinzipiellen
Gleichberechtigung aller Kommunikationskreise der slowakischen Literatur war und ist
zweifellos eine unerläßliche Voraussetzung für den Reintegrationsprozeß der slowakischen
Literatur der Gegenwart. Unter Gleichberechtigung darf aber nicht die Annahme des Prinzips gleicher oder äquivalenter Werte verstanden werden. Im Gegenteil, die neue Situation
kann bei der Schaffung eines gemeinsamen Wertsystems, und zwar nicht nur für die aktuelle Situation, sondern auch für die literarhistorische Wertung der gesamten Nachkriegs-
entwicklung behilflich sein. Nur der Entwicklungshintergrund der slowakischen Literatur
nach 1945 in ihrer Gesamtheit - auch wenn diese Entwicklung in getrennten Kommunikationskreisen verlief - ermöglicht es, individuelle literarische Werte nicht mehr nur im
Rahmen ihres eigenen, abgeschlossenen Kommunikationskreises mit spezifischem Wertsy-
stem zu beurteilen, sondern im Rahmen der slowakischen Literatur als eines Ganzen, auch
wenn diese Ganzheit dreigliedrig ist. Gleichberechtigung wird nicht selten mit Gleichwertigkeit verwechselt, heißt aber nichts anderes als die Wertung in einem gemeinsamen
Koordinatensystem literarischer Werte. Gleichwertigkeit jedoch würde bedeuten, Werten
von sehr unterschiedlichem Rang ein und denselben Wertstatus zuzuerkennen, was letztendlich ihre Egalisierung nach sich ziehen müßte. Darüber hinaus könnte die Akzeptanz
der Gleichwertigkeit die Schaffung eines historischen Alibis für die jeweils aktuellen
"Verhaltensmuster und -typen" ermöglichen bzw. völlig entgegengesetzte ethische Standpunkte "gleichberechtigen". In diesem Sinne ist die Nullpunkttheorie besonders gefährlich,
denn hinter einer rhethorisch deklarierten absoluten Diskontinuität ermöglicht sie eine
ganz konkrete Kontinuität von Verhaltensnormen jenseits aller Werte der literarischen
Ethik.

---

11 Vgl. Ján Števček, Televízna diskusia s. Martinom M. Šimečkom a Štefanom Moravčíkom (1991).

Der entgegengesetzte Versuch besteht darin, die Literaturentwicklung nach 1989 als reine Kontinuität aufzufassen.[12] In diesem Falle werden die grundsätzlichen Veränderungen und Brüche in der slowakischen Literatur, sieht man sie als Gesamtheit an, vollkommen vernachlässigt; es entsteht ein falsches Bild, das die ganze Entwicklung seit 1945 gutheißen soll.

Die Desintegration der slowakischen Literatur war eine anhaltende und kontinuierliche Erscheinung in der Gesamtentwicklung der slowakischen Literatur nach 1945, und das auch trotz einer gewissen Elastizität dieses dreigeteilten Gesamtsystems in den sechziger Jahren und in der zweiten Hälfte der achtziger Jahre. Aber weder in den Sechzigern noch in der zweiten Hälfte der achtziger Jahre kam es zu einer wirklichen Verbindung zwischen den einzelnen Kommunikationskreisen, zur Schaffung einer gemeinsamen diskursiven Situation resp. zur Reintegration des gesamten literarischen Systems der slowakischen Literatur. Es bedarf jedoch auch einer Erwähnung, daß in der zweiten Hälfte der sechziger Jahre eine teilweise Re-Integrierung bzw. Re-Habilitierung jener Vertreter der slowakischen einheimischen Literatur erfolgte, die nach 1948 aus der öffentlichen literarischen Kommunikation verstoßen worden waren. Zum einen handelte es sich dabei um Schriftsteller, die sich der normativen Auffassung des sozialistischen Realismus entzogen hatten, wie František Švantner, Ján Červeň oder Ivan Horváth, deren Werke aber bereits Ende der fünfziger, Anfang der sechziger Jahre wieder in die öffentliche literarische Kommunikation inauguriert wurden, zum anderen um Werke von Autoren, die man mit dem Regime der Slowakischen Republik (1939-1945) in Verbindung brachte (Tido J. Gašpar, Milo Urban, Valentín Beniak) oder die man der Katholischen Moderne zuordnete (Janko Silan, Svetoslav Veigl, Ján Motulko u. a.); und nicht zuletzt handelte es sich um die Werke der kommunistischen Opfer der kommunistischen Prozesse zu Beginn der fünfziger Jahre (Clementis, Novomeský u. a.). In die slowakische Literatur wurden auch einige Exilautoren reintegriert (unter den bedeutenden vor allem Leopold Lahola), vor allem jene, die nicht mit der Emigration nach 1945 verbunden waren. Auch zu ihnen nahm man erste Kontakte auf, die allerdings durch die Situation nach 1968 wieder abrissen.

In der zweiten Hälfte der achtziger Jahre setzte die zweite Reintegrationswelle ein. Schon vor 1989 hatten einige Autoren der Schubfachliteratur begonnen, öffentlich zu publizieren (Ivan Laučík, Martin Bútora, teilweise Pavel Hrúz und zuvor schon Ivan Kupec, Peter Karvaš und Ladislav Ťažký); und besonders die Zeitschriften starteten die ersten Versuche, einen Kontakt zwischen den öffentlich publizierenden Autoren und dem Dissens herzustellen (Tatarka, Kadlečík, Martin M. Šimečka, Hrúz). Diese Reintegrationsversuche fanden aber sowohl in den Sechzigern als auch in der zweiten Hälfte der achtziger Jahre immer kurz vor einem Entwicklungsbruch statt, mag er nun unrealisiert geblieben sein wie 1968 oder schließlich doch zu einem prinzipiellen Systemwandel geführt haben wie 1989.

---

12 Vgl. Pavol Števček, Literatúra v kontinuite. In: Literárny týždenník, 37/1991.

Im Prinzip aber war der äußere Entwicklungsrahmen der slowakischen Nachkriegsliteratur das System einer desintegrierten Literatur. Dieser Rahmen der öffentlich publizierten Literatur war zwar dehnbar und veränderlich, der prinzipielle kulturpolitische Rahmen der Literatur als dreigeteiltes System der öffentlich publizierten Literatur, des Exils
und des Dissens veränderte sich aber ebensowenig wie der parteigesteuerte und staats-
monopolistische Charakter der Kulturpolitik einschließlich des gesamten Systems des literarischen Lebens, der Literaturdistribution, der Literaturausbildung, der Literaturdokumen-
tation, des Museumswesens und der Literaturforschung.

Wenn wir das Jahr 1968 hier wie eine gewisse innere Zäsur behandeln, dann gibt es dafür mehrere Gründe. Die sechziger Jahre waren für die slowakische Literatur (ähnlich wie
für die tschechische) Jahre der Liberalisierung und inneren Differenzierung des Gesamtsystems der öffentlich publizierten Literatur, während derer auch das bis dahin rigide
System der Kulturpolitik bis zu einem gewissen Grade "aufweichte". Gerade das Scheitern
des Jahres 1968 hat jedoch in aller Deutlichkeit gezeigt, daß es einfach unmöglich ist,
unter den Bedingungen einer Kulturpolitik, der das undemokratische Prinzip der Einpar-
teienherrschaft und einer staatsmonopolistisch dirigierten Kultur zugrundeliegt, echte "Reformen" im Rahmen dieses Systems zu realisieren, denn alle Versuche enden mit einem
Rückschlag und der Rückkehr in den ursprünglichen Systemzustand. Dies war und ist
eine systemimmanente Eigenschaft der Kulturpolitik des realen Sozialismus, und alle Versuche um eine Teilreform und um Veränderungen innerhalb dieses Systems haben sich
schlicht als Illusion erwiesen.

Zudem war das Jahr 1968, und das ist vielleicht noch wichtiger, der letzte Versuch der
Länder des real existierenden Sozialismus, an die Zivilisationsprozesse der westlichen
Welt anzuknüpfen. Genannt sei hier vor allem der Wandel von der industriellen zur postindustriellen Gesellschaft, die Herausbildung einer neuen Kommunikationsgesellschaft,
die neue Bedeutung der Menschenrechte, die Umweltprobleme, die zu einem Schlüssel-
thema der siebziger und achtziger Jahre wurden, die Globalisierung und gleichzeitige
Regionalisierung der Welt, die in der Formulierung "Global denken, lokal handeln" ihren
Ausdruck fand, Friedrich Schumachers Konzeption "Small is beautiful"[13], die zu Beginn
der siebziger Jahre gerade als Reaktion auf das Ende der Sechziger entstanden war, die
Beschreibung der Beziehung zwischen Mann und Frau als partnerschaftlichen Prinzips im
Gegensatz zum dominatorischen,[14] die Hedonisierung und Ästhetisierung des Alltags als
Bestandteils der postmodernen Situation - also all das, was unter dem Begriff eines
"zivilisatorischen Wendepunkts"[15] zusammengefaßt wird. Hierzu gehört auch die neue
Vorstellung von den dynamischen biologischen Systemen[16] mit all ihren Konsequenzen

---

13 Vgl. Ernst Friedrich Schumacher, Small is beautiful. Rowohlt: Reinbek 1985.

14 Vgl. Riana Eisler, Von der Herrschaft zur Partnerschaft. München: Bertelsmann 1989.

15 Vgl. Fritjof Capra, Wendezeit. Bausteine für ein neues Weltbild. München: Scherz 1985.

16 Vgl. Ilya Prigogine und Isabelle Stengers, Dialog mit der Natur. München: Piper 1986; Manfred
    Haken, Synergetika. In: Československý časopis fyziky, 3/1981.

für die Zivilisation, die neue Auffassung von nichtlinearen Prozessen und der Ordnung, die aus dem Chaos entsteht.[17]

Während der Unterschied zwischen der westlichen Zivilisation und dem realen Sozialismus der ost- und mitteleuropäischen Länder bis zum Ende der sechziger Jahre in erster Linie im Rahmen desselben Industrieprojekts bestand und demnach ein quantitativer war, hat sich dieser Unterschied in den siebziger und achtziger Jahren zu einem qualitativen Unterschied gemausert. Die Länder des real existierenden Sozialismus haben, einfach ausgedrückt, die Entwicklung verschlafen, sie haben den Anschluß an den postindustriellen zivilisatorischen Zug verpaßt und sind auf ihrer kleinen, entlegenen Bahnstation in der zivilisatorischen Steppe sitzengeblieben.

Obwohl sich also die Situation der slowakischen Literatur nach 1945 als die einer desintegrierten Literatur charakterisieren läßt, bilden die drei Kommunikationskreise - der öffentlich publizierende, der Dissens und das Exil - eine Ganzheit und ein gemeinsames Koordinatensystem, auch wenn sich die jeweiligen Kommunikationskreise gegeneinander abgegrenzt haben und als selbständige Einheiten aufgetreten sind. Nur vor dem Hintergrund des gemeinsamen Koordinatensystems der *Entwicklung* der slowakischen Nachkriegsliteratur werden die Korrelationen zwischen den Werten dieser drei Kommunikationskreise ersichtlich. Sie basieren nicht nur auf der gemeinsamen Sprache, sondern auch auf der vergleichbaren Lebenssituation der Menschen der Nachkriegswelt. Politisch handelte es sich um die Situation einer geteilten, bipolaren Welt, zivilisatorisch um die weltweiten Folgen einer einseitigen und eindimensionalen Modernisierung, kulturell um die Frage der Beziehung zwischen Staatsmacht und Kultur, d. h. um die Frage nach einem menschlichen oder aber staatsbürokratischen Kulturmodell, und in diesem Rahmen auch um die Frage der Literatur.

Der Schlüssel zur Gesamtsituation war das Geschehen in der Slowakei und in der Tschechoslowakei. Zu diesem Geschehen setzte sich auch das Exil in Beziehung. Hier wurde über den Platz und den Stellenwert der einzelnen Autoren und über ihr Verhältnis zur öffentlich oder nichtöffentlich publizierten Literatur entschieden. Die literarische Situation im Mutterland war Generator des literarischen Prozesses und seiner Dynamik, Stabilität, Labilität oder Rigidität. Das soll gleich zu Beginn der weiteren Erörterungen festgehalten werden. Im Unterschied zur tschechischen, möglicherweise russischen und vermutlich auch zu den anderen Literaturen Ost- und Mitteleuropas, bei denen in der Nachkriegszeit der Strom des Dissens (Samizdat und Tamizdat) oder der Exilliteratur häufig eine dominierende Rolle spielte, wurde für die slowakische Literatur der Kommunikationskreis der öffentlich publizierten Literatur zur Hauptentwicklungsachse. Das muß aus dem folgenden Grunde gesagt werden: Es gibt einen literarhistorischen Versuch, als dominanten Strom der slowakischen Literatur zwischen 1948 und 1963 die Exilliteratur zu präsentieren.[18] František Vnuk geht hierbei ganz mechanisch vor. Die Werte der im Mutterland und der im Exil entstandenen Literatur faßt er rein politisch und ideolo-

---

17 Vgl. James Gleick, Chaos - die Ordnung des Universums. München: Droemer-Knaur 1988.

18 Vgl. František Vnuk, Sedemnásť neúrodných rokov. Middletown (Pennsylvania) 1965.

gisch auf, und zwar schlicht als Inversion. Für Vnuk sind die jeweiligen Werke nicht durch ihren individuellen literarischen oder ästhetischen Wert von Interesse, sondern als Zeugnis und Beleg politischer Anschauungen. Seine Sicht ist die Kehrseite des sozialistisch-realistischen Bildes der slowakischen Literaturentwicklung seit 1945, bei ihm werden die Werte bloß mechanisch mit dem entgegengesetzten Vorzeichen versehen, speziell in der Retrospektive der Jahre 1939-1945, aber auch bis vor das Jahr 1939 zurückgehend. Literarhistorisch sind diese Jahre als die Entstehungszeit der Exilliteratur anzusehen, die in ihrem Kern praktisch bis 1989 auf diese eine Generation beschränkt blieb, fehlen doch der Exilgeneration von 1945 die "literarischen Kinder", "Enkel" und "Urenkel", die mit den Angehörigen der jüngsten Generation der slowakischen Literatur unserer Zeit vergleichbar wären. Die Exilliteratur vermehrte zwar die Anzahl ihrer Werke, einzelne Autoren haben sie auch wertmäßig kultiviert, Nacheiferer hat sie aber keine gefunden ... Außerdem blieb sie im Prinzip monotypisch, war zwar autorenabhängig individualisiert, vom Literaturtyp her jedoch undifferenziert: im Wesentlichen setzte sie sich aus Vertretern der Katholischen Moderne zusammen, die auch schon bei ihrem Antritt in der zweiten Hälfte der dreißiger Jahre nur eine Facette im Farbspektrum, nur eine Dimension der damaligen slowakischen Literatur darstellte. Es ist überhaupt kein Paradox, daß auch die Exilliteratur - im Unterschied zur slowakischen einheimischen Literatur der fünfziger Jahre allerdings aus der Not heraus - monolithische Züge angenommen hat.

In der Kulturpublizistik ist für die öffentlich publizierte Literatur der ost- und mitteleuropäischen Länder der Begriff der offiziellen Literatur allgemein gebräuchlich geworden. Für die Entwicklung der slowakischen Nachkriegsliteratur ist dieser Begriff unzureichend. Der Kommunikationskreis der öffentlich publizierten Literatur bildete den Entwicklungsschwerpunkt der slowakischen Literatur und war in seinem Inneren erheblich differenzierter, als das der Begriff der offiziellen Literatur zum Ausdruck bringen kann. Er schloß den Strom der offiziösen Literatur als einer unverblümten Trägerin der kommunistischen Ideologie und Propaganda ein. Zur öffentlich publizierten Literatur gehörte auch der Strom der offiziellen Literatur im engeren Sinne: Autoren, die offizielle Unterstützung genossen und denen auf die verschiedenste Art und Weise, etwa durch die Verleihung von Titeln wie "Verdienter Künstler" oder "Nationalkünstler" oder von Preisen wie dem "Staatspreis" oder dem "Preis des Slowakischen Schriftstellerverbands" eine offizielle Wertschätzung entgegengebracht wurde, wobei sich unter ihnen auch durchaus Schöpfer von nachweislich literarischen Werten befanden. Ein repräsentatives Beispiel für diesen Autorentyp war Miroslav Válek, nach 1969 langjähriger Kulturminister und in dieser Hinsicht Vollstrecker der sozialistischen Kulturpolitik bis zum letzten Atemzug, aber zugleich ganz gewiß ein Dichter von unleugbarem, wenn auch nicht unumstrittenem literarischem Wert mit der Autorität eines wahren Poeten.

Zu den öffentlich publizierenden Autoren gehörten ferner die Mitläufer, Irrläufer und Querläufer und schließlich auch Autoren, die man fortwährend an die Peripherie der öffentlich publizierten Literatur und nicht selten hinter deren Grenzen verbannte. Hierzu gehörten auch die Autoren der alternativen Literatur, die sich vor allem nach 1968 an der Grenze zwischen der öffentlich publizierten und der nichtöffentlich publizierten Literatur bewegte, wo sie fließend in die parallele (Jan Patočka, Václav Benda) nichtöffentlich publizierte Literatur überging, in den Dissens, wenn ihre Autoren nicht zeitweilig zu Verfassern von Schubfachliteratur wurden. Diese schrieben zwar, publizierten ihre Texte jedoch weder im Rahmen der öffentlich publizierten noch der nichtöffentlich publizierten Literatur. In der Mehrheit waren es Autoren ohne deutliche politische Intentionen, denen bewußt wurde, daß *ihr* Literaturtyp in der gegebenen Situation nicht auf die Chance einer öffentlichen Publikation hoffen durfte, gleichzeitig hegten sie aber auch kein Interesse an einer Publikation im Dissens, den sie mit der ihnen fernstehenden Politik in Verbindung brachten. Darum warteten sie mit dem Publizieren, bis sich eine nicht nur politisch und kulturell, sondern auch literarisch günstigere Situation einstellte. Im Unterschied zum Exil besaß die Schubfachliteratur in der Slowakei eine gewisse Tradition (Janko Jesenský, Novomeský zwischen 1939 und 1945), und sie hatte auch gleich nach 1948 ihre Vertreter (Emil Boleslav Lukáč, Ján Smrek, zeitweise auch Milan Rúfus und Válek).

Die sozialistische Kulturpolitik hatte speziell in den siebziger Jahren ein scharfsinniges "Strafbanksystem" ausgeklügelt: das waren zeitlich begrenzte, aber niemals exakt festgelegte öffentliche Publikationsverbote und eine ganze bürokratisch abgesicherte Hierarchie, die vorschrieb, wer nicht publizieren durfte, wer konnte, aber nur von Zeit zu Zeit, wer durfte, aber nur einen bestimmten Literaturtyp, wer auf welche Weise öffentlich rezipiert und literaturkritisch behandelt und anerkannt werden durfte usw. Ein Paradox dieser Situation bestand auch darin, daß die Grenzen zwischen der öffentlich und der nichtöffentlich publizierten Literatur beweglich waren, zum einen hinsichtlich der jeweils herrschenden kulturpolitischen Situation, zum anderen hinsichtlich der jeweiligen Autoren, wobei die Situation nach 1968 als klarer Bruch anzusehen ist, war doch ein Teil der bis dahin öffentlich publizierenden Autoren, die sich als Initiatoren der kulturellen Liberalisierungsbewegung der sechziger Jahre hervorgetan hatten, nun selbst zu den Dissidenten, Schubfachautoren oder teilweise öffentlich publizierenden oder nichtöffentlich publizierenden Autoren hinzugestoßen, d. h. zu denjenigen, von denen sie sich vor 1968 selber abgegrenzt hatten, oder für deren Reintegration in die öffentlich publizierende Literatur sie sich noch vor 1968 persönlich eingesetzt hatten.

Man kann wohl sagen, daß die wirklichen Werte der slowakischen Nachkriegsliteratur mit nur wenigen Ausnahmen an der Peripherie der offiziellen Kulturszene entstanden und Autoren zu verdanken sind, die entweder an der Peripherie oder an der Grenze der öffentlich publizierten Literatur oder aber jenseits dieser Grenze wirkten. Eine nicht zu unterschätzende Rolle spielte hier auch die Zentralisierung des literarischen Lebens in der Nachkriegszeit, das sich vor allem in Bratislava konzentrierte. Preßburg ist eine alte Literaturstadt, die in der neuzeitlichen slowakischen Literatur vor allem mit der Generation der Romantiker verbunden ist. Preßburg war allerdings eine multikulturelle Stadt, so daß ihre Rolle als "Hauptstadt der slowakischen Literatur" in der zweiten Hälfte des 19. Jahrhunderts von der Stadt Martin kraft deren geographischer Lage in der Kernregion des slowakischen Gebiets übernommen wurde. Nach 1918 wurde die Stadt Bratislava wieder zum Zentrum des slowakischen Literaturbetriebs, sie wurde "slowakisiert" und nach 1945, besonders aber nach 1948 drückte man ihr obendrein den "realsozialistischen" Stempel auf.

Der natürliche Regionalisierungsprozeß der sechziger Jahre wurde in den siebziger und achtziger Jahren von einer erneuten Zentralisierung abgelöst. Trotzdem gab es aber Autoren, die lieber einsam und verlassen an der Peripherie blieben, wie Silan, Theo H. Florin, Ján Johanides, Hrúz, Kadlečík, Milan Zelinka, Laučík, Ján Patarák, Stanislav Rakús, Karol Horák, Rudolf Sloboda und andere, als dem unmittelbaren Druck des Zentrums nachzugeben. Hierhin gehörten auch Autoren, die zwar in Bratislava lebten, dort jedoch an der Peripherie des literarischen Lebens, teilweise als freischaffende Schriftsteller (bei einer Anstellung, am häufigsten in Verlagen oder in kulturellen oder wissenschaftlichen Institutionen, waren ihnen die Hände ebenfalls gebunden), teils als Autoren außerhalb der Strukturen des Schriftstellerverbands. So erhielten sich diese Autoren ein gewisses Maß an innerer Freiheit, die sie oft davor bewahrte, kurzlebigen Kampagnen zu erliegen. Und gerade deshalb, weil die Situation der slowakischen Nachkriegsliteratur komplizierter und innerlich differenzierter war, als das mit den Begriffen "offizielle" und "inoffizielle" Literatur und Kultur erfaßt werden kann, halte ich die Begriffe der *öffentlich publizierten* und *nichtöffentlich publizierten* Literatur für angemessener.

Die Desintegration der Literatur zog vor allem nach 1948 eine vollständige Destruktion der natürlichen Literaturentwicklung nach sich. Das wird besonders im Kommunikationskreis der öffentlich publizierten Literatur ersichtlich. Die Mehrdimensionalität innerhalb der literarischen Generationen, Gruppen und Richtungen war zusammengebrochen. Ein Teil der Katholischen Moderne (Strmeň, Šprinc, Dilong, Okál, Zvonický u. a.) hielt sich im Exil auf, ein Teil stellte das Publizieren ein (Silan, Beniak). Die Werke Hronskýs, eines der bedeutendsten slowakischen Prosaautoren der Zwischenkriegszeit, der nach 1945 ins Exil gegangen war, hat man praktisch bis in die Mitte der sechziger Jahre hinein nicht mehr herausgegeben. Die "Nadrealisten", wie sich die slowakischen Surrealisten nannten, vollzogen eine "innere Transformation" zu sozialistischen Realisten (Vladimír Reisel, Rudolf Fabry, Július Lenko, Pavol Horov). Den Impulsen des Naturismus, seit dem Ende der dreißiger Jahre die wertdominante Strömung der slowakischen Prosa, (Švantner, Dobroslav Chrobák, Margita Figuli), wurde Ende der vierziger Jahre der Weg abgeschnitten. Die Werke der einzelnen Autoren erschienen entweder in bearbeiteter Form (Figuli), oder sie wurden bis zum Ende der fünfziger Jahre aus den Verlagsplänen getilgt, was insbesondere für Švantners Roman "Život bez konca" (Leben ohne Ende), einen Schlüsselroman der slowakischen Literatur des 20. Jahrhunderts, zutrifft, der erst 1959, zehn Jahre nach dem Tode des Autors, erschienen ist. Die junge Generation der "Dichter des Sujets" (Tatarka, Červeň), die mit der radikalsten Formulierung der Konzeption einer geistigen Kultur[19] auf den Plan getreten war, bröckelte auseinander. Eine Ursache hierfür war der Tod Červeňs, vor allem aber ist ihr Zerfall der radikalen Verengung des ästhetischen Spielraums nach 1948 anzulasten. Die junge Dichtergeneration, deren Zeitschriftendebuts aus den Jahren 1945-1948 datieren (Rúfus, Vojtech Mihálik, Válek, Viliam Turčány), hat ihr Buchdebut entweder um ein Jahrzehnt "verschoben": Rúfus mit "Až dozrieme" (Bis wir reif sind, 1957); Válek mit "Dotyky" (Berührungen, 1957); Turčány mit "Jarky v

---

19 Vgl. Dominik Tatarka, Neznáma tvár. In: Slovenské pohľady, 3/1940.

kraji" (Gräben im Land, 1958), oder sie sattelte auf den sozialistischen Realismus um (Mihálik) und reihte sich in den Aufmarsch der jungen sozialistisch-realistischen Dichter ein (Milan Lajčiak, Milan Ferko). Der robuste Epiker František Hečko war mit seinem Roman "Drevená dedina" (Das hölzerne Dorf) aus den Gefilden der expressiven Epik in die der sozialistisch-realistischen Didaktik geraten. Von diesem Prozeß war auch das Schaffen von Tatarka, Karvaš, Vladimír Mináč und anderer betroffen. Ähnlich war das Schicksal der Nadrealisten, die Anfang der fünfziger Jahre den Kanon des sozialistischen Realismus übernahmen. Hinzu kommt der Tatbestand, daß man während der Kampagne gegen die "bourgeoisen Nationalisten" einzelne Autoren, wie Novomeský und Clementis, nicht bloß aus dem literarischen, sondern auch aus dem zivilen Leben ausschloß, und andere Autoren, namentlich Tatarka, Mináč und Matuška, als "bourgeoise Nationalisten" desavouierte. Wenn wir hier noch die negative offizielle Resonanz anläßlich des Prosadebuts Alfonz Bednárs "Sklený vrch" (Der gläserne Berg, 1954) und die Reglementierung der Autoren der älteren Generation, wie Lukáč und Smrek, hinzurechnen, dann erhebt sich vor uns der ganze Wirbelsturm des sozialistischen Realismus zu Beginn der fünfziger Jahre.

Diese Situation war jedoch nicht von Dauer. Zum einen stieß sie auf Widerstand von innen, zum anderen auf das veränderte politische Klima des "Tauwetters". Schon Bednárs Eintritt in die Literatur und später die Polemik um seine Novellensammlung "Hodiny a minúty" (Stunden und Minuten, 1958) signalisierte nicht nur Veränderungen des Autorenstandpunkts, sondern auch des gesellschaftlichen Klimas in der Slowakei. Die Diskussion um das "Recht der Dichter auf Traurigkeit" im Jahre 1955 (Pavel Bunčák, Kupec) im Verein mit dem Buchdebut der "gebremsten jungen Generation", speziell von Válek und Rúfus 1957, der Antritt der jungen Dichtergeneration der Konkretisten um das Jahr 1958 (Mikuláš Kováč, Ján Stacho, Ján Ondruš, Ľubomír Feldek, Jozef Mihalkovič) und der Prosageneration der "Alltagsliteratur" (Jaroslava Blažková, Johanides, Anton Hykisch, Peter Balgha, Jozef Kot u.a.), all das zeigte den Bruch an, die eindeutige Abkehr vom sozialistischen Realismus und dessen Konstruktionismus, das Anknüpfen an die weltliterarische Avantgarde der Zwischenkriegs- und Nachkriegszeit, später an die amerikanischen Beatniks und in der Prosa in erster Linie an den "Noveau roman" bzw. an die existentielle Literaturströmung.

Den entscheidenden Schritt bei diesem Umbruch vollführte Dominik Tatarka mit seinem essayistischen, grotesken Prosapamphlet "Démon súhlasu" (Dämon des Jasagens, 1956). Es wurde zur prinzipiellen Ablehnung des Kollektivismus, und so wie Czesław Miłosz drei Jahre zuvor in "Zniewolony umysł" (dt. Verführten Denken) stellte es der "Gottheit der Macht" die "unantastbaren Rechte der menschlichen Persönlichkeit" gegenüber. Tatarka hatte mit dem "Démon súhlasu" jene Entwicklungslinie der slowakischen Literatur begründet, die später gerade mit einem Begriff von Miłosz als Literatur des *Uncaptive Mind* bezeichnet werden sollte. Mit Ausnahme des Philosophen Svätopluk Štúr, der nach dem "Deutschen Machtwillen" den "Marxistischen Machtwillen" beschrieben hat, mag Tatarka einer der wenigen slowakischen Intellektuellen gewesen sein, dem das Verderbenbringende des Kollektivismus klar zu Bewußtsein gekommen ist. Überraschend tauchten erst 1993 Gedichte aus dem Nachlaß Ján Smreks auf, die unter dem Titel "Proti noci" (Gegen die Nacht) erschienen. Smrek, bislang vor allem als Autor von Liebeslyrik bekannt, legt hier über vierzig Jahre nach Entstehung der Gedichte erstmals öffentlich Zeugnis als engagierter Dichter, als innerlich zutiefst überzeugter Demokrat ab; es handelt sich auch heute noch um Gedichte von tiefer innerer Stärke und Kraft.

Die Literatur der sechziger Jahre stand dann im Zeichen des Antritts der jungen Epiker-generation (Dušan Kužel, Sloboda, Hrúz, Pavel Vilikovský, Ladislav Ballek, Vincent Ši-kula, Peter Jaroš, und später, gegen Ende der sechziger Jahre Andrej P. Mráz, Dušan Mitana, Dušan Dušek, Ivan Habaj, Milan Zelinka, Alta Vášová, Ivan Popovič) und damit der Ankunft der Groteske, der "konkreten Absurdität", der Modellprosa und überhaupt all dessen, was sich als die erste Welle der "fröhlichen Postmoderne" bezeichnen ließe. In der Lyrik folgte darauf der Eintritt der "verspäteten Konkretisten" in die Literatur (Ján Buzássy, Jozef Mokoš, Ján Šimonovič, Štefan Strážay), der "einsamen Läufer" (Gruppe der Osamelí bežci mit Ivan Laučík, Peter Repka, Ivan Štrpka) und jener Dichter, die vor-nehmlich die Sprache als ästhetisches Material thematisierten (Štefan Moravčík, Kamil Peteraj). Außerdem bildete sich auf dem Gebiet des Rocksongs (Peteraj, Boris Filan, Mi-lan Lasica, später Ján Štrasser, Ivan Štrpka) und des Kabarettheaters (Milan Lasica - Jú-lius Satinský, Stanislav Štepka - Milan Markovič) der Nährboden für eine alternative Kul-tur heraus. Die Rückkehr Novomeskýs in die Literatur Mitte der sechziger Jahre bedeutete auch die Revitalisierung weiterer Autoren seiner Generation (Ján Kostra, Bunčák, Horov, Beniak, Kupec) als Dichter. Die damalige mittlere Epikergeneration kehrte thematisch in die Zeit des zweiten Weltkriegs und des Slowakischen Nationalaufstandes zurück und überwand das konstruktionistische Modell der Kriegsliteratur, das symptomatisch für die slowakische Prosa von Jilemnický bis Mináč war (Bednár, Rudolf Jašík, Ťažký, Leopold Laholas Rückkehr in die Literatur daheim). In der Dramatik begann sich in der zweiten Hälfte der sechziger Jahre das Modell des grotesken bis absurden Theaters durchzusetzen (Karvaš, Ivan Bukovčan), Ende der sechziger Jahre etablierte sich der slowakische Film (Štefan Uher, Martin Hollý, Juraj Jakubisko, Elo Havetta, Juraj Herz, Dušan Hanák, Juraj Trančík), der in den jeweiligen Generationen eng mit der slowakischen Literatur verbun-den war (Leopold Lahola, Tatarka, Bednár, Ťažký, Tibor Vichta, Johanides, Vincent Šiku-la, Lubomír Dohnal, Vášová, Dušek u. a.).

In der zweiten Hälfte der sechziger Jahre kam es auch zu einer teilweisen Reintegration von nicht emigrierten Autoren. Es handelte sich um jene, die man entweder in einer ideo-logischen Reduktion mit dem Slowakischen Staat in Verbindung setzte, oder um jene, die mit ihm wirklich verbunden gewesen sind (Gašpar, Milo Urban - Valentín Beniak, Janko Silan). Man begann wieder damit, die vor dem Kriege entstandenen Werke Hronskýs, Urbans und anderer zu edieren.

Dieser Versuch einer teilweisen Reintegration der slowakischen Literatur wurde aber nach 1968 gänzlich zum Stillstand gebracht. Es kam zur zweiten Exilwelle (Ladislav Mňačko, Blažková, Ladislav J. Kalina, Ján Rozner u. a.); nach 1968 bildeten sich die Zentren der nichtpublizierten Literatur im Umfeld des slowakischen Dissens heraus (Ta-tarka, Hana Ponická, Kadlečík, Milan Šimečka, Martin M. Šimečka, Miroslav Kusý, Oleg Pastier u. a.), aber auch im Umfeld der christlichen Autoren, die sich um die ehemalige "Spišská kapitula" zusammenfanden (Ladislav Hanus, Jozef Kútnik-Šmálov, Silan). Der sozialistische Realismus erlebte sein theoretisches Revival, und man unternahm einen im großen und ganzen erfolglosen Versuch um seine literarische Wiederbelebung (Ján Jonáš u. a.). Eine Gruppe von Autoren publizierte bis 1989 praktisch überhaupt nicht mehr (Pavol Štraus, Juraj Špitzer, Fedor Cádra, Albert Marenčin, Hrúz, Kužel, Laučík, Patarák, Bútora u. a.); andere nur mit beträchtlichen Pausen (Ťažký, Karvaš, Ivan Štrpka, Moravčík, Štrasser, Vášová, Johanides, Mitana, Dušek u. a.). Der Antritt zweier junger Generationen erschwerte oder verspätete sich erheblich.

In den siebziger Jahren verschob sich der Schwerpunkt der Epik auf das Gebiet des historischen Romans, der sich der "Suche nach den Wurzeln" (Ballek, Šikula, Jaroš, Hykisch) oder umgekehrt, der "historischen Entwurzelung" (Johanides, Lajos Grendel) zuwandte. Ein zweiter Weg war die Hinwendung zu peripheren Genreformen (Kriminalroman, Science-fiction-Literatur - Vilikovský, Mitana, Vášová u. a.), die von den Autoren genutzt wurden, um wichtige aktuelle Probleme aufzugreifen. Es entstand die Literatur des sozial entwurzelten, "erschlagenen Menschen" (Sloboda). In der Lyrik fanden die Werte der "klassizierenden Autoren" (Viliam Turčány, Buzássy, Ján Zambor), der Autoren der ursprünglichen "Tyrnauer" Gruppe (Feldek, Mihalkovič) und danach Strážays Lyrik der "minimal art" ihre Bestätigung. In der Dramatik setzte sich gegenüber dem Repertoiretheater das Kabarett (Lasica - Satinský, Stanislav Štepka, später Viliam Klimáček und Ivan Mizera, Blaho Uhlár, Karol Horák) und das Theater der kleinen Form (Ivan Hudec, Andrej Ferko, Peter Belan / Jaroslav Filip / Rudolf Sloboda u. a.) durch, so daß sich an der Peripherie des offiziellen Kulturbetriebs eine alternative Szene herausbildete. Auf dem Gebiet der Rockmusik trat nach der Generation Pavol Hammel, Marián Varga, Dežo Ursiny - Boris Filan, Peteraj, Štrasser, Štrpka gegen Ende der siebziger Jahre und vor allem in den achtziger Jahren die Generation des Folksongs auf den Plan (Zuzana Homolová, Ivan Hoffmann, Július Kazimír, Miloš Janoušek, Dušan Valúch u. a.), hier vor allem die Gruppe "Bez ladu a skladu" (Michal Kaščák), die dadaistisch-absurde Texte in die Rockmusik einbrachte.

Seit der Mitte der achtziger Jahre begann sich in der Literatur die junge Generation durchzusetzen (Andrej Ferko, Igor Otčenáš, Dušan Taragel, Edmund Hlatký, Peter Pišťanek in der Prosa und Ivan Kolenič, Taťjana Lehenová, Jozef Urban, Miloš Žiak, Erik Groch, Karol Chmel in der Lyrik). Die Gruppe "Osamelí bezci" kam wieder "in Umlauf", mit ihr die Lyriker Moravčík und Štrasser, nach ihnen Ján Švantner, Milan Richter und Daniel Hevier. In der Prosa nahmen Johanides, Sloboda, Vilikovský, Mitana, Dušek und Vášová wieder den abgerissenen Faden ihrer Publikationstätigkeit auf und mit ihnen kam die zweite Welle, die der "sarkastischen Postmoderne". In der zweiten Hälfte der achtziger Jahre betrat Bútora als Nachzügler der Generation der sechziger Jahre die Literaturszene. Die ersten Versuche einer weiteren Reintegrationswelle zeichneten sich ab, vor allem begannen die Schubfachautoren wieder zu publizieren, auf dem Boden des offiziellen Schriftstellerverbandes wurde die Forderung erhoben, alle Strömungen der slowakischen Literatur zu integrieren, die ersten Kontakte zwischen den öffentlich publizierenden Autoren und dem Dissens wurden geknüpft, die zur Öffnung der Zeitschriften "Slovenské pohľady" und "Literárny tyždenník" für die Autoren des Dissens führten (Tatarka, Hrúz, Martin M. Šimečka, Kadlečík); die Autoren der jungen Generation begannen damit, die "unregelmäßige" Zeitschrift "Literárne konfrontácie" herauszugeben (November 1988, Januar 1989), deren Ziel vor allem darin bestand, einen Kontakt zwischen den jungen Autoren der öffentlich publizierenden Literatur und des Dissens herzustellen. Es kam zu ersten theoretischen Versuchen, die Situation der Literatur nicht unter dem Aspekt der Retrospektive, der "Lehren aus der krisenhaften Entwicklung", sondern unter dem Aspekt der anstehenden Perspektive einer Reintegration der slowakischen Literatur zu erfassen.[20] Es erhob sich eine erste Solidarisierungswelle der öffentlich publizierenden Autoren mit den gerichtlich verfolgten Autoren des Dissens (Feldek, Vilikovský, Lasica, Bútora, Peter Zajac, Štrasser, Andrej Ferko, Žiak), im Herbst 1989 wurde der slowakische PEN-Club gegründet, der sich zur P.E.N. Charta bekannte und gegen die Inhaftierung von Schriftstellern Stellung bezog. Freilich geschah dies alles erst kurz vor dem November 1989, der eine prinzipiell neue Situation einleitete.

Ein spezielles Problem ist die Frage der alternativen Kultur. Sie stellte einen gewissen Übergang zwischen der öffentlich publizierten Literatur und dem Dissens dar. Als nichtintentionaler Literaturtyp war sie schon in der zweiten Hälfte der fünfziger Jahre entstanden: einfach dadurch, daß sie aus dem Tunnel des sozialistischen Realismus ausscherte und die sog. Genres der "bourgeoisen Kunst" (Jazz und Rock in der Musik, abstrakte Kunst, Happening und Konzeptualismus auf dem Gebiet der bildenden Kunst, moderner Ausdruckstanz, Kabarett und Theater der kleinen Form u. a. m.) zu pflegen begann. Ein Teil der alternativen Kultur war stets um Professionalisierung bemüht, ein anderer Teil aber, der sich in den siebziger und achtziger Jahren vor allem auf der Plattform der Laienkunst zu artikulieren begann (die im Übrigen auch zur Basis für die ökologische Bewegung und für Bürgerinitiativen wurde, die in Verbindung mit der alternativen Kultur in den achtziger Jahren vor allem von Martin Huba und Ján Budaj initiiert wurden), verspürte kein Interesse, sich zu professionalisieren und die öffentliche Kommunikation oder gar deren Zentrum zu betreten. Diese alternative Kultur formierte sich in den Grenzregionen zwischen Literatur und Musik (Rock, Folk,), zwischen Literatur und Theater (Kabarett, Theater der kleinen Form), zwischen Literatur und bildender Kunst, zwischen Literatur und Publizistik (im Umkreis der ökologischen Initiativen), zwischen Literatur und philosophischem Essay (vor allem beim Dissens). Sie verstand es oft, den Boden der öffentlichen Kulturinstitutionen zu nutzen, die sie "hinter dem Rücken" der Kulturhüter und unter ewigem Ringen mit der örtlichen Kulturbürokratie in Zentren einer aufkeimenden Soziokultur verwandelte. Sie arbeitete mit Medien, die sich auch der Dissens zu eigen gemacht hatte (Ausstellungen in Wohnungen, einmalige Präsentationen von Musik, Theater und bildender Kunst, Gelegenheitsproduktionen im Rahmen öffentlicher Konzerte). Diese Vorgehensweisen rechneten mit einer beträchtlichen Mobilität und waren in diesem Sinne "nicht zu erwischen". Außerdem wuchs auf dem Gebiet der alternativen Kultur die Atmosphäre einer natürlichen und spontanen Zusammenarbeit zwischen den unterschiedlichen Kunstsparten (Literatur und bildende Kunst; Literatur und Theater; Lite-

---

20 Vgl. Milan Šútovec, Začiatok sedemdesiatych rokov ako literárnohistorický problém. In: Slovenské pohľady, 1/1989; Eva Jenčíková und Peter Zajac, Situácia súčasnej slovenskej literatúry. In: Slovenské pohľady, 2/1989.

ratur und Film; Literatur und Musik; Literatur und Fotografie, später auch Video), so daß die alternative Kultur auf dem Hintergrund der sinnentleerten sozialistischen Kultur wirkliche Inseln einer demokratischen Soziokultur entstehen ließ. Darüber hinaus war es gerade die Sphäre der alternativen Kultur, auf deren Boden sich, unbelastet von aller Offizialität, die natürlichen Beziehungen zwischen der slowakischen und der tschechischen Kultur formten.

Der slowakische Dissens entstand praktisch erst nach 1968. In seinen Publikationen war er an den tschechischen Dissens und die mitteleuropäische Konzeption vom "Leben in der Wahrheit" gekoppelt. Nicht zufällig stützt sich Václav Havel in Anlehnung an Patočka gerade auf diesen Begriff, der eigentlich von Franz Kafka stammt. Die Prinzipien der antipolitischen Politik als Form zur Rekonstruktion der Zivilgesellschaft, die Gewaltlosigkeit, das Bewußtsein, daß es "Dinge gibt, für die zu leiden sich lohnt", die Überzeugung, daß der Staat die grundlegenden Menschenrechte einhalten muß und dem Bürger das Recht auf deren Kontrolle in die Hand zu legen hat - unter diesen Punkten faßte Timothy Garton Ash 1992[21] die mitteleuropäische Diskussion aus der ersten Hälfte der achtziger Jahre zusammen (Adam Michnik, György Konrád, Havel, Milan Kundera).

Im slowakischen Dissens der siebziger und achtziger Jahre entstanden Schlüsselwerke der slowakischen Literatur. Hier ist vor allem das Prosawerk Dominik Tatarkas zu nennen. Wichtig ist das essayistische Werk Milan Šimečkas, das der tschechischen Literatur ebenso angehört wie der slowakischen, und von Bedeutung sind die politologischen Erwägungen Kusýs, aber auch das Werk Kadlečíks an der Grenze zwischen künstlerischer Prosa und Essay und nicht zuletzt die Erinnerungen Hana Ponickás "Lukavické zápisky" (Lukavicer Aufzeichnungen, 1988), die ein authentisches Zeugnis von der Situation in der slowakischen Schriftstellergemeinde zur Zeit der Entstehung der Charta 77 geben. Beschrieben wurde das Funktionieren dieses Systems von Milan Šimečka[22] und Oleg Pastier[23]. Die junge Generation des Dissens gruppierte sich um die Zeitschriften "Fragment" und "Kontakty" (später "Fragment K"), in ihrem Zentrum standen Martin M. Šimečka und Pastier. Diese Generation war es, die als Bindeglied sowohl zwischen der älteren und der jüngeren Generation des Dissens, zwischen dem säkularen und dem christlichen Dissens und in der zweiten Hälfte der achtziger Jahre auch zwischen dem Dissens und den öffentlich publizierenden Autoren auftrat, und das nicht nur auf dem Gebiet der Literatur, sondern auch der anderen Künste und der Politologie, Soziologie, Philosophie, der Psychologie und der Geschichtsschreibung. Wird der christliche Dissens erwähnt, so sollte man berücksichtigen, daß er sich vorrangig christlichen Glaubensproblemen, der Geschichte und der Politologie zuwandte. Literaturproblemen haben sich die "Bratislavské listy" als Zeitschrift des christlichen Dissens nur am Rande gewidmet (Ján Čarnogurský, Jozef Mikloško, Ján Langoš).

---

21 Vgl. Timothy Garton Ash, Středoevropan volbou. Praha: I.S.E. 1992.

22 Vgl. Milan Šimečka, Průklepový papír 30g/cm2. In: Fragment K, 2-3/1990.

23 Vgl. Oleg Pastier, Z histórie bratislavského samizdatu. In: Fragment K, 2-7/1991.

Im Unterschied zu anderen mittel- und osteuropäischen Literaturen, für die das Exil schon im neunzehnten Jahrhundert kennzeichnend war, stellte in der slowakischen Literatur nach 1945 das Exil eine neue literarische Erscheinung ohne eine besonders kontinuierliche Tradition dar. Die erste Exilwelle nach dem Kriege, die der nach 1945 Ausgewanderten, hatte sich auf eine Generation beschränkt und war monotypisch geblieben. Von 1945 bis praktisch in die Gegenwart hinein nahm die slowakische Lyrik hier einen Weg, den die Katholische Moderne in der Slowakei schon in der zweiten Hälfte der dreißiger Jahre eingeschlagen hatte. Die erste Nachkriegsexilwelle ist literarisch die einzige konsistente Exilgeneration geblieben. Sie fand sich im Umfeld mehrerer Zeitschriften zusammen. Nach 1968 war das vor allem die Zeitschrift "Horizont", später kamen die Zeitschriften "Mosty" und "Pohľady" hinzu. Das Problem der ersten Exilwelle bestand vor allem darin, daß sie einen bestimmten Entwicklungsstand der slowakischen Literatur aus dem Heimatland konservierte und nicht bloß von dieser isoliert blieb, sondern darüber hinaus auch von der Entwicklung jener Literaturen, in deren Kontext die slowakischen Exilschriftsteller ihre Tätigkeit entfalteten. Das bedeutete, daß die jeweiligen Autoren ihre Werke vermehrten (Dilong), vertieften und kultivierten (Šprinc, Strmeň). Insgesamt vermochten sie es aber nicht, in den weiteren Werdegang der daheim wirkenden slowakischen Literatur einzugreifen. Im Unterschied dazu führten Beniak und Silan die Linie der Katholischen Moderne mit der Lyrik des Spiritualismus auf einen Höhepunkt und schufen so einen echten Wert, den der Kritiker der Katholischen Moderne Kútnik-Šmálov freilich schon während der vierziger Jahren angemahnt hatte. In der literaturwissenschaftlichen Diskussion nach 1989 um die Werte des Exils (Jozef Hvišč, Tibor Žilka, Mária Bátorová - Jozef Špetko, Milan Hamada, Petra Bombíková) traten zwei Konzeptionen zur Katholischen Moderne hervor. Špetko, Hamada und Bombíková erfassen die reale Situation offensichtlich zutreffender, denn mit ihrem nüchternen Blick auf die Exilliteratur grenzen sie deren Werte vom äquivalenten Strom der daheim gebliebenen Literatur (Silan, Beniak) ab, die als spirituelle Strömung neben der Moderne und der Postmoderne eine dritte wertbeständige und tragende Linie der slowakischen Nachkriegsliteratur bildet, wobei das Werk Dominik Tatarkas offenbar ein gewisses Bindeglied zwischen diesen drei Strömungen ist.

Die zweite, die 1968er Exilwelle vermochte keine kohärente literarische Generation oder Gruppe hervorzubringen; ihre Autoren blieben solitär, vor allem Mňačko mit seinen Exilwerken, in denen er sein literaturpublizistisches Schaffen aus den sechziger Jahren weiterführte. Jaroslava Blažková verstummte im Exil und die anderen Autoren wie Kalina, Emil Knieža oder Ján Rozner vereinsamten. Die literarische Exilwelle nach 1968 hatte praktisch keinerlei Kontakte mit der ersten Exilwelle geknüpft, aber auch nicht - mit Ausnahme der Publizistik im Radio Freies Europa (Kalina, Špetko, Anton Hlinka u. a.) - mit dem daheim in der Slowakei wirkenden Dissens. Sie hatte sich, sofern das möglich war, auf den Literaturkontext des Exillandes orientiert.

Zu diesen beiden Exilwellen kommen noch jene Autoren hinzu, die die Tschechoslowakei 1968 als junge Menschen verlassen hatten (Irena Brežná, Dušan Šimko, Peter Repka) und sich, wohl mit Ausnahme von Repka, eher als Bestandteil des äußeren als des innerslowakischen sozialen und literarischen Kontextes verstanden. Hinzu kommt noch die Emigrantenwelle der siebziger und achtziger Jahre (Boris F. Lazar, Jana Gavalcová, Stano Dusík), die in der Zeitschrift "Pohĺady" bestrebt war, den auf die nationale Problematik verengten Kulturhorizont der ersten Nachkriegsexilwelle zu erweitern und auch gegenwartsnahe zivilisatorische Probleme zu reflektieren. Die Problematik des slowakischen politischen und auch kulturellen Exils hat František Braxátor[24] insgesamt recht sachlich beschrieben. Das slowakische Exil hat sich durch seine Identifizierung mit der slowakischen Staatlichkeit und darüber hinaus auch mit deren Regime selbst um das Interesse der demokratischen Welt in den Ländern seines Wirkens (USA, Kanada, BRD, Schweiz) gebracht. Zudem beraubte es sich der Möglichkeit, mit dem slowakischen demokratischen Dissens Kontakt aufzunehmen. Es ist daher kein Zufall, daß Tatarka, Ponická, Kadlečík, M. Šimečka und Martin M. Šimečka in tschechoslowakischen Exilverlagen und -zeitschriften publizierten (aber eigentlich hat man darunter fast ausschließlich tschechische Verlage und Zeitschriften zu verstehen): Sixty-eight Publishers, Index, Arkýř, Proměny-Premeny.

Schon in der zweiten Hälfte der achtziger Jahre kam es zu den ersten Reintegrierungsversuchen der slowakischen Literatur, wobei man vor allem danach strebte, die nichtpublizierenden Autoren und die Autoren des Dissens schrittweise in die öffentlich publizierte Literatur einzugliedern. Tatsächlich hatte es aber auf dem Boden der sozialistischen Kulturpolitik nicht zu dieser Reintegration kommen können. Obwohl man zu sagen pflegte, daß das kulturelle Klima in der Slowakei milder gewesen sei als in Böhmen, war es ein kulturelles Klima des Partei- und Staatsmonopols über die öffentlich publizierte Literatur und nahm der wirklichen, speziell der wertmäßigen inneren Differenzierung der slowakischen Literatur der vergangenen Jahrhunderthälfte letzten Endes die Spitze. Reale Voraussetzungen für eine Reintegrierung der slowakischen Literatur hat erst die Situation nach 1989 schaffen können. Und wenn ich von Voraussetzungen spreche, dann im Bewußtsein dessen, daß zwischen Voraussetzungen und der Wirklichkeit ein evidenter Unterschied besteht.

Betrachten wir aber zunächst die realen gesellschaftlichen Voraussetzungen. Nach 1989 ist das Partei- und Staatsmonopol über die Kultur beseitigt worden. Man begann damit, die Regeln der Marktwirtschaft durchzusetzen. Es entstand ein kombiniertes System der Kultur- und Literaturförderung durch den Staat (die Schaffung des Fonds Pro Slovakia für einzelne Literaturprojekte, die staatliche Unterstützung für Literaturzeitschriften, die ohne sie in der neuen Situation der Marktwirtschaft nicht überleben könnten, die staatliche Unterstützung für Schriftstellervereinigungen, die Existenz des Literaturfonds als unterstützende soziale Organisation u. a. m.) und in geringem Maße durch vereinzelte Sponsoren und ausländische Stiftungen und Kulturfonds. Die staatliche Verwaltung griff nicht mehr direkt in die Entscheidungsprozesse auf dem Gebiet der Kulturförderung ein und übertrug die Verantwortung für die Entscheidungsfindung den Fachgremien. Es kam zu einer inneren Differenzierung der Schriftstellerorganisationen. Im Privatsektor wurden neue Distributionskreise gebildet. Es entstanden private Kleinverlage, die sich der aktuel-

---

24 Vgl. František Braxátor, Slovenský exil '68. Bratislava: Lúč 1992.

len Literaturproduktion zu widmen begannen: Modrý Peter (Peter Milčák), Hevi (Daniel Hevier), Archa (Martin M. Šimečka). Es entstand ein neues Netz von kleinen privaten Buchhandlungen (Artforum). Der Literaturausbildung, der Literaturforschung und ihrer Dokumentation wurden die Zügel gelockert. Ein plurales literarisches Leben entfaltete sich. Die Autoren des Dissens und Exils begannen publizistisch und teilweise auch mit Texten in der slowakischen Literatur präsent zu sein. Das Exil und der Dissens beendeten praktisch ihre Existenz als selbständige Kommunikationskreise. Allmählich erschienen zumindest einige Werke der Schubfachliteratur (Juraj Špitzer, Kupec, Pavol Štraus, Silan, Beniak, Bednár, Dušan Kužel), Werke aus dem Dissens (Tatarka, Kadlečík, Milan und Martin M. Šimečka, Ponická, Kusý, Pastier) und aus der Exilliteratur (Dilong, Šprinc, Strmeň, Hronský, Pavol Hrtus-Jurina).

Wenn es trotzdem innerhalb der vergangenen fünf Jahre nicht zu einer wirklichen Reintegrierung der slowakischen Literatur gekommen ist, dann gibt es hierfür mehrere Gründe. Die Situation nach 1989 hat sich nicht zu einer natürlichen inneren Pluralität mit dem möglichen Grundcharakteristikum der Vieldimensionalität herauskristallisiert, sondern polarisiert, und das vor allem hinsichtlich der Haltung zum neu entstandenen und entstehenden selbständigen Staat. Diese Polarisierung orientiert sich jedoch nicht an Werten, sondern es wird abermals ideologisiert. Ähnlich kam es zu keiner natürlichen inneren Differenzierung des literarischen Lebens, sondern zu dessen Polarisierung entsprechend der jeweiligen Organisationen (Schriftstellerverein/Assoziation der Organisationen slowakischer Schriftsteller). Seit Anfang 1993 werden wir zu Zeugen erneuter gewaltsamer Eingriffe in die Kulturpolitik und ins literarische Leben, was zum einen die Zeitschriftensubventionierung betrifft (die Zeitschrift "Slovenské pohlady" ist eingegangen, weil ihr die staatliche Subventionierung entzogen wurde, das Wochenblatt "Kultúrny život" desgleichen), zum anderen auch Schriftstellerorganisationen, wovon z. B. die willkürliche Reorganisierung der Kommission des Fonds Pro Slovakia zeugt.

Bei der Herausgabe von literarischen Werken aus dem Dissens und dem Exil sind große Lücken geblieben (speziell beim Werk Tatarkas, aber auch bei mehreren Exilautoren, und das auch in der Memoirenliteratur), die ein reales Leseerlebnis als Voraussetzung für die anstehende literaturkritische Wertung dieser Werke vereiteln. Das hat ein Übermaß an publizistischen Einschätzungen zur Folge, die eher desorientieren, als eine Orientierung zu geben.

Es entstand die Situation einer "Verräumlichung der Zeit", bei der erstmals Werke, die vor einem halben Jahrhundert, vor zwanzig Jahren oder im vergangenen Dezennium entstanden sind, neben Werken aus der aktuellen Literaturproduktion stehen. Dieses "Nebeneinander" bedeutet jedoch oft auch ein "paralleles Nebeneinanderhergehen", in dem besonders noch die öffentlich publizierte Literatur und die Exilliteratur verharren, in geringerem Maße auch der Dissens.

Die Literatur des Dissens ist jedoch in jüngster Zeit wieder zum Objekt publizistischer Attacken geworden, in denen man sich des Vokabulars der antichartistischen Ausfälle aus der zweiten Hälfte der siebziger Jahre bedient. Es kommt zum erneuten Versuch, den Dissens, der es sich "mit dem Westgeld hat gutgehen lassen", den anderen, "die die Arbeit machen mußten", gegenüberzustellen.

Nicht selten kommt es zu einer gänzlichen, schon beinahe quasi-postmodernen Auf-
lösung und Relativierung der jeweiligen ethischen Standpunkte. All dies hat dann zur
Folge, daß an der Stelle elementarer literarischer Werte neue, ideologisch verbrämte
Werte untergeschoben werden.

In der Literaturforschung sind zwar mehrere Literaturwissenschaftler und Kritiker rehabilitiert worden, die über zwei Jahrzehnte öffentlich nicht publizieren konnten (Milan
Hamada, Michal Gáfrik, Julius Vanovič, Kadlečík), aber die Forschung selbst hat bislang
keine hinreichend klare Stütze geboten, an die sich auch die Literaturausbildung hätte
anlehnen können. Bis jetzt sind nur mehr oder weniger mechanisch einige Namen ausgetauscht worden.

In den Generationen, die vor 1989 in der Literatur des ersten, zweiten oder dritten Kommunikationskreises tätig waren, werden bis heute die geteilten Vergangenheiten, Lebenswege und literarischen Erfahrungen, Standpunkte und Meinungen konserviert. Es ist darum offensichtlich, daß es zu einer tatsächlichen Reintegration der slowakischen Literatur
nur unter Aufrechterhaltung der Prinzipien des Rechtsstaates und der Demokratie auf dem
Gebiet der Kulturpolitik kommen kann, und nur in der jungen Generation, die von gemeinsamen Startbedingungen ausgehen wird. Dieser Prozeß - so läßt sich erwarten - wird
noch die ganze nächste Generation beschäftigen.

Auch bei diesem nüchternen Blick auf die realen Möglichkeiten einer Reintegration der
slowakischen Literatur ist festzuhalten, daß die neue Situation nach 1989 gezeigt hat, daß
es die slowakische Nachkriegsliteratur vermochte, auch - und vielleicht speziell - in der
Situation ihrer fast ein halbes Jahrhundert währenden Desintegration in den jeweiligen
Kommunikationskreisen Raum für echte Werte zu schaffen, für Werte mit einer nicht
selten übernationalen Reichweite und Bedeutung. Die Schicksalsfügungen der slowakischen Nachkriegsliteratur sind zu einem Bestandteil der dramatischen Geschichte der slowakischen Literatur und zu einer wichtigen Facette der gesamten dramatischen Entwicklung der Literatur, Kultur und Gesellschaft im Mitteleuropa der Nachkriegszeit geworden.

Aus dem Slowakischen von Ute Raßloff

Ludwig Richter

Slowakisches literarisches Leben im Exil 1939-1989

Versuch einer Bestandsaufnahme

Wie in der tschechischen, so hat auch in der slowakischen Literatur das Schreiben und Publizieren im Exil eine jahrhundertelange Tradition, die bis in die Zeit der Gegenreformation zurückreicht und ebenfalls aufs engste mit Deutschland, mit den Druckorten Zittau, Görlitz, Pirna, Dresden, Lauban, Halle, Leipzig, Wittenberg u. a. verbunden ist. Es handelt sich hierbei vorwiegend um protestantische Erbauungsliteratur und um Gelegenheitspoesie, aber auch schon um eine subjektivere autobiographische Prosa, um Memoiren, Reisebeschreibungen und Tagebücher, in denen ihre Autoren, Štefan Pilárik, Tobiáš Masník, Ján Simonides, Juraj Láni und andere, die Glaubensverfolgungen, die Gerichtsprozesse der Jahre 1672-1674, den Marsch zu den neapolitanischen Galeeren, die Flucht von dort und schließlich die Ankunft in Deutschland aus eigener Erfahrung anschaulich darstellen. Sie wenden sich nicht nur an den Adressaten daheim, den die "ketzerischen" Texte immer wieder auf verschlungenen Wegen erreichen, sondern in lateinischer und deutscher Sprache auch an den Leser im Gastland bzw. im Ausland, um eine internationale Öffentlichkeit auf die bedrückenden Verhältnisse in der Heimat aufmerksam zu machen.[1]

Ein prinzipieller Unterschied besteht zwischen den literarischen Aktivitäten dieser politischen Exulanten und den kulturellen Bestrebungen jener slowakischen Auswanderer, die sich vom 18. Jahrhundert bis 1939 vor allem aus ökonomischen Gründen in den Vereinigten Staaten von Amerika, in Kanada, Südamerika, Australien, Rußland, Frankreich, Belgien, Österreich wie auch in Südosteuropa niedergelassen haben. Unter den 700.000 Slowaken, die allein zwischen 1880 und 1918 in den USA Aufnahme fanden, gibt es nur wenige, die wegen ihrer nationalen bzw. "panslawistischen" Gesinnung der Heimat den Rücken gekehrt haben. In der Periode zwischen den beiden Weltkriegen erhöhte sich die Zahl der "Wirtschaftsflüchtlinge" noch weiter, so daß sich schließlich ein Drittel der erwachse

---

1 Eduard Winter, Die tschechische und slowakische Emigration in Deutschland im 17. und 18. Jahrhundert. Berlin 1955; Hubert Rösel, Die tschechischen Drucke der Hallenser Pietisten. Würzburg 1961; Jozef Minárik, Die slowakische Literatur in der zweiten Hälfte des 17. und in der ersten Hälfte des 18. Jahrhunderts. In: Ost und West in der Geschichte des Denkens und der kulturellen Beziehungen. Berlin 1966, S. 180-193.

nen slowakischen Bevölkerung im Ausland aufhielt.[2] Um das nationale Zusammenge-
hörigkeitsgefühl zu stärken, wurden in den slowakischen Emigrationszentren weltweit
vielfältige Anstrengungen zur Pflege von Muttersprache und Brauchtum unternommen,
mehrere slowakischsprachige Tageszeitungen und Wochenschriften herausgegeben, sowie
in Ansätzen auch ein literarisches Leben aufgebaut. Die verlegerischen Aktivitäten stießen
jedoch an bestimmte Grenzen, sofern es um die Herausgabe von schöngeistiger Literatur
ging, dominant blieb angesichts der sozialen Zusammensetzung des anvisierten Leser-
publikums nach wie vor die Kalenderproduktion. Da in der Emigration das eigene künstlerische Potential zu klein war, wurden Kontakte zu Schriftstellern in der Heimat aufgenommen; unter anderen wurden Svetozár Hurban Vajanský, Teréza Vansová und Martin
Kukučín um Übersendung ihrer Bücher und um kleinere literarische Beiträge für Zeitschriften gebeten. Kukučín, einer der Hauptvertreter des slowakischen Realismus, kann
im übrigen für sich in Anspruch nehmen, in dem genannten Zeitraum ein vorwiegend in
der Emigration lebender slowakischer Autor gewesen zu sein. Von 1894 bis 1907 hielt
er sich in Dalmatien, von 1907 bis 1922 in Südamerika, vor allem in Chile auf; danach
pendelte er wieder zwischen seinem Vaterland Slowakei, seiner zweiten Heimat Kroatien
und Südamerika. In Dalmatien entstanden mehrere Reisebeschreibungen über das Gastland sowie sein erster Roman "Dom v stráni" (Das Haus am Hang), in Chile vor allem
die Vorarbeiten zu seinem Roman "Mať volá" (Die Mutter ruft"), worin er das Leben
kroatischer Auswanderer thematisiert.

Eine spezifische Art von Emigranten waren die slowakischen Soldaten, die im Ersten
Weltkrieg an der Ostfront zu den Russen überliefen und dann in den Gefangenenlagern
für die Tschechoslowakischen Legionen angeworben wurden, um für die Befreiung des
eigenen Volkes zu kämpfen. Unter den Offizieren dieses bewaffneten tschechoslowakischen Widerstands im Ausland, den der in französischen Diensten stehende General Milan
Rastislav Štefánik als Slowake militärisch entscheidend mitbestimmte, befand sich auch
der Prosaist Jozef Gregor Tajovský, der hier vor allem publizistisch tätig war, die "Česko-
slovenské hlasy" und die "Slovenské hlasy" redigierte, aber auch Skizzen aus dem russischen Leben und weitere Texte schrieb, die später unter dem Titel "Rozprávky o česko-
slovenských légiách v Rusku" (Erzählungen über die Tschechoslowakischen Legionen in
Rußland) in Buchform erschienen sind. Ein weiterer führender Vertreter des Widerstands
war der bereits durch seine Lyrik und durch seine Kleinstadtgeschichten bekannte slowakische Schriftsteller Janko Jesenský, der die Kulturarbeit innerhalb der Legionen förderte.
Zusammen mit Tajovský redigierte er u. a. die slowakische Beilage der Zeitschrift "Če-
choslovan". Auch Jesenský verarbeitete diesen Abschnitt seines Lebens 1933 literarisch
in den Memoiren "Cestou k slobode" (Auf dem Wege zur Freiheit), die seine durchaus
kritische Haltung zu den Ereignissen in Rußland anschaulich widerspiegeln. Schließlich
begann hier Mikuláš Gacek mit dem Schreiben eigener Impressionen, die 1936 in den
"Sibírske zápisky" (Sibirische Notizen) ihre Fortsetzung und Vollendung erfahren haben.

---

2   František Bielik (Hrsg.), Slovenské vysťahovalectvo. Dokumenty IV. Martin 1985, S. 11 f.

Darin stellt er nicht nur das eigene Schicksal in den Wirren jener Zeit plastisch dar, sondern reflektiert auch über die Mission der Tschechslowakischen Legionen in Rußland, über Begegnungen mit der russischen Geisteswelt, die ihn fortan zu einem regen Übersetzer russischer Literatur werden ließen.

Das Münchener Abkommen vom 29. September 1938, die damit verbundene internationale Isolierung und schließliche Zerschlagung der Tschechoslowakei, die Gründung der Slowakischen Republik im März 1939 veranlaßte eine Reihe von slowakischen Politikern, die weiter an einem gemeinsamen Staate der Tschechen und Slowaken festhielten, ins Ausland zu gehen, vor allem nach Paris und nach London. Zu ihnen zählt unter anderen der Kommunist Vladimír Clementis, der von seiner Parteiführung über Polen und die Sowjetunion nach Paris geschickt wurde, von da eigentlich in die USA gehen sollte, um unter seinen dortigen Landsleuten Agitation zu betreiben, der sich aber auf Grund der veränderten Lage in Paris dem tschechoslowakischen militärischen Widerstand im Westen anschloß, schließlich in England interniert wurde, auf Veranlassung der tschechoslowakischen Exilregierung in London aber wieder freikam. Während seiner Internierung in England schrieb er sein Erinnerungsbuch an die Kindheit "Nedokončená kronika" (Unvollendete Chronik, postum 1964): als Kommentator am Londoner Rundfunk setzte er sich in den für die Tschechoslowakei bestimmten Sendungen, aber auch in der Exilpresse kritisch mit der politischen Situation in der Slowakischen Republik auseinander. Eine scharfsinnige Analyse der geistigen Situation in seiner Heimat, der Befindlichkeit von Schriftstellern unter den neuen historischen Gegebenheiten stellt das Buch "Usmerňované Slovensko" (Gleichgeschaltete Slowakei, 1942) dar, die Verhältnisse zu Hause charakterisiert Clementis hier als "löchrige Totalität". In mehreren Broschüren beschwört er immer wieder das Slawentum als eine in der Slowakei bodenständige Tradition, befaßt er sich mit dem slowakisch-ungarischen Verhältnis, geißelt er die vordergründig politisch motivierte Germanophilie der Herrschenden. In der Anthologie "Hnev svätý" (Der heilige Zorn, 1944) veröffentlichte er vor allem die "Schubfach-Gedichte" des in der Slowakei lebenden Dichters und Prosaisten Janko Jesenský, die offensiv gegen die neuen Machtstrukturen in der Slowakischen Republik Stellung bezogen. Bereits zwei Jahre zuvor hatte Clementis in der Lyrikanthologie "Zem spieva" (Die Erde singt, 1942) nicht nur Proben aus der slowakischen Volkspoesie, sondern auch aktuelle Texte von zeitgenössischen slowakischen Dichtern abgedruckt, die zur inneren Résistance zu zählen sind. Die Zugehörigkeit zum westlichen Exil sollte für Clementis später tragische Folgen haben: Im Slánský-Prozeß wurde er am 27. November 1952 "als einer der engsten Freunde von Beneš" und als "alter Agent des amerikanischen, englischen und französischen Geheimdienstes"[3], wie es in der konstruierten Anklageschrift heißt, wegen Spionage zum Tode verurteilt und am 3. Dezember 1952 hingerichtet, 1963 vollständig rehabilitiert.

---

3 Eugen Löbl, Svedectvo o procese s vedenim protištátneho sprisahaneckého centra na čele s Rudolfom Slánskym. Bratislava 1968, S. 119.

Von den in London ebenfalls literarisch tätigen Politikern ist ferner der Volksbildungs-
minister der tschechoslowakischen Exilregierung, Juraj Slávik, zu erwähnen, der wesentlichen Anteil an der Herausgabe der antifaschistischen Lyrikanthologie "Pred ohnivým
drakom" (Vor dem feurigen Drachen, 1941) hatte, hierzu auch die Einleitung schrieb.[4] Sie
enthält ebenfalls dokumentarisch kommentierende und satirisch analysierende Zeitgedichte
Jesenskýs über die politischen Zustände in der Slowakischen Republik. Zu den Politikern,
die im westlichen Exil selber literarisch produktiv geworden sind, zählt schließlich noch
der Dichter Theo H. Florin, der sich seit 1934 in Paris aufhielt, hier die slowakischen
Zeitschriften "Slovenské hlasy", "Novy život" und "Slovenský chýrnik" redigierte, angesichts der Gründung der Slowakischen Republik und ihrer notwendigerweise engen Bindung an Nazideutschland es aber vorzog, nicht nach Hause zurückzukehren. Als er wie
Clementis 1940 Paris verlassen mußte, begab er sich ebenfalls nach London, wo er von
1941 bis 1944 Mitarbeiter der tschechoslowakischen Exilregierung war. Auch er bemühte
sich, ein literarisches Leben im Exil aufzubauen, organisierte Vorträge, schrieb Manuskripte für Rundfunksendungen, veranlaßte Übersetzungen aus der slowakischen Lyrik ins
Englische, die in die internationale Anthologie "War poems of the United Nations" (1943)
Eingang gefunden haben.[5] In der von ihm in London herausgegebenen Zeitschrift "Nové
časy", die im Herbst 1944 in Würdigung des Slowakischen Nationalaufstandes in "Slovenské povstanie" umbenannt wurde, veröffentlichte Florin neben eigenen Gedichten auch
Beiträge aus der Exillyrik von Viera Szathmáryová-Vlčková sowie aus der slowakischen
literarischen Résistance zu Hause.[6] Auch Florin wurde in der Atmosphäre des Kalten
Krieges in der Tschechoslowakei politisch verfolgt, von 1950 bis 1953 inhaftiert und später rehabilitiert.

Wie im Ersten, so bildete sich auch im Zweiten Weltkrieg ein tschechoslowakischer be-
waffneter Widerstand im Ausland, im Westen in Frankreich und Großbritannien, im Osten
in der Sowjetunion, heraus, wo die aus der Slowakischen Armee desertierten Soldaten in
die jeweiligen militärischen Formationen eingegliedert wurden. In den Zeitungen und
Zeitschriften der "Svoboda-Armee", die in tschechischer, slowakischer und ukrainischer
Sprache herauskamen, befinden sich tagespolitische publizistische, aber auch poetische
Texte, vor allem Lieder, die die Zeitsituation zu erhellen suchen. Neben Gedichten von
so bekannten zeitgenössischen Dichtern wie Jesenský oder Laco Novomeský wurden auch
Texte aus dem politisch relevanten Erbe der tschechischen und slowakischen Literatur ab-
gedruckt. Schließlich entstanden unter den Frontbedingungen auch spontane literarische
Äußerungen von Soldaten, Tagebuchaufzeichnungen, Verse, agitatorische Theaterstücke,
die den Kriegsalltag widerspiegeln, ohne daß sie Anspruch auf ästhetische Qualität erheben.[7]

---

4   Slovenský biografický slovník, V. Band. Martin 1992, S. 288.
5   Slovenský biografický slovník, II. Band. Martin 1987, S. 100.
6   Zdenko Kasáč, Slovenská poézia protifašistického odboja 1938-1945. Bratislava 1974, S. 50.
7   Ebenda, S. 44.

Die slowakische Emigration von 1939 umfaßte also zunächst nur eine kleine Gruppe von Politikern, Intellektuellen und Künstlern, die weiterhin am gemeinsamen tschechoslowakischen Staat festhielten. Erst mit dem Eintritt der Slowakischen Republik in den Zweiten Weltkrieg an der Seite Nazideutschlands, mit dem erzwungenen Einsatz der Slowakischen Armee gegen Polen und später gegen die Sowjetunion, wurde durch Massendesertationen slowakischer Soldaten an der Ostfront daraus eine breitere Bewegung von realpolitischer Bedeutung. Was freilich den literarischen Ertrag dieser Emigration anbelangt, so ist er angesichts der Tatsache, daß sich unter jenen, die ins Exil gingen, nur wenige Literaten befanden, relativ gering, um so höher ist jedoch ihr moralisch-ethischer Wert zu veranschlagen. Immerhin wird im Londoner Exil bereits ein slowakischer Tamizdat praktiziert, wie die obengenannten Anthologien "Zem spieva", "Hnev svätý" und "Pred ohnivým drakom" anschaulich belegen. Und Jesenskýs Zeitgedichte fanden zudem dank BBC London über den Äther den Weg zurück in die Heimat, wo sie angesichts ihres kritischen Inhalts nicht gedruckt werden konnten.

Die slowakische Exilliteratur nach dem Zweiten Weltkrieg läßt sich im wesentlichen nach den drei Emigrationswellen von 1945, 1948 und 1968 untergliedern, die historischen Zäsuren bestimmen in vielem auch die literarischen Gegenstände.

Die erste Emigrationswelle von 1945 umfaßt vor allem Autoren, die ihr persönliches Schicksal politisch mit dem der Slowakischen Republik verbunden hatten. Sie gingen meist zunächst nach Österreich und von dort nach Rom bzw. nach Argentinien, Australien, die Vereinigten Staaten oder Kanada, also in Länder, wo bereits slowakische Emigrationszentren bestanden. Dort versuchten sie, ein literarisches Leben aufzubauen, das ungeachtet politischer Meinungsverschiedenheiten zwischen den Anhängern Karol Sidors und Ferdinand Ďurčanskýs, die in der Emigration fortdauerten, den kulturellen Zusammenhalt sichern sollte. Verwiesen sei auf die Zeitschriften "Kocúr" (1945 in Bad Hall in Österreich), "Rím" (1948-1954) und "Most" (seit 1954), auf den Sammelband "Vo vyhnanstve" (1947), auf den "Literárny Almanach Slováka v Amerike" (seit 1953) und auf die "Slovak Studies" (seit 1961), ferner auf die Gründung eines Slowakischen Instituts in Cleveland (1952) und in Rom (1963), eines Verbandes slowakischer Schriftsteller und Künstler in Cleveland (1956) und nicht zuletzt einer Ausländischen Matica slovenská in Argentinien.[8] Letztere war 1959 vor allem auf Initiative von Jozef Cíger Hronský zustande gekommen, der in einem Brief vom 9. Oktober 1959 den einflußreichen Exilpolitiker Štefan Polakovič energisch dazu aufgefordert hatte, die gemeinsamen kulturellen Aufgaben über partikulare Parteiinteressen zu stellen.[9] Pläne, in der Emigration sogar eine Slowakische Akademie der Wissenschaften zu gründen mit den Fachrichtungen Theologie, Politik und Recht, Geschichte sowie Literaturgeschichte, blieben allerdings ein

---

8 Jozef Špetko, Otrakizovaná litera(túra). In: Slovenské pohľady, 9/1990, S. 99.
9 Štefan Polakovič, Jozef Cíger Hronský v spomienkach. In: Biografické štúdie 19. Zostavil Augustín Maťovčík. Martin 1990, S. 146.

Wunschtraum. Immerhin dokumentieren aber diese Aktivitäten die angestrebte Vielfalt geistigen Lebens im Exil.[10]

Die emigrierten Schriftsteller aller drei Emigrationswellen, das sei hier vorausgeschickt, waren nicht nur auf Veröffentlichungen in diesen und weiteren Zeitschriften angewiesen. Vielmehr fanden sie nach und nach in den verschiedenen Emigrationszentren auch bessere Möglichkeiten zur Veröffentlichung ihrer Bücher. Kam es doch allmählich zur Etablierung von Editionsreihen, die teils nur kurzlebig waren, teils aber über einen längeren Zeitraum fortbestanden, dies gilt vor allem für jene, die in Rom, Argentinien und in den Vereinigten Staaten gegründet worden waren. Um die Dimension dieser Seite des slowakischen literarischen Lebens im Exil zu veranschaulichen, seien hier wenigstens die wichtigsten Reihen aufgeführt: "Edícia Mladosť" (Beccara, Argentinien), "Edícia Slobodná slovenská kultúra" (Buenos Aires, seit 1950), "Edícia Duch a svet" (Buenos Aires, seit 1964), "Vydania Zahraničnej Matice slovenskej" (Buenos Aires), "Edícia Obrana Press" (Scranton), "Knižnica Literárneho Almanacha Slováka v Amerike" (Middletown), "Slovenské vydavateľstvo Františka Fugu" (Hamilton), "Priatelia dobrej knihy" bzw. "Dobrá kniha" (Galte-Cambridge), "Vydavateľstvo Poľana" (Zürich), "Vydavateľstvo Liber" (Lausanne), "Vydavateľstvo Slovenského ústavu sv. Cyrila a Metoda" (Rom) und "Slovenský ústav" (Cleveland).[11]

Sieht man vom zeitweise prädominanten publizistischen Schrifttum aus der ersten Emigrationswelle von 1945 einmal ab und konzentriert sich lediglich auf jenes literarische Schaffen, das innerhalb der slowakischen Gesamtliteratur bleibende ästhetische Werte verkörpert, so ist man in der Poesie vor allem auf die Katholische Moderne und in der Prosa insbesondere auf das Romanwerk von Jozef Cíger Hronský verwiesen.

Die Katholische Moderne war eine relativ starke Gruppierung innerhalb der slowakischen Literatur. Seit Mitte der dreißiger Jahre entwickelte sie sich parallel zum slowakischen Surrealismus, von dem sie sich weltanschaulich allerdings grundsätzlich unterschied. Ihre Vertreter waren nämlich meist katholische Priester, so Rudolf Dilong, Pavol G. Hlbina, Ján Haranta, Janko Silan, Mikuláš Šprinc u. a. Inspiriert wurden diese Dichter insbesondere von den ästhetischen Ansichten des französischen Abbé Henri Bremond, der religiöse und poetische Erfahrung miteinander in Beziehung setzte und die mystischen Elemente betonte, aber einen rhetorischen Gestus und eine lediglich didaktische Zielsetzung geistlicher Lyrik zurückwies. Seine Werke "La Poésie pure" (Die reine Poesie, 1926) und "Prière et Poésie" (Gebet und Poesie) wurden in den dreißiger Jahren in der Slowakei rezipiert und fungierten bei der Konstituierung der Katholischen Moderne als eine Art ästhetische Konfession. Das war aber nur eine, wenn auch die präferierte Inspirationsquelle. Zugleich nahmen die Dichter dieser literarischen Gruppierung bestimmte

---

10 Jozef Špetko, Slovenská zahraničná literatúra. In: Biografické štúdie 19, S. 212.
11 Ebenda, S. 208-211; dort sind weitere Editionsreihen aufgeführt, zudem die in ihnen erschienenen literarischen Werke jeweils vermerkt. Über die Publikationen des Slowakischen Instituts in Rom vgl. ferner: Jozef M. Rydlo: Vydavateľské dielo Slovenského ústavu sv. Cyrila a Metoda v Ríme 1963-1988, Rom 1989.

poetologische Anleihen beim tschechischen Poetismus auf, wie insbesondere das Vor-kriegsschaffen von Dilong, Hlbina und dem früh verstorbenen Paľo Ušák-Oliva zeigt.[12] Schließlich wandten sie sich dem Schaffen Rainer Maria Rilkes zu und hatten wesent-lichen Anteil an der Übersetzung bzw. Nachdichtung seiner Werke zur Zeit der Slowaki-schen Republik.[13] Die Lyrik der Katholischen Moderne evoziert die Spannung, ja auch den Zwiespalt zwischen Dichter und Seelenhirten, zwischen abstrakt-spirituellen und kon-kret sensualen Elementen, spiegelt das Ringen um geistige Ausgeglichenheit des lyrischen Subjekts wider.[14] Andererseits treffen wir bei einigen ihrer Vertreter auch auf öffentliche Bekundungen im nationalmobilisierenden Sinne, so daß sie partiell auch zu Ideologieträ-gern der von dem katholischen Priester Jozef Tiso geführten Slowakischen Republik ge-rechnet wurden. Deshalb und weil sie als Geistliche rigide Vergeltungsmaßnahmen von seiten ihres unversöhnlichen weltanschaulichen Gegners, des Totalitarismus stalinistischer Prägung, befürchteten, zogen es die meisten von ihnen 1945 vor, in den Westen zu emi-grieren.

Da mit Rudolf Dilong, Mikuláš Šprinc, Karol Strmeň prägende Dichterpersönlichkeiten in die Emigration gingen, stellt sich die Frage, inwieweit diese in ihrem Exilschaffen die früheren Intentionen fortführten bzw. inwieweit sie hiermit eine Entwicklungslinie fort-setzten, die nach 1948 in der Slowakei selber radikal unterbrochen wurde. Pavol Winczer kommt nach einer Analyse mehrerer Gedichtbände zu dem Schluß, daß es sich bei der Exillyrik der Katholischen Moderne um eine Fortführung und Modifizierung der ästhe-tischen Bestrebungen aus der zweiten Hälfte der dreißiger und aus der ersten Hälfte der vierziger Jahre handele: "Ich denke an die von Bremonds Ideen und Rilkes Schaffen in-spirierte Ablehnung utilitärer Funktionen von Poesie und des weiteren an die Zurückwei-sung des Postulats gesellschaftlicher Aktualität sowie als positive Seite des Programms ihre Spiritualisierung wie auch die Betonung der ästhetischen Seite und der Autonomie von Poesie ... Genauer gesagt: Die Katholische Moderne löst sich nicht nur von den irdi-schen Dingen, sondern auch von der brutalen Realität gesellschaftlicher Probleme und ideeller Kämpfe... Nichts davon ist in das Schaffen unserer Autoren gelangt, und zwar selbst nicht in Gestalt eines Lebensgefühls. Als ob es außerhalb der historischen Zeit ent-standen wäre. Die Formel von der reinen Poesie ob bewußt oder nur infolge von Behar-rungsvermögen erwies sich als nicht adäquat gegenüber den Nachkriegszeiten und der Lebenssituation des Emigranten, sie war nämlich hermetisch abgeschlossen gegenüber den gewichtigen Problemen und Konflikten der Welt."[15]

Winczer stützt diese seine These auf detailliertere Analysen der Lyrikbände "Sonety o kráse" (Sonette über die Schönheit, Rom 1976) und "Z diaľky" (Aus der Ferne, Rom

---

12 Viliam Turčány, Rým v slovenskej poézii. Bratislava 1975, S. 210-220.

13 Pavol Winczer, Slovenská poézia vydaná v Ríme a jej domáce korene. In: Slovenská literatúra 2/1991, S. 132 f.

14 Mária Bátorová, Katolícka moderna. In: Jozef Hvišč/Viliam Marčok/ Mária Bátorová/Vladimír Pe-trík, Biele miesta v slovenskej literatúre. Bratislava 1991, S. 43-60; über die Stellung der Katholi-schen Moderne innerhalb der Literaturverhältnisse der Slowakischen Republik vgl.: Mária Bátorová, Roky úzkosti a vzopätia. Bratislava 1992.

15 Winczer, Slovenská poézia vydaná v Rime (wie Anm. 13), S. 134-135.

1982) von Mikuláš Šprinc, "Znamenie ryby" (Das Zeichen des Fisches, Rom 1969) von
Karol Strmeň sowie "Napárať čím viac lyka" (Möglichst viel Bast auftrennen, Rom 1978)
von Gorazd Zvonický ab und hat wohl in der Gesamtrichtung geistlicher Lyrik recht, daß
sie sich vom realgeschichtlichen Diesseits löst und mehr dem Transzendenten huldigt. In
gewisser Weise bestätigt dieses Urteil auch Peter Liba in seinen neuesten Untersuchungen
der Poetik von Šprinc, in denen er zu dem Schluß kommt, daß sich der Dichter der "Entdeckung der geheimnisvollen Fußstapfen Gottes in der Welt" zuwende, das "psychosoziale
Prinzip des Atheismus des gegenwärtigen Menschen" aber bewußt ausklammere.[16] Andererseits haben Vertreter der Katholischen Moderne auch Werke geschrieben, die sich
retrospektiv mit den Ereignissen in der Slowakischen Republik befaßten, sich gegen Stalinismus und Totalitarismus in ihrer Heimat wandten oder aber auch die innere Situation
des Exils zum Teil durchaus kritisch beleuchten. Verwiesen sei auf die Erinnerungen "K
slobodným pobrežiam" (Zu freien Ufern, 1949) sowie "Cesty a osudy" (Wege und Schicksale, 1956) von Mikuláš Šprinc und auf die dokumentarische Prosa "Leto na Traune"
(Sommer auf Traun) sowie "Vypredaj ľudskosti" (Ausverkauf der Menschlichkeit, 1989)
von Ján Okáľ. Auch Rudolf Dilong entzog sich in seinem literarischen Schaffen nicht völlig den Problemen des Diesseits, verfaßte gelegentlich satirisch gestimmte Verse über die
Verhältnisse in der kommunistischen Slowakei wie auch im Exil.[17]

Nicht alle Vertreter der Katholischen Moderne waren katholische Priester, ihre ästhetischen Innovationsversuche im Zeichen von Modernität zogen auch konfessionell weniger
gebundene Autoren in ihren Bann, unter ihnen nicht nur den bereits genannten Ján Okáľ,
sondern auch - das wußte man zwar in literarischen Kreisen der Slowakei sehr wohl,
scheute es aber expressis verbis auszudrücken - die späteren nationalliterarisch bedeutenden sozialistischen Dichter Miroslav Válek und Vojtech Mihálik, die sich zwar weltanschaulich von den Postulaten der Katholischen Moderne lossagten, aber insgeheim deren
poetologisches Arsenal durchaus nutzten. Immerhin gab es auch nach 1945 zunächst noch
einen gewissen Spielraum für katholisches Schrifttum, wie die Zeitschrift "Verbum" und
die an sie angeschlossenen Editionen "Lux", "Opus" und "Vita" belegen.[18] Nach 1948
wurde allerdings die Katholische Moderne in der Slowakei selbst administrativ lahmge-
legt. Dennoch versuchten einige derer, die nicht emigriert waren, sich auf die veränderten
Zeitverhältnisse irgendwie einzustellen. So reagierte Janko Silan in der Gedichtsammlung
"Ubohá duša na zemi" (Du arme Seele auf Erden, 1948) auf die Schrecken des gerade
überstandenen Krieges und sprach die Hoffnung aus, die Menschheit werde im neuen
Jahrhundert um diese Erkenntnis reicher sein, aber er tat dies nicht in grellen Farben, sondern bevorzugte auch hier die für seine Poetik charakteristischen "stillen Töne"[19], dann
schied er aus dem Kommunikationskreis der offiziellen Literatur aus, schrieb aber weiter
und gab im Samizdat seine Tagebuchaufzeichnungen "Dom opustenosti" (Haus der Ver-

16 Peter Liba, K poetike Mikuláša Šprinca. In: Romboid, 5/1994, S. 40-50, Zitate: S. 42 und 44.
17 Jozef Špetko, Otrakizovaná litera(túra) (wie Anm. 8), S. 101-102.
18 Petra Zemanová, Formovanie slovenskej katolíckej moderny ako kultúrny a literárny problém. In:
    Slovenská literatúra, 3/1992, S. 238.
19 Ján Zambor, Báseň a ticho. Poznámky k tvorbe Janka Silana. In: Romboid, 3/1993, S. 37.

lassenheit) heraus, worin die Schwierigkeiten aufscheinen, als Christ in einer totalitären atheistischen Gesellschaft zu leben.

Hlbina hingegen versuchte sogar in mehreren Werken den Postulaten des sozialistischen Realismus zu genügen, verstummte dann aber nach der Gedichtsammlung "Ruže radosti" (Rosen der Freude, 1955). An einen Weiterbestand der Katholischen Moderne als Gruppierung - er war ja eigentlich schon durch die Emigration wichtiger Vertreter gefährdet - war nun nicht mehr zu denken. Mit der Beschneidung der Religionsfreiheit wurde auch das religiöse Schrifttum behindert, wer also in den ursprünglichen Intentionen weiter dichten wollte, konnte dies nur außerhalb des offiziellen Diskurses tun bzw. schuf Schubfachliteratur, wie dies bei Svetoslav Veigl zu beobachten ist.

Für diesen Dichter war es ein "Schock fürs Leben", als er 1950 mit ansehen mußte, wie "alle Klöster aufgelöst wurden", was zur Folge hatte, daß Veigl ganze dreizehn Jahre vom Schreiben abließ und erst seit dem Attentat auf John F. Kennedy im Jahre 1963 wieder zur Feder griff und zum Gedenken an ihn ein 600-seitiges Gedichtmanuskript "Zo studne úzkosti" (Aus dem Brunnen der Angst) verfaßte. In der kulturpolitisch entspannten Atmosphäre des Prager Frühlings gab es auch einen gewissen Freiraum für die im Lande verbliebenen Vertreter der Katholischen Moderne. Erinnert sei an die Werke von Janko Silan "Sám s vami" (Allein mit euch, 1967), "Oslnenie" (Verblendung, 1969) und "Tri balady" (Drei Balladen, 1969) sowie an die Auswahl aus dem poetischen Schaffen von Pavol G. Hlbina "Víno svetla" (Der Wein des Lichts, 1969), zu der Milan Hamada das Nachwort schrieb. Damals gelang es auch Veigl, den Gedichtband "Mesto na návrší" (Die Stadt auf der Anhöhe, 1968) zu veröffentlichen, dann bestanden für ihn in der Periode der "Normalisierung" wiederum volle zehn Jahre keine Publikationsmöglichkeiten mehr. "Viele betrachteten gläubige Bürger, und Priester schon ganz und gar, für zweitklassige und im öffentlichen Leben unerwünschte Bürger, deshalb habe ich mich literarisch in der Öffentlichkeit nicht gezeigt", kommentierte Veigl diesen Sachverhalt diplomatisch am 21. Juli 1989 in einem Interview in der Wochenschrift "Literárny týždenník".[20] Erst 1978 folgten einige Gedichte in den "Slovenské pohľady", aber sein Gedichtband "Pred ružou stojím nemý" (Vor der Rose stehe ich stumm) konnte, obwohl der Autor das Manuskript bereits 1983 beim Verlag "Slovenský spisovateľ" eingereicht hatte, erst im Sommer 1988 in einer sehr niedrigen Auflage erscheinen. Die Resonanz seitens der Literaturkritik blieb allerdings verhalten. In den "Slovenské pohľady" widmete ihm Valér Mikula wenigstens ein paar Zeilen und ordnete ihn korrekt der literarischen Tradition der Katholischen Moderne zu.[21] Jozef Bžoch ging in seiner Rezension dieses Werkes in der Tageszeitung "Ľud" sogar noch einen Schritt weiter und rügte öffentlich die lange Absenz dieses Autors, "die Unmöglichkeit (oder die Nichtexistenz) einer öffentlichen Bewertung seines Schaffens als eines literarhistorischen Phänomens".[22] Immerhin sind dies aber sicht

---

20 Chlieb nádeje rastie na skale. Hovoríme s básnikom Svetoslavom Veiglom. In: Literárny týždenník vom 21. Juli 1989, S. 11.
21 Slovenské pohľady 7/1988, S.148.
22 Ľud vom 20. August 1988, S. 4.

bare Zeichen für Veigls allmähliche Reintegration in das literarische Leben seines Landes noch vor der "samtenen Revolution".

Fassen wir zusammen: Die Entwicklung der Katholischen Moderne vollzog sich nach 1945 in zwei Strömen. Im Exil führten Dichter wie Rudolf Dilong, Mikuláš Šprinc oder Karol Strmeň die von Bremond und Rilke beeinflußte Poetik dieser slowakischen literarischen Gruppierung ungebrochen weiter. Im Lande selbst kam es unter den sozialistischen Literaturverhältnissen teils zur vollständigen administrativen Unterbindung dieser weltanschaulich und poetologisch nicht akzeptierten Richtung, teils aber auch zur partiellen Wiederentdeckung in der zweiten Hälfte der sechziger sowie Ende der achtziger Jahre, dazwischen lagen wie bei Hlbina erzwungene Abkehr von den ursprünglichen poetischen Normen oder aber Verweigerung und Ausweichen auf den katholischen Samizdat wie bei Silan, Publikationsverbot, "Schubfachliteratur" und allmähliche Reintegration wie bei Veigl. Angesichts dieser Tatsache kann und muß den Vertretern der Katholischen Moderne im Exil bescheinigt werden, daß vor allem sie es waren, die über fünf Jahrzehnte das Überleben dieser literarischen Richtung gewährleistet haben, ohne daß davon eine Hierarchie der ästhetischen Werte abgeleitet werden kann. Immerhin fällt beim Vergleich beider Ströme auf: Einer bevorzugten Hinwendung zum Jenseitigen in der Exil-Poesie, steht in der im Lande geschriebenen katholischen Poesie eine stärkere Akzentuierung des Diesseitigen gegenüber.

Neben der Lyrik ist auch die Prosa der ersten Emigrationswelle bedeutend, während die Dramatik angesichts der spezifischen Exilbedingungen stagnierte. Auch hier kann man im wesentlichen feststellen, daß sich die meisten Autoren bereits in den dreißiger und in der ersten Hälfte der vierziger Jahre künstlerisch etabliert hatten und daher auch im Exil poetologisch an ihr früheres Schaffen anknüpften, es relativ bruchlos weiterführten. Auf die neue Lebenssituation reagierten sie lediglich auf der thematischen Ebene. Wie auch in der Prosa anderer Exilliteratur dieser Periode sind auch in der slowakischen zwei Gegenstandsbereiche prädominant: die Reflexion über die zurückgelassene Heimat in Vergangenheit und Gegenwart sowie die Umstände der Flucht und die Bewältigung des neuen Lebens im Exil. Daß sich im Vergleich zu den literarischen Werken jener Autoren, die zu Hause unter völlig anderen gesellschaftlichen Rahmenbedingungen geschrieben haben, eine grundsätzliche Verschiebung der Perspektive ergibt, liegt auf der Hand. Auffällig bleibt dennoch bei dieser Generation, die die erste wie die zweite Emigrationswelle umfaßt, der relativ große Stellenwert, den hier immer wieder das Thema Nation einnimmt. In gewisser Weise erscheint dies fast wie ein trotziges Festhalten am nationalen Gedanken zu einer Zeit, da sich die Welt mehr zum Übernationalen hin entwickelt. Nicht zufällig bekennt Joseph M. Kirschbaum in seiner sprach- und literaturgeschichtlichen Arbeit "Slovak Language and Literature" expressis verbis: "Slovak émigré literature is rooted in nationalistic ideology and follows Western European literary trends and Christian ethics"[23]. Diese Äußerung Kirschbaums bestätigt sich im literarischen Werk der slowakischen Exil-

---

23 Joseph M. Kirschbaum, Slovak Language and Literature. Winnipeg/Cleveland 1975, S. 238.

autoren allerdings nur in bezug auf die nationalistische Ideologie und auf die christliche Ethik; das Mittelglied , die westlichen europäischen literarischen Trends, bleibt zumindest für diese Generation eine unbeweisbare Behauptung. Da es im wesentlichen die Literatur einer Generation ist, mangelt es ihr insgesamt eher an künstlerischer Innovationskraft und damit auch an innerliterarischer Entwicklungsdynamik.

Unter den slowakischen Prosaschriftstellern, die 1945 in den Westen, und zwar nach Österreich emigrierten, befanden sich zunächst mit Milo Urban, Tido J. Gašpar und Jozef Cíger Hronský gleich drei prominente Autoren, die die slowakische Prosaentwicklung in der Zwischenkriegszeit entscheidend mitbestimmt hatten. Von ihnen zählten Urban als Chefredakteur des Parteiblattes "Gardista" und Gašpar als Chef des Amts für Propaganda zu den exponierten Ideologieträgern der Slowakischen Republik, daher wurden sie von den Alliierten ebenso wie Präsident Jozef Tiso an die tschechoslowakischen Behörden ausgeliefert und vor das Volksgericht gestellt. Während Urban mit einer öffentlichen Rüge davonkam, erhielt Gašpar eine hohe Gefängnisstrafe, die er bis 1968 absaß. So blieb Hronský der bedeutendste Prosaschriftsteller im Exil.

Gemessen an seinem Gesamtwerk, hat Hronskýs Exilschaffen einen relativ geringen Umfang. Es umfaßt die Novelle "Predavač talizmanov Liberius Gaius" (Der Talismann-verkäufer L. G., 1947), die Romane "Andreas Búr Majster" (Meister A. B., 1948) und "Svet na Trasovisku" (Die Welt auf Trasovisko, 1960) sowie einen Erzählungsband, der eigentlich gar nicht zu diesem Schaffen gehört, weil er eine Nachlese von 1940-1944 in den "Slovenské pohľady" veröffentlichten Texten bringt. Wichtiger als die Quantität ist freilich die Frage nach der ästhetischen Qualität; hier kann vorab festgestellt werden, daß der Autor im Exil auf nationalliterarischer Höhe geblieben ist. Jedenfalls gilt dies in vollem Umfange für den Roman "Andreas Búr Majster", den Ján Števček als das "Finale" einer konzeptionell verwandten Trilogie ansieht, die den Leidensweg des Menschen auf Erden thematisiert, drei "Stufen der Einsamkeit" und der Kartharsis vorführt.[24] In "Jozef Mak" (1933, dt. unter dem Titel: Die Seligkeiten des Josef Mak) ist es die Dulderfigur "des Millionenmenschen", der sich passiv seinem Schicksal ergibt, an den "man sich nur als Menschheit erinnert, aber niemals als Einzelmenschen". In "Pisár Gráč" (Der Schreiber Gráč, 1940) ist die Titelfigur den Schrecken des Krieges ausgeliefert, doch Gráč fürchtet sich zwar paradoxerweise vor den Toten, "der Tod und das Leben nach dem Tode" aber faszinieren ihn; er ist zwar "durch den Krieg deformiert", doch das Gefühl" der eigenen Unschuld" wußte er sich immer wieder aufs neue zu bewahren.[25] In "Andreas Búr Maj-ster" ist es die an einen Schwarzkünstler gemahnende Außenseiterfigur des Holzfäller-sohns, der mit seinem unsteten Leben ins reine kommen, sich seinen Mitmenschen mittei-len möchte, von diesen aber als Narr abgestempelt, wegen seiner Sonderlichkeit gehaßt, verstoßen, ja schließlich gar umgebracht wird, aber angesichts des Todes mit Gott seinen inneren Frieden schließt. Insofern ist dieser im Exil entstandene Roman nicht nur eine

---

24 Ján Števček, Lyrická tvár slovenskej prózy, Bratislava 1969, S. 104 f.
25 Mária Bátorová, O románe Pisár Gráč. In: Biografické štúdie 19 (wie Anm. 9), S. 40 f.

lineare Fortsetzung von Hronskýs epischen Schaffens aus den dreißiger und beginnenden vierziger Jahren, sondern in gewisser Weise dessen krönender Abschluß.

Dies kann von Hronskýs zweiten im Exil geschriebenen Roman "Svet na Trasovisku" so nicht gesagt werden, weil der Autor hier diese Gestaltungsweise, die relative Unbestimmtheit des Geschehens, nicht beibehält, sondern die künstlerische Auseinandersetzung mit dem Phänomen des Slowakischen Nationalaufstandes direkt führt. Dies geschieht in einer offenkundigen politischen Polemik zu Darstellungen im Lande selbst, sowohl zu dem in den frühen fünfziger Jahren kanonisierten ästhetischen Muster sozialistischer Epik schlechthin, dem Roman von Peter Jilemnický "Kronika" (Chronik, dt. unter dem Titel: "Der Wind dreht sich"), als auch zu jener slowakischen "Aufstandsprosa", innerhalb der Autoren wie Vladimír Mináč eigene Aufstandserfahrungen artikulierten, über die im übrigen weder Jilemnický noch Hronský verfügten, weil der eine überhaupt nicht, der andere nur passiv am Geschehen beteiligt war: Der slowakisch schreibende Schriftsteller Jilemnický hatte 1939 als gebürtiger Tscheche die Slowakische Republik verlassen müssen, war dann im Protektorat von der Gestapo verhaftet worden und befand sich im Herbst 1944 in einem Arbeitslager in Deutschland. Hronský seinerseits wurde während des Aufstandes von Matica-Angehörigen, sei es, um ihn vor Schaden zu bewahren und für die Nachkriegszeit zu retten, sei es auch nur, um später für sich selber ein stichhaltiges politisches Alibi zu haben, interniert. Dieses Erlebnis war später die entscheidende Ursache für Hronskýs Flucht und wahrscheinlich auch der Anlaß für seine im Vergleich zur "Aufstandsprosa" divergierende Problemsicht im Roman "Svet na Trasovisku". Schließlich mußte er sich selber als Opfer des von ihm ungewollten und wohl auch in seiner historischen Dimension unverstandenen Geschehen fühlen. Im Unterschied zu seinem gesamten vorangegangenem Schaffen ist nämlich in der Handlungsführung dieses Romanes so etwas wie ein ideologischer Raster zu erkennen: Die Hauptgestalt, Martin Hrančok, soll den "typischen Slowaken" aus dem Volk versinnbildlichen, seine Philosophie ungestörter Selbstverwirklichung in der Arbeit des Landmannes in der friedlichen Oase der Slowakischen Republik inmitten des blutenden Europa. Es sind dann zwangsläufig fremde Elemente, die diesem idyllischen Zustand ein jähes Ende bereiten, den selbständigen Staat von innen heraus zerstören, ohne daß dies das Volk gewollt hätte. Das ist natürlich eine sehr subjektive, historisch nicht zu rechtfertigende Sicht auf den Slowakischen Nationalaufstand, ein Blick "vom anderen Ufer", wie Alexander Matuška und Ivan Kusý diese vor und Vladimír Petrík auch nach der "samtenen Revolution" bezeichnet hat, aber es ist das Recht des Autors auf künstlerische Freiheit, die Dinge so darzustellen, wie er sie selber sehen will. Andererseits hatte eine im Vergleich zur "Aufstandsprosa" derartig konträre, weil alle bisherigen Konstanten historischen Bewußtseins in Zweifel ziehende Schilderung der Ereignisse natürlich auch den vom Autor sicher beabsichtigten Effekt, die sogenannten "objektiven" Darstellungen des historischen Geschehens im Sinne der herrschenden kommunistischen Ideologie kritisch zu hinterfragen. Diesen Effekt mag Matuška wohl gespürt haben, als er bemerkte: "Nach der Heroisierung des Aufstands kam unweigerlich die Deheroisierung, der anfängliche romantisierende Blick wurde logischerweise durch den weit realeren Blick von der anderen Seite abgelöst. 'Svet na Trasovisku' bietet einen

weiteren Blick an: vom anderen Ufer", damit einverstanden erklären konnte er sich freilich nicht, er bleibt für ihn "ein zumindest sonderbares Bild".[26] Insofern nimmt es nicht
wunder, daß der Streit um diesen Roman in der slowakischen Literaturwissenschaft zwischen den Vertretern im Lande und denen aus dem Exil fortdauert, wie die Anschauungen
von Vladimír Petrík[27] und Jozef M. Rydlo[28] nachhaltig deutlich machen.

Doch verlassen wir die thematische Ebene und begeben wir uns auf die rezeptionsge-
schichtliche. Der Exilschriftsteller Hronský ist nämlich seit Ende der sechziger Jahre in
der Slowakei rezipiert und damit in gewisser Weise auch rehabilitiert worden, 1969 brach
Ján Števček ein Tabu und analysierte in seinem Buch "Lyrická tvár slovenskej prózy"
(Das lyrische Antlitz der slowakischen Prosa) Hronskýs Roman "Andres Búr Majster",
1970 erschien dieses Werk erstmals in Bratislava, im gleichen Jahre die Monographie von
Alexander Matuška über Hronský, wo ebenfalls das Exilschaffen mit erörtert und literarhistorisch eingeordnet wurde. Seither ist der Roman "Andreas Búr Majster" gewisser-
maßen ganz selbstverständlich in die slowakische Literaturgeschichte reintegriert, von da
an ist er mehrmals aufgelegt worden. Letzteres wurde dem Roman "Svet na Trasovisku"
aus naheliegenden politischen Gründen nicht zuteil, doch verschwiegen wurde er nicht
mehr. Nach Matuška hat sich auch Ivan Kusý in seiner Monographie "Povstalecká próza"
(Aufstandsprosa, 1984) kritisch mit ihm auseinandergesetzt. Erschienen ist er in der Slowakei aber erst 1991, und zwar im Verlag jener Kulturinstitution Matica slovenská, deren
Geschicke Hronský über viele Jahre mit gelenkt hatte.

Die zweite Emigrationswelle erfolgte nach der kommunistischen Machtübernahme im
Februar 1948, als deutlich wurde, daß die Tschechoslowakei definitiv in den Machtbereich der Sowjetunion geriet, also eine Entwicklung im Verein mit den westlichen Demokratien zu einer Illusion wurde, die in weite Ferne rückte. Aus literarischer Sicht ist diese
Welle nicht so bedeutend, immerhin gehören ihr neben Publizisten mit Andrej Žarnov ein
Dichter, mit Pavol Hrtus Jurina ein Prosaiker und mit Leopold Lahola auch ein Dramatiker und Drehbuchautor an, die in der slowakischen Literaturgeschichte ihren festen Platz
haben.

Žarnov ist generationsmäßig wie politisch der ersten Emigrationswelle zuzuordnen. Als
Chef des Gesundheitswesens in der Slowakischen Republik zählte er ohnehin zu den Be-
lasteten, noch schwerer aber wog, daß er in der internationalen Ärztekommission war, die
die Morde an den polnischen Offizieren in Katyń untersuchte, und seine Auffassung, die
sich erst heute als definitive Wahrheit erwiesen hat, bereits damals der Öffentlichkeit
preisgab. Daher fühlte er sich 1945 besonders bedroht und emigrierte wie seine Genera-
tionsgefährten nach Österreich, wurde aber dort aufgespürt, an die tschechoslowakischen
Behörden ausgeliefert und verurteilt. Seine zweite Flucht erfolgte im übrigen nicht gleich
1948, sondern erst 1952 und wurde mit einem Hubschrauber von Österreich aus bewerk-

---

26 Alexander Matuška, J. C. Hronský. Bratislava 1970, S. 221.
27 Vladimír Petrík, Pohľad na povstanie "z druhého brehu". In: Biografické štúdie 19 (wie Anm. 9),
    S. 46-51.
28 Jozef M. Rydlo, J. C. Hronský a jeho román Svet na Trasovisku. Ebenda, S. 52-71.

---

stelligt. Damals wußte Žarnov bereits ganz sicher, daß er im Lande weder in seinem Beruf als Arzt noch als Dichter eine Chance haben würde angesichts der Säuberungen auf kulturellem Gebiet, mit der nicht nur die moderne Traditionslinie slowakischer Lyrik seit Ivan Krasko getilgt, sondern zugleich auch die in dieser Linie stehende linke Literatur in Gestalt des Schaffens der Davisten[29] zum Schweigen gebracht wurde. Allerdings vermochte Žarnov im Exil nicht mehr jene schöpferische Kraft aufzubringen, die ihn vorher ausgezeichnet hatte, geblieben ist aber der patriotische Gestus. Dieser wird auch in seiner einzigen im Ausland entstandenen Sammlung "Preosievač piesku" (Der Sandsieber, 1978) deutlich, der 28 eigene Gedichte sowie zehn Nachdichtungen aus der englischen, spanischen und deutschen Poesie enthält. In dem Gedicht "Pomiluj" bittet er Gott, sich seiner Nation zu erbarmen, überhaupt evoziert Žarnov immer wieder das Bild der leidenden Heimat, der er im Sinne des Cyrill- und Method-Kultes angesichts einer so großartigen Vergangenheit Trost zuspricht. Aber das ist nur die eine Seite seines lyrischen Werks im Exil. Die andere ist der Hang zum Abstrakten: Wie Jozef Hvišč in seinem kurzen Žarnov-Porträt treffend bemerkt, leitet er "aus einzelnen poetischen Bildern, denen er eine symbolische Dimension verleiht, eine philosophische oder moralische Sentenz ab. Mit zarten Pastellfarben fängt er die lyrisch-reflexiven Stimmungen der Abenddämmerung, der heiligen Stille malerischer Natur"[30] ein. Nicht im Kontrast dazu steht ein Gedicht wie "Kvapka krvi" (Ein Blutstropfen), worin er 1968 den Einmarsch der Truppen des Warschauer Vertrages in die Tschechoslowakei darstellt, nicht appellativ, sondern metaphernreich.

In der Prosa setzt Pavol Hrtus Jurina poetologisch und bezüglich des Sujets die Traditionen der naturistischen lyrischen Prosa fort, wie sie insbesondere im Werk eines Dobroslav Chrobák und František Švantner begründet worden sind[31]. Von dieser unterscheidet er sich aber insofern nicht unbeträchtlich, als er quasi zwischen den religiösen Anschauungen der Katholischen Moderne und dem Naturkult der lyrischen Prosa, wie er in Švantners Roman "Nevesta hôľ" (Die Almbraut) kulminant zum Ausdruck kommt, eine für ihn gangbare Brücke bauen möchte. Dies hat zur Folge, daß seine Helden nicht so sehr mit der sie umgebenden Natur, als vielmehr im Zwiespalt zwischen Gut und Böse mit sich selbst zu ringen haben, um das christliche Gebot zu erfüllen. Bei Hrtus Jurina dominiert also unzweifelhaft die Religiosität über den "Naturismus".[32] Insofern verkörpert dieser Autor eine später im Lande selber nicht mehr akzeptable Spielart lyrischer Prosa. Sein bedeutendstes Exilwerk indes ist "Daň z krvi" (Der Blutzoll, 1972) mit dem Untertitel "meditative Prosa". Es enthält kurze poetische Sequenzen, Erinnerungen an die Kindheit, an die Heimat überhaupt, Meditationen über das Heimatlosenschicksal der Emigranten, über die Ohnmacht des Dichters, den Kommunikationsverlust zwischen Autor und Welt. Mit diesem

---

29 Vgl. Davisten. In: Ludwig Richter/Heinrich Olschowsky (Hrsg.), BI-Lexikon Literaturen Ost- und Südosteuropas. Leipzig 1990, S. 72 f.
30 Jozef Hvišč, Andrej Žarnov. In: Hvišč u. a., Biele miesta v slovenskej literatúre (wie Anm. 14), S. 138.
31 Vgl. Ludwig Richter, Dobroslav Chrobáks Verhältnis zu Jean Giono und Leonhard Frank. Aus der Entstehungsgeschichte der slowakischen lyrischen Prosa. In: Zeitschrift für Slawistik 5/1979, S. 637-649.
32 Vladimír Petrík, Pavol Hrtus Jurina. Ebenda, S. 157-163.

Werk kündigt sich ein Abgehen von seinem früheren Schaffen an. Und es ist ohne Zweifel ein eigenständiger ästhetischer Wert, den Hrtus Jurina in die Gesamtliteratur einbringt, komplementär auch in thematischer Hinsicht.

Mit Leopold Lahola verließ 1949 eine vielseitige Künstlerpersönlichkeit die Slowakei. Er war Dichter, Erzähler, vor allem aber Dramatiker und Drehbuchautor. In seinen Werken bildete der Zweite Weltkrieg, den er als Jude in einem Arbeitslager, als Aufstandsteilnehmer und schließlich als Angehöriger der Tschechoslowakischen Armee durchlebt hatte, das beherrschende Thema. Anlaß für seine Flucht war die überaus negative Beurteilung seines Dramas "Atentát" (Das Attentat) durch die zeitgenössische Kritik, die das Werk als "pazifistisches, mystisches, unserem Klassenstandpunkt und unserem aktiven, kämpferischen Humanismus feindlich gesonnenes Stück" bezeichnet hatte, wie sich Juraj Špitzer erinnert.[33] Darin hatte der Autor das Attentat auf Heydrich dargestellt, sich aber nicht auf eine historische Rekonstruktion dieses folgenschweren Ereignisses eingelassen, sondern die existentiellen Grenzsituationen und inneren Entscheidungzwänge der Attentäter betont. Besonderes Mißfallen erregte der Umstand, daß der Autor Christus an die Seite der Widerstandskämpfer gestellt hatte.[34] Lahola ging zunächst nach Israel, lebte dann abwechselnd in Jugoslawien, England, Kanada und Frankreich, bis er sich in München niederließ. Im Westen ist er vor allem als Drehbuchautor und Filmregisseur in Erscheinung getreten, unter anderem bei dem Gulag-Film "Und der Teufel spielte Balaleika". Es war der Film, der Lahola wieder in Kontakt mit seiner Heimat brachte. Seit Mitte der sechziger Jahre bis zu seinem Tod am 12. Januar 1968 ist er immer wieder zwischen der Slowakei und München hin und her gependelt, hat 1967 im Filmstudio von Bratislava in slowakisch-(west)deutscher Koproduktion den Film "Die süße Zeit der Kalimagdora" gedreht.[35] Im Exil sind auch weitere Theaterstücke entstanden, von ihnen sind "Škvrny na slnku" (1955, Sonnenflecken) und "Inferno" (1960, Das Inferno) in den Jahren 1967/68 nicht nur an slowakischen und Prager Bühnen aufgeführt, sondern auch in Buchform in Bratislava veröffentlicht worden, ein einmaliger Vorgang im Verhältnis zur Exilliteratur. In diesen Stücken wendet sich Lahola schon nicht mehr wie in seinen Erzählungen, die postum 1968 unter dem Titel "Posledná vec" (Die letzte Sache) ebenfalls in Bratislava erschienen sind, dem Kriege, sondern historisch und zeitlich nicht fixierbaren, also rein fiktiven Ereignissen zu, aber immer sind es existentielle Entscheidungzwänge, die die Handlung bestimmen. Im Drama "Inferno" wird ein General nach einem Erdbeben vor die Wahl gestellt, entweder seine Tochter zu retten oder wegen Seuchengefahr die Überlebenden zu gefährden, und er entscheidet nicht emotional, sondern rational. In dem Kriminalstück "Škvrny na slnku" steht das Motiv der Rache im Mittelpunkt. Die Rezeption dieser Stücke erfolgte im Zeichen der seinerzeitigen Rückbesinnung auf den Existentialismus, wie er in der slo-

---

33 Ladislav Čavojský, Návrat Leopolda Laholu. In: Práca vom 29. 4. 1990.

34 Vgl. das Porträt von Leopold Lahola in: Hvišč u. a., Biele miesta v slovenskej literatúre (wie Anm. 14), S. 98-102.

35 Vgl. Libor Knězek, Zo slovníka exilových spisovateľov: Lahola, Leopold. In: Romboid 4/1994, S. 48-49.

wakischen Literatur innerhalb der Generation 56 bei Autoren wie Ján Johanides oder Peter Jaroš auch zu beobachten ist.[36] Es ist bezeichnend, daß Lahola in der Phase der Normalisierung wieder aus dem öffentlichen Diskurs gezogen wurde, seine Bücher und Filme dem slowakischen Leser und Kinogänger vorenthalten wurden. Lediglich in der Lexikographie bekam er 1989(!), wenn auch nur einen bescheidenen Platz zugebilligt.[37] Erst jetzt erfolgt wieder die nunmehr zweite Reintegration in die slowakische Nationalliteratur.

Auf den ersten Blick ist der Aderlaß an schöpferischen Persönlichkeiten der slowakischen Literatur, den die dritte Emigrationswelle nach 1968 mit sich brachte, beträchtlich und enthält eine Reihe von bekannten und weniger bekannten Namen: Jaroslava Blažková, Teodor Fiš, Ladislav Grosman, Emil F. Knieža, Ladislav Mňačko, Rudolf Skukálek, Dušan Šimko, Emil B. Štefan. Ihnen folgten in den siebziger Jahren Ján Rozner und Jana Gavalcová. Dennoch ist die literarische Ausbeute, sieht man einmal von Ladislav Mňačko ab, von dem noch ausführlicher die Rede sein wird, vergleichsweise gering, denn die meisten von ihnen traten nicht mehr, oder nur noch sporadisch in Erscheinung. Blažková, die als Vertreterin der Generation 56 in der ersten Hälfte der sechziger Jahre Werke geschaffen hat, die ein fester Bestandteil der ästhetischen Bestrebungen dieser Generation sind, verstummte. Auch Grosman, ein aus der Ostslowakei stammender, in Prag lebender und 1968 nach Israel emigrierter jüdischer Autor, der ursprünglich slowakisch schrieb, später aber das Tschechische als Schriftsprache nutzte, der vor allem durch die Verfilmung seiner Novelle "Obchod na korze" (Der Laden auf dem Korso) - der Film wurde 1966 mit dem Oscar ausgezeichnet - einer breiteren Öffentlichkeit bekannt wurde, trat literarisch im Exil lediglich mit den Erzählungen "Nevěsta" (Die Braut) und "Hlavou proti zdi" (Mit dem Kopf gegen die Wand) hervor, ohne je wieder eine größere Resonanz zu erreichen. Immerhin gelang es Dušan Šimko, der in der Schweiz Zuflucht gefunden hatte, 1984 in der Londoner Exilreihe "Rozmluvy" den Erzählungsband "Maratón Juána Zabalu" (Der Marathon des Juan Zabal) zu veröffentlichen, worin er sich u.a. kritisch mit den Zuständen in der zurückgelassenen Heimat auseinandersetzt, z. B. in "Prvomájový sprievod" (Maidemonstration) ironisch die eingeübten Rituale von solchen Massenveranstaltungen beschreibt[38].

Špetko zufolge[39] arbeitet Ján Rozner an einem Roman, der die geschichtliche Entwicklung in der Slowakei nach der kommunistischen Machtübernahme im Februar 1948 erfassen soll. Und was - Mňačko wiederum ausgenommen - von den obengenannten Autoren noch erschienen ist, sind meist Erinnerungen an die Kriegszeit. So führte Knieža

---

36 Vgl. Ludwig Richter, Transformations of Prose Structure in the '56 Generation. In: Robert B. Pynsent (Hrsg.). Modern Slovak Prose Fiction since 1954, London 1990, S. 70-78.
37 Vgl. Encyklopédia dramatických umení Slovenska, 1. Band, Bratislava 1989, S. 657, wo es heißt: "Das dramatische Schaffen ist durch Existentzialismus, Mystizismus und einen allgemeinen Humanismus gekennzeichnet"; Slovenský biografický slovník. III. Band, Martin 1989, S. 340-341.
38 Vgl. die deutsche Übersetzung dieser Erzählung in: Peter Zajac (Hrsg.), Wie Laub von einem Baum, Blieskastel 1994, S. 173-179.
39 Jozef Špetko, Otrakizovaná liter(túra) (wie Anm. 8).

im Exil seine Trilogie über die jüdische Arbeitskompanie weiter; waren ihr erster und zweiter Teil "Šiesty prápor na stráž" (Sechstes Bataillon auf Wacht, 1964) und "Mušketieri žltej hviezdy" (Musketiere des gelben Sterns, 1967) noch im Lande selbst erschienen, so kam der abschließende Teil "Zvaľte všetko na mňa" (Wälzt alles auf mich ab, 1976) erst in der Züricher Edition "Poľana" heraus. Von dieser Trilogie ist der erste Teil 1975 auch in einer deutschsprachigen Textvariante unter dem Titel "Jankel Tannenbaums Kompanie" in der Exilreihe "Konfrontation", die ebenfalls in Zürich ihren Sitz hat, veröffentlicht worden. Mit der Judenfrage hat sich Knieža ferner in mehreren deutsch- und englischsprachigen Essays auseinandergesetzt, die den Anteil jüdischer Partisanen am antifaschistischen Widerstandskampf, aber auch den "parteilichen Antisemitismus" in der kommunistischen Tschechoslowakei zum Gegenstand haben.[40] Fiš hingegen stellt in seinen Memoiren, die in deutscher Übersetzung unter dem Titel "Mein Kommandeur General Svoboda" (1969) erschienen sind, aus individueller Optik die geschichtlichen Details des Schicksals der in der Sowjetunion aufgestellten tschechoslowakischen Armee dar. Sie bilden ein Pendant wie teilweise auch ein komplementäres Bild zu ähnlichen Werken, die im Lande selbst erschienen sind, freilich in bezug auf ihre Authentizität durch die Zensur eingeschränkt waren.

Bei der Charakterisierung der literarischen Produktion dieser dritten Emigrationswelle ist man dennoch vor allem auf das in sich durchaus heterogene Werk von Ladislav Mňačko verwiesen, den in der Welt wohl bekanntesten slowakischen Exilautor überhaupt. Er war, sieht man einmal von seinem Aufstandsroman "Smrť sa volá Engelchen" (Der Tod heißt Engelchen) ab, ein enfant terrible im offiziellen literarischen Diskurs in der Slowakei, aber ein Einzelgänger und -kämpfer auch im Exil. Seine "Oneskorené reportáže" (Verspätete Reportagen, 1963) wirbelten seinerzeit in mehrfacher Hinsicht Staub auf. Sie beleuchteten kritisch den sozialistischen Alltag in der Slowakei und machten an scheinbar unwichtigen Begebenheiten den krassen Widerspruch zwischen Ideal und Wirklichkeit deutlich. Aufgrund des überwältigenden Leserechos folgten in gleichem Stil die Reportagen "Kde končia prašné cesty" (Wo die staubigen Wege enden, 1963). Mňačkos Kritik am realen Sozialismus stieß verständlicherweise im westlichen Ausland auf lebhaftes Interesse, doch der Autor verweigerte dortigen Verlegern selber die Übersetzungsrechte, denn er wollte die notwendige interne Auseinandersetzung im Lande nicht beeinträchtigen. Als in der Bundesrepublik Deutschland dennoch eine deutsche Übersetzung unter dem zugkräftigen Titel "Der rote Foltergarten" erschien, strengte Mňačko gegen den Verlag einen Prozeß an und gewann ihn auch. Da Rolf Hochhut seinerseits den Osteuropäern die Übertragungsrechte seines Stücks "Der Stellvertreter" entzogen hatte, wandte sich Mňačko in dieser Angelegenheit brieflich an Hochhut, doch anstelle des erhofften gegenseitigen Einvernehmens entwickelte sich zwischen ihnen eine politische Polemik "mit diametral entgegengesetzten Standpunkten".[41] War dieser Streit also letztlich sogar zum Vor

---

40 Vgl. Libor Knězek, Zo slovníka exilových spisovateľov: Knieža, Emil F. In: Romboid 3/1994, S. 39 f.
41 Vgl. zu den biographischen Details Suzanne L. Auer, Vom sozialistischen Realismus zu Kritizismus und Satire. Ladislav Mňačkos Romanwerk, Bern/Frankfurt am Main/New York/Paris 1989, S. 7-28,

teil der Mächtigen in der Tschechoslowakei beigelegt, so folgte 1967 der nächste Schock, nur traf er diesmal die Nomenklatura. Es ging um den Schlüsselroman "Ako chutí moc" (Wie die Macht schmeckt), der eine scharfe künstlerische Abrechnung mit dem Stalinismus in der damaligen ČSSR war, dessen eine Gestalt, der an Urämie gestorbene hohe Staatsfunktionär, unverkennbare Wesenszüge von Klement Gottwald, Viliam Široký und Karol Bacílek hatte. Als Mňačko diesen Roman 1966 fertiggestellt hatte, machte er kein Hehl daraus, daß er dieses Werk ungeachtet des von seiten des Parteiapparats zu erwartenden Widerspruchs veröffentlichen werde, und sei es ohne Genehmigung im Ausland. Und tatsächlich erschien der Roman 1967 zuerst in deutscher Sprache im Wiener Molden-Verlag und erst ein Jahr später im slowakischen Original in Bratislava. Dazwischen lag freilich als spektakulärstes Ereignis Mňačkos Flucht nach Israel aus Protest gegen die Haltung der tschechoslowakischen Außenpolitik im Nahostkonflikt, die für Mňačko Parteiauschluß und Ausbürgerung zur Folge hatten, welche wiederum in den westlichen Massenmedien Aufmerksamkeit erregten. Und dann geschah nahezu ein (vom Autor vielleicht kalkuliertes?) Wunder: Auf seinen Protest hin erhielt Mňačko am 26. April 1968 die tschechoslowakische Staatsbürgerschaft wieder zurück und kehrte am 1. Juli 1968 in seine Heimat zurück. Doch sein Aufenthalt war nicht von langer Dauer, er wurde Augenzeuge des Einmarsches der Truppen des Warschauer Vertrages im August 1968 und entzog sich der drohenden Verhaftung durch die erneute Flucht, diesmal nach Österreich. Dort lebte er bis vor kurzem im Exil, zwar hatte er die Absicht, in die Slowakei zurückzukehren, doch da ihm das politische Klima in der selbständigen Slowakischen Republik nicht behagte, machte er kurz vor seinem Tode aus einer Protesthaltung heraus Prag zu seinem letzten Wohnort.

Im Exil setzte Mňačko seine Auseinandersetzung mit dem Totalitarismus stalinistischer Prägung fort, wobei er in deutschsprachigen Werken wie "Die Agressoren" (1968). "Die Nacht von Dresden" (1969) und "Die siebente Nacht" (1970) die Ereignisse vom August 1968 publizistisch wirksam darstellte, auch seine eigene kommunistische Vergangenheit kritisch beleuchtete. Sein Ruf als "politischer Pamphletist", wie er es selber sieht, machte ihn zu einem gefragten Medienstar, solange die Ereignisse von 1968 die internationale Öffentlichkeit aufwühlten, dann wurde es stiller um den Autor, der auch im Exil mit seinen dortigen weltanschaulichen Gegnern in Fehde lag. Mňačko wurde sich jedoch seiner isolierten Situation als Exilschriftsteller, das heißt für ihn als "entwurzelter, schiffbrüchiger Schriftsteller", sehr wohl bewußt. Und er machte sich auch keine Illusionen über die Wirkungsmöglichkeiten seiner die brisanten Zeitereignisse spiegelnden Werke: "Wen interessiert schon auf Dauer der politische Alltag der Tschechoslowakei? Nach zehn Jahren Exil nicht einmal mich mehr so brennend."[42] Daher ist es nur verständlich, wenn Mňačko sich schließlich von den tschechoslowakischen Gegenständen ab- und zweimal dem Thema des Exils zuwendet, das er durchaus kritisch reflektiert. In dem Kriminalroman "Der

---

neuerdings auch Libor Knězek, Zo slovníka exilových spisovateľov: Mňačko, Ladislav. In: Romboid, 4/1994, S. 61-64.

42 Ladislav Mňačko, Zehn Jahre schriftstellerischer Gastarbeiter. In: Karl Corino (Hrsg.), Autoren im Exil. Frankfurt a. Main 1981, S. 54.

Vorgang" (1970) lebt der Held voller Angst wie ein Verbannter in einer ihm fremden, feindlich gesonnenen Welt, in dem utopischen Roman "Der Gigant. Ein Superthriller" (1978) macht der Autor deutlich, wie absurd eigentlich die uns umgebende Wirklichkeit ist, in der wir unser normales Leben eingerichtet haben.[43]

Im Exil hat Mňačko nur noch den Roman "Súdruh Münchhausen" (Genosse Münchhausen) in slowakischer Sprache verfaßt, der 1972 in der Reihe "Index" in Köln erschienen ist und deutsch ein Jahr später in München herausgekommen ist. Hier setzt der Autor seine kritische Auseinandersetzung mit der Diktatur in der Tschechoslowakei bruchlos fort. Es ist eine Satire auf die politischen Zustände und auf reale Personen, die sich, wie schon im Roman "Ako chutí moc", für den mit den Verhältnissen vertrauten Leser leicht dechiffrieren lassen, zumal Mňačko ihre Namen nur etwas verstümmelt hat.[44] Mit diesem Werk hat der Autor noch einmal den Adressaten in der Heimat im Visier, mischt er sich noch einmal politisch ein, doch die Hoffnung auf Veränderung in der Heimat hat Mňačko bereits aufgegeben. Deshalb und weil das Interesse an dem Gegenstand im Westen merklich schwand, verabschiedete er sich nun von dieser, von ihm seit 1963 fast ein Jahrzehnt präferierten Thematik.

Nach der "samtenen Revolution" von November 1989 eröffneten sich auch wieder für Mňačko die Möglichkeiten einer Teilnahme am slowakischen literarischen Leben. Nun erschienen auch wieder seine Werke in der Slowakei: 1990 "Súdruh Münchhausen", "Oneskorené reportáže", "Ako chutí moc" und in einer Übersetzung von Agnes Juríková auch "Siedma noc", ihnen folgte 1991 "Smrť sa volá Engelchen". Von der Literaturkritik wurden sie im wesentlichen mit Respekt als Zeitdokumente, genauer gesagt als Zeugnisse aus einer überwundenen Vergangenheit aufgenommen. [45]

Eine im Vergleich zu den bislang aufgeführten Vertretern dieser Emigrationswelle neue Generation verkörpert Irena Brežná, die 1968 als Achtzehnjährige in die Schweiz flüchtete und sich erst dort zur Schriftstellerin entwickelt hat. Ihr Werk ist in Bezug auf die Weltsicht und den Sprachenwechsel der Autorin von besonderem Interesse. Ihre autobiographischen Skizzen "So kam ich unter die Schweizer. Slowakische Fragmente" (Bern 1985) sind lapidare Aufzeichnungen von Sinneseindrücken, wie Brežná bestimmte markante Ereignisse in ihrem jeweiligen Lebensabschnitt wahrgenommen hat: den ungarischen Volksaufstand von 1956, eine geplante, aber gescheiterte Flucht ihrer Mutter nach Schweden, deren Gefängnishaft, Frühjahr 1968 in der Schule, die Okkupation im August und schließlich die Emigration via Österreich in die Schweiz, die Eingewöhnung in der Fremde, das Schwinden der Illusionen im Alltag einer Emigrantin, das Sich-Behaupten-

---

43 Vgl. hierzu die detaillierten Romananalysen bei Suzanne L. Auer (wie Anm. 40), S.202-252 (Der Vorgang) sowie S. 287-345 (Der Gigant).

44 Vgl. ebenda, S.266-287.

45 Vgl. Peter Hoch, Dobový dokument. In: Kultúrny život, 34/1990, S. 9; Vladimír Petrík, Paródia na reálny socializmus. In: Slovenské pohľady 4/1991, S. 126/27; Ivan Sulík, S križikom po funuse. In: Literárny týždenník 22/1991, S. 4; ders. in größeren Zusammenhängen: Vzťah jazyka a ideologie v novej slovenskej próze. In: Romboid 2/1992, S. 16-28; Ladislav Čúzy, Ladislav Mňačko: Súdruh Münchhausen. In: Romboid 1/1992, S. 92-93 u. a.

Müssen in einer konservativen, von Männern geprägten Gesellschaft. Wie nüchtern Irena Brežná die Exilsituation sieht, das hat sie in dem kurzen Essay "Nur spuren, schweigen, lächeln? Ausländerinnen wehren sich" mit wenigen Worten auf den Punkt gebracht: "Der Dauerstress des Anderssein, die Tatsache, sich ständig erklären zu müssen, das Ankämpfen gegen erniedrigende Vorurteile, der Identitätsverlust, das Leben zwischen zwei Welten", dies und die "Sprachlosigkeit", die "Unkenntnis ihrer Rechte" mache Ausländerinnen zu "modernen Sklavinnen".[46] Es sind nicht unbedingt die Positionen westlicher Feministinnen, welche die Autorin hier vertreten will, es ist vielmehr das eigene Betroffensein, der Wille zur Solidarität unter Frauen, die Suche nach realen Möglichkeiten, die Barrieren zwischen den Ausländern und den Einheimischen zu überwinden. Brežná vermittelt hier ein Lebensgefühl, das ihre Landsleute in der Slowakei, für die die Schweiz ein erstrebenswertes Vorbild, geradezu ein Musterland ist, sicherlich nicht vermuten.

Für Brežná ist es allerdings nicht kennzeichnend, daß sie sich primär mit der eigenen slowakischen Vergangenheit unter totalitären Bedingungen und mit ihrer heutigen Situation im Gastland Schweiz auseinandersetzt. Ihr Horizont geht über solche in der Exilliteratur gängige Bipolarität Heimat-Exil bewußt hinaus. In der Erzählung "Die Schuppenhaut" (1989) visiert sie eine überpersönliche fiktionale Ebene an, wo sich das Ludistische über das Empirische erhebt und zum Symbolhaften wird. Wie die Autorin in ihrem Nachwort selber bekennt, geht es ihr in dieser Erzählung vorrangig um "Spielerei, um einen Flirt, um Erotik, um Kommunikation." In der Psoriasis sieht sie nicht so sehr eine real vorhandene, mit neuen wissenschaftlichen Erkenntnissen zu behandelnde Krankheit als vielmehr ein Symptom, "eine Metapher für die Einsamkeit, für die unerfüllte Sehnsucht nach Nähe zu anderen Menschen und gleichzeitig für die Abwehr gegen die Welt, das Schneckenhaus... für das Leben überhaupt."[47] Inzwischen hat die Autorin aus autobiographischer Erfahrung einen neuen literarischen Gegenstand gefunden, die Beziehungen zwischen Europa und Schwarzafrika, denen sie sich in Erzählungen und Reportagen des Bandes "Karibischer Ball" (1991) zuwendet. Ungeachtet der Verschiedenheit der Lebenswelten und Sprachen plädiert sie für einen Dialog der Vernunft und des Gefühls, appelliert sie an ihre Mitmenschen hier wie dort, ihre herkömmlichen rassistischen Vorbehalte endlich aufzugeben, Menschen wegen ihrer Hautfarbe und andersgearteten Kulturtradition nicht auszugrenzen.

Irena Brežná ist zwar ihrer Herkunft nach eine Slowakin, doch hat sie im Exil den Sprachenwechsel vollzogen, ist sie hier zu einer deutschsprachigen Autorin geworden, die in der mehrsprachigen schweizerischen Literatur Fuß gefaßt hat. Dennoch sieht sie den Sprachenwechsel durchaus als problematisch an: "Die neue Sprache ist nicht meine Heimat geworden. Sie ist ein Geschenk des Zufalls, ein gutgeschnittenes Arbeitskleid, das ich dann gern anziehe und unbedingt brauche, wenn die Ballkleider verschwitzt sind. ... Das Wiedersehen mit der Muttersprache nach zwei Jahrzehnten Trennung stahl mir jegliche Leichtigkeit. Weder überfiel sie mich, noch ließ sie sich beherrschen, kein Kleid war

---

46 Veröffentlicht in: Maja Wicki, Wenn Frauen wollen, kommt alles ins Rollen. Zürich 1991, S. 70-74.
47 Irena Brežná, Die Schuppenhaut. Zürich ²1990, S. 93-95.

sie, sondern ein Subjekt, ein zu verführendes allerdings. Doch vorläufig höre ich ihr lieber aus der Ferne zu, der Unnahbaren, und bedecke sie von Zeit zu Zeit leicht mit der Zunge."[48] In der Tat hat Brežná - aus dieser Befindlichkeit heraus durchaus verständlich - bislang das Slowakische als Schriftsprache gemieden. Die Integration ihrer Werke in die slowakische Literatur erfolgt mit Hilfe bekannter Übersetzerinnen aus dem Deutschen.

Auch die dritte Emigrationswelle hat verschiedentlich Versuche unternommen, ein literarisches Leben im Exil in Gang zu setzen.[49] Langwierig waren auch die Bemühungen, der katholisch orientierten Zeitschrift "Most", die noch von Vertretern der ersten Emigrationswelle begründet worden war, weitere Zeitschriften beizugeben, um ein Mindestmaß an Meinungspluralität zu garantieren. Immerhin kam es 1981 zur Begründung der "Premeny" und 1985 der "Pohľady". Kurzzeitig erschienen in Zürich 1974-1978 die Zeitschrift "Vlna-M", in Rom Ende der sechziger Jahre kurzzeitig die Zeitschrift "Štepy". Die "Premeny" wurden zu einem Forum von Exilautoren sowie von in der Slowakei lebenden Dissidentenautoren. Von letzteren sei insbesondere auf den Unterzeichner der Charta 77, Dominik Tatarka, auf Hana Ponická und Ivan Kadlečík hingewiesen. Schließlich standen beiden Gruppen auch die tschechisch geprägten Editionsreihen "Index" (Köln) und "Sixty-Eight Publishers" (Toronto) offen.

Im Verhältnis zur tschechischen Samizdatliteratur ist die slowakische relativ gering. Das hängt in erster Linie damit zusammen, daß sich in der slowakischen Literatur die Situation nicht so drastisch zuspitzte wie in der tschechischen, wo nach 1968 nicht nur die meisten Spitzenautoren, sondern über zwei Drittel der ehemaligen Verbandsmitglieder mit Publikationsverbot belegt wurden. In der Slowakei gab es zwar auch nicht wenige Autoren, die Schreibverbot erhielten, doch geschah im Laufe der Zeit eine allmählich Reintegration in die offizielle Literatur. Das hatte zur Folge, daß sich eine nicht unbeträchtliche Schubfachliteratur ausbildete, die mehrere Schriftstellergenerationen, von Ladislav Ťažký und Peter Karvaš bis hin zu Pavel Hrúz, umfaßte, daß aber die Hoffnung auf Reintegration auch nicht zu einem starken zweiten Umlauf führte.

Wie bei der Exilliteratur, so steht auch hier die Literaturforschung vor der Aufgabe, neben dem unstrittigen moralischen Wert auch den ästhetischen zu bestimmen. Davon ist auch ihr wirklicher funktionaler Stellenwert innerhalb einer als Ganzheit gefaßten slowakischen Literatur abhängig. Ein abstraktes zeitloses Herangehen an diese Frage steht allerdings nicht an, denn dieses würde die tatsächlichen Bedingungen in den verschiedenen Sphären der literarischen Kommunikation im Nachhinein ahistorisch einebnen.

---

48 Irena Brežná, Deutsch ist eine Art gutgeschnittenes Arbeitskleid, in: Peter Zajac (Hrsg.), Wie Laub von einem Baum. Blieskatel 1994, S. 298-299.

49 Špetko, Otrakizovaná literatúra (wie Anm. 8), S.106-108; viele Informationen auch über kulturelle Aktivitäten bringt ferner František Braxátor, Slovenský exil '68. Bratislava 1992.

Ute Raßloff

Zärtlichkeit ist meine Religion
Zum Spätschaffen von Dominik Tatarka

Wenn über die Kunst der Slowakei gesagt werden kann, daß Tradition und Avantgarde hier eine höchst intensive Verbindung eingegangen sind, dann trifft das für einen ihrer wichtigsten Vertreter des 20. Jahrhunderts, den "Dichter des Sujets" Dominik Tatarka, ganz besonders zu. Den ersten Impuls für seinen Weg mag schon die Spezifik der slowakischen Kulturregion gegeben haben, die nicht nur als Zielort mehrerer Kolonisationen, sondern auch als Kreuzweg verschiedener Kulturtypen und kirchengeschichtlicher Traditionen multikulturell geprägt wurde.[1] Hinzu kommt Tatarkas Biographie. Als sensibler, aufnahmebereiter "Mensch auf Reisen", stets offen für das *Andere*, verstand er es, Brücken zwischen den entlegensten Orten der östlichen und westlichen kulturellen Hemisphäre zu schlagen und den Graben zwischen dem Modernen, Aktuellen, Avantgardistischen und dem Allerursprünglichsten und Dauerhaftesten sanft zu schließen.

Die Kindheit auf dem Land brachte eine innige Beziehung zur Natur und zum sozialen Dorfmilieu. Tatarka verinnerlichte die Agrarkultur mit ihren Zeitzyklen, Bräuchen, Ritualen und Mythen, die nicht nur in vorchristliche, sondern bis in vorantike Zeiten zurückreichten. Die Übernahme folkloristischer Erzählmuster sollte ihn später kurzzeitig in die Nähe des slowakischen Naturismus führen.

Seine katholische Erziehung ging mit der Folklore eine fruchtbare Symbiose ein, die Idee der "civitas dei" des Augustinus sollte ihn ein Leben lang beschäftigen, Spuren des "tragischen Lebensgefühls" seines geistigen Lehrers Miguel de Unamuno finden sich in den ersten, Camus und dem christlichen Existentialismus[2] nahestehenden Prosaarbeiten wieder.

Während des Philologiestudiums in Prag (1934-1938) kam Tatarka erstmals mit dem modernen Theater und mit avantgardistischen Literaturströmungen in Berührung, die er sich dann bei einem Studienaufenthalt an der Pariser Sorbonne vollends erschloß. Fasziniert vom Surrealismus, auch von dessen Ausprägung speziell in der bildenden Kunst der Slowakei der beginnenden vierziger Jahre, stellte er in der Novelle "Panna zázračnica"

---

1   Vgl. Peter Zajac, Die slowakische Literatur der Gegenwart im ostmitteleuropäischen Kontext. In: Stint (Bremen), 14. Dezember 1993, 158-171.

2   Vgl. Milan Hamada, Tatarkova koncepcia kultúry. In: Slovenská literatúra (Bratislava), 2-3/1993, S. 81-91.

(Die Wunderjungfrau, 1944; dt. 1969) die Traumwelt der Imagination und Phantasie der herben und beschämenden Wirklichkeit in der damals fast noch satten und weltvergessenen Slowakei inmitten des blutenden Europa gegenüber.

Folgerichtig, aber eher spontan und intuitiv, beteiligte sich Tatarka am Slowakischen Nationalaufstand gegen den Faschismus, literarisch rechnete er mit ihm im Roman "Farská republika" (Die Pfaffenrepublik, 1948; dt. 1960) ab. Sein Ja zum Aufbau des Sozialismus, die langjährige Mitgliedschaft in der Kommunistischen Partei beruhten auf seinem Sinn für soziale Gerechtigkeit und der Hoffnung, daß hier seine Vision einer freien Gemeinschaft freier Individuen verwirklicht werden könne.

Er gab sie nie auf, auch sein damaliges politisches Engagement trübte nicht seinen Blick, den Werteverfall in seiner Umgebung registrierte er immer deutlicher, bis man ihn 1951 auf einem Schriftstelleraktiv des bourgeoisen Nationalismus bezichtigte. Dies verarbeitend, entstand als Höhepunkt der Auseinandersetzung Dominik Tatarkas mit totalitären Gesellschaftsmustern im Zuge des osteuropäischen Tauwetters 1956 die politische Satire "Démon súhlasu" (Dämon des Jasagens). Dieses "Pamphlet vom Ende der stalinistischen Epoche" kann als die erste tiefgehende Bloßstellung und Analyse stalinistischer Partei- und Gesellschaftsstrukturen in der slowakischen *und* tschechischen Literatur angesehen werden.

Wie Czesław Miłosz geißelte Tatarka das "versklavte Denken", als er in seinem "rebellischen Manifest" das durch dogmatische Ideologien instrumentalisierte Denken einer prinzipiellen Kritik unterzog, er entlarvte den Mechanismus, mit dessen Hilfe die Machthaber in *jeder beliebigen* totalitären Diktatur freie Menschen zu funktionierenden Handlangern, zu Bürokraten und zu willfährigen Jasagern verwandeln, doch er verschwieg auch die Feigheit der Entmündigten nicht, versteckten sie sich doch nur allzu bereitwillig hinter der Maske allgemeiner Zustimmung zu allem und jedem, so ihre "eigene Verantwortung im Namen eines vorgetäuschten gesamtgesellschaftlichen Interesses"[3] verleugnend.

Tatarka hatte diese Satire vor allem unter den jungen Literaten den Ruf eines "aufgeklärten Slowaken" im Sinne eines Erleuchteten eingebracht, denn im Kontext der slowakischen Literatur gesehen, war er mit seinem frühzeitigen Entlarven der Entmündigung des Menschen ein Einzelgänger und seiner Umgebung weit voraus. Um so mehr wuchs seine Autorität, die er später als Reformkommunist auf dem Weg zum Prager Frühling genoß.

Autorität genoß er auch als Künstler; mit der Novelle "Prútené kreslá" (Korbsessel, 1963; dt. 1965) sagte sich Tatarka, der zuvor auch "Aufbau- und Kollektivierungsromane" erprobt hatte, vom offiziell empfohlenen Romanmuster der "großen Erzählungen" los. Auch in Polemik zu den klassischen slowakischen "Aufstandstrilogien", beispielsweise eines Vladimír Mináč, räumte Tatarka hier dem Persönlichen und Intimen gegenüber dem "Gesamtgesellschaftlichen" und Historischen literarisch und wertmäßig wieder den Vorrang ein.

---

3   (Im Gespräch mit) Dominik Tatarka. In: Antonín J. Liehm, Generace. Praha 1988, S. 148-169.

In den sechziger Jahren wurden Tatarkas Äußerungen zu Politik und Kultur zunehmend kritischer, doch zum Engagement für die tschechoslowakische Reformpolitik trieb ihn nicht mehr die Vision eines "Sozialismus mit menschlichem Antlitz", sondern die darüber hinausgehende Vorstellung einer Menschengemeinschaft, die er auch schon vor dem Frühjahr 1968 "obec božia" (Gemeinde Gottes), aber auch "Menschengemeinde" oder "Bürgergemeinde"[4] nannte und von der noch die Rede sein wird.

Die Peripetien in Tatarkas Werdegang lassen die Frage nach Diskontinuität oder Kontinuität bzw. Integrität aufkommen. Július Vanovič verweist auf "einander widersprechende Stadien und Meinungen", deren Ursachen er vor allem in Tatarkas katholischer Herkunft, im Bedürfnis nach Autorität, in der Sehnsucht nach etwas, dem er restlos zustimmen, dem er sich hingeben könne, sucht.[5] Selbst Václav Havel bezeichnete den "Démon súhlasu" in seinem Vorwort zur französischen Ausgabe 1986 als "výkřik prozření" (Aufschrei des plötzlichen Erwachens)[6]. Wie Albert Marenčin berichtet, habe Tatarka, der Havel zwar sehr schätzte, ihn sogar als "Fürsten" bezeichnete, derlei Auffassungen vehement abgelehnt, wir würden hinzufügen, mit Recht. Nicht er, Tatarka, habe sich verändert, auch nicht seine Sicht, sondern diejenigen, denen er einst geglaubt hatte. Es handle sich nicht um Illusionsverlust, sondern um das Gefühl von Enttäuschung und Verrat.[7]

So lassen sich schließlich - gerade im Hinblick auf das gesamte Lebenswerk Tatarkas - eher Konstanten und integrative Momente ausfindig machen. Marenčin sieht sie im Glauben, für Hamada ist Tatarka ein Vertreter der "Kultur des Herzens", welcher die "Liebe" vor die "Überzeugung" setzt und sich von der Marxschen und Leninschen Vorstellung des Klassenkampfes getrennt hat.[8] Zorka Prušková sieht die "kultursemiotische Invariante" seines Werkes im "Anderssein des Autors und der sich daraus ergebenden Einsamkeit und dem Bangen vor dem 'schweigenden Gesicht der Mehrheit'".[9] Peter Zajac verweist auf das schon im "Démon súhlasu" formulierte zentrale Credo der "nicht entziehbaren Rechte der menschlichen Persönlichkeit". Damit, so Zajac, stelle sich Tatarka neben tschechische Kultur- und Geistesschaffende wie Václav Černý, Jaroslav Seifert, Oldřich Mikulášek und Ján Skácel und reflektiere parallel zu Martin Buber, Emmanuel Lévinas und Norbert Elias[10] die Problematik der gegenwärtigen Zivilisationsprozesse.

---

4   Dominik Tatarka, O obci božej. Smena, 7. Mai 1968.

5   Vgl. Július Vanovič, Náčrt štúdie o Dominikovi Tatarkovi. In: Vanovič, Nad textom a časom. Bratislava 1993. S. 103.

6   Das Vorwort mit diesem Titel wurde dann auch in die slowakische Ausgabe übernommen. Vgl. Václav Havel, Výkřik prozření. In: Dominik Tatarka, Démon súhlasu. Bratislava 1991.

7   Vgl. Albert Marenčin, Veľký neznámy. In: Kultúrny život, 17. Dezember 1991.

8   Vgl. Hamada, Tatarkova koncepcia kultúry, wie Anm. 2, S. 89.

9   Zorka Prušková, O zmysle a funkciách interpersonálnych situácií v diele Dominika Tatarku. In: Slovenská literatúra, 2-3/1993, S. 108-111.

10 Vgl. Peter Zajac, Tatarkova cesta. In: Slovenská literatúra, 2-3/1993, S. 92-104.

Tatarkas Schaffen bildet eine Einheit, die innere Emigration führte zu keinen grundsätzlichen Wertverschiebungen, obwohl sich seine Lebenssituation nach 1969 drastisch
änderte. Wie kam es dazu?

Nach der gewaltsamen Beendigung des Reformkurses erfolgte in der ganzen Tschechoslowakei, also auch in der Kulturpolitik und deren Einwirken auf die Literaturverhältnisse,
eine normative Korrektur der offiziellen Wertehierarchie, die darauf abzielte, die Werte
der sechziger Jahre, die mit Sicherheit auch Tatarkas Werte waren, auf dem Wege der Reglementierung durch die längst überholten aus der Zeit "vor der Krise" zu ersetzen.[11]
    Für Dominik Tatarka war kein Platz mehr in dieser alten, lediglich neuinstallierten
Wertehierarchie. Er wurde, wie die Mehrheit der Andersdenkenden, allmählich an den
Rand des öffentlichen künstlerischen Lebens gedrängt, bis ihm, einem offiziell Geächte-
ten, bloß noch der Platz an der gesellschaftlichen Peripherie verblieb.
    Dieses Ausbürgern vollzog sich zunächst aber nicht so sichtbar, entschieden und abrupt
wie eine Emigration. Erst nach seinem Parteiaustritt 1969 erfolgte der Ausschluß aus dem
Schriftstellerverband (1971). Seitdem ohne die geringsten Publikationsmöglichkeiten in
der Heimat, arbeitete er als Gärtner und verbrachte dann seinen Lebensabend bei einer
knapp bemessenen Invalidenrente. Bereits am 31. Dezember 1976 unterzeichnete er als
einer der allerersten die Charta 77; er hielt engen Kontakt zu den tschechischen oppositionellen Schriftstellern und Intellektuellen. Um ihn finanziell zu unterstützen, kauften ihm
die Gedenkstätte für Nationales Schrifttum und das Nationalmuseum in Prag Manuskripte
und Teile der Korrespondenz ab. Nach der Rückkehr aus Prag durfte der Geächtete Bratislava nicht verlassen, die Staatssicherheit unterzog ihn Verhören und beschlagnahmte
Manuskripte, Briefe, Büchersendungen und Zeitschriften. 1988 wurde ihm von der Stiftung der Charta 77 der Jaroslav-Seifert-Preis verliehen. Dominik Tatarka starb am 10. Mai
1989 in Bratislava. 1990 erhielt er posthum den Nationalpreis der Slowakischen Republik
und den Masaryk-Orden Erster Klasse. Die Charta 77 stiftete einen Dominik-Tatarka-
Preis.[12]

Die slowakische offizielle Literaturkritik und -wissenschaft, die auch das Bild von Lehr-
büchern, repräsentativen Lexika usw. mitbestimmte, befaßte sich in der Zeit der "Konsolidierung" kaum noch mit dem "Abtrünnigen", den späten Tatarka verschwieg sie vollends,[13] und es ereignete sich sogar, daß sein Schaffen aus den sechziger Jahren gegenüber

11 Öffentlich hat in der Slowakei erstmals Milan Šútovec darüber berichtet. Vgl. Šútovec, Začiatok
    sedemdesiatych rokov ako literárnohistorický problém. In: Slovenské Pohľady, 1/1989, S. 29-43.

12 Die faktographischen Angaben stützen sich auf das sorgfältig recherchierte "Kalendárium života a
    diela Dominika Tatarku". In: Slovenská literatúra, 2-3/1993, S. 231-234.

13 Vgl. Ján Števček, Dejiny slovenského románu. Bratislava 1988.

dem der frühen fünfziger als literarischer, aber vor allem ideologischer Niedergang dar
gestellt wurde, was schlicht jeder sachlichen Grundlage entbehrt.[14]

Auf diese Weise hat man Tatarkas Namen unmerklich aus dem öffentlichen Bewußtsein
tilgen wollen, gerade das aber ist nicht geglückt, im Gegenteil, dieser Schriftsteller sollte
für einen Großteil der slowakischen kulturellen Öffentlichkeit ein Kriterium für moralische Lauterkeit bleiben, er wurde zu einer menschlichen und literarischen Institution, die
sich jenseits des rigiden oder aber sich scheinheilig korrumpierenden Machtapparats
Individualität, persönliche Integrität und damit die eigene Freiheit und Würde zu bewahren verstand.

Als Weihnachtsgeschenk widmete Tatarka den "tschechischen Freunden, die ich liebe"[15]
1978 seine erste Publikation nach der Okkupation, die bibliophile Samizdat-Ausgabe "V
ne čase" (Zur Un-Zeit), als Tamizdat-Titel kam selbige 1986 bei Sixty-Eight Publishers
in Toronto heraus. Ludvík Vaculík gab 1979 in der "Edice Petlice" die "Písačky" (Kritzeleien) heraus. In Buchform erschien der letzte Teil dieser Trilogie unter dem Titel
"Písačky" 1984 bei Index Köln. Im selben Jahr brachte der Karel Jadrný Verlag in München in seiner "Edition Arkýř" den zweiten Teil, "Sám proti noci" (Allein gegen die
Nacht, dt. 1994), in tschechischer Übersetzung heraus. Erst 1988 publizierte Jozef Škvorecký im Verlag Sixty-Eight-Publishers in Toronto die bereits 1974-1976 entstandenen
"Listy do večnosti" (Briefe in die Ewigkeit) in Buchform. Alle drei Buchausgaben enthalten Nachworte des Herausgebers Ján Mlynárik.

In der zweiten Nummer der Bratislavaer Samizdat-Zeitschrift "Fragment K" erschien
1986 unter dem Titel "Navrávačky" (Auf Band Gesprochenes; hier auch in der Bedeutung: Aufgeschwatztes) der erste Teil von Tonbandprotokollen, die Tatarka gemeinsam
mit der Prager Kunsthistorikerin Eva Štolbová aufgenommen hatte, 1987 kamen sie als
Samizdat-Publikation in der "Edice Petlice" heraus, 1988 als Buch im tschechischen
Exilverlag Index Köln, und noch im Juli 1989 wurden sie in der traditionsreichen
slowakischen Literaturzeitschrift "Slovenské pohľady" erstmals öffentlich publiziert. Diese
Texte bilden im Wesentlichen das bisher zugängliche Spätwerk Dominik Tatarkas.

So beschrieb der Autor selbst seine Situation einer aufgenötigten inneren Emigration:
"Und 'die' haben mich deshalb lebenslänglich ohne Gerichtsurteil ins Gefängnis ihrer
administrativen Maßnahmen geworfen. Zwanzig Jahre lang, bis heute, lassen sie mich in
der Isolation physisch und moralisch darben. Alles in mir ist mit den Jahren ausgehungert,
meine Augen, Hände, das Gehör, meine Phantasie, die Sehnsüchte und das Bedürfnis
nach Gesellschaft. Doch was mit ihnen geschah, ist noch hundert Mal schlimmer, mit den
Jahren hat sie der Schimmel überzogen, sie verwesen vor Raffgier und Korruption. Schon

---

14 Vgl. Karol Rosenbaum u. a., Encyklopédia slovenských spisovateľov. Bratislava 1984, S. 186. Ivan
    Sulík: Literatúra v epoche socializmu - Próza. In: Milan Pišút u.a. Dejiny slovenskej literatúry.
    Bratislava 1984, S. 725-811.

15 Ján Mlynárik, Nachwort ("Zbojnícka pieseň o slobode a láske") zu: Dominik Tatarka, Písačky. Köln
    1984, S. 193.

sind sie fort, hier sind sie bloß noch - vermoderte Hominiden der Geschichte..."[16] Es war das bereits einmal, im Vorfeld und während des Krieges erprobte Gefühl der Verlassenheit, das Tatarka begleitete, das Wissen um elementare Verluste, und auch eine Ahnung um die Endgültigkeit dieses Zustands - zumindest zu seinen Lebzeiten. "Diese Kritzeleien von mir, die sind eigentlich so eine Entdeckung. Immer fängt alles bloß an. Es wird nichts fortgesetzt, weil es überhaupt nicht weitergeht. Es wird das Gefühl des heutigen Menschen ausgedrückt, daß es keine Zukunft gibt."[17]

Genau diesem Lebensgefühl beginnt sich Tatarka schreibend zu widersetzen.

Zwar hatte die Funktion des Schreibens bei Dominik Tatarka eine Einschränkung erfahren: das Streben, durch sein Wort tätig an der Gestaltung des öffentlichen Lebens mitzuwirken, das Tatarka bis 1968 in unermüdlicher publizistischer Aktivität bekundet hatte, entfiel gänzlich und damit auch der didaktische Anspruch. Dafür intensivierten sich die beiden anderen konstanten Funktionen in Tatarkas Schreiben, die der Kommunikation und die des permanenten Schöpfungsakts, und mit der Wiederentdeckung des Trotzes lebte auch die selbsttherapeutische, lebenserhaltende Dimension seines Schreibens wieder auf. Es entstanden Texte, "in denen ich meine Identität suche, wo ich mein Sein begründe"[18]. Ganz wie in den früheren Extremsituationen seines Lebens (vor und während des Zweiten Weltkrieges, beim Slowakischen Aufstand 1944) bot er auch hier, getrieben vom inneren Zwang, dennoch schreiben zu müssen, dem eigenen Pessimismus die Stirn. Er machte sich immer wieder bewußt, sich "schreibend oder durch Gewissensbefragung aus der Patsche geholfen" zu haben, "oder, wenn du willst, wie ich mich durchs Schreiben befreit habe. Für andere vielleicht gelegentlich, aber für mich persönlich hatte es immer den Sinn der Selbsterkenntnis, des Selbstausdrucks, einer Art Selbstbefreiung."[19] Tatarka schrieb, um die eigene Daseinsberechtigung wiederzufinden. Die lyrische Selbstaussage, jenes französische "consciense de soi", das ihm stets obligatorisch war, die artifizielle Selbsterschaffung diente ihm nun über die Selbstfindung zur Rückgewinnung seines Selbstwertgefühls.

Die Trilogie "Listy do večnosti", "Sám proti noci" und "Písačky" besteht aus Texten, in denen das Faktische (Biographische) und Fiktionale aufs engste miteinander verwoben sind. Der Mensch dieser Prosa, der mit der lebensrettenden Aktivität einer permanenten Schöpfung gegen das eigene vorzeitige Dahinsterben anschreibt, befindet sich in einer Situation, die der des Rilkeschen Menschen in den "Aufzeichnungen des Malte Laurids Brigge" nicht unähnlich ist. In einer Rezension zur slowakischen Übersetzung dieses Buches hatte sie Tatarka selbst - allerdings schon 1942 und damals unter dem Eindruck der Schriften Unamunos - als eine Situation gekennzeichnet, in der dem Menschen "die

---

16 Dominik Tatarka, Žart. In: Fragment K (Bratislava), 1/1990, S. 65.

17 Dominik Tatarka, Navrávačky. Köln 1988, S. 98.

18 So Tatarka in einem Interview: Vgl. Karol Bartošek, Orol Tatranský má zákaz publikovať. In: Fragment K, 3/1991, S. 159-162.

19 Tatarka, Navrávačky, S. 98.

Luft zum Atmen" genommen werde. Sein tägliches Schicksal bestehe darin, sich immer wieder neu zu erschaffen, "sich zu akkommodieren" und eine neue Welt als Gegensatz und Gegendruck hervorzubringen. Die Unzulänglichkeit und Unzugänglichkeit der Welt der Erscheinungen für diesen Menschen sowie die eigene Unzulänglichkeit - wenn nicht gar Defektivität - sei ihm die heftigste Stimulanz zu einem Schaffen, das freudvoll nur deshalb sei, weil die *"creatio perpetua"* eine Fortsetzung finde. So seien das Tragische und die pessimistische Erfahrung der Energiekern des Schaffens, jener Aktivität des Bedrängten, mit der er sich das Leben erkaufe.[20]

Diese Schreibenergie entlud sich im Spätwerk Dominik Tatarkas in Texten, die den realen Dialogpartner durch einen imaginären ersetzen mußten. Neben der Entfesselung einer ungehemmten Kreativität bei der Erschaffung einer neuen, erträumten, imaginären Welt ist damit die Kommunikativität, eine weitere Grundkonstante aller Texte Tatarkas, erhalten geblieben. Tatarkas Erzähler durchbricht die äußere Kommunikationssperre, indem er, anknüpfend an die Verfahren der frühen Novellen, in seinen Texten das Tor zur Welt der Transzendenz, des "Jenseits", der Vergangenheit und der Zukunft sperrangelweit aufreißt. Ebenso ungehindert durchquert er auch geographische Räume, "irrlichtert" durch Gedankenwelten und ruft sich - erinnernd oder vorausschauend - besonders nahestehende Personen ins Gedächtnis. So entstanden - stets auf der Suche nach dem *Anderen* (Lévinas) - freie, assoziative Aufzeichnungen von Episoden, Reflexionen und Wunschträumen, die eine imaginäre Kommunikation zwischen den Individuen ermöglichen.

Es sind dies, wie Zajac schreibt, wieder die von Tatarka so geliebten "hermeneutischen Gespräche, die nie anfangen und nie enden, weil sie Ketten bilden und anknüpfen an die Gespräche der vorausgegangenen slowakischen und europäischen Generationen, und die weitergeführt werden von den nachfolgenden Generationen"[21] und damit wiederum die Grenzen von Raum und Zeit überschreiten.

Der Autor hat die fragmentarischen Textsplitter in Tagebuch- bzw. Briefform niedergeschrieben, die Mlynárik nicht von ungefähr an den tschechischen Autor Jakub Deml und den Franzosen León Bloy denken läßt.[22] Peter Petro zieht die russischen Schriftsteller Juz Aležkovskij, Venedikt Erofeev und Viktor Nekrasov zum Vergleich heran,[23] und besonders hervorzuheben ist die Nähe zu André Gide, dessen Werk Tatarka vorzüglich kannte.[24]

Nun hatte er selbst Texte geschaffen, die oft zu schweben scheinen oder auf der Stelle zu kreisen, die unvermittelt abbrechen, um später ebenso unvermittelt den Faden wieder

---

20 Vgl. Dominik Tatarka, Rilkého Zápisky Malteho Lauridsa Briggeho. In: Dominik Tatarka, Proti démonom. Bratislava 1968, S. 46.

21 Peter Zajac, Der erleuchtete Slowake Dominik Tatarka. In: Pannonia (Eisenstadt), 2/1989, S. VI f.

22 Vgl. Ján Mlynárik, Nachwort ("Burič slovenského svedomia") zu: Dominik Tatarka, Sám proti noci. München 1984, S. 106.

23 Vgl. Peter Petro, The Audacity of Tatarka. In: Modern Slovak Prose. Fiction since 1954. Hrsg. von Robert B. Pynsent, London 1990, S. 55.

24 Ausführlich dazu vgl.: Vanovič, Nad textom a časom, S. 105.

aufzunehmen. Ihr Kontrastreichtum erinnert an die slowakische Barockliteratur: der Neigung zum Mystizismus steht greifbare Sinnlichkeit gegenüber, das Wissen um die Vergeblichkeit allen Tuns und um die Vergänglichkeit allen Seins findet seinen Gegenpol in der Gier nach Schönheit und den Gaben des Lebens; dem Pathos und dem Heroischen wird verinnerlichte Emotionalität entgegengesetzt. Spricht Tatarka Verantwortliche für seine harte und grausame Lage an, wie Politiker, die er persönlich kannte, gebraucht er die harten Worte des Pamphlets; redet er die Geliebte(n) an, schließen seine Äußerungen die Kluft zwischen dem Idealisierenden und dem Frivolen; meint er die Mutter, steigert er sich in ihrer Verehrung bis zum Pathos des Mutterkults und zur Innigkeit des Gebets, alle Texte aber eint die Ungewißheit über ihre Ankunft bei einem Empfänger - sie werden in die Welt gesetzt wie eine Flaschenpost.

Dem angedeuteten Synkretismus der literarischen Gattungen steht ein klarer, faßbarer Themenkreis gegenüber, für den Tatarkas Biographie im weitesten, auch intellektuellen Sinne, den Rahmen absteckt. Die Themen wechseln allerdings willkürlich und spontan, ihre Anordnung wirkt improvisiert. Es kommt zu einem fast vollständigen Zerbrechen des Sujets. Dieses vermag das Textkaleidoskop nicht mehr zusammenzuhalten, dessen Ganzheit bloß noch auf einer fast novellistisch unerhörten Situation basiert: es ist Tatarkas eigene, persönliche Situation des verstoßenen Künstlers und Intellektuellen, die er hier thematisiert hat.

Dort, wo des Dichters Formwille obsiegt, wie in "Sen o třech kloboucích" (Der Traum von den drei Hüten), den er im Buch "Sám proti noci" publizierte, fügen sich die (an den Pointillismus in der Malerei erinnernden) Improvisationen zu einer rhythmisch gegliederten Prosa. Die reale Welt beginnt mit der Welt der Vergangenheit und vor allem der Welt jenseits von Leben und Tod, der imaginären und irrealen Welt des Traums, zu oszillieren. Das Textlabyrinth wird von dem komplexen und sich verzweigenden Motiv der drei Hüte refrainartig durchzogen. Es rührt von einer Legende aus Tatarkas Heimat her. Diese berichtet von einem Vagabunden, einem Ausgebürgerten oder Aussteiger aus der dörflichen Sozietät, der als Zeichen seines "Irrsinns" drei Hüte übereinander trug, um sich von den schnöden Bettlern zu unterscheiden.
Die Hüte assoziieren auch drei authentische Meister des Wortes: Tatarka selbst und zwei seiner bereits gestorbenen Freunde - den Literaturwissenschaftler Alexander Matuška, der seine gesammelten Werke in "frisierter" Fassung herausgab, also mit Kürzungen, auf denen die politische Macht bestand, und den Dichter des slowakischen Surrealismus Rudolf Fabry, dessen Vers "Uťaté ruky" (Abgehackte Hände) für Tatarka die Situation der gehemmten, beschnittenen Kreativität schlechthin symbolisiert. Alle drei eint ein gemeinsames Stigma: den Gang in den Tod (in die Nacht) treten sie deformiert, in physischer und psychischer Verkrüppelung an.
Als Verkörperung dreier ganz unterschiedlicher Frauen symbolisieren die Hüte aber auch die "Liebe, die Frau, das Einzige, was sich die Menschen gegen den Tod ausgedacht haben", also ein "Abwehrmittel" gegen die psychischen Depressionen, das Widerstand zu

wecken vermag - gegen ein schicksalergebenes Sichselbstausliefern an ein "Warten auf den Tod". Der Hinweis auf das Weibliche geschieht hier aber keineswegs eindimensional, wohnt ihm doch zugleich auch das Wissen um den Verrat inne, um die ungeheuerliche Überwachung des Intimsten eines Menschen, des zutiefst Privaten, durch die Staatsmacht; und darüber hinaus signalisiert die Dimension des Weiblichen die letzte Würde eines in seinen Entscheidungsmöglichkeiten extrem eingeschränkten Mannes, die Freiheit der Entsagung: "Warum schreibe ich sie Dir eigentlich? In diesen nicht abgeschickten Briefen, in jedem, jedes Mal entsage ich Dir, leidenschaftlich, überzeugend, glaub mir das. So gewinne ich, im Schweiße des Angesichts, in den Rauchschwaden der gequalmten Zigaretten eigentlich erringe ich das Gefühl der Freiheit. Ich vermag doch noch etwas. Bei all meiner Ohnmacht und Armut, in der perfekten Haft administrativer Maßnahmen kann ich einer schönen, genialen, raffinierten, abgründigen Geliebten entsagen, die nicht nur die Bezirks-, sondern die gesamtstaatlichen Funktionäre und die Ostblock-Diplomaten begehren."[25]

Dieses schillernde Textgewebe konfrontiert den Leser permanent mit drei einander durchdringenden Dimensionen: der finstere Abgrund der Isolation, des Verrats, Niedergangs und schließlich des Todes kann durch das Leuchten der Liebe, des Lebens, durch die Wärme des menschlichen Miteinander erhellt werden, wenn all dies in rebellischer Selbstbehauptung ertrotzt werden kann.

So verdichten sich die Textsplitter zur lyrischen Metapher eines Menschen, dem die Macht Fesseln angelegt hat, zur Metapher der schmerzvollen Stigmatisierung des tiefsten Inneren eines Menschen, der sich dieses Stigmas auch bewußt ist, zur Metapher, deren vorbehaltlose Ehrlichkeit auch das Grausame, Harte und Peinliche an dieser Situation nicht ausspart. Vor allem aber ist es die Metapher des Aufbegehrens gegen die Erniedrigung und der Chance, sie durch ein neues Hinfinden zum menschlichen *Miteinander Sein* zu überwinden.

Dieses Tatarkasche, seelisch wie körperlich gemeinte *"obcovanie"* (Umgang miteinander pflegen) entsteht als "notwendige, gesetzmäßige Auswirkung, als eine Entfaltung des ursprünglichen sozialen Faktums einer freiwilligen, freien Teilhabe des Menschen am Menschen, deren grundlegende und richtungweisende Uräußerung im Liebesverkehr zwischen Mann und Frau besteht," schreibt Tatarkas einstiger Prager Lehrer Václav Černý.[26] Dieser sieht hierin nichts geringeres als das ewige Modell und Muster eines kulturellen Handelns und zugleich den Ursprung allen Kulturgeschehens. Wenn Tatarkas Spätwerk also von erotischen Szenen und Tagträumen überquillt, dann ist dies in erster Linie auf seine Vorstellung vom engen Zusammenhang zwischen der menschlichen Kultur und einer allumfassenden menschlichen Liebe zurückzuführen.

Gerade auf diesem Feld hat er sein wortkünstlerisches Talent voll zur Geltung gebracht, indem er, von Klischees, Zynismus oder gar Pornographie weit entfernt, Bilder voll

---

25 Dominik Tatarka, Listy do večnosti. Toronto 1988, S. 7.

26 Vgl. Václav Černý, Púť Dominika Tatarku Slovenskom a jeho kultúrou. In: Slovenské Pohľady, 3/1990, S. 47-52, besonders S. 48.

inniger Zärtlichkeit (neha, nežnosť) und Sanftmut erstrahlen ließ, einer Zärtlichkeit, die ihm schließlich zum Credo werden sollte.

Für die slowakische Literaturgeschichte und auch für Tatarka selbst stellt der Umgang mit der Erotik in diesem Umfang, dieser Intensität und vor allem in dieser Funktion ein Novum dar, weil sie zum sinnkonstituierenden Werkelement eines bestimmten Literaturtyps, der "Literatur der Selbstaussage", wie sie Peter Petro[27] nennt, geworden ist. Dies sei eine Erotik, die der Mentalität des offiziellen Romans unzugänglich bleibe. In der Literatur der Selbstaussage dagegen sei der Autor bestrebt, zum absoluten Limit seiner Möglichkeiten als Künstler der Wortes vorzustoßen. Ohne Rücksicht auf den "guten Geschmack" der allgemeinen, öffentlichen Leserschaft nehmen zu müssen, hat Tatarka seine Selbstentblößung tatsächlich mit einer so vorbehaltlosen, ja schockierenden Offenheit betrieben, daß er viele osteuropäische Autoren der Samizdat-Literatur darin übertrifft. Dort, wo beispielsweise Ludvík Vaculík in seinen "Tagträumen" verschämt innehält, bei den erotischen Wunschvorstellungen, dort setzen Tatarkas Phantasien erst ein.

Die Intimität wird hier zu einem zentralen Ort und Wert des Seins. Gemessen an ihr erweist sich die äußere Welt als absurd, oder zumindest als untauglich und kaum lebbar. Körperliche Nähe und Vereinigung werden in Tatarkas Szenen zu Gesten der Entwaffnung, der Abrüstung. Die Blöße ist befreiend, denn sie ist das, was übrigbleibt, wenn die Hüllen aller materiellen und ideologischen Zwänge gefallen sind. Gerade Intimität und Blöße erweisen sich so als Zugang zu des Anderen menschlichem Kern, der sich herausschält, nachdem alle Zwecklügen abgeworfen sind. Auch wenn Tatarka hier die Realität eines Regimes meinte, dem er sich zu entziehen begann, zielt seine Kritik doch weiter - auf das Versagen der Zivilisation und einer "Wissenschaft, die bald nach der großen Französischen Revolution ihre göttliche Fähigkeit der Vorausschau eingebüßt hat", wie er es schon viel früher, 1963, formulierte.[28]

So wundert es nicht, daß er schließlich der naiven Kunst mit ihrer Gabe der Faszination, des "sprachlosen Erstaunens" (žasnutie)[29] die Chance zusprach, von der "Tyrannei des Modernismus" befreien zu können. Tatarka, zweifellos ein Sympathisant der Avantgarde, sucht seine Alternative nicht in einer weiteren Forcierung der Moderne, er macht für sich all die überlagerten Schichten der menschlichen Kulturgeschichte bis hin zu ihren ersten Ursprüngen wieder lebendig. Dabei ist ihm auch die wache Erinnerung an die Welt seiner Kindheit behilflich.

Im Hinblick auf die Darstellung des Körperlichen und Erotischen in seinem Spätschaffen läßt er z. B. die selbstverständliche und natürliche Erfahrung wieder lebendig werden, daß der "Geschlechtsverkehr ein Gottessegen war wie die Fruchtbarkeit"[30]. In seinen

---

27 Vgl. Peter Petro, Dominik Tatarka: Písačky ako literatúra vypovedania. In: Premeny, 3/1985, S. 84-88; besonders S. 85.

28 Dominik Tatarka, Román - esej. Myslený hlas do Leningradských rozhovorov. In: Tatarka, Proti démonom, S. 192 f.

29 Dominik Tatarka, Štefan Siván. Tvorba T, 4/1991

30 Tatarka, Navrávačky, S. 37.

Tonbandprotokollen bietet er dann auch faszinierende Beschreibungen der ländlichen Alltags- und Volkskultur einschließlich ihrer Rituale, in denen sich heidnische Traditionen mit dem frühchristlichem Kulturgut überlagern können, ohne sich gegenseitig auszulöschen oder zu behindern, beispielsweise in der zweckmäßigen Institution der Brautschau, die es den Burschen und Mädchen ermöglichte, legal die körperliche Liebe zu erproben, bevor sie, wie der Autor berichtet, mit wertvollen Erfahrungen über die Reaktionsweise und Vorzüge des eigenen Körpers ausgestattet, zugleich aber als unschuldig geltend, den Hafen der katholischen Ehe ansteuerten.

Hinzu kommt das autobiographische Erlebnis des Nachgeborenen. Tatarka hatte seinen Vater, der im Ersten Weltkrieg gefallen war, nie kennengelernt, er war gemeinsam mit sechs Schwestern bei der Mutter aufgewachsen. Die Verehrung der Mutter sollte dann wirklich einen unangefochtenen Stellenwert vor allem in Tatarkas frühem Schaffen einnehmen. Es war gerade der Mutterkult als erhalten gebliebener Bestandteil heidnischer Wertvorstellungen, Rituale und folkloristischer Kunstformen, der sich günstig mit dem katholischen Marienkult kombinieren ließ, um dann als Basis für den Mythos der Frau und des Weiblichen schlechthin zu dienen, den Tatarka wiederbelebte. In seinem Spätschaffen war es dann die hinreißende, aber auch abgründige Geliebte, die Muse.

Gerade den Kult der Frau, des Weiblichen projizierte er in seine Betrachtungen zur Kunstgeschichte hinein, was ihn - wohl eher intuitiv - dazu brachte, die kulturhistorische Dimension des zivilisatorischen Problems zu prüfen. Tatarka bejaht das weibliche Prinzip als kooperierende, integrierende, friedvolle, der Schöpfung verpflichtete, aufbauende, kreative, nährende Kraft. Die Durchsetzung des dominatorischen Modells[31] der männerbeherrschten Familie und Gesellschaft, die er in der Zivilisation des 20. Jahrhunderts in ihren verheerenden Folgen miterlebt hatte, war für ihn ein Verlust, ja Versagen der modernen Menschheit.

Damit soll nicht gesagt werden, daß Tatarka das männliche Prinzip - als kämpferische, zerstörerische, todbringende Kraft - prinzipiell ausschloß, sah er sich selbst doch auch durch beides, durch "Vergewaltigung und Liebe", hervorgebracht. Es soll damit angedeutet werden, daß die gesamte Regelung des gesellschaftlichen Lebens, des Gemeinwesens auf der Basis des männlichen Prinzips, wenn es sich als dominatorisches und schließlich totalitäres Prinzip entpuppt, für Tatarka nicht die erstrebenswerte Lösung darstellte. Das Kämpferische und Rebellische konnte aber für ihn, der sich auch gern als der slowakische Räuberhauptmann Juraj Jánošík stilisierte, durchaus produktiv werden, wenn er sich mit "geballten Fäusten" gegen jede wie auch immer geartete Daseinsform einer institutionalisierten Gewalt auflehnte, sobald sie in der Zeitgeschichte besonders deutlich in Erscheinung trat, einerlei, ob sie sich auf klerikale, stalinistische oder spätsozialistische Dogmen stützte.

So scheint es folgerichtig, daß er sich in seinen Gedankenflügen einem lebenspendenden partnerschaftlichen Modell zuwandte und es in den Texten als Utopie praktizierte, deren

---

31 Vgl. Riane Eisler, Von der Herrschaft zur Partnerschaft. Weibliches und männliches Prinzip in der Geschichte. München 1989.

Realisierung in den Händen eines jeden einzelnen liegt. Sie bedarf keiner institutionalisierten Formen, wenn nur die Freiheit des Individuums gewährleistet ist. Mit der Aufwertung des weiblichen Prinzips und dem Nachdenken über ein partnerschaftliches Gesellschaftsmodell ist Tatarka intuitiv zu einer Erkenntnis gelangt, die vergleichbar ist mit der jener Denker(innen), die den Bedarf einer *kulturellen* Wende (Fritjof Capra) der Menschheit als Bedingung für deren Weiterexistenz in aller Dringlichkeit zur Sprache bringen.

Schon deshalb ist die Kulturkonzeption Dominik Tatarkas ein wichtiger Bestandteil seines Gesamtschaffens.

Den Beginn der Kulturgeschichte setzt Tatarka zeitlich mit dem Beginn der Menschheitsgeschichte, der Menschwerdung überhaupt, gleich. Ausgehend von einer gegenseitigen Durchdringung semiotischer und kommunikativer Prozesse innerhalb der ersten menschlichen Gemeinschaften schloß er, der sich in seinen Reflexionen unter anderem auf Max Dvořák, Levi-Strauss, Foucoult und Carl Gustav Jung berief, daß die Primärfunktion der Kultur im Gewähren von Ermutigung, Schutz und Heilung bestanden habe. Die Naturreligionen und später der Pantheismus spielten daher für ihn eine fortschrittliche Rolle für die (kulturelle) Menschwerdung: "Die großen Dichter waren Fürsten, Lehrer, also Menschen, wenn du willst, Schamanen. Sie hatten dafür zu sorgen, daß der Stamm zusammenhielt. Daß ein kollektives Bewußtsein bewahrt wurde, mit dessen Hilfe sich der Mensch gegen Naturkatastrophen und soziale Katastrophen zur Wehr setzte."[32]

Hier sieht Tatarka den Ursprung von Märchen und Mythen, aber für noch zuverlässiger hält er die Artefakte der Architektur als Schöpfung menschlichen Lebensraumes und vor allem der bildenden Kunst, die er 30.000 Jahre bis zu ihren Anfängen in der Höhlenmalerei zurückverfolgt, denn Kultur ist ihm in seiner strikt historischen Sichtweise auch eine "Summe von Werken, denen es zusteht, daß die Völker sie verehren, vergöttern und sich vor ihnen verneigen"[33], wie er 1968 im Gespräch mit Antonín Liehm formulierte.

Gegenüber der abbildenden und darstellenden Funktion der Kunst hebt Tatarka hierbei als primär die Funktion der Poesie als Beschwörungsformel und die der Artefakte der bildenden Kunst als magische Zeichen hervor. Bildende Kunst sei die Schaffung von Abwehrzaubern oder Schutzobjekten, von "Steinen, Stelen, Göttern und Göttinnen, Paladien, Ikonen, Abbildern und Zeichen ... der Familien, Geschlechter, Nationen, Kulte, Religionen und Kulturen."[34]

Unter Berufung auf Augustinus und gemeinsam mit dem Franzosen André Malraux suchte Tatarka, rationalistischen Auffassungen widersprechend, das Wesen der Bildhauerkunst in der *Deifikation.* "Götter, Götzenbilder, Totems, Fetische und Ahnenbildnisse oder geheimnisvolle Objekte" erblickte Tatarka auch in den kunstvoll stilisierten Bienenstöcken, den traditionellen Schutzgöttern des slowakischen Dorfes, oder in den ländlichen

---

32 Tatarka, Navrávačky, S. 101.

33 Tatarka, Rozhovor s A. Liehmom. In: Tatarka, Proti démonom, S. 304.

34 Ebenda.

"Heiligen hinterm Dorf", aber auch in den ägyptischen Pyramiden oder den Kultfiguren Schwarzafrikas, im Pariser Kriegsgefallenendenkmal, das der Rumäne Brâncuşi geschaffen hatte, in Ehrenhainen, Monumenten und Grabmalen aller Art, denn so, wie man die Toten ehrte, um sie unvergessen zu machen, habe man auch die Fremden zu ehren gelernt.[35] Für Tatarka, der die gegenseitige Anerkennung und Verehrung der wahren Götter von Völkern (Nationen), Staaten oder Individuen als Verständigungsmittel pries, sind Gottheiten in diesem weiten Sinne existent. Das gegenseitige *"Verehren"* (uctievanie) oder *"Vergöttern"*, *"Anbeten"* (zbožnenie, zbožťovanie), eigentlich die *"Andacht"* (zbožnosť), ist in Tatarkas Augen der Indikator für das Vorhandensein von Kultur, denn wenn sich die Familien, Geschlechter, Gemeinden und Stämme nicht gerade "gegenseitig ausgerottet haben"[36], dann erwiesen sie sich gegenseitig entsprechend ihren Möglichkeiten die Ehre, mit Opfern, Gaben und der Aufnahme in ihre Gemeinschaft, mit Speise und Trank. Mit diesen Ehrenbezeigungen und mit Ehrfurcht habe sich der Mensch über die Jahrtausende hinweg in die Gegenwart hinübergerettet.

In den sechziger Jahren stürzt sich Tatarka, wie es Milan Hamada formuliert, auf die Schaffung eines modernen Mythos, der die Kultfunktion der Kultur betonte.[37] Aus der Kultivierung von Seele und Geist, (von Sensibilität und Intellekt) leitete er das Ritual des Verehrens, eine Vorstellung vom Kult an sich ab. Auch der Kult könne persönlich, familiär, national, staatlich, religiös oder international sein. Die Kultur sei dann die Summe der verehrten Objekte, die Summe der Kulte.

Die Beschreibung traditioneller, aber auch neuentstandener Kulte, wie des "Internationalen Frauentages", konnte auch skeptische und kritische Töne enthalten, so z. B. gegenüber dem Kult der "amerikanischen Lebensweise". Die Akzeptanz von Kulten um einzelne Personen, wie Filmstars, Kosmonauten, den unbekannten Soldaten, den Marathonläufer usw. als Kultur mochte in den sechziger Jahren, als die Erinnerung an den "Personenkult" noch sehr lebendig war, eine Provokation gewesen sein. Für Tatarka war es zwanzig Jahre nach seinen ersten Erwägungen über Kunst ein erneuter Anlaß, die Frage nach den Kriterien zu stellen, mit denen sich wahre von falschen, fremden, oktroyierten Gottheiten unterscheiden ließen.

1. Ein falscher Gott war für ihn der *"nationalistische Egoismus"*, den er "nur unter der Bedingung einer sich unentwegt entfaltenden Demokratie" als natürlich, unschädlich und ungefährlich anerkannte.[38] Obwohl selbst in den nationalen Traditionen tief verwurzelt, die nationale Identitätspflege durchaus bejahend, war Tatarka zum heftigen Kritiker der "pseudochristlichen Devotion und nationalen Servilität aller Schichten des slowakischen Volkes" (Hamada) zur Zeit der Slowakischen Republik von 1938-1945 geworden. Aber er geißelte auch den "Internationalismus der tschechoslowakischen Kommunisten und vor

---

35 Diese Gedanken äußert Tatarka mehrmals. Vgl. z. B. seine Texte: Tóthové Venuše; Rozhovor s A. Liehmom; O uctievaní bohov. Alle in: Tatarka, Proti démonom, S. 415, 304 und 328.

36 Vgl. Dominik Tatarka, Človek na cestách. Bratislava 1967.

37 Vgl. Hamada, Tatarkova koncepcia kultúry, wie Anm. 2, S. 88.

38 Tatarka, Proti démonom, S. 318.

allem der slowakischen", der sich in "Assimilationsbereitschaft, Lauheit, wenn nicht gar Gleichgültigkeit gegenüber der Existenz nationaler Organismen äußerte"[39] - das sagte er im Frühjahr 1968, vor der Okkupation.

Der Internationalismus Tatarkas, der sich selbst einmal als aus dem "Protoplasma von slawischer, karpatischer, polnisch-ungarisch-mongolisch-walachischer Durchdringung"[40] entstanden beschrieb, sah anders aus: Als interessierter Beobachter der französischen Kultur, deren "revolutionäre Strömung" er in den sechziger Jahren vornehmlich von Ausländern, von Frankreichs Gästen, hervorgebracht sah, folgerte er, daß "die Konzeptionen der Nationalkulturen schon längst als künstlich und zu eng empfunden werden"[41]. Während der gesellschaftlichen Reformbestrebungen in den sechziger Jahren forderte er gemeinsam mit einer Minderheit der slowakischen Intelligenz das Primat der demokratischen Erneuerung vor den nationalen Autonomiebestrebungen.

2. Im Zusammenhang damit warnte Tatarka vor dem *"Dämon des Provinzialismus"*, der mitnichten "ein Privileg der kleinen Völker" sei. "Aus Erfahrung wissen wir, daß eine bewährte Methode, die Kultur und Literatur in eine provinzielle umzuwandeln, darin besteht, sie von der weltliterarischen und weltkulturellen Gegenwart abzuschneiden, ihr Muster und eine spezifische regionale ... Problematik aufzuzwingen"[42]. Dazu gehöre auch die dem aktuellen politischen Kräfteverhältnis geschuldete Einteilung der Kunst in eine "westliche und eine östliche, in eine fortschrittliche und eine reaktionäre, in eine vergangene und eine zukünftige, in eine, die bis zum Beginn unserer Zeitrechnung Gültigkeit hatte, aber nun nicht mehr gilt, und in die nächste, unsere, andere, neue, junge zwar, aber der Zukunft zugewandte."[43] Dominik Tatarka, der sich einer Äußerung aus dem Jahre 1957 zufolge einer Generation "mit einer gefühlsmäßigen Skepsis gegenüber den großen Konzeptionen"[44] zugehörig sah, hatte es niemals für möglich gehalten, daß sich die gesamte Kunstgeschichte auf eine These, Achse, und sei es ein ewiger Realismus oder die Fortschrittlichkeit, reduzieren ließe, denn dies würde Parteilichkeit, "Ideologie und Propaganda" in der Kunst nach sich ziehen. Tatarka kommt so zur eindringlichen Warnung vor

3. dem *Dämon des Utilitarismus*, der Degradierung der Kunst zum Handlanger welcher Macht auch immer, vor dem falschen Gott der Dienstbarkeit der Kunst, gegen die sich Tatarka in seinen Essays der vierziger Jahre ebenso gewandt hatte wie später im "Démon súhlasu". In den sechziger Jahren erhob er seine kritische Stimme erneut gegen eine Kunst, die immer dann, "wenn sie der Macht zu dienen begann, wenn sie die Macht ver-

---

39 Dominik Tatarka, Poučenie z literatúry. In: Smena, 21. März 1968 (Gespräch mit Michaela Jurovská).

40 Zitiert nach: Mlynárik, Nachwort zu: Tatarka, Písačky, wie Anm. 15, S. 196.

41 Tatarka, Člověk na cestách, S. 330.

42 Tatarka, Proti démonom, S. 327.

43 Ebenda, S. 337.

44 Ebenda, S. 365.

göttern wollte, den Glanz der Macht, nichts hervorgebracht hat"[45]. Mit einer bis dahin kaum gekannten Offenheit beklagte er 1967 in einem Gespräch, daß aus der Wortkultur Wortpropaganda geworden sei, aus der bildenden Kunst eine monumentale Propaganda, die schon lange das Gegenteil dessen propagiere, was sie beabsichtigt hatte. Der Sinn des Schaffens sei in den meisten Disziplinen auf die Fingerfertigkeit, die Meisterschaft, das Material oder *"die modernste Modernität"*[46] reduziert worden. Diese brachte er mit der "Tradition der Hofbildhauerei" in Verbildung, deren Wirken Tatarka damals an den neuesten Kreationen der sozialistischen Architektur mühelos nachweisen konnte, welche man für die Bevölkerung nur durch ein "programmgemäßes Zerreißen von Traditionen" habe erträglich machen können. Der progressive Denker Tatarka, ein Kenner und Anhänger der Moderne, warnte daher schon in den sechziger Jahren vor deren einseitiger Verabsolutierung, vor

4. dem *Dämon der Modernität*. "Ein massenhaftes, unerwartetes, unbegründetes, durch nationale und individuelle Entwicklungen oder Bedürfnisse nicht gerechtfertigtes Abreißen von Traditionen, jedes Stören oder gar Hinwegfegen von Zeichensystemen der Verständigung, wie es jede Nationalkultur darstellt, kann nur als Niederlage oder Katastrophe, als Versuch einer Desintegration der menschlichen und nationalen Persönlichkeit aufgefaßt werden."[47] Tatarka mußte vor der Erschütterung der Harmonie zwischen dem Menschen und dessen Lebensraum warnen, als er die Art und Weise der Urbanisierung der Slowakei an seiner ganzheitlichen Weltsicht maß. Schon 1963 kritisierte er in einem Essay, das dem Vergleich der slowakischen einheimischen mit der ausländischen, z. B. finnischen Architektur gewidmet war, die einsetzende Zerstörung der Lebenswelt mit einem außerordentlich hohen ökologischen Bewußtsein: "Ich beweine unsere Architekten, so manche unserer Plattenbausiedlungen, das vergewaltigte Land, so manche, wie es heißt, Lokalität, die noch vor kurzem den Charme der Natur oder gar des genius loci atmete; vom Genius der Historie wird es wohl auf immer gezeichnet bleiben, verunstaltet, verstaubt; vergiftet durch die allmächtige Gottheit der Verkümmerung, des Lakaientums, des Karrierismus."[48] Im hastigen Errichten von Plattenbausiedlungen ohne wohldurchdachte Konzepte erblickte Tatarka nicht nur eine verletzende Mißachtung des Menschen, des Landes und der Geschichte, die weit entfernt sei von einem bewahrenden, schonenden, sanften Umgang mit der Natur und dem Menschen, die Anbetung fremder Gottheiten in der Architektur sei darüber hinaus "an der Ausformung des Stalinschen Dogmatismus, Provinzialismus, an der Unterdrückung des nationalen Selbstbewußtseins im weitesten Sinne" beteiligt gewesen. Das war Kulturlosigkeit in Tatarkas Sinne, denn die Kultur definierte er auch als das Gedächtnis, als Ehrfurcht vor Natur, Dingen und Menschen.

---

45 Ebenda, S. 336.

46 Ebenda, S. 336.

47 Ebenda, S. 429.

48 Ebenda, S. 385.

In seinem Spätschaffen knüpfte Tatarka verstärkt an seine Vorstellungen von der "Soziabilität" der Kunst an und hob hervor, daß der Sinn von Kultur, auch Literatur nicht vorrangig darin bestehe, abzubilden, sondern zu integrieren.[49] Die Kultur besitze die Fähigkeit zu assoziieren, Menschen zusammenzuführen und aus zufälligen Individuen eine sympathisierende Gemeinschaft zu bilden. Diese Gemeinschaften kommunizierender, miteinander verkehrender Menschen, denen es nicht genüge, nebeneinander zu existieren, weil ihr Anspruch im gegenseitigen *Inter-esse* (Lévinas) bestehe, nennt Tatarka in Anlehnung an die *Civitas dei* des Augustinus "Gemeinden Gottes", die an die Bubersche Gemeinschaft erinnern.

Die Übersetzung des Gottesstaates oder des Reiches Gottes als "Gemeinde Gottes" durch Tatarka mag kein Zufall gewesen sein, denn schon die soziale Erfahrung der Großfamilie, der Dorfgemeinde und der katholischen Glaubensgemeinschaft hatte gerade dieser Art alltäglichen menschlichen Zusammenlebens einen zentralen Platz in seiner Wertehierarchie eingeräumt. Später kam die informelle Künstlergruppe hinzu und noch später die Heimat, die für ihn als den Reisenden den Ort der Erinnerung ebenso wie den Ort der Rückkehr darstellte, den er mit seiner Welterfahrung beschenken konnte.

Dominik Tatarka hatte das Einander-Achten, das gegenseitige Verehren, den Kult aus seiner Kunstvorstellung auf das menschliche Zusammenleben als erstrebenswerte Sozialnorm übertragen. Im Begriff der "Gemeinde Gottes" vereinte er zwei Dimensionen: Die mythische bzw. empathische, sinnliche, intuitive ist die mit dem Kult, der Anbetung und der Andacht verbundene. Die praktische Dimension enthält ganz konkrete Konzeptionen zur Organisierung des öffentlichen Gemeinwesens.

Am prägnantesten formulierte sie Tatarka im Reformfrühling 1968. "Gemeinde Gottes" bedeutete für ihn Demokratie: "Die einzige Form, in der zu leben mich interessieren würde, ist die Demokratie. Ich nenne sie Gemeinde Gottes, ein System selbstverwalteter, über sich selbst entscheidender Gemeinden, Werkstätten, Arbeitsstätten. Die Gemeinde Gottes ist für mich kein christliches utopisches Ideal, das man bloß irgendwo weit von uns entfernt realisieren kann, in der Zukunft. Die Gemeinde Gottes entsteht und zerfällt unentwegt. Die Gemeinde Gottes ist eine Gemeinschaft freier und ehrlicher Bürger. Nur eine solche Gemeinde kann mir mit meiner Mitgliedschaft eine Ehre erweisen. Nur eine solche Gemeinde kann die Realisierung meiner Sehnsucht sein, in eine derartige Gemeinschaft aufgenommen zu werden."[50]

Tatarka präzisierte das in seinem Essay "O obci božej" (Über die Gemeinde Gottes), geschrieben im April/Mai 1968. Zu seinen Vorstellungen gehört die "Freiheit des Informationsumlaufs"; die "Volksmacht", "frei" und "wirklich gewählt" von der Mehrheit, die aber nicht "überwältigend" sein muß; die Trennung der Macht "in die weltliche und die geistliche" bzw. "ideologische"; die Autonomie (zvrchovanosť) der Kultur; das Recht, sich zu vereinigen, zusammenzutun (spolčovanie)[51]. Erstmalig verweist Peter Zajac darauf, daß

---

49 Tatarka, Navrávačky, S. 101.

50 Tatarka, Poučenie z literatúry, wie Anm. 39.

51 Tatarka, O obci božej, wie Anm. 4.

es sich hier eigentlich um eine "klare Konzeption des demokratischen Staates mit Gewaltenteilung, parlamentarischer Demokratie, Informations- und Versammlungsfreiheit handelt, in dem nicht die 'rationalen Machtmechanismen' dominieren, wie V. Bělohradský den auf reine Machtprinzipien gegründeten Staat nennt, sondern die 'Kultur als Sinn und Identität des Lebens.'"[52] Bei Tatarka sind diese Forderungen nicht utilitaristisch aus taktischen oder strategischen Erwägungen zum Erreichen eines Kampfzieles abgeleitet, sondern aus zutiefst menschlichen, individuellen, grundsätzlichen und zeitlosen Lebensbedürfnissen.

Gerade dem politischen Recht, sich zu vereinigen, mißt er darum eine zentrale Rolle bei: "Das Recht, sich frei zusammenzutun, müssen wir als grundlegendes und heiliges Recht des Menschen erachten, als urältesten und der Gemeinde am meisten verpflichteten Ausdruck der Kultur, als Ausdruck der Verehrung des freien menschlichen Bewußtseins und Gewissens. Es existiert weder eine bourgeoise noch eine sozialistische, weder eine politische noch eine Produktionsdemokratie, es gibt keine Entwicklung und Bewegung ohne das volle Respektieren dieses Rechts."[53] Und damit schließt sich der Kreis zwischen Tatarkas politischer und kultureller Konzeption, zwischen der kulturorientierten und der sachlich politischen Dimension der Gemeinde Gottes.

In den literarischen Texten seines Spätwerkes variiert Tatarka diese Vorstellungen, sie veranschaulichend und in die Sprache von Beispielen übersetzend, er erprobt und praktiziert sie gedanklich, wie bereits gezeigt wurde, bis er sie zum Mythos erhebt und sakralisiert; und er ergänzt sie um die Erfahrung der Dissidentengemeinden.

In den ersten Tagen der Okkupation wurde ihm die bedrohte Republik zur solidarischen Gemeinde der Gerechten, Auserwählten, der Bedrängten, in der Not Zusammenrückenden und Vereinten. "In dieser Republik, in dieser Gemeinde aller Gemeinden sind plötzlich 14 Millionen Protestanten, die gegen die Gewalt protestieren."[54]

Die Angehörigen dieser gewachsenen Gemeinde der Gleichgesinnten und Mitfühlenden verkehren vor allem in Gedanken miteinander. Ihre Verbundenheit untereinander war in den ersten Tagen durch die einheimischen Rundfunk- und Fernsehübertragungen aufrechterhalten worden, später waren es die Übertragungen ausländischer Sender, und noch später die im Samizdat vervielfältigten, von Hand zu Hand gereichten Feuilletons.

Die Prager Dissidentengemeinde, der sich Tatarka zugehörig fühlte, fungierte als Forum der Ausgebürgerten und der Protestierenden, der sich Verweigernden; sie wurde für Tatarka zur Heimat und zum Ort, der es ihm ermöglichte, sich selber treu zu bleiben. Tatarka schuf auch ihren Mythos. "Diese Gemeinschaft, die sich all ihrer Mitglieder erinnert, ist klein, doch es ist eine Gemeinde Heiliger. Hier existiert sie." Sie bestehe aus Heizern, die Mathematik studiert hatten, "fähigen, charakterfesten Menschen", und aus Schriftstellerinnen, die als Putzfrauen arbeiten. "Sie wurden an den Rand der Gesellschaft

---

52 Zajac, Tatarkova cesta, wie Anm. 10, S. 96.

53 Tatarka, O obci božej, wie Anm. 4.

54 Dominik Tatarka, Dobrý večer Vám, občania republiky. In: Kultúrny život, 7/1990 (Der Text entstand 1968, kurz nach der Okkupation, als Rundfunkansprache).

gedrängt. Sie konnten ihr Talent nicht entfalten. Das ist ein unendliches Unrecht und ein unerträglicher Zustand."[55]

Die Dissidentengemeinde, das Refugium der Ausgeschlossenen, wird zur Insel der Kreativität, menschlichen Freiheit und Solidarität, sie wird zum Ort der Entfaltung wahrer, universeller menschlicher Werte, zum Ort der Hoffnung und zum tatsächlichen Ort der Kultur, denn Kultur bedeute, miteinander zu verkehren. "Die Menschen verständigen sich, um sich zu vereinigen, sie vereinigen sich, um sich im Leben zu helfen", denn "wenn die Menschen einander ehren, lieben, wenn sie einander nah sind, Auserwählte sind, dann haben sie das Gefühl der absoluten Satisfaktion..." Menschliche Erfüllung erwächst aus dem Zusammen-Sein mit dem Anderen. Wirkliche Kommunikation sei dann das Miteinander-Verkehren von Seelen und Körpern, ob sie nun anwesend seien oder weit voneinander entfernt.

Dieses menschliche Miteinander ist nur einander gleichgestellten, gleichwertigen und freien Menschen gewährt, die sich gegenseitig und sich selbst im Anderen achten. Das betrifft auch, oder gerade, die Liebenden, deren Freiheit aus der persönlichen Unabhängigkeit und inneren Selbstbestimmung herrührt.[56] Damit knüpft Tatarka an die Darstellung zwischenmenschlicher Beziehungen aus früheren Werken, wie den "Prútené kreslá" an, an das "Dasein für den Anderen ohne Anspruch auf Manipulation und ohne Risiko der Selbstmanipulation"[57].

Im Spätschaffen rückt dies oft in die Ebene des Erhabenen: Dem Anderen uneigennützig etwas Gutes oder Angenehmes zu tun - das erlöse den Menschen aus der Sinnlosigkeit und schenke ihm Freiheit. Sich als Mitglied einer kleinen Gemeinde zu fühlen, "die ich liebe und sie mich", sich gegenseitig zu umsorgen, das sei die universelle Liebe. "Zärtlichkeit ist meine Religion"[58] bekannte Tatarka dann gegen Ende seines Lebens. Die Zärtlichkeit, praktiziert als "Einsteins Religion des kosmischen Mitgefühls, des Zusammenseins im Untergang"[59], war ihm "heilig" geworden.

Tatarka kam zu diesen Bekenntnissen in einer extremen Zwangssituation, als Dissident im spätsozialistischen Osteuropa, aber über die Kritik seiner individuellen Situation oder eine Sozialismuskritik gehen sie weit hinaus.

Zum einen kann man sie auf dem Hintergrund der Mitteleuropa-Diskussion lesen. Direkt ist er zwar auf diesen Begriff nicht eingegangen, Texte von Kundera, Havel, Miłosz kannte er jedoch gut. (Er erwähnt auch die Lektüre von Vaculík, Koestler, Johannes Paul II.)[60] Den Zusammenhang von Tatarkas Vorstellungen über eine Gemeinde Gottes und der Mitteleuropa-Diskussion hat Peter Zajac am prägnantesten formuliert. Auch unter Beru-

---

55 Tatarka, Navrávačky, S. 106.

56 Vgl. Černý, Púť Dominika Tatarku Slovenskom a jeho kultúrou, wie Anm. 26, S. 49.

57 Prušková, O zmysle a funkciách interpersonálnych situácií v diele Dominika Tatarku, wie Anm. 9, S. 110.

58 Tatarka, Listy do večnosti, S. 69.

59 Tatarka, Sám proti noci, wie Anm. 22, S. 64.

60 Vgl. Tatarka, Navrávačky, S. 96.

fung auf den Essay "Mitteleuropa - aber wo liegt es" von Timothy Garton Ash[61] verweist er auf das Konrádsche Moment der "antipolitischen Politik", deren Hauptziel nicht die Reformierung von Staat und Partei ist, sondern die "Rekonstruktion der Zivilgesellschaft"; er verweist auf das "gemeinsame Motiv der Gewaltlosigkeit", auf das von Patočka und Havel formulierte "Schlüsselmotiv, daß es 'Dinge gibt, für die zu leiden sich lohnt'", und auf die Überzeugung, daß "der Staat die grundlegenden Menschenrechte einhalten und dem Bürger das Recht auf öffentliche Kontrolle geben muß". Zajac resümiert: "Tatarkas Vorstellung paßt nicht lediglich in diesen weiteren europäischen Rahmen hinein, sondern er gestaltet diesen auch in entscheidender Weise mit."[62]

Zum zweiten weist Peter Zajac darauf hin, daß Tatarkas Reflexionen schon "die Keimzellen" dessen enthalten, "was damals (in den sechziger Jahren - U.R.) in der Luft lag" und "später Bestandteil der westlichen zivilisatorischen Wende in den siebziger Jahren geworden ist. Dazu zählt er die Betonung der Schuhmacherschen "Welt in unmittelbarer Reichweite", die Umweltproblematik, "die nicht nur eine Frage des Naturschutzes ist, sondern vor allem die Schaffung einer menschlichen, kulturellen Umwelt"; er nennt die "Sensibilisierung der westlichen Zivilisation gegenüber der Loslösung des Menschen von seiner ursprünglichen natürlichen Lebenswelt." Er verweist auf das "Sich Bewußtwerden der destruktiven Rolle des Anthropozentrismus, den Menschen auf die 'Eroberung' der Natur bis zu einem solchen Maße orientierend, daß sie existentiell nicht nur den Menschen, sondern die ganze Natur zu bedrohen beginnt. Damit hängt dann auch der fortschreitende Prozeß der menschlichen Funktionalisierung und Institutionalisierung zusammen, die Schaffung von Simulakren als sekundären, visuellen, bildhaften Ersatzformen für körperliche Berührung und unmittelbare menschliche Aktivität. Und schließlich auch der Wandel der Ansicht über die Beziehung zwischen Mann und Frau ... Und hinter all dem das neue Zivilisationsmodell ..."[63]

Dominik Tatarkas Spätschaffen ist eine Antwort auf den Zynismus, die Erniedrigung und Selbsterniedrigung des Menschen in diesem Jahrhundert.

---

61 Timothy Garton Ash, Ein Jahrhundert wird abgewählt. München - Wien 1990, S. 188-226.
62 Zajac, Tatarkova cesta, wie Anm. 10, S. 97.
63 Zajac, Tatarkova cesta, wie Anm. 10, S. 97.

Juliane Brandt

Ungarische Exilliteratur - Ungarische Literatur im Westen

Ungarische Exilliteratur? Emigrierte Literatur? Ungarische Literatur im westlichen Ausland? Literatur der ungarischen Diaspora? Unter allen diesen Aspekten läßt sich dieses Phänomen betrachten. Die Fragen verweisen auf die heterogenen Elemente, die diese Literatur konstituieren.

Das Abwägen solcher Formulierungen, die Suche nach der rechten Wortwahl ist bei der Beschäftigung mit diesem Phänomen immer wieder anzutreffen - bei den emigrierten Literaten ebenso wie bei denen, die von Ungarn aus deren Entwicklung beobachteten, mitzuverfolgen suchten. Hinter der weithin verwendeten Bezeichnung "nyugati magyar irodalom" (westliche ungarische Literatur bzw. ungarische Literatur im Westen) verbergen sich höchst unterschiedliche Literaturauffassungen, Lebenswege, Interessen. Hierher gehören "die, die in der erwähnten Zeit (1945-1991 - J. B.) ohne Unterbrechung bzw. von den Jahrzehnten nach 1945 an für längere oder kürzere Zeit außerhalb des ungarischen Sprachgebiets lebten. Hierher gehören auch jene, die aus den Ungarn benachbarten Ländern als Ungarn in den Westen gingen ..., nicht nur jene, die sich nach 1945 entfernten, sondern auch die, die schon vor 1945 Emigranten waren, sowie jene, die nach in der Fremde verbrachten Jahren oder Jahrzehnten endgültig heimkehrten", schrieb Gyula Borbándi 1992.[1] Diese kurzen Bemerkungen lassen bereits ahnen, welch ein historisches Schicksal hinter dem Wort "Exil" steht. Betrachtet man auch die Zeit vor dem Ersten und vor dem Zweiten Weltkrieg, wird das Problem eher noch vielschichtiger.

Schon nach der niedergeschlagenen Revolution von 1848/49 waren viele ihrer Anhänger ins Ausland gegangen. Neben dieser Kossuthschen Emigration, die in Europa und Amerika politische Aktivitäten entfaltete, Zeitschriften gründete und ihre Bestrebungen auch literarisch bekundete, stand bald die wachsende Schar der Mittellosen, die, zunehmend seit den siebziger Jahren, aus Mittel- und Südeuropa in die neue Welt strömte.

Von 1867, dem Jahr des Ausgleichs zwischen Österreich und Ungarn, bis 1914 wanderten etwa anderthalb Millionen Menschen aus Ungarn aus, hauptsächlich nach Amerika (die Vereinigten Staaten, Kanada, Südamerika). Um die Jahrhundertwende lag ihre Zahl bei jährlich Hunderttausend. In der Mehrzahl flohen sie vor elenden Lebensverhältnissen,

---

1   Gyula Borbándi, Nyugati magyar irodalmi lexikon és bibliográfia. Budapest 1992, S. 6

neben Ungarn waren Angehörige der verschiedenen Nationalitäten vertreten, zum Teil in Proportionen, die über ihrem statistischen Anteil an der Bevölkerung lagen. In den zwanziger und dreißiger Jahren setzte sich diese Wanderungsbewegung, wenn auch abgeschwächt, fort. Nach 1919 gingen politische Emigranten, Mitkämpfer der Herbstrosenrevolution und der Räterepublik, linke Intellektuelle und Künstler ins Ausland. Einige nutzten in den zwanziger Jahren die Möglichkeit zur Rückkehr, andere blieben bis 1945 in den angrenzenden Staaten, in den westeuropäischen Metropolen - bis 1933 zahlreich in Berlin -, oder in der Sowjetunion. Eine neue politische Emigration setzte 1944 ein. Kázmér Nagy benennt einzelne Wellen, zusammengefaßt nach den politischen Motiven des Fortgangs bzw. der in Ungarn herrschenden politischen Situation: die vierundvierziger, die siebenundvierziger und die sechsundfünfziger Emigranten, denen in den nächsten Jahrzehnten noch zahlreiche "Nachzügler" folgten.[2]

So verließen 1946-1957 etwa 360 000 Personen Ungarn, allein 1956 gingen 210 000 über Österreich in westliche Länder. "1958-1980 sind rund 300 000 Personen auf legalem, 60 000 auf illegalem Wege ausgewandert bzw. haben das Land endgültig verlassen. Eine statistische Angabe über das Ausmaß der Rückwanderung fehlt, eine Schätzung der Zahl der Personen, die aufgrund der auf 1956 bezogenen Amnestie zurückgekehrt sind, beziffert diese mit 50 000."[3]

Höchst unterschiedlich waren, wenn die Ausgewanderten zur Feder griffen, folglich auch Schreibanlaß und Schreibart. Schon die Auswanderer nach Amerika vor dem Ersten Weltkrieg gründeten zahlreiche Vereine, Gesellschaften und Organisationen und schufen sich auch eigene Zeitschriften. Literarische Werke, die in deren Spalten erschienen, sind jedoch eher als zeitgeschichtliche Dokumente von Interesse. Sie können Material zu einer Soziographie des Lebens der Auswanderer und ihrer Integration in die fremde Gesellschaft liefern, sie dienten als Foren der Kommunikation und als Mittel zur Bewahrung und Pflege der Muttersprache. Letzteres wiederum war ein wesentliches Ziel vieler Vereine und Kulturorganisationen in den Vereinigten Staaten, aber auch in der ungarischen Diaspora in Westeuropa - und blieb es bis in die Gegenwart. Als Schriftsteller erwähnenswert in der amerikanisch-ungarischen Literatur jener Phase ist allein József Reményi (1891-1956), der neben literarischen und publizistischen Arbeiten auch als Übersetzer aus dem Ungarischen und als Vermittler der ungarischen Literatur und Literaturgeschichte hervortrat.

Einen ganz anderen Rang hatte das Schaffen der literarischen und künstlerischen Emigration in Westeuropa nach dem Ersten Weltkrieg und den ungarischen Revolutionen. Hier sei stellvertretend nur auf Lajos Kassák (1887-1967), Gyula Illyés (1902-1983) und Tibor Déry (1894-1977) verwiesen. Einige dieser politischen Emigranten konnten schon in den zwanziger und dreißiger Jahren nach Ungarn zurückkehren. Andere - Schriftsteller, Publi-

---

2   Vgl. Kázmér Nagy, Elveszett alkotmány. A magyar politikai emigráció 1945-1975. München 1974; Budapest 1984.

3   Gerhard Seewann, Bevölkerungsstruktur. In: Südosteuropa-Handbuch. Band 5: Ungarn. Hrsg. von Klaus-Detlev Grothusen. Göttingen 1987, S. 420.

zisten, Wissenschaftler, die nach 1919 bzw. in den dreißiger und vierziger Jahren Ungarn verließen, wie Oszkár Jászi (1875-1957), Ferenc Fejtő (geb. 1909), Ferenc Molnár (1878-1952), Károly Kerényi (1897-1973) - blieben endgültig im Ausland. Eine dritte Gruppe suchte Exil in der Sowjetunion - Namen wie György Lukács (1885-1971), József Révai (1898-1959), Béla Illés (1895-1974), Andor Gábor (1884-1953), József Lengyel (1896-1975) umreißen ihre Heterogenität in Anspruch, literarischem Rang und Schicksal. Nach 1945 nahmen hauptsächlich sie bedeutende Positionen im literarischen Leben Ungarns, in den Strukturen der Kulturpolitik ein.

Nahezu gleichzeitig begann eine neue Bewegung ins Exil, die bis Ende der vierziger Jahre, also der Zeit des praktischen Undurchlässigwerdens der Grenzen, andauerte. Im Herbst 1944 hatten großangelegte Evakuierungs- und Aussiedlungsaktionen begonnen, in deren Gefolge zum Ende des Zweiten Weltkrieges neben Angehörigen von Armee, Polizei, Gendarmerie und Levente zahlreiche Beamte, Angestellte ausgesiedelter Behörden und Betriebe, zwangsweise evakuierte oder vor der herannahenden Front geflohene Zivilisten nach Österreich und Süddeutschland gelangten, zusammen mit den in deutsche KZ verschleppten Juden und politischen Aktivisten über eine Million Menschen. Vor allem führende Vertreter des Horthy-Systems, hohe Offiziere, Polizisten, Gendarmen, Vertreter des Szálasi-Regimes und Mitglieder der Pfeilkreuzlerpartei versuchten, die (auch von den Alliierten geförderte) Rücksiedlung zu umgehen. Hauptsächlich aus ihnen rekrutierte sich die Emigration von 1944/45, sie prägten deren politisches Profil, doch gab es daneben auch konservative, liberale, demokratische oder sozialistische Politiker, die als Antifaschisten verfolgt worden waren, in ein Land im kommunistischen Machtbereich aber gleichfalls nicht zurückkehren wollten. Zur Größenordnung dieser Diaspora: Trotz Rücksiedlung und bereits laufender Auswanderung in andere europäische Länder und nach Übersee hielten sich Ende 1949 noch ungefähr 130 000 Ungarn in Österreich und in der amerikanischen Besatzungszone Deutschlands auf. Bis Anfang der fünfziger Jahre ging ihre Zahl dort durch weitere Auswanderung, besonders in die USA, weiter zurück.

Unter den Emigranten von 1944/45 waren die Schriftsteller Géza Alföldi (geb. 1908), István Eszterhás (geb. 1907), Tibor Flórián (1908-1986), Béla Horváth (1908-1975), Márton Kerecsendi Kis (1917-1990), Lajos Kutasi Kovács (geb. 1920), József Nyírő (1889 bis 1953) und Albert Wass (geb. 1908). Zentrum des kulturellen und literarischen Lebens der fünfundvierziger Emigration war zunächst München. Hier und im süddeutschen Umfeld entstanden (neben politischen Institutionen) die ersten Kulturvereine, hier wurden die ersten Zeitungen und Zeitschriften gegründet, die allerdings vielfach nur kurzlebig waren und in ihrer Wirkung und Bedeutung weitgehend auf diesen Raum beschränkt blieben. Die gegen Ende des Jahrzehnts einsetzende Auswanderungsbewegung in andere europäische Länder und nach Übersee zog dann auch die Schriftsteller mit sich: Nyírő ging 1950 nach Spanien, Wass 1952 in die Vereinigten Staaten.

Das Ende der Koalitionszeit in Ungarn führte seit 1946/47 zu einer neuen Welle der Emigration. Viele Politiker der Koalitionsparteien und der bürgerlichen Opposition gingen über die Grenzen, bürgerlich oder sozialistisch orientierte, aber nichtkommunistische Exponenten des ungarischen Staates im Ausland quittierten den Dienst. Zahlenmäßig betrachtet, war diese Emigrationswelle wesentlich schwächer als die von 1944/45, in ihrer politischen Aktivität und Akzeptanz im Ausland jedoch, in Gewicht und Bedeutung übertraf sie diese. Das gilt auch für die Literaten und Journalisten, die zu diesem Zeitpunkt ins Ausland gingen.

1947 emigrierte der Führer der Bauernpartei, der Publizist und Schriftsteller Imre Kovács (1913-1980), 1948 die Romanciers Sándor Márai (1900-1989) und Lajos Zilahy (1891-1974), der Erzähler und Essayist László Cs. Szabó (1905-1984), der der Kleinen-Landwirte-Partei nahestehende Schriftsteller und Publizist Gyula Gombos (geb. 1913), der durch seine Tätigkeit beim "Nyugat" bekannt gewordene Kritiker und Schriftsteller Miksa Fény (1879-1972), 1949 der Schriftsteller und Publizist Zoltán Szabó (1912-1984). Gyula Borbándi, selbst 1949 emigriert, resümiert: "Wenn wir zu diesen Schriftstellern diejenigen Autoren hinzunehmen, die längere Zeit oder seit 1945 in der Fremde lebten, sich aber politisch von der fünfundvierziger Emigration absonderten (Sándor Lénárd, Bertalan Hatvany, József Reményi, Oszkár Jászi, Anna Lesznai, Ferenc Molnár, Ferenc Fejtő, László Dormándi, Menyhért Lengyel, Ottó Indig, Pál Tábori, György Mikes, Ferenc Körmendi), dann sticht ins Auge, um wie vieles stärker und reicher an Werten die sich zwischen 1946 und 1949 entfaltende Emigrationsliteratur war als die sogenannte fünfundvierziger, die außer József Nyírő und Albert Wass kaum angesehene und bedeutende Mitglieder hatte."[4]

Die meisten der bisher Genannten konnten bereits auf ein in Ungarn begonnenes schriftstellerisches bzw. literaturkritisches Werk zurückblicken. Zilahy war einer der beim Publikum erfolgreichsten Schriftsteller der Zwischenkriegszeit, in mehreren Romanen führte er sein Werk, das ungarischsprachige Neuauflagen und Übersetzungen erlebte, in den USA fort. Márai, schon vor dem Krieg als Erzähler anerkannt, schuf in den Vereinigten Staaten, in denen er sich nach Zwischenaufenthalten und Durchgangsstationen in der Schweiz und Italien niederließ, ein umfangreiches Romanwerk, für das einer der Titel, "Egy polgár vallomásai" (Bekenntnisse eines Bürgers), symbolisch verstanden werden kann. László Cs. Szabó begann seine Laufbahn mit der "Generation der Essayisten", als Erzähler, namentlich aber als Organisator, Kritiker und Theoretiker der ungarischen Literatur im Westen sowie als Vermittler der Traditionen der eigenen Nationalliteratur sowie weltliterarischer Strömungen machte er sich einen Namen. Zoltán Szabó, der aus den Traditionen der ungarischen Volkstümler (oder nach Borbándi: der Populisten) kam, ließ sich in Frankreich und schließlich in England nieder. Außer durch sein literarisches Werk war er als Organisator des literarischen Lebens der Ungarn in Westeuropa und als dessen scharfsichtiger Kritiker und Beobachter von Bedeutung. Wie vielfältig die Motive auch der Literaten zum Verlassen des Landes, ebenso die sich damit eröffnenden Perspektiven waren, illustriert auch die Laufbahn Ephraim Kishons (geb. 1924), der 1948 nach Israel auswanderte und dessen Schaffen im Bewußtsein der Öffentlichkeit in keinem Bezug mehr zur ungarischen Literatur steht.

---

4 Gyula Borbándi, A magyar emigráció életrajza. 1945-1985. Bern (Az Európai Protestáns Magyar Szabadegyetem kiadása) 1985. Zitiert nach der zweibändigen Ausgabe des Európa-Verlags: Budapest: 1989, S. 244.

Anfangs verfügten die emigrierten Schriftsteller kaum über Publikationsmöglichkeiten. Abgesehen von den politischen Differenzen, die zwischen den Vertretern der zweiten Emigrationswelle und den Vierundvierzigern hatten diese auch kaum Zeitschriften von überregionaler Bedeutung geschaffen, die als Foren hätten dienen können. Selbst neue Unternehmungen, ob Zeitungen oder ungarische Bucheditionen oder gar Verlage, standen Ende der vierziger Jahre vor den gleichen materiellen Problemen. Bestenfalls deckten die Einnahmen die Herstellungskosten, als Existenzsicherung für die Autoren konnten sie kaum dienen.

Die Siebenundvierziger waren es dann, die die ersten bedeutenderen literarischen Zeitschriften schufen. Von Dezember 1948 an erschien in Paris unter der Leitung des ungarischen Benediktiners Román Rezek die Zeitschrift "Ahogy lehet". Im Juni 1949 nahm die traditionelle katholische theologische und Kulturzeitschrift "Katolikus Szemle", die in Ungarn nicht mehr verlegt werden konnte, in Rom ihr Erscheinen wieder auf. An die Stelle ihres ersten Redakteurs Vilmos Juhász, der 1951 in die Vereinigten Staaten ging, trat für viele Jahre der Dichter und Theologe Gellért Békés, der die deutlich literarische Orientierung der Zeitschrift prägte. Ab Januar 1950 erschien (zunächst in München, ab 1952 dann in Washington) "Új Magyar Út". Ihr Name ging auf eine Zeitschrift der Volkstümler in der Vorkriegszeit, "Magyar Út", herausgegeben vom Protestantischen Studentenbund "Soli Deo Gloria", zurück, zu der über den Herausgeber Géza Soós und den Mitinitiator Gyula Gombos auch personelle Verbindungen bestanden, die nun jedoch bestrebt war, als interkonfessionelles Organ tätig zu werden.

Als eine der wichtigsten und einflußreichsten Zeitschriften der Emigration wurde im November 1950 "Látóhatár" gegründet. "Látóhatár" (später "Új Látóhatár") erschien zunächst in der Schweiz, dann einige Zeit in Paris, schließlich in München. "Seine Gründer", schrieb als einer der Mitbeteiligten und zugleich als Chronist der Emigration Gyula Borbándi, "stellten ihn sich als eine literarische Zeitschrift vor, die es über das Weiterdenken und die Modernisierung der Ideen der Volkstümler hinaus als wichtige Aufgabe betrachtet, den in den Westen gelangten Schriftstellern eine ständige Publikationsmöglichkeit zu sichern und an der Stärkung der demokratischen Öffentlichkeit in der Emigration zu arbeiten." "Ihre Vorbilder waren der 'Nyugat', 'Huszadik Század', 'Magyar Csillag' und 'Válasz'. Von Anfang an dachten sie ihrem Unternehmen die Rolle einer zentralen Zeitschrift zu, die in schöner Literatur und erörternder Prosa in erster Linie das Niveau, die Qualität abwägt, von den Streitenden jedoch Fachkenntnis, ruhigen Ton und Toleranz gegenüber anderen Ansichten verlangt."[5] Die Form, in der "Látóhatár" dieses Programm umsetzte, wurde namentlich von der "nationalen" fünfundvierziger Emigration als linkslastig oder zumindest blauäugig kritisiert, doch auch innerhalb der Redaktion gab es Auseinandersetzungen über das notwendige Ausmaß der Anpassung an die politische Gestimmtheit des Umfeldes in jenen Jahren des Kalten Krieges und des McCarthyismus.

Als nächste literarisch-kulturelle Zeitschrift entstand - in zeitlicher Folge - die im Januar 1951 von István Csicsery-Rónay begründete "Hírünk a világban". Sie berichtete über das

---

5 Ebenda, Band 1, S. 250 f.

kulturelle Leben der Emigration, vom Schaffen ungarischer Wissenschaftler und Künstler auf der ganzen Welt, über ungarnbezügliche Bücher und Aufsätze und dgl. "Hírünk a világban" erschien bis 1964.

Noch etliche andere Zeitschriften von geringerer Lebensdauer entstanden in jenen Jahren. Insgesamt gab es nach der laut Borbándi "bis heute einzige(n) gründliche(n) Aufarbeitung"[6] der ungarischen Exilpresse durch Kálmán (Abay) Mildschütz (1962) zwischen 1945 und 1962 158 Periodika mit mehr oder weniger langer Lebensdauer.[7] Zu ähnlichen Ergebnissen gelangte eine Zusammenstellung der Ungarischen Nationalbibliothek 1975, der zufolge 1945-1970 im westlichen Ausland insgesamt etwa 1.000 ungarischsprachige Periodika dokumentiert werden können.[8]

Zugleich entstanden in jenen Jahren, vornehmlich in den europäischen und amerikanischen Zentren der Emigration, zahlreiche Vereine, die sich die Pflege der ungarischen Literatur bzw. ungarischer kultureller Traditionen zum Ziel setzten. Wirkungskreis und -dauer waren oft beschränkt, als Bindeglied im literarischen Leben erlangten sie in jener Zeit kaum eine nennenswerte Rolle. Zu Foren literarischer Kommunikation der sich eben erst organisierenden Diaspora wurden (neben den wenigen ungarischen Bucheditionen) eher die mit bescheidenen Mitteln hergestellten Zeitschriften. Eine wichtige integrierende Funktion und Rolle bei kulturellen Unternehmungen erfüllten darüber hinaus die Kirchen und ihnen zugehörige Gruppen und Organisationen.

Ähnlich heterogen wie die Gruppe der Siebenundvierziger, wenn auch noch anders motiviert, war die Gruppe der 1956 und danach ins Exil gegangenen Literaten. Einige hatten sich zuvor als Vertreter des Sozialistischen Realismus profiliert und wichtige Positionen im literarischen Leben eingenommen, andere waren in den fünfziger Jahren Verfolgungen ausgesetzt und nutzten nun diese Gelegenheit. Tamás Aczél (geb. 1921), Tibor Méray (geb. 1924) und Gyula Háy (1900-1975), Miklós Molnár (geb 1918) und Endre Enczi (1902-1974) sind hier für die erstere Gruppe zu nennen; Pál Ignotus (1901-1978), György Faludy (geb. 1910) und Győző Határ (geb. 1914) als wichtige Repräsentanten der letzteren. Wieder andere gingen noch als Gymnasiasten und Studenten und traten erst Ende der fünfziger, Anfang der sechziger Jahre als Schriftsteller hervor - so József Bakucz (1919-1990), Elemér Horváth (geb. 1933), Pál Nagy (geb. 1934), Tibor Papp (geb. 1936), Vince Sulyok (geb. 1932), Géza Thinsz (1934-1990) u. a., ebenso (1955) der tatkräftige Organisator der westeuropäischen ungarischen Literatur und Kultur, István Szépfalusi (geb. 1932).

---

6   Ebenda, S. 100.

7   Mikos Béládi/Béla Pomogáts/László Rónay, A nyugati magyar irodalom 1945 után. Budapest 1986, S. 36.

8   190 davon wurden in den USA herausgegeben, 185 in der Bundesrepublik, 84 in Österreich, 58 in Frankreich und 46 in England.

Aczél und Méray waren für ihr Schaffen mit hochdotierten Literaturpreisen geehrt worden, in der Emigration traten sie als erbittertste Kritiker des nachsechsundfünfziger Regimes in Ungarn auf - was wiederum die Einschätzung ihres literarischen und publizistischen Schaffens von Ungarn aus nachhaltig beeinflußte. Pál Ignotus, Sohn des "Nyugat"-Chefredakteurs, hatte seine Laufbahn als Publizist in bürgerlich-radikalen Blättern und als Redakteur des "Szép Szó" begonnen. Bereits 1933 war er nach London emigriert, seine Tätigkeit in der Londoner Botschaft der Volksrepublik führte ihn 1949-1956 in ein ungarisches Gefängnis, im Herbst 1956 ging er wieder nach England, wo er als Journalist und Redakteur tätig war. Auch Faludy, als Hitler-Gegner emigriert, war 1946 zunächst aus den Vereinigten Staaten nach Ungarn zurückgekehrt. 1950-1953 interniert, wählte er 1956 wieder die Emigration, um in England und Kanada sein lyrisches Werk fortzusetzen. Határ, surrealistischer Erzähler und Lyriker, wurde zum Stein des Anstoßes im Literaturbetrieb, war ebenfalls inhaftiert, widmete dann Jahre faktischen Schreibverbots dem Übersetzen, unter anderem von Werken Sternes und Rabelais', und ging 1956 nach Westeuropa, wo er ein umfangreiches erzählerisches Werk schuf.

Als sechsundfünfziger Organisation, jedoch nicht ausschließlich von sechsundfünfziger Emigranten getragen, entstand im März 1957 unter maßgeblicher Mitwirkung von György Faludy, Béla Horváth, Pál Ignotus, Imre Kovács, György Palóczy Horváth, László Cs. Szabó und Zoltán Szabó der Ungarische Schriftstellerverband im Ausland (Magyar Írók Szövetsége Külföldön), der bis 1961 bestand. In den ersten Jahren seiner Tätigkeit war er vor allem politisch sehr aktiv. Er versuchte unter anderem, das Ausland zur Stellungnahme gegen die Vergeltungsmaßnahmen der Kádár-Regierung zu bewegen und ausländische Schriftsteller zu Solidaritätsaktionen für die in Ungarn eingekerkerten Schriftsteller zu mobilisieren.

Als neue Zeitschrift der ungarischen Literatur im Westen und zugleich in Fortführung einer ungarischen Zeitschrift aus den Jahren vor 1956 wurde 1957 die "Irodalmi Újság" gegründet. Ihre erste Nummer erschien symbolisch am 15. März, zum Nationalfeiertag für die Revolution von 1848 (ebenso wie die erste Nummer des Nachfolgeblattes in Ungarn, "Élet és Irodalom"). Aus Österreich verlegte sie ihren Erscheinungsort bald nach London, schließlich nach Paris. Chefredakteur war zunächst György Faludy, in der Redaktion waren neben ihm György Palóczy Horváth, Tamás Aczél, Miklós Krassó und András Sándor tätig. Nach dem Umzug des Blattes nach Paris 1962 übernahmen zunehmend Tibor Méray und Endre Enczi die Leitung und Redaktion. Anfänglich wurde die neue Zeitschrift, ähnlich wie der Schriftstellerverband im Ausland, vom Congress for Cultural Freedom finanziell unterstützt. Von Beginn der sechziger Jahre an, als diese aktuell-politisch motivierten Hilfen versiegten, fand die "Irodalmi Újság" wie andere Emigrationsforen auch ihre materielle Basis in den Zuwendungen der Leser und der weitgehend unentgeltlichen, "nebenberuflichen" Tätigkeit der Mitarbeiter.

Als weiteres verbreitetes und langlebiges Organ der sechsundfünfziger Emigration erwies sich der "Nemzetőr", der anfänglich in Wien, dann dauerhaft in München erschien und noch erscheint, und der eine deutlich konservativ, nationalistisch und antikommunistisch gefärbte Interpretation des "sechsundfünfziger Geistes" vertrat. Dem organisatorischen Leben der Emigration sowie Erlebnisberichten breiten Raum gebend, erwarb er sich bald eine breite Leserschaft und erwies sich als populärer als die literarischen Zeitschriften "Látóhatár" (später "Új Látóhatár") und "Irodalmi Újság".

Neben diesen Zeitschriften entstanden in den europäischen Ländern nach 1956 noch zahlreiche weitere, die sich in einigen Fällen - wie die Wiener "Magyar Híradó" - eine stabile Existenz aufbauen konnten oder aber, wie "Magyar Szó" in London, "Eszmélet", ebenfalls in England, "Magyar Kurír" in München, "Magyarok Világlapja" in Wien, "Magyar Hírlap" in Kanada nur einige Jahre oder sogar nur einige Ausgaben alt wurden.

Bereits die siebenundvierziger Emigration hatte zu Beginn der fünfziger Jahre neben Zeitschriften, auf die sich ihre literarischen Aktivitäten hauptsächlich konzentrierten, auch der Pflege ungarischer Literatur und Kultur gewidmete Vereine gegründet. In größerer Zahl entstanden solche Zirkel bzw. Institutionen nach der Emigrationswelle von 1956. Neben unmittelbar literarischen Anliegen war dabei - in unterschiedlichem Maße, mit unterschiedlicher Akzentuierung - auch die Pflege der ungarischen Kultur, der Muttersprache, die Rolle als Bildungseinrichtung und Zentrum gesellschaftlichen Umgangs von Bedeutung.

So hatte sich der Kelemen-Mikes-Kreis in Holland (gegr. 1951), gebildet von Studenten, Universitätsabsolventen, Theologen, namentlich die Pflege der ungarischen Kultur und Bildung zum Ziel gesetzt. In ähnlicher Weise wollte sich der Csombor-Szepsi-Kreis in London (gegr. 1956), geprägt durch Persönlichkeiten wie Zoltán Szabó und László Cs. Szabó, den Literaturwissenschaftler Lóránt Czigány und den Dichter und Philologen István Siklós, der Pflege der muttersprachlichen Kultur widmen. In diesem Verständnis organisierte er literarische Programme und betrieb die Herausgabe von Büchern, er verlegte u.a. Werke von István Siklós, László Cs. Szabó, Eszter Forrai, Elemér Horváth, András Sándor, Endre Karátson, Tibor Hanák und Magda Czigány. Deutlicher als literarische und künstlerische Werkstatt definierte und betätigte sich die Arbeitsgemeinschaft Ungarisches Atelier (Magyar Műhely Munkaközössége; gegr. 1973) in Paris mit Pál Nagy und Tibor Papp als Gründungsmitgliedern, die auch Kontakte zu ungarischen Autoren und bildenden Künstlern außerhalb Frankreichs unterhielt.

Besonders durch ihre verlegerische Tätigkeit bekannt wurde die Europäische Protestantische Ungarische Freie Universität (Európai Protestáns Magyar Szabadegyetem) (gegr. 1969), hervorgegangen aus der 1959 gegründeten Europäischen Ungarischen Evangelischen Jugendkonferenz. Ziel dieser Freien Universität "ist die Diskussion von Fragen, die das Ungartum, den Protestantismus und die ökumenische Bewegung berühren, die Beförderung des freien Meinungsaustausches und die Pflege der ungarischen Kultur. Dies will sie durch jährlich veranstaltete Studienwochen, ihre Publikationen und die Unterstützung von Initiativen von ungarischem Interesse bewirken."[9] Neben László Cs. Szabó und Zoltán Szabó arbeitete István Szépfalusi maßgeblich an der Organisation dieses Vorhabens mit. Über theologische Themen hinaus wandten sich die Studienwochen der Freien Uni

---

9   Borbándi, Nyugati magyar irodalmi lexikon és bibliográfia, S. 107.

versität literarischen, sozialwissenschaftlichen, allgemein ungarnbezüglichen Fragen, besonders engagiert der Lage der ungarischen Minderheiten zu. Darüber hinaus wurde die Freie Universität seit 1973 auch verlegerisch tätig. Sie widmete sich der Herausgabe wichtiger, in Ungarn übergangener Lebenswerke (etwa István Bibós), aber auch emigrierter und ungarländischer oppositioneller Literatur (so erschienen hier auch einige Werke des auf dieser Konferenz noch eingehender vorgestellten György Konrád). Die Freie Universität veröffentlichte weiterhin Werke von László Cs. Szabó, György Vándor, Iván Szelényi, János Tóth, Rezső Peéry, Tibor Hanák, András Domahidy, Kálmán Janics, András Sütő, Gergely Lehoczky, Lajos Ordass, István Szépfalusi und Zoltán Szabó.[10] In ihrer Herausgabe erschienen auch, zusammengestellt von Géfin Kemenes bzw. György Ferdinandy, je eine Anthologie ungarischer Dichtung und Prosa im Westen.

Als weitere wichtige Foren der ungarischen Literatur im westlichen Ausland sind die Péter-Bornemisza-Gesellschaft in Wien (ebenfalls maßgeblich von István Szépfalusi mit organisiert) zu nennen, die katholische Bewegung, Katolikus Magyar Egyetemi Mozgalom/Pax Romana (gegr. 1957), die Schriftsteller-Arbeitsgemeinschaft in Deutschland, Németországi Magyar Írók Munkaközössége (gegr. 1971 in Köln) und der Schweizer Kreis ungarischer Literatur- und Buchfreunde, Svájci Magyar Irodalom - és Könyvbarátok Köre (gegr. 1976 in Zürich), um einige der wichtigsten anzuführen.

Während in Europa relativ viele Kulturorganisationen und institutionalisierte intellektuelle Gruppe entstanden, blieb ihre Zahl in den Vereinigten Staaten trotz der nach allgemeiner Einschätzung besseren finanziellen Lage der dortigen ungarischen Diaspora gering. Ungarische Emigranten haben sich in größerer Zahl als in Europa einen Platz im wissenschaftlichen Leben, auch in der Historiographie und den Sozialwissenschaften erobert; lokalen Aktivitäten zur Pflege der Muttersprache und zur Bewahrung des ungarischen Identitätsbewußtseins[11]) stehen nur vereinzelt ausgesprochen literarische Initiativen gegenüber.

Ähnlich unterschiedlich wie die Motive und Umstände des Weggangs der einzelnen Autoren, d. h. die jeweiligen persönlichen Erfahrungen mit dem politischen und sozialen Leben in Ungarn waren Traditionswahl, Literaturbegriff, Schreibweise sowie auch das Gebiet des vorrangigen Engagements der Vertreter dieser ungarischen Literatur im Westen. Der gemeinsame Name stellte sie in einen umfassenden Zusammenhang, der real - in der Kommunikation miteinander, in der Zuordnung zu literarischen Kreisen und diversen Gruppen, im Verhältnis zum Publikum - kaum gegeben war. Mitunter wurde selbst der Kontakt vermieden. Márai schuf in der Abgeschiedenheit seines amerikanischen Exils ein Werk, dem auch die ungar(länd)ische Literaturkritik die Anerkennung nicht versagen konnte und das in den letzten anderthalb Jahrzehnten auch in Ungarn seine Leser fand. Zugang zum ungarischen Publikum, Wertschätzung als Lektüre fanden aber auch die Ro-

---

10 Vgl. Borbándi, A maygar emigráció életrajza, Band 2, S. 106.

11 Vgl. z. B.: S. Béla Várdy, Az amerikai magyarságtudomány kifejlő dése, nehézségei és feladatai. In: Valóság (Budapest), 8/1977, S. 49-62; Julianna Puskás, Az amerikai magyarság etnikus intézményei. Teil 1: Az egyletek. Teil 2: Az egyházak. Teil 3: A sajtó. In: Vigilia (Budapest), 1971, S. 202- 210, 283-287, 348-356; Károly Nagy, Kulturák hű közvetítése. Gondolatok a III. Anyanyelvi Konferenciáról. In: Nyelvünk és kulturánk (Budapest), 31/1978, S. 8-25.

mane von Zilahy. Győző Határs Werk führte eine Linie der ungarischen Literatur - eines nicht im traditionellen Sinne realistischen Erzählens - fort bzw. schuf diese Linie, die in Ungarn etwa im Schaffen von Szentkuthy und Hamvas wesentliche Repräsentanten hat, überhaupt erst mit.

Rezeption und Integration der Exilliteratur

Neben dem (potentiellen) Publikum in Ungarn wandte sich die ungarische Literatur im Westen an die dortige Diaspora, sprach für sie und versuchte ihrer Lebenssituation Ausdruck zu verleihen. So wurde die Bewahrung von Sprache und Kultur zu ihrem Anliegen oder auch - in den Augen der außerungarischen Leser - zu einem Vehikel für diese; so arbeitete sie beständig an der Infragestellung und Neudefinition des eigenen literarischen und kulturellen Standorts, der Doppelposition innerhalb einer anderssprachigen, aus anderen Traditionen herkommenden Gesellschaft. Und zugleich hat die Grundsituation des Emigrantenlebens, der bewußt gewählten geographischen und politischen Distanz zum Staat Ungarn, immer wieder literarische und publizistische Reflexion erfahren. Oft war es dieses publizistische und politische Engagement, das die Haltung der offiziellen ungarischen Kulturpolitik gegenüber den Emigranten (aber auch deren eigene gegenseitige Werturteile) bestimmte und damit auch die Möglichkeit ihrer Rezeption im Lande beeinflußte.

Wie war es nun um die Rezeption dieser westlichen ungarischen Literatur in Ungarn bestellt, wie stand es um das Verhältnis der ungarischen Autoren in Ungarn zu den im Ausland lebenden, und wie sah die Beziehung zwischen ungarischer Kulturpolitik und ungarischer Literatur im Ausland aus?

Zu Beginn der fünfziger Jahre fand eine Rezeption von in der Emigration entstandenen Werken in Ungarn praktisch nicht statt. In der kurzen Tauwetterperiode von 1953/54, die auch kulturpolitische Lockerungen mit sich brachte, kam es nur zu ersten symbolischen Ansätzen. So sprach Áron Tamási, der selbst jahrelang verstummt war, im ungarischen Rundfunk über Sándor Márais 1951 in "Látóhatár" veröffentlichtes Gedicht "Halotti Beszéd" (Totenklage). Tamási stellte dem düsteren Ton des Gedichts den für ihn spürbaren Neubeginn in der ungarischen Realität gegenüber und legte Márai ein Überdenken des mit dem Gedicht Prophezeiten nahe. Márai antwortete skeptisch, mit dem Verweis auf die ausweglose Situation des Jahres 1949, in der das Gedicht entstanden war.[12]

---

12 Sándor Márai, Halotti Beszéd. In: Látóhatár (München), 5-6/1951 (erneut abgedruckt in: Látóhatár, 4/1954, S.193 f.). Vgl. Tamásis Kritik (Kedves Márai Sándor!) und Márais Entgegnung (Válasz Tamási Áronnak) in: Látóhatár, 4/1954, S. 195 und 196-197. Eine Totenklage aus dem 12. Jahrhundert ist das erste überlieferte ungarische Sprachdenkmal. Sie hebt an mit den Worten: "Seht ihr, meine Nächsten, mit euren eigenen Augen, was wir sind? Staub und Asche sind wir ..." Márais Gedicht nimmt diese Worte auf, um ein Bild vom endgültigen Untergang der ungarischen Nation - im Mutterland wie in der Diaspora - zu malen, und endet schließlich wieder mit den Worten aus dem 12. Jahrhundert: "Siehe, Staub und Asche sind wir ..." In dem Gedicht (und mit diesem Gedicht) ist somit der Kreis endgültig geschlossen.

Dieser vorsichtige Ansatz blieb Episode. Generell blieben die Werke derer, die gegangen waren, unzugänglich und offiziell inexistent. Zwar wurde gerade nach der Niederschlagung des Aufstandes von 1956 und den nachfolgenden Vergeltungsaktionen westliche Literatur allmählich zugänglich gemacht, um mit einer Politik der kleinen Zugeständnisse auch auf kulturpolitischem Gebiet die Bevölkerung, namentlich die Intellektuellen ruhigzustellen: "Die Intelligenz wird keinen Aufstand machen, wenn sie Kafka liest. Die Regale müssen voll sein, die Lebensmittelregale und die Bücherregale der Intelligenz", umriß György Dalos[13] später diese politische Logik. Dies galt jedoch nicht für die ungarische Literatur im Westen. Umgekehrt verstanden sich die Exilautoren in jenen Jahren als Vertreter der eigentlichen ungarischen Literatur, als diejenigen, deren Aufgabe es angesichts der Bedingungen in Ungarn nun war, für diese ganze Literatur und im Namen ihres - seiner Äußerungsmöglichkeiten beraubten - Volkes zu sprechen.

Betrachtet man das durch Zeitschriften Belegbare, so sind die Anfänge einer Rezeption der im Ausland entstandenen ungarischen Literatur sporadisch und zugleich vorsichtig gehalten. Albert Gyergyais Artikel in "Nagyvilág" (Weite Welt), einer Zeitschrift, die sich die Vermittlung ausländischer Literatur zum Ziel gesetzt hatte, widmete sich 1961 - gleichsam dem Profil des Blattes entsprechend - drei aus Ungarn stammenden Autoren, die mittlerweile in der Sprache des Gastlandes schrieben. Unter der Überschrift "Magyarok külföldön" (Ungarn im Ausland) berichtete er über das Schaffen von László Dormándi, Sári Megyeri und Pál Rónai. Alle drei waren schon in den dreißiger Jahren, unter einem anderen Regime, ins Ausland gegangen, und besonders Rónais Berufsjubiläum bot Anlaß zu einem verheißungsvollen Schluß: "Als ferne Landsleute und Jugendfreunde schließen auch wir uns freudig dem Kreis der Feiernden an, um so mehr, als Pál Rónai immer dem Fortschritt diente und durch sein Schaffen eine lebendige Brücke zwischen den Völkern und Literaturen war ..."[14] Diese von Gyergyai vorgenommene Auswahl war einseitig und in ihrer Einseitigkeit zugleich mit dem Profil der Zeitschrift begründbar. Dieser erste Versuch einer öffentlichen Kenntnisnahme ist aus dem Artikel ebenso herauslesbar wie die sehr befangene Bestimmung des Begriffs von Literatur.

Solche Bemerkungen blieben in der Folgezeit jedoch sporadisch. Grundsätzlich sind solche Berichte an die Öffentlichkeit der Fachzeitschriften und weniger an das breite Leserpublikum gerichtet. Sie dokumentieren eine individuelle, spezialistische Kenntnisnahme bestimmter literarischer Entwicklungen, die außerhalb eines engen Kreises kaum mitverfolgt werden konnten. Noch 1987 faßt Borbándi, auf einen ersten Meilenstein in der Aufarbeitung der Exilliteratur in Ungarn Bezug nehmend, die Situation folgendermaßen zusammen :" ... die meisten im 'Überblick' behandelten Bücher sind schwer zu beschaffen, sie können nicht über die Grenzen gebracht werden, die Post stellt sie nicht zu, nur illegal können sie auf den Tisch der ungarischen Leser gelangen. In den Bibliotheken stehen diese Bücher im Giftschrank, man kann sie also nur mit besonderer Genehmigung zu For-

---

13 György Dalos, Über die Verwirklichung der Träume. In: Demokratischer Umbruch in Osteuropa. Hrsg. von Rainer Deppe/Helmut Dubiel/Ulrich Rödel. Frankfurt a. M. 1991, S. 200.

14 Albert Gyergyai, Magyarok külföldön. In: Nagyvilág (Budapest), 1961, S. 1567.

schungszwecken lesen. In letzter Zeit hat sich die Lage zweifellos gebessert, doch gibt sie immer noch Anlaß zur Klage."[15]

Vergleichbare Äußerungen über die faktische Unzugänglichkeit der im Ausland geschriebenen Werke, über Hindernisse für die Rezeption, aber auch über deren Schleichwege sind bei den ungarischen Literaten im Ausland immer wieder nachzulesen. So äußert z. B. Tardos anläßlich des Jubiläums der Pariser "Irodalmi Újság": "Die ungarische Post beschlagnahmt auch heute die nach Ungarn geschickten Ausgaben, das Blatt gelangt nicht in das Land hinein, wo es entstand. Die Buchausgaben der 'Irodalmi Újság' verschwinden spurlos, und der Pester Samizdat veröffentlicht sie in ein paar hundert Exemplaren, in verkleinertem Format."[16] Auch namhafte, im Ausland bekannte Vertreter der ungarischen Literatur bildeten keine Ausnahme: "Die Post händigt sie (derartige Bücher - J.B.) nicht einmal Gyula Illyés aus", berichtet József Molnár vom "Új Látóhatár". "... noch heute bewahre ich, samt Umschlag, das Buch auf, das mir unter Berufung auf die internationale Vereinbarung bezüglich des Verbots des Transports von Sprengstoffen zurückgeschickt wurde."[17]

Während so die im Ausland erschienenen Druckerzeugnisse weiterhin im Wesentlichen als Konterbande behandelt wurden, wurden seit den achtziger Jahren in Anthologien oder in ungarischen Literaturzeitschriften Werke einzelner im Westen lebender ungarischer Autoren abgedruckt und fanden so den Weg zum Leser in Ungarn. Borbándis hoffnungsvolle Einschätzung dieser Tendenz aus dem Jahre 1987, daß sich "mit der allmählichen Besserung der ungarischen Zustände im gleichen Maße auch die Ausgegrenztheit der westlichen ungarischen Literatur mildert"[18], ist natürlich auch als kulturpolitische Diplomatie zu lesen. Denn frei von belastenden politischen Begleitumständen, so der Zitierte, sei die Behandlung der westlichen ungarischen Literatur immer noch nicht. Wenn sich seit den fünfziger und sechziger Jahren die Reaktion auf diese Literatur von der totalen Ausgrenzung, Leugnung und politischen Ablehnung auch langsam auf eine (von einzelnen Autoren und Literaten vorgetragene) differenziertere Betrachtungsweise bzw. ein diplomatischeres Vorgehen der Behörden hin entwickelt habe, so sei diese Literatur für einen sich als sozialistisch verstehenden Staat doch immer auch ein Politikum geblieben.

Wegen der Prägnanz der Formulierung sei noch einmal Borbándi zitiert: "Wenn auch nicht das Werk, so unterlag doch die Entscheidung des Schriftstellers, der aus seiner Heimat vertrieben oder gezwungen war, sie im Interesse seiner persönlichen Freiheit oder der Ungestörtheit seiner schöpferischen Arbeit zu verlassen, in jedem Falle einer Beurteilung politischer Art seitens der Staatsmacht, vor der er emigriert war."[19]

---

15 Gyula Borbándi, Bevezetés a nyugati magyar irodalomba (Béládi/Pomogáts/Rónay, A nyugati magyar irodalom 1945 után). In: Új Látóhatár (München), 4/1987, S. 559.

16 Tibor Tardos, Így alakult. Házi öntésű gyertya a negyvenéves Irodalmi Újság jubileumi tortájára. In: Irodalmi Újság (Paris), 1/1989, S. 5.

17 József Molnár, Az Új Látóhatár negyvenedik évfolyama elé ...In: Új Látóhatár, 4/1988, S. 574.

18 Borbándi, Bevezetés a nyugati magyar irodalomba, S. 551.

19 Ebenda, S. 550 f.

Ansätze zu einer Rezeption, einer Beschäftigung mit dem Phänomen der ungarischen Diaspora und vornehmlich mit der von ihr geschaffenen Literatur blieben also zunächst selten. Das gilt auch für die ungarische Selbstdarstellung gegenüber dem Ausland. Betrachtet man etwa die Budapester "New Hungarian Quarterly", so scheint das Phänomen nicht zu existieren. Bestenfalls findet man Berichte über ungarische Musik und ungarische Komponisten im Ausland - neben Liszt wird dann auch Bartók nicht übergangen. Anfang der siebziger Jahre erschienen dann etwas häufiger Artikel, die sich mit den Auslandsungarn beschäftigten. So z. B. 1971 ein Bericht in "Vigilia" über "Az amerikai magyarság etnikus intézményei" (Die ethnischen Institutionen der Ungarn in Amerika)[20]. Szántós Diskussion der Lage in "Gondolatok az emigrációról" (Gedanken über die Emigration;[21] 1972 erneut in "New Hungarian Quarterly" abgedruckt) erörtert historische Umstände und individuelle Anlässe von Auswanderung und Emigration und tendiert eher dazu, die Barrieren zwischen der alten Heimat und der Diaspora für die Gegenwart zunehmend niedriger anzusetzen.

Deutlicher auf Literatur bezogen war dann ein Beitrag in der Kulturzeitschrift "Kritika" im Jahre 1973. Der Artikel über die ungarische Literatur im Westen erschien eingebettet in ein ganzes Heft, das sich mit dem kulturellen Leben der Ungarn außerhalb Ungarns, mit den ungarischen Minderheiten in Österreich, der Tschechoslowakei, der Sowjetunion (Karpatoukraine), in Rumänien und Jugoslawien beschäftigte. Neben grundsätzlichen Erwägungen zur Nationalitätenpolitik (der "Leninschen Sicht der nationalen Frage") wurde über Bildungswesen, Sprachpflege, Folklore, Musikleben usw. und in diesem Gesamtrahmen auch über ungarische Literatur in den angrenzenden Ländern und im entfernteren Ausland berichtet.[22]

Anzumerken ist, da - über die grundsätzlichen Statements hinaus - das Verhältnis der ungarischen Politik zu den Ungarn in den Nachbarstaaten lange Zeit problematisch war und Stellungnahmen zur Lage der dortigen Minderheiten im Sinne der "Nichteinmischung in die inneren Angelegenheiten anderer Staaten" äußerst verhalten ausfielen. Auf kulturpolitischem Gebiet hatte dies seine Konsequenz in einer außerordentlich geringen Publizität der dorther kommenden ungarischen Literatur, die erst seit Ende der sechziger Jahre in Ungarn stärker verlegt wurde. So stellt jenes Heft der "Kritika" ein sehr komplexes "Signal" dar.

Die allmählich, besonders seit Anfang der achtziger Jahre breiter werdende innerungarische Rezeption der westlichen ungarischen Literatur - durch literaturtheoretische Kenntnisnahme, Abdrucke in Zeitschriften, Aufnahme einzelner Arbeiten in Anthologien, liberalere Behandlung an der Grenze - zeichnete sich durch eine gewisse Selektivität aus, die

---

20 Vgl. Puskás, Az amerikai magyarság etnikus intézményei.

21 Miklós Szántó, Gondolatok az emigrációról. In: Vigilia, 8/1971, S. 596-606; vgl. auch die engl. Fassung "The Hungarian Diaspora" in: New Hungarian Quarterly (Budapest), 1972, S.163-173.

22 Miklós Béládi, Szempontok a nyugati emigráció irodalmához. In: Kritika (Budapest), 12/1973, S. 20 f.

nicht nur dem Zufall geschuldet war. Die literaturwissenschaftliche Aufarbeitung konzentrierte sich - in anscheinend plausibler Weise, aber auch unter politischem Druck[23] weitgehend auf die westliche Belletristik. Im wesentlichen ähnlich orientiert war die Aufnahme in Anthologien[24]. Auch in der Kenntnisnahme ausländischer Zeitschriften, etwa der Publikationen von "Magyar Műhely" in Paris, oder gegen Ende der achtziger Jahre in der liberaleren, formell anerkennenden Behandlung des "Új Látóhatár" kamen politische Präferenzen gegenüber Publikationen, die sich politischen Stellungnahmen programmatisch enthielten, oder auch gegenüber einem vermeintlichen potentiellen Bündnispartner zum Ausdruck. Das damit immer wieder ausgelöste Mißtrauen gegenüber der ungarischen Politik, aber auch gegenüber den so Rezipierten bringt z. B. Sztárays 1988 in Lugano geäußerte Vermutung zum Ausdruck, die feststellbare wachsende Duldung des "Új Látóhatár" erinnere "an eine frühere erfolgreiche Aktion": "an die Strategie des Weltbundes der Ungarn, der seinerzeit von der allmächtigen Partei das Monopol zur Beschäftigung mit den Auslandsungarn, zum Verbindunghalten bekam, und der sich das eine oder andere zur Zusammenarbeit geneigte Mitglied des westlichen Ungarntums auserwählte und dann zum Vertreter der übrigen erklärte, während die übrigen nicht beachtet und vergessen wurden"[25].

Ein gewisses Nebengleis zur Rezeption der ungarischen Literatur aus dem Westen in Ungarn stellte die Tätigkeit der "Muttersprachlichen Konferenz" dar, die der "Weltbund der Ungarn" seit 1970 organisierte. Von Budapest aus ins Leben gerufen und gelenkt, stellten diese Konferenzen eine spezifische, institutionalisierte Form des ungarisch-ungarischen Dialogs dar. Aus Budapester Sicht dienten sie dem Ziel, "den außerhalb unserer Grenzen lebenden Ungarn bei der Bewahrung ihrer Sprache, der Pflege ihrer ungarischen Kultur, der Stärkung ihres Zugehörigkeitsbewußtseins zum Ungartum zu helfen"[26].

---

23 Vgl. Béla Pomogáts, Nyugati magyar irodalom hazai szemmel (Vortrag auf den Studientagen des Schweizer Ungarischen Literatur- und Kunstklubs in Lugano 1988). In: Új Látóhatár (München), 2/1989, S.158-169.

24 Vgl. Lajos Szakolczay, Megemberesedett gyermek, kinőtt ruhában (Vortrag auf der Beratung der Literaturtage in Debrecen, 26.-27. Oktober 1989). In: Alföld, 2/1990, S. 57-60.

25 Zoltán Sztáray, Gondolatok a nyugati magyar irodalomról (Vortrag auf den Studientagen des Schweizer Ungarischen Literatur- und Kunstklubs 1988). In: Új Látóhatár, 2/1989, S.155.

26 "Seit langem spürten viele von uns, innerhalb wie außerhalb der Grenzen der alten Heimat, daß ein Zusammenschluß des gesamten Ungartums nötig wäre, die Anregung des ungarischen Selbstbewußtseins, in vielen Fällen seine Erweckung, und daß es dazu nicht nur zum Ziel führende Wege zu suchen, sondern auch die ersten Schritte zu tun gelte. Im Zeichen dieses Gedankens wurde die Muttersprachliche Konferenz geboren, die Ungarn aus allen Ecken und Enden der Welt versammelte, die auch bisher schon begeistert für die Erhaltung des Ungartums gearbeitet haben und die das auch weiter tun werden, die im Ausland ungarische Schulen und Institutionen gründen und aufrechterhalten, die unsere Sprache pflegen und die Ungarn der dritten und vierten Generation in ihr unterrichten, die das ungarische Leben kleiner Gemeinschaften pflegen, die die ungarische Presse führen, die von der Kanzel ungarisch ihre Überzeugung verkünden, die die Kenntnisse der Muttersprache auf hohem Niveau wachhalten, die durch den Zauber der Künste: Lied, Tanz und Musik, die Vergangenheit der alten und die Gegenwart der neuen Heimat miteinander verbinden." So der Philologe Géza Bárczy. Zitiert nach: Lajos Lőrincze, Határkönél. In: Nyelvünk és kulturánk, 4/1981, S. 7.

Initiativen der Auslandsungarn zur Sprachpflege und -bewahrung bildeten einen Ansatzpunkt für die Tätigkeit der Konferenz. Dieses praktische Anliegen findet m. E. seinen Niederschlag darin, daß namentlich in der Anfangszeit ein hoher Anteil von Lehrern unter den ausländischen Mitorganisatoren vertreten war.[27] Das Bemühen, diese Aktivitäten zu unterstützen - aus dem heraus in Ungarn z. B. auch der Komponist Zoltán Kodály, die Dichter Gyula Illyés und Mihály Váci das Anliegen der Konferenz mit Sympathie betrachteten -, und die konzeptionellen Vorstellungen der Budapester Kulturpolitik gingen dabei eine eigenwillige Symbiose ein.

Zugleich war die Arbeit der Konferenz und die Mitwirkung an ihr unter den Emigranten umstritten, sowohl wegen der prinzipiellen Frage des Kontakts mit den offiziellen Vertretern der Volksrepublik Ungarn als auch wegen der Gefahr, instrumentalisiert zu werden. (Wie Borbándi meint, war es nicht zuletzt die skeptische Haltung zweier Symbolfiguren der ungarischen literarischen Emigration im Westen, Sándor Márais und László Cs. Szabós, die viele andere in ihrem Zögern und ihrer Ablehnung bestärkte.[28]) Wie aus dem oben Zitierten anklingt, bildete die Formel vom Ungartum und der Pflege seiner - primär sprachlich, folkloristisch verstandenen - Kultur einen Anknüpfungspunkt, um vorgeblich unpolitisch bzw. frei von Politik zusammenarbeiten zu können. Doch war es umgekehrt ein Ergebnis der nachhaltig vorgetragenen Forderungen der westlichen Emigration, daß sich die muttersprachliche Konferenz zunehmend auch den Problemen der Ungarn in den osteuropäischen Nachbarstaaten zuwandte. Die Literatur wiederum, die Möglichkeit gegenseitiger Rezeption, genauer, das Problem des Rezipiertwerdens und der praktischen Zugänglichkeit der westlichen ungarischen Literatur in Ungarn erwies sich immer wieder als unbefriedigend in das Programm integriert.

Die - oft wiederholte - Klage eines amerikanischen Mitinitiators der Konferenz, publiziert in deren Mitteilungsblatt, sei hier als Beispiel angeführt: "Ein Gebiet muß ich noch erwähnen: und zwar, daß, wer im Ausland die ungar(länd)ische Literatur und die der benachbarten Länder verfolgen will, dies tun kann ..., wir verbreiten diese Bücher und lenken jedermanns Aufmerksamkeit auf diese Möglichkeit der gegenseitigen Verständigung ...". In Ungarn und in den benachbarten Ländern jedoch seien "die Foren der westlichen ungarischen Literatur ... nicht erreichbar ... Selbst die Titel der Zeitschriften kennen viele nicht, wie "Új Látóhatár", "Irodalmi Újság" und weitere, die ich aufzählen könnte."[29] Die Beschwerde wurde in liberaler Manier mitgeteilt, eine grundsätzliche Änderung der Verhältnisse bewirkte sie vorerst nicht. So wurde die Tätigkeit der Konferenz verständlicherweise als einseitig orientiert und dominiert empfunden und vielfach mit anhaltender Skepsis verfolgt.

---

27 Vgl. die Aufstellung der in- und ausländischen Mitglieder des Vorbereitungskomitees der Konferenz in: A magyar nyelvért és kultúráért. A Magyar Nyelv és Kultura Barátai Köre Előkészítő Bizottságának Tájékoztatója (Budapest), 1/1970, S. 13-15.

28 Borbándi, A magyar emigráció életrajza, Band 2, S. 233.

29 Károly Nagy, Gondolatok - eredményeinkről, tennivalóinkról. In: Nyelvünk és kultúránk, 4/1979, S. 27.

Anzumerken ist ein weiterer Umstand, der das ungarische Verhältnis zur ungarischen Literatur im Westen verkomplizierte. Nicht nur ließ sich diese Literatur keinesfalls nur auf Belletristik reduzieren, vielfach erschienen in den westeuropäischen und amerikanischen Verlagen auch Schriften ungarischer Oppositioneller, und nicht notwendig deckte sich die Verlagspolitik Ungarns und die seiner Nachbarländer. Die begrifflichen Schwierigkeiten, die sich in einer Situation ergeben, wo außerhalb eines Landes in den angrenzenden Staaten Minderheiten dieser Nation leben und ebenfalls literarische Werke schaffen und zugleich zahlreiche Literaten das jetzige Mutterland oder bereits seine Vorgängerstaaten aus politischen bzw. existentiellen Gründen verlassen haben, lassen sich am Falle Ervin Sinkós und seines "Egy regény regénye" (Roman eines Romans) prägnant beleuchten. Sinkó, zunächst Bürger der k. u. k. Monarchie und ungarischer Staatsangehöriger, ging als junger Mann nach Budapest als dem kulturellen Zentrum des Landes, kämpfte für die Räterepublik, emigrierte nach Westeuropa, wurde nach Trianon zum jugoslawischen Staatsbürger, schrieb in Paris auf ungarisch einen Roman über die Räterepublik und suchte nun einen Verleger, den er in der Sowjetunion, in die er 1935 übersiedelte, zu finden hoffte. Er fand ihn nicht, er verließ die Sowjetunion wieder unter abenteuerlichen Umständen, und aus seinen Aufzeichnungen über diesen Versuch und seine Erfahrungen mit der sowjetischen Realität wurde der Roman "Egy regény regénye", der 1955 in Jugoslawien, in das Sinkó mit Kriegsausbruch hatte zurückkehren müssen, erschien. (Dort wurde das Werk zunächst in kroatischer Übersetzung veröffentlicht, ungarisch 1955 in Novi Sad (Újvidék) und deutsch 1962 in Köln). In Ungarn war das Werk wegen seiner Tendenz unerwünscht: War "Egy regény regénye" nun Bestandteil einer universalen ungarischen Literatur, der ungarischen Literatur in Jugoslawien, der Exilliteratur der Zwischenkriegszeit, der ungarischen Literatur im Westen oder überhaupt der - oft synonym verstandenen - Dissidentenliteratur? 1988 erschien "Egy regény regénye" in Ungarn als Gemeinschaftsausgabe des Fórum Verlags Újvidék und des Magvető Verlags Budapest - gleichzeitig mit und damit in Lesekonkurrenz zu Rybakovs "Kindern des Arbat", Gides "Retour de l'U.R.S.S.", Readers aus der sowjetischen Presse der Perestroika, Biographien von Bucharin, Trotzki, Chruschtschow, der Neuausgabe von Solženicyns Buch "Ein Tag im Leben des Iwan Denissowitsch", Neuausgaben von György Konrád, Iván Szelényi und anderen Werken des einstigen Samizdat und Tamizdat.

Doch war, wie schon angemerkt, auch im Westen das Verhältnis zur ungarischen Literatur in Ungarn - und zum verstaatlichten Kulturbetrieb, der die Kanäle zur möglichen Rezeption der im Westen erschienenen Werke kontrollierte - nicht unumstritten. Grundsätzliche politische Haltungen, häufig aber auch persönliche Verletzungen und die (berechtigte) Besorgnis, instrumentalisiert zu werden, bestimmten nachhaltig die verbreitete Skepsis gegenüber derartigen Kontaktaufnahmen. So löste Borbándis "Magánbeszéd a párbeszédről" (Monolog über den Dialog) im "Új Látóhatár" 1969 heftige Diskussionen aus. In der Folgezeit fand seine Deutung des "Ortes" der ungarischen Literatur und des Kriteriums der Literarizität jedoch wachsende Zustimmung. "Die heutige ungarische Literatur", hieß es da, "hat mehrere Zentren. Budapest ist das größte und bedeutendste Zentrum, aber die Situation ist nicht mehr so, daß jemand in der Hauptstadt leben und arbeiten muß, um

Rang und Namen in der Literatur zu haben. Heute arbeiten in Debrecen, Szeged, Pécs, in den Nachbarländern in Novi Sad, Klausenburg und Preßburg bedeutende literarische Zentren - mit Autorenorganisationen, Verlagen, Zeitschriften, und auch in ihnen können sich Begabungen landesweiten Ruhm erwerben. - Auch in München, Paris, London und den Vereinigten Staaten gibt es Autorengruppen - mit Zeitschriften und Verlagen - die sich, ergänzt durch in anderen westlichen Ländern lebende Schriftsteller, zu Zentren der westlichen ungarischen Literatur entwickelt haben, die den erwähnten an Rang und Bedeutung mindestens gleichkommen. Das ist eine Tatsache, die man nicht außer acht lassen darf. Die privilegierte, einzigartige Rolle Budapests ergibt sich von selbst und wird von jedermann anerkannt. Diese Rolle würde kein bißchen geringer mit der Anerkennung dessen, daß auch andere Zentren entstanden sind."[30] - Auch Illyés hat in sein Bild von der ungarischen Literatur als einer "fünftonigen Flöte" (ötágú síp) die ungarische Literatur im Westen als selbstverständlich einbezogen.

Etwa ab 1980 fand das bei den Lesern und bei den Literaten vorhandene Interesse an der ungarischen Literatur im Westen auch Niederschlag in nunmehr vergleichsweise häufiger erscheinenden Artikeln in den größten ungarischen Literaturzeitschriften über das Gesamtphänomen bzw. über einzelne Erzähler und Dichter.[31] Sogar eine Anthologie, "Vándorének" (Gesang des Wanderers)[32], erschien 1981. Neben die sehr knappe, gelegentliche Erwähnung des Phänomens im Kontext der muttersprachlichen Bewegung, als ein Element der Bewahrung der Nationalkultur neben anderen, trat nun deutlicher die Behandlung als literarisches Phänomen und die Kenntnisnahme durch Kritik und Literaturwissenschaft.

Wie Rückblicke der Beteiligten andeuten, aber leider nicht detaillierter ausführen, erfolgte die wissenschaftliche Annäherung durchaus mit "höherer" kulturpolitischer Billigung.[33] Daneben, gleichsam als Bewegung von unten, gab es Textveröffentlichungen in der Zeitschrift "Mozgó Világ"[34], wo engagierte Redakteure versuchten, den Spielraum des Mög-

---

30 Gyula Borbándi, Magánbeszéd a párbeszédről. In: Új Látóhatár, 1969, S. 298 (Ortsnamen im Orig. ungarisch).

31 Miklós Béládi, Jegyzet négy költöröl. In: Alföld, 8/19981, S. 29 f.; Béládi, Bevezetés a nyugati magyar irodalomba. In: Jelenkor (Pécs), 7-8/1981, S. 683-706; Béla Pomogáts, Magyar Odisszeuszok (A nyugati magyar elbeszél irodalom második nemzedéke). In: Jelenkor, 7-8/1981, S. 707-712; Pomogáts, Nyugati magyar irodalom. In: Pomogáts, Az újabb magyar irodalom 1945-1981. Budapest 1982, S. 603-613; Géza Aczél, Vándorének. Jegyzetek a nyugati magyar költészetről. In: Alföld, 5/1982, S.10-16; A nyugati magyar irodalom. In: A magyar irodalom története 1945-1975. Hrsg. von Miklós Béládi. Budapest 1982. S. 323-447; Béládi/Pomogáts/Rónay, A nyugati magyar irodalom 1945 után.

32 Vgl. Miklós Béládi (Hrsg.), Vándorének. Nyugateurópai és tengerentúli magyar költők. Budapest 1981.

33. Vgl. Pomogáts, Nyugati magyar irodalom hazai szemmel, S. 158 f.; Lóránt Czigány, Külön irodalmi tudattal rendelkezünk (Beitrag zur Beratung der Literaturtage in Debrecen, 26.-27. Oktober 1989). In: Alföld, 2/1990), S. 79.

34 Vgl. László Szörényi, Valamit elvégezni (Interview László Szörényis mit Ferenc Kulin). In: Kortárs (Budapest), 8/1990, S. 93-108.

lichen auszureizen und auszuweiten. Zu dem in Anthologien und Zeitschriften nunmehr Zugänglichen gehörten Werke von László Cs. Szabó, Károly Kerényi, Zoltán Szabó, Lajos Zilahy, György Faludy, Tamás Tűz, András Domahidy, László Baránszky, Géza Thinsz, Erika Dedinszky, später erschienen auch Arbeiten von Sándor Márai, Imre Kovács, Gyula Gombos, Gyula Borbándi, Péter Gosztonyi, Tibor Méray, Ferenc Fehér und Ágnes Heller.

Seit dem politischen Umbruch in Ungarn sind formale Schranken für die Rezeption der ungarischen Literatur aus dem Westen nun gefallen. Daß im Herbst 1989 in Debrecen unter Beteiligung von ungarländischen und ausländischen Autoren und Literaturwissenschaftlern eine Konferenz zur ungarischen Literatur im Westen veranstaltet wurde, belegt den gewandelten Stellenwert des Phänomens. Dennoch kann zu diesem Zeitpunkt nicht unbedingt von einer umfassenden Rezeption dieser Literatur im Mutterland gesprochen werden. Die Lektüre des nunmehr Zugänglichen erfolgte durchaus selektiv, und die Zirkulation der Ware "Buch" trifft auf neuartige Probleme.

Bezüglich jener Selektivität des Leserinteresses äußerte Pomogáts 1989 in Debrecen die These, daß sich die ungarländische Rezeption des ungarischen Geisteslebens im Westen in den letzten Monaten bevorzugt auf wissenschaftliche und politische Literatur gerichtet habe: "Es ist wahr, lange Jahrzehnte hindurch waren ihr (der ungarischen Öffentlichkeit - J. B.) die Ergebnisse dieser Literatur am wenigsten zugänglich, da ein Band Gedichte oder Erzählungen wesentlich leichter in die Hände eines ungarländischen Lesers gelangte als eine historische Arbeit oder gar eine politische Fragen erörternde Studie."[35] Daher richte sich das Interesse der Leser eher stärker auf die Essays und Studien der Emigranten.

Das Spektrum der in ungarischen Verlagsprogrammen nunmehr zugänglichen Werke, so J. Szakolczay, belege einen deutlichen Fortschritt, es sei aber dennoch noch immer unbefriedigend.[36] Und: Zwar seien die im Westen erschienenen Bücher zugänglich, z. B. die Ausgaben des mit seinem Angebot schon seit längerem präsenten Püski-Verlages New York - aber Kultur sei nun einfach eine Ware, die Bücher lägen in den Regalen der Buchhandlungen (wie z.B. die Werke von Sándor Márai), für viele Leser seien sie einfach zu

---

35 Béla Pomogáts, A nyugati magyar irodalom a kirekesztéstől a befogadásig (Vortrag auf der Beratung der Literaturtage in Debrecen). In: Alföld, 2/1990, S. 48.

36 Vgl. Szakolczay, Megemberesedett gyermek, kinőtt ruhaban, S. 59 und 69. Szakolczay, der die Frage eingehend behandelte, konstatierte das Fehlen von weiteren Werken von Gyula Gombos, Pál Albert und Tibor Hanák, das Fehlen der Lyrik von Ferenc Fáy (der selbst aus der Anthologie "Vándorének" herausblieb) und István Keszei, der Essays und der Prosa von Tibor Dénes, der Bücher von Miklós Domahidy. Auch das Lebenswerk des Dichters János Csokits wäre eine Anthologie wert, ebenso stünden eigene Bände für Dezső Monoszlói, György Vitéz, Áron Kibédi Varga, Lajos Major-Zala, István Siklós, József Bakucz, Sándor András, Endre Karátson, Ágnes Mária Csíky, Tamás Kabdebó, Imré Máté, Róbert Zend aus. Weiterhin nannte Szakolczay Tibor Papp, Pál Nagy, Alpár Bujdosó von "Magyar Műhely"; des weiteren Ádám Makkai, Géza Pernetzky, Mátyás Sárközi, Eszter Forrai (S. 59). Als besondere editorische Aufgabe hebt er Győző Határs Werke hervor, dessen Romane, besonders "Golghelóghi", er veröffentlicht sehen möchte und der seiner Überzeugung nach auch eine Monographie längst verdient hätte (ebenda, S. 60).

teuer.[37] Noch deutlicher benannte Tamás Kabdebó die Probleme der in Ungarn wie im Westen geschriebenen ungarischen Literatur, Probleme des ungarischen Verlags- und Vertriebswesens generell. Einige erwüchsen aus dem Preis der im Westen erschienenen Bücher - sie wären in einem Tauschverkehr zwischen den interessierten Lesern in Ungarn und im Westen vielleicht lösbar. Größere Probleme ergäben sich aus der geradezu chaotischen Situation des ungarischen Buchhandels - zumal ja die Frage der Rezipierbarkeit der gesamten ungarischen Literatur auch den - früher weniger schwierigen - Zugang der nicht in Ungarn lebenden Leser zu den in Ungarn erscheinenden Büchern betrifft. Es gäbe nirgendwo einen vollständigen, aktuellen Überblick über dieses Angebot, gezielte Bestellungen oder Nachbestellungen seien schlicht nicht möglich[38] - eine Situation, die sich seither, bis zum Herbst 1992, nicht entscheidend geändert hat.

Zu diesen Problemen, die fortbestehen, kommt hinzu, daß sich seit der zunehmenden Liberalisierung im Buchhandel und Verlagswesen seit Ende der achtziger Jahre das zahlungsfähige Leserinteresse aus verschiedenen Gründen gewandelt hat. Zunächst hatten namentlich historische und politische Schriften Konjunktur, sie füllten Lücken, erörterten die weißen Flecken in der Geschichte usw. Mit der Ausweitung des Angebots generell konnte sich auch das Interesse der Leser differenzierter äußern, das sich zunächst global auf das Neue, eben noch Verbotene gerichtet hatte. Und die Bücher wurden teurer, während auch die allgemeinen Lebenshaltungskosten stiegen. An Büchern kann aber relativ leicht gespart werden, und in einer Gesellschaft, in der die Existenzsicherung durch Zweit- und Drittjobs erfolgt, werden die aktiven Leser seltener, weil sie entweder nicht über Geld oder nicht über freie Zeit oder auch über beides nicht in ausreichendem Maße verfügen - zumal die "Schöne Literatur" nun mit dem Lektüreangebot der alten und neuen Unterhaltungsliteratur, der Do-it-yourself-Ratgeber, der Esoterik usw. konkurrieren muß.

Doch die gegenseitige Kenntnisnahme - der Autoren, der Zeitschriften - trifft auch in der Diaspora auf Hindernisse. Die Ergebnisse der vielen lokalen Initiativen sind oft schwer zugänglich, und zugleich ist parallel zur Kontinuität der individuellen literarischen Produktion und publizistischen Aktivität ein Rückgang an wechselseitiger Beachtung zu beobachten, der von den Betroffenen mitunter schmerzlich konstatiert wird. Als 1988 "Katolikus Szemle", 1989 "Új Látóhatár" und "Irodalmi Újság" 40 Jahre alt wurden, würdigten das jeweils nur diese Zeitschriften selber.[39]

Für die Literaten, die Vordenker des Literaturbetriebs, die Wissenschaftler in Ungarn stellt die grundsätzliche Kenntnisnahme und Würdigung der westlichen ungarischen Literatur nun kein Problem mehr dar. Man betont die grundsätzliche Einheit aller ungarischen Literaturen, innerhalb derer die ungarländische, die slowakische, siebenbürgische, die im ehemaligen Jugoslawien oder eben auch die im Westen als spezifische Entitäten betrachtet werden können, beschreibt die früheren ärgerlichen Hindernisse ihrer Rezeption und geht

---

37 Vgl. ebenda, S. 59.

38 Tamás Kabdebó, Peresztrojkát a könyvesboltokba (Beitrag zur Beratung der Literaturtage in Debrecen). In: Alföld, 2/1990, S. 65 f.

39 Gyula Borbándi, Felszólalások. In: Irodalmi Újság (Paris), 2/1989, S. 10.

daran, den Eintrag der ungarischen Literatur im Westen für die gesamte ungarische Literatur literaturhistorisch genauer abzuwägen. Dennoch, das Bild, das Sztáray einmal zur Beschreibung der ungarischen Literatur im Westen gefunden hatte, behält vorerst Gültigkeit: diese ungarische Literatur im Westen sei ein Dschungel. Ein "Dschungel, der in kleineren oder größeren Flecken auf jedem Kontinent zu finden ist, wo sich die über die ganze Welt verstreuten Ungarn angesiedelt haben". Und, was die Beiträge auf der Debrecener Konferenz, unbeschadet der Würdigung nicht zuletzt der ungarländischen Arbeiten zur Historiographie dieser Literatur, gleichfalls belegen[40]: "Es ist meine Überzeugung, daß jemand, der die Literatur dieses Dschungels fachgerecht, sachlich - frei von persönlichen Gefühlen und Bindungen verschiedenster Art - aufarbeiten will, die fleißige Arbeit von Jahren bräuchte."[41]

Neben dem Abwägen ihres Eintrags in die gesamtungarische Literatur - in der, um wieder einmal Illyés' Bild der fünftonigen Flöte aufzugreifen, neben der ungarländischen die ungarischen Literaturen der Nachbarländer und der Diaspora selbstverständlich einbegriffen sind - gibt es nun, auch in Ungarn, eine erneute Diskussion um den Begriff dieser Literatur. Das eigentlich Trennende ist weitgehend weggefallen. Handelt es sich nunmehr also nur noch um Autoren mit Wohnsitz außerhalb der Grenzen? Denn - publizieren können die Emigranten von einst nun auch in Ungarn, und immer mehr von ihnen halten sich dort immer länger auf. So berichtet Lóránt Czigány in Debrecen: "Eines Tages passierte mir folgendes einer meiner Bekannten wollte nach London reisen und fragte mich, wer in London sei, d. h. wer von den Schriftstellern, mit denen er sich treffen wollte, und es stellte sich heraus, daß gerade keiner in London war, da alle in Pest waren."[42] Freilich, auch die andere Seite der oft erwähnten doppelten Bindung ist nicht ohne weiteres wieder aufzugeben, die späte Rezeption der Werke muß nicht mit der Heimkehr der Autoren identisch sein. Ferdinandy beschreibt diese Situation sehr eindringlich: "... die großen Fragen der Heimkehr. Wer hätte sie nicht dreißig Jahre lang geplant? Wenn der Weg jedoch frei wird, stellt sich heraus, daß draußen in der großen weiten Welt Kinder leben, Freunde, Enkel, und daß wir zwischen dem mit der Arbeit eines Menschenalters geschaffenen neuen Heim und einer fernen, oft fremd gewordenen alten Heimat zu wählen hätten. Hegen wir keine Illusionen: sehr wenige der Ungarn aus dem Westen werden wieder zurückkehren. Was unsere Schriftsteller angeht, so wünschen sie im Grunde ihres Herzens ganz sicher, daß - wenigstens so lange sie leben - ihre geistige Wurzel erhalten bleiben

---

40 Lóránt Czigány, Külön irodalmi tudattal rendelkezünk (Beitrag zur Beratung der Literaturtage in Debrecen). In: Alföld, 2/1990, S. 79-82; Czigány, Az irodalomnak polgári társadalomban nincs feladata. Ebenda, S. 84 f.; György Ferdinandy, A befogadás után. In: Alföld, 2/1990, S. 85 f.; Béla Pomogáts, Az értékeket kell tisztelnünk. Ebenda, S. 82 f.; Pomogáts, A konjunktúrát ki kell használni. Ebenda, S. 94-96.

41 Zoltán Sztáray, Gondolatok a nyugati magyar irodalomról. (Vortrag auf den Studientagen des Schweizer Ungarischen Literatur- und Kunstklubs in Lugano 1988). In: Új Látóhatár, 2/1989, S. 45-158.

42 Lóránt Czigány, Külön irodalmi tudattal rendelkezünk, S. 79.

möge: die ungarische Literatur im Westen."[43] Aber wie weit kann man ungarische Literatur einfach nur an einem anderen Ort betreiben, dort einfach dasselbe schreiben, was man in Ungarn schriebe?[44] Wohl nicht. Vielmehr sind mit der Situation der Autoren im Exil, mit ihrem Leben in einem anderen Umfeld besondere, bereichernde Erfahrungen in die ungarische Literatur eingegangen.[45] Szkárosi legt in seinem Referat nahe, den Begriff dieser Literatur weiter zu fassen und ihn nicht nur auf Autoren beschränken, die (weiterhin) ungarisch schreiben, sondern vielmehr auch das Schaffen derer zu berücksichtigen, in deren sprachliche und kulturelle Prägung, ungarische Sprache und Kultur Eingang gefunden hätten, in die "Tiefenschichten ... ihrer Kunst"[46]. Zentraler Punkt dieser Überlegungen ist nicht in erster Linie die Neudefinition der "westlichen ungarischen Literatur": "... es gibt eine universelle ungarische Literatur, natürlich in erster Linie an die Sprache gebunden, aber gegebenenfalls auch von der Sprache unabhängig, und zugleich gibt es eine ungarländische europäische Literatur, die auch sprachgebunden europäische Literatur ist."[47] "Die europäische ungarische Weltliteratur läßt sich fortsetzen, aufrechterhalten, pflegen, wenn die ungarische geistige Expansion von nun an von heimischem Terrain ausgehen wird, so wie es die besten Werke der ungarischen geistigen Expansion schon immer getan haben; und ihre Aktion hatte eine dezidierte Richtung: von innen nach außen, und nicht anders. Das Selbstmitleid ist zu Ende. Wir haben uns selbst in der Hand."[48]

In diese Versuche einer neuerlichen Begriffsbestimmung bzw. neuen Selbstdefinition unter geänderten Umständen gehen deutlich die Erfahrungen der letzten Jahre ein. Viele Werke, die im Ausland entstehen, erscheinen in Ungarn in Druck, Zeitschriften siedeln wieder nach Ungarn um (Irodalmi Újság 1989) oder stellen als Forum der ungarischen Literatur im Westen, aber mit dem Bewußtsein, eine zeitbedingte Aufgabe erfüllt zu haben, ihr Erscheinen ein (Új Látóhatár)[49].

So umreißt Ágnes Mária Csiky skeptisch die Perspektive:

"Die ungarische schöne Literatur im Westen hat im großen und ganzen aufgehört, Aufgabenliteratur zu sein. Heute erhebt die Heimat bereits selbst ihre Stimme in eigener Sache, mit größerem Recht und mit größerer Zuständigkeit als die Westler ... Es bleibt

---

43 Ferdinandy, A befogadás után, In: Alföld, 2/1990, S. 86.

44 Vgl. Lajos Major-Zala, Létezik-e nyugati magyar irodalom? (Beitrag zur Beratung der Literaturtage in Debrecen). In: Alföld, 2/1990, S. 91 .

45 Vgl. ebenda, S. 91; Ágnes Mária Csíky, Nagyjából megszűntünk feladatirodalom lenni (Beitrag zur Beratung der Literaturtage in Debrecen). In: Alföld, 2/1990, S. 69.

46 Endre Szkárosi, An önsajnálat vége (Vortrag auf der Beratung der Literaturtage in Debrecen). In: Alföld, 2/1990, S. 75.

47 Ebenda, S. 73.

48 Ebenda, S. 75.

49 Vgl. József Molnár, Jubileumi számvetés és a kiadó búcsúja az olvasóktól. In: Új Látóhatár, 4/1989, S. 578-581; Gyula Borbándi, Isten hozzád ... In: Új Látóhatár, 4/1989 S. 581-584.

(dem ungarischen Autor im Westen - J. B.) eine einzige Aufgabe, aber die versteht sich sowieso von selbst: die Literatur.

Es gibt keine Garantie dafür, daß diese Literatur, d. h. die des Landes, fähig sein wird, sie in sich aufzunehmen, sie nach so vielen Jahrzehnten noch zu ihrem lebendigen Bestandteil zu machen, nicht bloß zu einem Namen, den Lehrer büffeln lassen."[50]

---

50 Ágnes Mária Csíky, Nagyjából megszűntünk feladatirodalom lenni. In: Alföld, 2/1990, S. 69.

Juliane Brandt

"Antipolitik" als Ethos.
Zum literarischen und essayistischen Werk von György Konrád

Im Beziehungsgeflecht zwischen Samizdat, Tamizdat und offizieller Literatur nimmt György Konrád (geb. 1933) eine Zwischenstellung ein. Sein erster Roman, "A látogató" (Der Besucher; geschr. 1967; ung. 1969, 1988, dt. 1970), in erster Näherung die Darstellung eines Tages im Leben eines Sozialbeamten, erschien, nach den üblichen Einwänden und Verbesserungsvorschlägen des Verlags und nach einer landesüblich langen Durchlaufzeit, als Produkt der offiziellen Literatur. Oder wenigstens als deren legales Erzeugnis, denn die sich distanzierende Stimme, die grundsätzliche Kritik - sie war da, noch bevor das Werk zur Buchwoche 1969 käuflich zu erhalten war. Als es dann bald darauf vorlag, verhalf ihm die im Zentralorgan der Arbeiterpartei geäußerte Kritik eher zu zusätzlicher Publizität, ebenfalls ein nicht einmaliger Vorgang in dem Raum, dem hier unser Interesse gilt.

Ebenso offiziell erschien eine erste soziologische Studie, die György Konrád gemeinsam mit Iván Szelényi zu sozialen Problemen der Neubauviertel[1] verfaßt hatte. Den Adressatenbezug dieser Mitteilung allerdings beschrieb Konrád später in einem Interview als Grenzverletzung: "... nicht nur für den Auftraggeber, die verantwortliche und zuständige Bürokratie (zu schreiben - J. B.), sondern auch für die Leser der Zeitschrift, womit ich ebenfalls Spielregeln verletzte, weil unsere Forschungsergebnisse vorschriftsgemäß in einem Aktenschrank hätten vergilben müssen; wir waren nicht bevollmächtigt, sie öffentlich mitzuteilen."[2]

Bekannter wurde ein anderer, ebenfalls mit Szelényi zusammen verfaßter gesellschaftstheoretischer Essay, der Versuch einer geistigen Bilanz, der nun endgültig nicht mehr im offiziellen Literaturbetrieb erschien, für den die Verfasser gar nicht erst um Druckerlaubnis nachsuchten: "Az értelmiség útja az osztályhatalomhoz" (Die Intelligenz auf dem Weg zur Klassenmacht; geschr. 1973/74; dt. 1978, ung. 1989) einem Verlag vorzulegen, wäre, wie Konrád in einem späteren Gespräch sagte, "Selbstanzeige gewesen"[3]. Noch bevor aus

---

1 Vgl. György Konrád und Iván Szelényi, Az új lakótelepek szociológiai problémái. Budapest, 1969.

2 György Konrád, Kérdésekre válaszolok. In: Konrád, Európa köldökén. Budapest 1990, S. 464 (Interview mit Zsuzsa Kartal, 1989).

3 György Konrád, Szeretek normális lenni. In: Kortárs (Budapest), 33/1989, 12, S. 111 (Interview mit Erzsébet Eszéki).

ihrer Sicht die Frage der Publikation geklärt war, hatten die Autoren (Mit-)Leser gefunden. Sie wurden in Untersuchungshaft genommen, man bot ihnen einen Reisepaß an. Daß sie nun und fürderhin außerhalb der Grenzen des offiziell Möglichen und offiziell Existenten standen, war ihnen sehr wohl bewußt. "Iván Szelényi wählte die äußere Emigration, ich die innere Emigration."[4] Szelényi setzte seine Arbeit als Soziologe im Ausland fort (1975 in England, 1976-1981 in Adelaide, Australien; von 1981 an in den Vereinigten Staaten). Konrád versuchte, weiter als Schriftsteller in Ungarn zu leben, freilich nicht nur dort. Stipendien und Einladungen ermöglichten es ihm, sich auch andernorts aufzuhalten. 1977 war er als Gast des Deutschen Akademischen Austauschdienstes (DAAD) in ein Schriftsteller-Programm in West-Berlin integriert, danach folgte ein Aufenthalt in den Vereinigten Staaten, Anfang der achtziger Jahre hielt er sich wieder in Berlin auf, und 1988 - als sich die Ereignisse in Ungarn zu beschleunigen begannen - war er Gastprofessor in den USA. Weitere Werke - der Roman "A cinkos" (Der Komplize; geschr. 1975-1978, dt. 1980, ung. 1989), Essays, so besonders "Az autonómia kísértése. Antipolitika" (Die Versuchung der Autonomie. Antipolitik; dt. 1980, 1984, ung. 1989), Anfang der achtziger Jahre entstanden, erschienen im Ausland[5] bzw. im Samizdat. Gerade das Echo, das die Übersetzungen von "Az értelmiség útja az osztályhatalomhoz" (unter anderem ins Englische, Deutsche, Französische, Spanische, Japanische) Ende der siebziger Jahre fanden, dürfte ihm diese Möglichkeit erleichtert haben.

Erst 1977 konnte, mit Streichungen, wieder ein Roman, "A városalapító" (Der Stadtgründer; geschr. 1971-1973, ung. 1977, dt. 1980), in einem offiziellen ungarischen Verlag erscheinen. Weitere Werke aber erst wieder elf Jahre später: 1988 publizierte der Magvető-Verlag eine Neuauflage von "A látogató". Der Roman "A cinkos" erschien erst nachträglich (1989) beim gleichen Verlag offiziell in Ungarn, es folgten dann der Essay "Az értelmiség útja az osztályhatalomhoz" beim Verlag Gondolat, das schon erwähnte Werk "Antipolitika" (Antipolitik) sowie "Az autonómia kísértése" (Versuchung der Autonomie) bei Codex Rt.

Das Verhältnis zum Staat, zur "Staatskultur", war dabei von Anfang an klar. Keine Hoffnung auf Wiederaufnahme, auf Reintegration, hingegen das Bewußtsein, in einer grundsätzlich anderen Struktur zu denken: "Ich schreibe, was ich schreibe, die staatlichen Verlage veröffentlichen, was sie veröffentlichen, ich habe Zeit."[6] - "Ich entschied, daß ich meine Schriften so publizieren würde, wie es möglich war. Wenn ich auf der erlaubten Bühne verboten wurde, bemühte ich mich, in der zweiten Öffentlichkeit zu einigen Lesern zu finden, und gab meine Bücher auch ohne staatliche Erlaubnis im Westen heraus."[7] Daß eine solche Lebensform möglich war, daß diese seine Existenz nicht völlig unmöglich gemacht wurde - und auch Rückkehr sich immer wieder als real möglich erwies -, sagt

---

4   Ebenda.

5   "A cinkos" wie auch "Az értelmiség útja az osztályhatalomhoz" sind in Bern, im Verlag Európai Protestáns Magyar Szabadegyetem, erschienen.

6   György Konrád, Kérdésekre válaszolok. In: Konrád, Európa köldökén, S. 461.

7   Ebenda.

wiederum auch etwas über die besonderen Zustände im Ungarn der siebziger/ achtziger Jahre aus. Das heißt jedoch nicht, daß der Autor vom Staat nicht behelligt worden wäre - Erfahrungen mit ständigen Hausdurchsuchungen und mit Untersuchungshaft gingen dann wiederum in die Romane ein, so die Hausdurchsuchung in *"A cinkos"* oder die Figur des *"spezialisierten Lesers"* bei der *"zuständigen Abteilung"*. Im Hintergrund mitzudenken ist, daß auch die im Vergleich zu den anderen osteuropäischen Ländern liberalere ungarische Kulturpolitik Schwankungen unterlag und zum anderen das Verhältnis zur Opposition, d. h. deren jeweils aktuelle Behandlung, instrumentalisiert war: unmittelbar im Sinne von Zugeständnissen an den gerade interessanten Verhandlungspartner, mittelbar, indem auch Menschen wie Konrád das Bild Ungarns im Ausland prägen konnten bzw. sollten - für die Betroffenen selbst eine schizophrene Lebenslage.

Auch das Wort vom Zustand der Nichtexistenz, der Nichtzurkenntnisnahme in der offiziellen Literatur, bedarf der Präzisierung. Zum einen war die Grenze dessen, was öffentlich nicht mehr erscheinen durfte, Schwankungen unterworfen (und wurde politisch-instrumentell definiert). Zum anderen reichte, wenigstens im Falle Konráds, das Nichtexistieren *"nur"* insoweit, als im Samizdat und Tamizdat erschienene Werke nicht zur Kenntnis genommen wurden. Im Kontext der akademischen Beschäftigung mit ungarischer Prosa existierten weiterhin *"A látogató"* und *"A városalapító"*. In Kritiken und Aufsätzen wurden sie zum Gegenstand der Darstellung, in entsprechenden Seminaren an den Universitäten diskutierte man über sie (zumindest in den achtziger Jahren), auch in relativ repräsentativ angelegte Darstellungen zur jüngeren ungarischen Literaturgeschichte fanden sie Eingang.[8]

Als literarisches Phänomen, als Autor von zwei Büchern existierte Konrád also, über den Inhalt seiner sonstigen Schriften in Ungarn öffentlich zu diskutieren, war dagegen ausgeschlossen.

Diese gebrochene Optik - der Blick desjenigen, der im Lande bleibt und den Gang der Dinge gleichsam *"von innen"* miterlebt und miterleidet, und der Blick desjenigen, der gelegentlich von außen auf dieses Land schaut - ist m.E. zu einem wichtigen Moment seiner Werke geworden - seiner Romane, besonders aber seiner Essays.

Es ist heute schwer abzuschätzen, ob Konrád mehr als Romancier oder stärker als Essayist und moralische Instanz bekannt geworden ist. Die Produktivität in der gegenseitigen Anregung beider Genres hat er einmal für sich sehr treffend beschrieben: "Was nun mich betrifft, so habe ich schon als Gymnasiast ... beschlossen, Romanautor und Philosoph zu werden. So ein essayistischer Philosoph, der Denken und Dichtung gleich-

---

8 Vgl. z. B. Béla Pomogáts, Az újabb magyar irodalom. 1945-1981. Budapest 1982: sechs Erwähnungen, ein kurzer Personalartikel auf S. 534; ganz neutral auch in einem in der DDR im Ungarn-Band der Reihe "Literatur sozialistischer Länder" (1984): Konrád wird hier neben Hernádi, Kardos, Gyurkó - eigentlich sehr unterschiedlichen Erscheinungen, mit teilweise sehr anderer Stoßrichtung - erwähnt, und zwar als einer der Autoren, die "Erscheinungen des gesellschaftlichen Lebens, zum Teil in einem stark abstrahierenden Verfahren" aufgegriffen, "einige Errungenschaften der neueren ausländischen Erzähltechnik in die ung. Literatur" eingebracht, eine "Vertiefung psychologischer Erkundung" erreicht hätten. Vgl. Miklós Szabolcsi, Literatur Ungarns. 1945 bis 1980. Einzeldarstellungen. Berlin 1984, S. 390.

setzt. Das Sinnliche und das Geistige tun gut daran, einander zu versuchen. ... Im übrigen aber gibt es nur Literatur, die verschiedene Sprachen spricht."[9]

Seinen ersten Roman, den beim Magvető-Verlag erschienenen "A látogató", hat der Autor später einmal als "Abschied von einem Lebenskreis" bezeichnet. Abschied von einem eigenen Erfahrungsbereich - dem eines Angestellten des Sozialamtes - und von einer Strategie und Technik des stetigen "Verbesserns der Umstände".

In der quälend genauen Ausleuchtung der realen und der möglichen Situationen eines Tages im Leben des Erzählers, des Vormundschaftsbeamten T., des Umfelds und der Bedingungen seiner Arbeit wich "A látogató" von fast allen Romanen der sechziger Jahre ab, die ihren Stoff aus der unmittelbaren Gegenwart bezogen. In seiner Begrenztheit und Festgelegtheit, in der ausschnittartigen Bestandsaufnahme historisch gewachsener Bedingungen unterschied sich Konráds Roman grundlegend von anderen Werken, die auf solche Momente der Realität deutlich weniger breit eingingen bzw. sie verfremdend wiedergaben, ihnen figurale Entwicklungen entgegensetzten und deutlicher auf den Anforderungs- und Herausforderungscharakter dieser Bedingungen hin konzipiert waren. Die Zuständlichkeit der Verhältnisse gegenüber den Rhythmen individuellen Lebens wurde hier mit bisher nicht anzutreffender Nachdrücklichkeit thematisiert.

Die Welt des "Látogató" ist in Beamte und Klienten geteilt, die Strukturen einer verwalteten Welt setzen sich selbst im Verlauf der Gedankenexperimente durch. Das Gefühl der Ohnmacht, das der Erzähler gegenüber diesen in immer wieder präzisierten Beschreibungen erfaßten Verhältnissen empfindet, ist nicht nur auf seine persönliche Lage bzw. auf die Permanenz seiner Konflikte bezogen. "Seine Ironie und Selbstironie sind stummer Protest gegen das humanistisch unzureichende Tempo der menschlichen Umgestaltung und deren beschränkten Rahmen, schmerzliches Eingeständnis seines eigenen letztendlichen - also nicht in der Empirie des einzelnen Falles ausweisbaren oder widerlegbaren - Ungenügens", schrieb Ferenc Fehér damals.[10]

Eben die gezielte Beschleunigung dieses Prozesses jedoch ist in der Logik der Welt des "Látogató" unmöglich. Unterschiedliche Verfahren des Eingriffs in die Eigengesetzlichkeit dieser fremden Leben stellen sich als begrenzt in ihrer Wirksamkeit heraus, auch das Gedankenexperiment des Übertritts auf die andere Seite führt zu keinem Ausweg. Selbst in einem letzten Versuch des Identitätstausches mit einem anderen, dessen Leben gewissen Einschränkungen nicht ausgesetzt ist, erweisen sich die Möglichkeiten als letztendlich identisch. Die Unterschiede zwischen zwei Formen verwalteten Lebens scheinen, prüft man die menschliche Substanz beider, lediglich gradueller Natur zu sein. Der Erzähler wird seine Tätigkeit fortsetzen, morgen und in zwanzig Jahren, ebenso wie zehn Jahre zuvor.

Doch zielt der Roman eben nicht einfach auf die anthropologische Verallgemeinerung dieses gedanklichen Experiments. Der Versuch liefert keinen Ausweg angesichts des Konflikts, den "A látogató" zu formulieren sucht, keinen Ausweg aus der Verwaltung der

9   Konrád, Kérdésekre válaszolok. In: Konrád, Európa köldökén, S. 464.

10   Ferenc Fehér, Rezension zu: Konrád György, A látogató. In: Kortárs, 13/1969, 9, S. 1490.

Interessenwahrnehmung und -vertretung in einer hochgradig arbeitsteiligen Gesellschaft. Zweckrationales Handeln verliert, dergestalt institutionell vollzogen, seinen Sinn; die Frage nach einem Bezugssystem menschlichen Handelns, noch dazu in dieser dualistischen Welt, wird - mit der Struktur der erzählten Welt - der Erzählerfigur und dem Leser zur Beantwortung aufgegeben.

Es ist nur folgerichtig, daß die Konsequenz, zu der Fehér gelangt und die er in seine Interpretation fragend hineinlegt - damit sei eine Schwelle erreicht, hinter der dann das "kollektive Handeln zur Humanisierung des Lebens" erfolgen müsse - so vom Roman nicht gezogen wird. Der Punkt dieses denkbaren Umschlags wird nicht überschritten. In der erzählten Welt hat ein derartiger Versuch gerade in die Welt des Beamten geführt. Ein weiterer kollektiv organisierter Versuch scheint nicht sinnvoll. In der Haltung eines skeptischen "Dennoch" wird im Roman die Möglichkeit angegangen, einen individuellen "Überschuß" einzubringen, der allein in Kenntnis der Umstände diese humanisieren kann - eine Haltung, die dem Konzept der "Antipolitika", diesem Entwurf einer - jede institutionelle Verfestigung ablehnenden - autonomen Gegenkultur bereits sehr nahesteht (diese freilich basiert auf einer optimistischeren Sicht der subjektiven Kultur der Gesellschaft).

Das Dilemma des beamteten Helfers, der über Einsichten verfügt, die seine Handlungsmöglichkeiten übersteigen, der sieht, wie seine innersten Vorstellungen noch von den Bedingungen bestimmt sind, die ihm Gesetz und Vorschrift auferlegen, und der dennoch nicht ausbricht, weil er seine Existenz und sich selbst als Person damit verlieren würde - dieses Dilemma ist es unter anderem, das in "Az értelmiség útja az osztályhatalomhoz" nach seinen objektiven Bedingungen hin analysiert wird.

Konrád und Szelényi argumentierten, daß zum Verständnis der Sozialstruktur der sozialistischen Länder die Analyse der Eigentumsverhältnisse nicht ausreichend sei. Notwendig sei vielmehr eine Herangehensweise über Institutionen des Redistributionssystems. Während die Klassenstruktur der kapitalistischen Gesellschaft durch die Verhältnisse auf dem Arbeitsmarkt, durch das Verhältnis von Kapital und angebotener Arbeit bestimmt werde, müsse man die sozialistischen Klassenverhältnisse auf der Grundlage des redistributiven Institutionssystems analysieren. Wenn das grundlegende Klassenverhältnis der kapitalistischen Gesellschaft das von Arbeitgeber und Arbeitnehmer, die Zweiheit von Kapitaleigentümer und Eigentümer von Arbeitskraft sei, dann sei die Grundstruktur der sozialistischen Gesellschaft durch die Dichotomie der Besitzer von redistributiver Macht und der von dieser Macht ausgeschlossenen unmittelbaren Produzenten zu beschreiben.

In diesem System bildet sich zwischen Redistributor und unmittelbarem Produzenten eine breite "Mittelschicht" (középosztály) heraus, zu der diejenigen gehören, die zwar keine die Redistribution betreffenden Entscheidungen fällen, solche aber weiterleiten bzw. Institutionen der Redistribution legitimieren. Damit wurde also nicht von der Funktionslogik des Systems der Produktion, von der dort zu beobachtenden Hierarchie der Tätigkeiten ausgegangen, sondern das Wirken des Reproduktionssystems untersucht.

Von besonderem Interesse ist in Konráds und Szelényis Sicht das Verhältnis zwischen redistributiver Kaderelite und Intelligenz. Die Autoren stellen eine zunehmende Verflechtung, ja Verschmelzung zwischen beiden Gruppen fest. Die Angehörigen der Kaderelite werden zunehmend selbst zu Intellektuellen - was durch ihre Ausbildung begründet ist, der zunehmenden Komplexität des bürokratischen Systems entspricht und sich in ihrer Lebensweise niederschlägt -, und umgekehrt nimmt die Intelligenz ihrerseits zunehmend Einfluß auf Entscheidungen der Elite oder gelangt selbst in Entscheidungspositionen.

Dieser Zustand war freilich im Ungarn der frühen siebziger Jahre nicht erreicht. Dort stellte sich für die Verfasser die Intelligenz als Klasse in statu nascendi dar. Der oben umrissene Prozeß erschien als Perspektive ihrer Entwicklung. Die Perspektive staatssozialistischer Gesellschaften schien in einer Art "demokratischem Sozialismus" zu liegen. Er schien erreichbar über einen Prozeß innerer Reformen, der durchaus auch nach Art der damaligen eurokommunistischen Konzepte verstanden wurde.

Ist es in "A látogató" also dem Leser als Rätsel oder als Aufgabe aufgegeben, das Spannungsverhältnis zwischen der Festgefahrenheit der Zustände in der Welt des Beamten und dessen "bloß" subjektiver Empfindung dieser Handlungsräume zu deuten bzw. das Tun des Beamten als hoffnungslose Selbsttäuschung anzusehen oder als dennoch relativ produktiv, so wird nun, im Buch über den Weg der Intelligenz, "Az értelmiség útja az osztályhatalomhoz", Grundsätzliches zur objektiven Position dieses Redistributors ausgesagt.

Auch Konráds nächster Roman, "A városalapító", thematisiert das Dilemma von Anspruch und Handlungsmöglichkeit in einer hochgradig arbeitsteiligen Welt. Von Berufs wegen hat der Titelheld, der "Stadtgründer", an der Planung der Stadt als Objektivation der neuen Ordnung teil. Indem ein kurzer Abschnitt seines Lebens und - über Erinnerungen und Reflexionen - seine Biographie als "Geschichte" mitverfolgt werden, wird permanent die Spannung zwischen absoluter Macht, die er als Teil der zentralen Maschinerie verkörpert, und seiner nahezu totalen Machtlosigkeit als Individuum reflektiert. In dieser Logik gebrochen erscheinen dann auch Äußerungen der Figur wie: "Ich plane, also bin ich". Die Ironie zielt nur in erster Näherung auf den Descartesschen Satz (und all das in der Figur angehäufte, sich selbst reflektierende Wissen), im Kontext des Aufbaus der erzählten Welt ist sie auf die eigene Existenz eines Teilhabers an der zentralen Macht, als Mitkonstrukteurs des Systems der institutionellen Beglückung der Welt (und nicht mehr, wie in "A látogató", als Ausführenden) gerichtet. (In dieser Weise ist es auch ein Zu-Ende-Denken der Logik dieses Systems, wenn schließlich die Arbeiter als "Schatten des zentralen Scheinbewußtseins" erscheinen und dergestalt die Theorie mit der Lebenswirklichkeit der Erbauer und Vollstrecker der neuen Ordnung konfrontiert wird.) Werden in "A városalapító" die verschiedenen Anläufe, die die ungarische Intelligenz unternahm, als theoretisches Dilemma entwickelt, so wird ihr Weg in "A cinkos" in seiner historischen Genese entwickelt, als praktischer Zwang und moralisches Dilemma in den Kataklysmen des 20. Jahrhunderts. Doch kann dieser Roman auch als Fortdenken der Situation von "A látogató" gelesen werden, als Rückgriff auf die Vorgeschichte des "sozialistischen Durchschnittsbeamten" und als Versuch einer Verallgemeinerung der strukturellen Probleme seiner Welt.

Schon in "A látogató" hatte die Kritik der gegebenen Voraussetzungen, seines gründlich abgeschrittenen Umfelds die Aussichtslosigkeit des Versuchs der institutionellen Beglükkung der Menschheit vorgeführt. Der Blick hatte dabei das System von innen abgetastet. Eine bestimmte, von Intellektuellen verkörperte Rolle wurde bis an ihre Grenzen ausgelotet und deren Funktionieren innerhalb des Systems und im System problematisiert. Angesichts des menschlichen Unglücks hatte sich das Wirken des Genossen T - des Beamten als Sonderfalls des (sozialistischen) Intellektuellen - als nahezu aussichtslos erwiesen. Ein letzter fester Punkt war die Furcht vor der "geschlossenen Abteilung", vor einem Eingriff in das eigene Innere also, in die Reste der Selbstbestimmtheit, der selbst die Möglichkeiten der Polizei noch überträfe. Doch besteht zum Schluß, nach dem Scheitern der Gedankenexperimente, noch immer eine minimale Möglichkeit des Handelns.

In "A cinkos" nun werden die Möglichkeiten der institutionalisierten Weltbeglückung vom Standpunkt des sie mitformenden (oder doch mindestens das Mitgestalten versuchenden) Subjekts durchgespielt, mit ganzem Ernst und vollem Einsatz. Dabei zeichnet der Roman den Lebenslauf dieser fiktiven Figur aus der Perspektive ihres Endes, der Resignation, der hoffnungslosen Ernüchterung nach. Diese entsteht, indem die zeitlich vorletzte Station, "die Anstalt", in der ansonsten klassisch-chronologisch ablaufenden Erzählung vorangestellt wird. Der Held beginnt sein Erwachsenenleben als gläubiger Anhänger der kommunistischen Bewegung - einer Bewegung stalinistischer Prägung, deren Auswüchse er manchmal belächelt, aber doch zunächst mit vertritt -, er nimmt alle Härten der Illegalität auf sich. Nicht mehr sehr selbstbestimmt, aber doch im Sinne seiner Ideale arbeitet er als Politoffizier der Roten Armee, wird dann Politiker der Volksrepublik. Aus dem Funktionär des neuen Staates wird dessen Gefangener, dann sein Reformer. Wieder stößt er an die Grenzen und landet im Gefängnis, um dann die Möglichkeiten des reflektierenden Beobachters, des Sozialwissenschaftlers, auszukosten, freilich nicht in der folgenlosen Haltung des Nur-Historikers, sondern recht bald als Oppositioneller. Alle diese Möglichkeiten - Möglichkeiten des Handelns und mögliche Rollen des Intellektuellen - erweisen sich schließlich als aussichtslos.

Als illegaler Kämpfer und Funktionär wird der Held einfunktioniert, und da er das Prinzip will, funktioniert er in der Logik des Systems; wo er dieses aber in Frage stellt oder auch nur in dessen zwangsläufige innere Kämpfe, den Mechanismus von dessen "Vervollkommnung", dessen immer konsequenterem Sich-selbst-Gleichwerden, gerät, läuft er Gefahr, vernichtet zu werden. Die angestrebte Verbesserung von innen, das Vernünftiger-Gestalten wird in dieser Struktur unmöglich, es erweist sich unter den gegebenen historischen Voraussetzungen als utopisch und aussichtslos. Entweder löst sich der Erzähler auf in der vorgesehenen bzw. einmal eingenommenen Funktion, oder er wird ausgesondert. Ebenso erweist sich für die Hauptfigur die Rolle des kritischen Intellektuellen schließlich als Selbsttäuschung und als folgenlos.

Dieser Anlage entsprechend sind die Bereiche der erzählten Welt, die der Held in "A cinkos" durchschreitet, im Vergleich zu "A látogató" vielfältiger. Jener hatte eine Grundsituation der kritisierten Gesellschaft erfaßt und das Verhältnis von Verwalter und Verwaltetem exemplarisch an dem "Amt", einem Sozialamt, durchgespielt, einen sinnfälligen Ausschnitt des sozialen Universums vorführend. In "A cinkos" nun wird das System der institutionellen Beglückung in seiner Gesamtstruktur und seiner historischen Genese - gesehen aus der Sicht seiner Betreiber - ausgeleuchtet.

Es gibt keinen Weg - unter den hier gegangenen -, der über die beschriebenen Ausgangsbedingungen hinausführt. Sie sind inakzeptabel, aber mit all diesen Ansätzen nicht änderbar. Alle Rollen, in die der Held wie ein Picaro schlüpft, sich mit zunehmender Selbstironie betrachtend, aber doch mit vollem Einsatz lebend, reproduzieren vielmehr die gegebenen Verhältnisse und die abgewiesenen Bedingungen. Die jeweilige Interessenlage der überhaupt mit Handlungsmöglichkeiten Ausgestatteten legt ihnen deren grundsätzliche Reproduktion nahe.

Hatte der der "Látogató" noch minimale Möglichkeiten des Handelns angesichts der relativen Aussichtslosigkeit individuellen Einsatzes gelten lassen, so gibt die Titelfigur von "A cinkos" diese Haltung nun für sich auf. Der Sozialbeamte war vor einem Leben im Bodensatz der Gesellschaft noch zurückgeschreckt. (Attila Tamás zitiert die den Vergleich der Grundhaltungen wohl am besten erhellende Stelle: "... weder Führer noch Priester noch Gläubiger könnte ich mehr sein."[11]). Der Hospitalisierte hat seinen Platz nun bewußt gewählt und alle andersartigen Hoffnungen aufgegeben, seine Biographie hat sie, bis in die Anstalt hinein, für ihn, für seine Ansprüche ad absurdum geführt.

In letzter Konsequenz ist auch die Anstalt Teil dieser Gesellschaft, ja geradezu ihr Modell; Teil eines Systems, das "langweilig ist, aber keine Massaker veranstaltet. Wir fügen uns ein in die Gußformen der Kolonisatoren, und innerhalb dieser Form werden wir uns selbst immer ähnlicher"[12], resümiert der Anstaltsdirektor.

Was er formuliert, ist zutreffend. Es trifft das Bild der Gesellschaft, das sich im Inneren des anonymen Helden an diesem Punkt seines Lebensweges und als Konsequenz desselben eingeprägt hat. Dieses gesellschaftliche Umfeld anders zu sehen ist der Hauptfigur unmöglich. Sie weist an diesem Punkt ihrer Biographie die Entscheidung des anderen zurück, in der erwähnten Weise mitzuspielen: Der Direktor führt die Möglichkeit vor, das gleiche historische Schicksal auf andere Art zu leben. Das gesamte Werk destruiert diese Voraussetzungen und ihre Annahme als Handlungsmöglichkeiten.

Der Essay - oder, der Komposition vielleicht besser entsprechend: die Essaysammlung bzw. Gedankensammlung der "Antipolitika" - entwickelt diesen Gedankengang im Kontext der globalen Konfrontation der Nachkriegszeit, der "Nachkriegsordnung" der frühen achtziger Jahre. Im Zusammenhang der internationalen Entwicklung wird hier die Annahme, das sozialistische System sei der grundsätzlich andere, produktive Handlungsraum, destruiert und als ideologische Selbst- und Fehlinterpretation letztlich beider "Ordnungen" vorgeführt.

Und zugleich wird hier in gewissem Sinne zum Genre, zu selbständiger Geltung ausgebaut, was schon in resümierenden Passagen der Romane immer wieder durchschlägt: brillante, aphorismengleiche Sätze, die dazu tendieren, sich aus dem Kontext ihrer Entstehung

---

11 Attila Tamás, A folytatás és az átmenet regénye. In: Alföld 40/1989, 10, S. 79.

12 György Konrád, A cinkos. Zitiert nach: Konrád, Der Komplize. Übersetzt von Hans-Henning Paetzke. Frankfurt a. M. 1985, S. 62.

im Erzählen herauszulösen - und es mitunter auch tun. Hier nun fügen sie sich zusammen, unmittelbar auf die Wirklichkeit, den staatssozialistischen Alltag und seine Strukturen, und weiter: auf die Welt nach Jalta bezogen - jene funkelnden Sätze, jene Sentenzen der Romane, die mit aphoristischer Schärfe das Beobachtete aus dem Blickwinkel des Beteiligten resümieren. Aus dem Blickwinkel einer Person, die in diesem Moment offenbar alles durchschaut, die geistig vielleicht imstande ist, sich über alles Beobachtete zu erheben. Nicht aber mehr in der eigenen Lebenspraxis. So gewinnen diese Einblicke streng genommen ihre eigentliche Bedeutung erst im Spannungsverhältnis zu dem verfehlten Leben, das sie für einen Augenblick durchschaubar machen: mit ihrer Brillanz und Verführung zu weiterreichender und zugleich unmittelbarer Deutung verwandeln diese Einblicke dabei mitunter kaum merklich das Erzählen in einen anders determinierten Diskurs. In den Essays spreche er als Staatsbürger, hat Konrád einmal gesagt. Wir möchten hinzufügen: in den Büchern natürlich auch (und zwar auch in diesem unmittelbaren Sinne der Übernahme einer anderen Mitteilungsform). Das ist m. E. ihre Tugend und - mit Blick auf die erste "Trilogie" - auch ihre Schwäche.

In der "Antipolitika" wird nun die Auseinandersetzung mit den Handlungsmöglichkeiten im staatssozialistischen System unmittelbar erörtert: Die Konfrontation von Kapitalismus und Kommunismus, die Gegensatzpaare, die auf dem sowjetisch-amerikanischen Konflikt aufbauen und ihn erklären sollen - Kapitalismus/Staatssozialismus, Demokratie/Totalitarismus, Marktwirtschaft/Planwirtschaft -, bezeichnet er sogar als "zwanghafte Mythologien, die ... mit der Realität verwechselt oder versuchsweise ... mit ihr in Übereinstimmung gebracht werden"[13]. "Wer den Arbeitern des ideologischen Krieges glaubt, daß zwei Systeme, zwei Ideologien miteinander ringen, der läßt sich übertölpeln von der aktuellen säkularen Metaphysik unserer Zivilisation."[14] Diese Gegensatzpaare bezeichnen durchaus reale Zustände auf beiden Seiten, doch nicht Prinzipien, aus deren Wesen die Konfrontation herrührt. "Grundlegender und bestimmender Faktor ist die nationalstaatliche Strategie, die eine politische Klasse einer Nation entwickelt und als nationales Interesse deklariert."[15] Dieser Kampf um die Vorherrschaft ist nach Konrád eigener Entschluß der jeweiligen politischen Klasse. Es gebe kaum nicht-ideologische Interessenkonflikte, die einen solchen begründen (könnten). Er sei politische Haltung per se: Verkörperung des Politischen als Orientierung an der Macht, als Streben nach Macht.

Hier wird m. E. die Rolle der Politik, der primäre Einfluß des Politischen von Konrád überschätzt. Zum einen, weil die Logik der Reproduktion eines Systems, die Reproduktion und innere Dynamik seiner wirtschaftlichen Struktur ihrerseits auch politische Interessen setzt. Zum anderen, weil der jeweilige Ausgang einer Runde im Ringen um Macht und Vorherrschaft wiederum ökonomische und territoriale Bedingungen neu setzt

---

13 György Konrád, Antipolitika. Zitiert nach: Konrád, Antipolitik. Übersetzt von Hans-Henning Paetzke. Frankfurt a. M. 1985, S. 17.

14 Ebenda.

15 Ebenda.

und damit Interessen definiert. Doch findet hier ein Grundinteresse des "essayistischen Philosophen" seinen Niederschlag: die provokanten Gedanken leiten über zur Suche nach Möglichkeiten individuellen Handels, nach Chancen und Ansatzpunkten eines Handelns bzw. Lebens in anderer Logik.

Als eine solche selbst zu findende Logik des eigenen Handelns, auch als Grundlage einer möglichen autonomen Gegenkultur - und als immanente Möglichkeit einer Fortführung osteuropäischer Traditionen - erscheint das Konzept des Antipolitischen: die Kritik des Politischen als eines auf Machterwerb gerichteten Verhaltens, das seine Konsequenzen selten überdenkt, sondern meistens in gesellschaftlichen Katastrophen vorgibt, ein anderes Verhalten zu konstituieren und die Logik des Politischen - genauer: seinen Einfluß - zu überwinden. So ist Antipolitik die Artikulation und das Geltendmachen all jener Interessen, die durch das hemmungslose Ringen um die Macht gefährdet sind. Antipolitik ist eine kulturelle Gegenmacht, die Macht der europäischen Kultur, die Fortführung ihrer humanistischen Traditionen.

"Antipolitik", schreibt Konrád, "will die Politik ... auf ihren Platz verweisen und wacht darüber, daß sie selbst sich nicht über ihren Zuständigkeitsbereich hinaus ausdehnt, nämlich nicht über die Verteidigung und Läuterung der Spielregeln in der zivilen Gesellschaft hinaus. Die Antipolitik ist das Ethos der zivilen Gesellschaft. Die zivile Gesellschaft ist der Gegensatz der Militärgesellschaft."[16]

Antipolitik bedeutet zudem für die osteuropäischen Gesellschaften deren Entpolitisierung im Sinne einer Begrenzung des staatlichen Einflusses: "Wir müssen unser Leben entpolitisieren, wir müssen uns von der Politik befreien wie von einer Heuschreckenplage. Wir müssen unsere eigentlich einfachen Angelegenheiten von der Wichtigtuerei der Politiker befreien. Ich wünsche mir vom Staat, daß er sich um seine Angelegenheiten kümmert, daß er sich gut darum kümmert. Er soll sich überhaupt nicht um Dinge kümmern, die nicht seine Sache sind, sondern Sache der Gesellschaft. Aufgrund dessen wünsche ich die demokratische Opposition der staatssozialistischen Gesellschaften nicht als politische, sondern als antipolitische Opposition. Substantieller Aufgabenbereich dieser Opposition: Entstaatlichung der Gesellschaft."[17]

Antipolitik erscheint wie das Modell jener schon erwähnten Gegengesellschaft, der nicht-militärischen, nicht-staatssozialistischen, zivilen Gesellschaft: "Antipolitik ist das Politisieren von Menschen, die keine Politiker werden und keinen Anteil an der Macht übernehmen wollen. Antipolitik betreibt das Zustandekommen von unabhängigen Instanzen gegenüber der politischen Macht, Antipolitik ist eine Gegenmacht, die nicht an die Macht kommen kann und das auch nicht will. Die Antipolitik besitzt auch so schon und bereits jetzt Macht, nämlich aufgrund ihres moralisch-kulturellen Gewichts."[18]

Der mögliche Übergang in diese andere Gesellschaft baut auf die Aufweichung der Konfrontationslogik, das Aufweichen des Blocksystems und die mögliche Blocklosigkeit der

---

16 Ebenda, S. 89.

17 Ebenda, S. 211 f.

18 Ebenda, S. 213.

osteuropäischen Länder. Er setzt auf die wirtschaftliche Ineffizienz dieser Systeme, die darum der Eigendynamik der Gesellschaft Raum geben müßten, um zu überleben. Er baut auf eine sogenannte "Schlängelstrategie" - nicht-institutionell, nicht-konzeptionell, getragen von einzelnen -, eine Strategie, die eine geistige Macht als Gegenpol zur politischen Macht konstituiert. Eine geistige Macht als Kraft eines Netzwerks von Individuen, deren grundlegende und einander ergänzenden Werte Autonomie und Solidarität darstellen. Konrád setzt dabei gewisse Hoffnungen auf die Ausdehnung des Raums dieser nicht-staatlichen Kultur, deren Einflußgewinn und deren Ausbreitung, auch auf die "Verführung der Amtsträger" durch vernünftige Ideen.

Das "Gewirr des individuellen Lebens" (gomolygás) aus dem ersten Roman taucht hier wieder auf, ein Motiv, das alle Romane Konráds durchzieht. In "A látogató" ist es etwas, das sich jedem regelnden Einfluß immer wieder entzog und vor allem in seinen atavistischen und destruktiven Tendenzen ins Bild trat. Aber auch: als die unerklärliche Ausnahme des Dennoch-Helfens, als die dennoch vorhandene Güte, die in dieser Sumpfvegetation doch anzutreffen war. An dieser Stelle erscheint es in Gestalt der "Gegenöffentlichkeit" der "privaten Unterhaltungen" der Freundeskreise, als Boden einer autonomen Gegenkultur, in seiner positiven Gestalt. Auch die Beschreibung von "Geschichte" in der "Antipolitika" geht in diese Richtung - ihr Erscheinungsbild im Leben ist, erfreulicherweise, anders als die Geschichtsschreibung es niederlegt: das Alltägliche, Friedliche überwiegt.

Dieser Gedanke erscheint wie eine Entsprechung des Bildes des abendlichen Dorfes in "A cinkos" - die beruhigende Wiederholung der alltäglichen Abläufe, die dem Leben und der Geschichte eigentlich erst etwas Stabiles geben und die nichts wissen von den Konflikten des Aussteigers. Doch ist bereits in diesen Abläufen auch die Ambivalenz des Phänomens angelegt - die immanente Ignoranz und Gleichgültigkeit der Akteure dieses Durchschnittslebens. Im Bild des Dorfes erscheint sie in ihrer neutralen Gestalt. Das alltägliche Bild des Lebens der Verwalteten, des Volkes, läßt sich mit diesem Bild allein jedoch nicht fassen. Der Direktor der Anstalt deckt die andere, die schwarze Möglichkeit auf, die mit eingeschlossen ist: das Volk hat seinen Kompromiß mit der Macht gemacht, sagt er.

Mehr als nur motivischen Rang gewinnt dieser Problemkomplex in der Komposition von Konráds neuestem Roman, "Kerti mulatság"[19]. In "Kerti mulatság" wird diese unberechenbare Eigendynamik individuellen Lebens, seine Vielfalt als Eigenwert, zum permanenten Reflexionsmotiv und zu einem kompositorischen Prinzip.

---

19 Die deutsche Übersetzung erschien in zwei Teilen mit den Titeln "Melinda und Dragoman" und "Geisterfest". Ihr Verhältnis zu dem 1989 in Ungarn erschienenen "Kerti mulatság" ist recht komplex. In erster Näherung lassen sich beide als Erzählstränge des "Kerti mulatság" bezeichnen. Zugleich stellen sie, wie der Autor in einem Interwiew anmerkte, verschiedene Fassungen eines Vorhabens dar. Zwischen den Veröffentlichungen im Samizdat, im Ausland und bei einem offiziellen ungarischen Verlag wurde das Werk mehrmals umgeschrieben. So reflektiert die kompositorische Form auch die Geschichte des Werkes. - Vgl. Konrád in: Literatur und Politik. In: Südosteuropa, 40/1991, 11-12, S. 671 (Interwiew mit Katrin Sitzler, 1. September 1990).

Auch was das Verhältnis der Geschichte zur Macht der gegenwärtigen Umstände angeht, auch was die Einbindung von Geschichte in das Erzählen betrifft, ist hier ein Umbruch erreicht. Freilich einer, der m. E. wesentlich durch das Schreiben der "Antipolitika", das explizite Herausarbeiten ihrer zentralen Thesen mitbedingt ist.

In der Folge der ersten drei Romane verändert sich allmählich die Weise der Einbindung von Geschichte in die Konstituierung der erzählten Welt. So erfolgt in "A látogató" und auch in "A városalapító" in erster Linie eine Rekonstruktion des eigenen Herkommens, des Herkommens der Umwelt als gedankliches Konstrukt, als Ausbreiten eines quälenden Wissens, einer verzweifelten Einsicht. Der Held bleibt eingebunden in und gefesselt an das praktische Resultat: die Verhältnisse der Gegenwart. In "A cinkos" dann erfolgt (rückblickend aus der Erzählzeit) der Mitvollzug der Geschichte im Erzählen und in der Fabelführung. Komplizierter sind die Verhältnisse dann in "Kerti mulatság". Retrospektiv werden mehrere Stränge verfolgt, Lebensgeschichten vieler Figuren, die wiederum teilweise Momente aus den Figurenbiographien der vorangehenden Werke und, so darf man annehmen, aus dem Leben des Autors einschließen. Autor-Erzähler und Figuren leben gleichberechtigt im Geflecht der Romanwelt, räsonieren gleichzeitig, mit- und gegeneinander.

"Auf die Frage nach dem Sinn des Lebens antwortet jeder mit seiner Biographie"[20], sinniert der Autor-Erzähler. In einem Raum aus Erinnerung, Traum und fiktiver Gegenwart bewegen sich eine Unzahl von Gestalten, die mit dem Wegfall des - überflüssig gewordenen - systematisierenden Blicks auch dem Autor-Erzähler die Initiative aus der Hand zu nehmen scheinen, ihm entgleiten, sich ihm entziehen, bis dieser, wie er einflicht, sein eigenes Werk nicht mehr ganz versteht. Was aber gerade das Interessante daran ist.

War in "A cinkos" das gliedernde Erzähler-Ich, der die epische Welt erzählend konstituierende zentrale Verstand, um der Destruktion des beschriebenen Weltbildes, um der Destruktion der Idee der institutionellen Beglückung der Menschheit willen noch einmal zu epischer Umfänglichkeit aufgebaut worden, so ist er hier, in dieser Wendung in die affirmative Darstellung der anderen Seite, des gewöhnlich-ungewöhnlichen Lebens, überflüssig geworden. Gegenüber der lockeren Komposition des Ganzen gewinnen die treffsicheren, aphoristisch formulierten Sentenzen an Bedeutung. Was hier aufblitzt, überstrahlt den umgebenden Raum und tritt so gleichsam an die Stelle der einsichtigen, alles gliedernden Großstruktur.

Dabei kommt es auch zu einer Akzentverschiebung im Verhältnis zwischen Autor und Erzählerfigur, zwischen der Figur und den Determinanten ihrer Welt. Oft legt Konrád seinen Helden die eigenen Gedanken und Prinzipien in den Mund, um sie dann so fortzuspinnen, daß sie doch wieder zu dem Konflikt zwischen den Möglichkeiten des freien Denkens und der zugedachten Rolle hinführten, d. h. zu den der Figur gesetzten Determinanten als den Konsequenzen aus ihrem Verhalten. Das Ausloten dessen, was an eigenen, immanenten Möglichkeiten in der Figur verborgen ist, die Fortführung zu den Konsequenzen, dahin, daß sich dieses Verborgene an der Um-Welt, der Romanwelt bricht - das macht unter anderem die Verführung der ersten "Trilogie" aus.

---

20 György Konrád, Kerti mulatság. Budapest 1989, S. 9.

In diesem Prozeß wird die Romanwelt zunehmend zur Kulisse für das Sich-Aussprechen des Autors. In "Kerti mulatság" nun mischt sich der Autor selber ein, ein Autor-Erzähler räsoniert über seine Figuren und mit ihnen. Er spaltet sich in verschiedene Rollen auf, um eigene Möglichkeiten, Seiten seines Ich, in der Vielfalt fiktiver Leben im Geflecht des Romans auszuleben.

Dieses Vorgehen hat Konsequenzen für den Zusammenhalt des Ganzen: "der Essayroman ... wird langsam zum Essay gezähmt"[21], wie Pályi in seiner Kritik treffend bemerkt. Die Ausweitung essayistischer Züge der früheren Werke führt hier zu einer Form, die vom Verfasser im Untertitel als "Roman und Arbeitstagebuch" bezeichnet wird.

Besonders das erste und das letzte Kapitel tragen den Charakter eines solchen Arbeitstagebuchs. Sie bilden den Rahmen für theoretischer angelegte, oft aphoristische Reflexionen um die sich in ihrer Mitte entfaltende Großstadtmythologie. Die Spaltung des Werkes in zwei Teile für die deutsche Fassung - "Geisterfest" und "Melinda und Dragoman"-, seine Aufteilung in zwei faßlichere Bände hatte auch Umbauten im Text zur Konsequenz. Sie führte besonders zum Wegfall längerer Passagen mit Überlegungen des Autor-Erzählers sowie von dessen Spiel mit den Figuren als seinen Kreaturen und als ihr Eigenleben entfaltenden Bewohnern der "Romanstadt", zum Verzicht auch auf das Räsonieren von Autor und gerade entworfenen literarischen Helden. So ist der Roman in der deutschen Fassung leichter mitvollziehbar. Auch das Geflecht der Figuren wurde "gestrafft". Mitunter erhalten Gestalten verschiedener Episoden *einen* Namen (z. B. Zsuzsa/Klára), in einzelnen Episoden ist das Erzählen gestrafft (z. B. in der Geschichte vom überlebenden Jungen aus der Donau oder der Laura-Episode). Das macht das Buch leichter lesbar, aber es fällt auch etwas von der Spannung fort, die Konráds Romane kennzeichnet, der Spannung zwischen Erfahrungen des Autors und dem Erleben einer in die Ausweglosigkeit geführten Figur, ihrem Zusammenprall mit den Grenzen der Romanwelt, der Spannung zwischen Einsicht der Figur und Bindung an ihre (soziale) Rolle usw. So geht ein Moment des Anknüpfens an die früheren Werke und an den gedanklichen Weg des Autors verloren - was aber vielleicht durch die Tatsache der Übertragung ins Deutsche, das Zugänglichmachen dieser geistigen Welt aufgewogen wird.

"Kerti mulatság" ist eine Mischung aus Roman und Biographie. Das Werk ist polyphon aufgebaut, hat mehrere Ich-Erzähler: Kobra (mit dem der Autor-Erzähler anfangs debattiert), Dragoman, Melinda, Klára, Regina heben schließlich selbst zu sprechen an. Unterschiede der Textpassagen verschiedener Figuren ergeben sich aus den unterschiedlichen erzählten Biographien. Sie werden jedoch kaum stilistisch vermittelt. Das ist insofern konsequent, als der Autor-Erzähler sich eingangs zum Geschaffen-Sein seiner Figuren bekennt.

Die Kehrseite des Spiels mit dem Möglichen, mit dem Geschaffen-Sein der Figuren ist, daß Episoden bzw. Momente ihres Lebens austauschbar werden. Auf stilistischer Ebene kommt dem die außerordentliche Nähe der Sprechweise entgegen, die alle Figuren aufweisen. Das gleichberechtigte Sich-Aussprechen des Vielfältigen, die polyphone Struktur

---

21 András Pályi, A szabadságfogyatkozás természetrajzához. In: Kortárs 33/1989, 2, S. 155.

gerät an den Rand ihrer Möglichkeiten, da alle deutlich Ausgeburten eines Kopfes sind. Am tragfähigsten ist dieses Geflecht dort, wo fernere Vergangenheit erzählt wird, wo die - als verlockend aufscheinende - feste Ordnung einer vergangenen Lebensform den verläßlichen Rahmen einer fiktiven oder vielleicht ursprünglich realen Lebensgeschichte abgibt, z. B. wo weiter zurückliegende Vergangenheit der eigenen Generation erzählt wird.

Die Episoden der jüngeren Vergangenheit erweisen sich in diesem Roman als weniger tragfähig, hier beginnen sich Elemente der Figurengeschichten zu ähneln bzw. unter den Akteuren austauschbar zu werden. Die Episoden werden anekdotisch, geraten zum philosophischen Exempel. Dieses Phänomen mag auch durch die Spezifik osteuropäischen Lebens der letzten vierzig Jahre, die Lage im Windschatten der Geschichte bedingt sein. In dieser Deutung wäre es eine Erscheinung, die historisch folgerichtig in das Werk eingehen muß, dem Stoff und dem historisch-geographischen Raum gemäß. Zugleich und vor allem scheint dies ein Problem der Kompositionsweise, eine Folge der beschriebenen Struktur des Werkes zu sein. Mit der Reihe der vorangehenden Werke sind bestimmte Problemkreise und Zusammenhänge herausgearbeitet. Sie wurden auch theoretisch in mehreren Ansätzen durchdacht und - außerhalb des Romanwerks - zu einem Modell verdichtet und zu einer Gegen-Utopie geführt ("Antipolitik"). Damit ist, so läßt sich vermuten, eine Quelle jener charakteristischen Spannung zwischen den Kompositionselementen der früheren Erzählwerke aufgehoben. Und zugleich ahmt das Geflecht des Romans das der realen Welt nach - auch in dieser gewissen Beliebigkeit und in den verschiedenen Möglichkeiten der Wiedererschaffung des persönlichen Lebens: "Auf die Frage nach dem Sinn des Lebens antwortet jeder mit seiner Biographie."

Anke Pfeifer

Wege des Widerspruchs

Zur Strukturierung der rumänischen Gegenkultur seit 1944

"In Rumänien ... läuft die Wahrheit mit zerbrochenem Schädel herum, doch die Schrift-steller eignen sich nicht zum messerscharfen Umgang mit der Realität, weil man sie zu Schönheitschirurgen der Macht bestellt hat."[1] So schätzte der rumänische Dichter Mircea Dinescu die literarische Situation seines Heimatlandes im Frühjahr 1989 ein. Diese Äuße-rung in der Pariser Zeitung "Libération" brachte ihm zu Hause den Verlust seines Arbeits-platzes und monatelangen Hausarrest ein.

Die Feststellung und ihre Folgen zeigen zum einen, daß die Ceauşescu-Diktatur gegen jede oppositionelle Regung im Lande mit äußerster Härte vorging, um sie schon im Keim zu ersticken. Zum anderen verweisen sie auf die - zweifellos auch daraus resultierende - Tatsache, daß in Rumänien unter den Schriftstellern, wie übrigens innerhalb der gesam-ten Intelligenz, keine organisierte politische Opposition zum herrschenden System be-stand, ja daß es offenbar nur wenige Dissidenten gab. Dieser Fakt wurde in Rumänien nach 1989 beklagt, und man verwies auf den diesbezüglichen Unterschied zwischen der Situation in Rumänien und der in anderen ehemaligen sozialistischen Ländern wie der ČSSR, Polen oder der Sowjetunion.

Dennoch ist festzustellen, daß gegenüber dem Gesellschaftssystem des Sozialismus und seiner spezifischen Ausprägung in Rumänien sehr wohl eine aus verschiedenen Positionen erwachsende Widerstandshaltung existierte, die eine Gegenkultur hervorbrachte. Diese Gegenkultur artikulierte sich entweder außerhalb der Grenzen Rumäniens offiziell oder im Lande vorwiegend versteckt.

Wie in allen sozialistischen Ländern war auch in Rumänien die Literatur in ein einheitlich ausgerichtetes politisch-ideologisches System eingebunden. Diese Tatsache bewirkte die Zuweisung ganz bestimmter Funktionen, die die Literatur grundsätzlich zu erfüllen hatte. Trotz mancher Schwankungen in der Kulturpolitik des Staates, die durch wechselnde Pha-sen von Dogmatisierung und Liberalisierung gekennzeichnet war, sollte die Literatur grundsätzlich als Instrument ideologischer Bildung und Erziehung im Sinne der kommuni-stischen Weltanschauung dienen. Staat und Partei überwachten die Durchsetzung dieser Maxime. Ästhetische Aspekte spielten dabei zunächst keine, später meist nur eine unter-

---

1 Mircea Dinescu, Interview für: Libération (Paris), 17. März 1989.

geordnete Rolle. Künstlerische Freiheit war den Schriftstellern bei ihrem Schaffen demzufolge nur unter bestimmten Bedingungen und in gewissen Grenzen möglich. Die Künstler mußten sich diesem Faktum stellen und für ihr Wirken Konsequenzen ziehen.

Natürlich gab es gleich bei Proklamierung des sozialistischen Aufbaus in Rumänien und in den folgenden vierzig Jahren immer wieder Schriftsteller, die diesem ihnen zugewiesenen gesellschaftlichen Auftrag und der künstlerischen Bevormundung nicht oder nur bedingt folgen wollten.

Deutlichste Reaktion der Ablehnung war das Verlassen der Heimat, also die Entscheidung für das Exil. So emigrierten seit dem Zweiten Weltkrieg permanent Schriftsteller, unter ihnen auch Autoren von Rang, die sich ideologisch und politisch nicht mit dem neuen Regime arrangieren und (oder) sich literarisch nicht verwirklichen konnten. Damit entzogen sie sich jedweder staatlichen Reglementierung.

Es lassen sich dabei zwar keine fest umrissenen Emigrationsetappen herausarbeiten, aber unübersehbar ist ein enger Zusammenhang zwischen einer größeren Zahl von Emigranten und der jeweiligen politischen und kulturpolitischen Lage in Rumänien. In der gesellschaftlichen Entwicklung des Landes nach 1944 können somit Phasen bzw. Einschnitte festgehalten werden, die Emigrationswellen auslösten.

1. Das Ende des Zweiten Weltkrieges, das für Rumänien mit dem Einmarsch sowjetischer Truppen verbunden war, veranlaßte viele Rumänen, die sich damals außer Landes befanden, nicht mehr in ihre Heimat zurückzukehren. Das betraf z. B. Schriftsteller, die im Auftrag des rumänischen Staates als Diplomaten tätig waren, wie Mircea Eliade, Grigore Cugler (Apunake), Aron Cotruş, Vintilă Horia, oder solche, die an Universitäten und rumänischen Kulturinstituten im Ausland arbeiteten. Zahlreiche Rumänen verließen während des Krieges und danach das Land, z. B. Paul Celan, der als Jude von den Nazis verfolgt und als deutschstämmiger Flüchtling durch die sowjetischen Besatzung aus der Bukowina vertrieben wurde.

2. Mit der Gründung der Volksrepublik Rumänien Ende 1947 ging die kurze, nur dreijährige Phase kultureller und künstlerischer Freiheit zu Ende, die den Schriftstellern nach den Restriktionen unter der faschistischen Diktatur wieder die Möglichkeit liberaler Artikulation gegeben hatte. Die Proklamation des sozialistischen Realismus als allein gültiger künstlerischer Maxime bedeutete offiziell das Ende für alle anderen künstlerischen Richtungen, so auch für die nach dem Krieg noch einmal so produktive rumänische Avantgarde. In der Folge ließen sich einige ihrer Vertreter, wie D(imitrie) Trost und Gherasim Luca, im Ausland nieder.

3. Im Wechsel von Dogmatismus (bis 1953) und gewisser Liberalisierung folgte 1958 erneut eine kulturpolitische Verhärtung. Rückkehr zu strengen ideologischen Vorgaben für die Literatur, Abwertung des Ästhetischen, massive Kritik an Revisionismus und Existentialismus, Repressionen gegen Künstler und Intellektuelle wie Verhaftungen und Künstler-Schauprozesse (dies betraf z. B. den Philosophen Constantin Noica und seine Freunde Ion Negoiţescu, Alexandru Paleologu, Ştefan Aug. Doinaş u. a.) trieb Schriftsteller ins Exil, unter ihnen Petru Dumitriu und Paul Păun.

4. Die Thesen Ceauşescus zur "Verbesserung der politisch-ideologischen Arbeit und der kulturellen und erzieherischen Tätigkeit" vom Juli 1971 beendeten endgültig die liberale Zeit der sechziger Jahre, die der Literatur durch thematische und ästhetische Freiheiten, breitere Rezeption des nationalen Erbes und internationaler Entwicklungsrichtungen zu einem qualitativen Aufschwung verholfen hatten. Aus Protest und Entmutigung angesichts dieses neuerlichen Rückschritts gingen in den siebziger Jahren wiederum Schriftsteller, wie Petru Popescu, außer Landes oder wurden gegen ihren Willen ausgebürgert wie Dumitru Ţepeneag oder Paul Goma.

5. In den achtziger Jahren verschlechterte sich die kulturpolitische Situation zunehmend. Dogmatische ideologische Forderungen, wie jene, die Literatur wieder verstärkt für Propagandazwecke zu nutzen - 1983 wurde das Modell des "neuen Menschen", des "positiven Helden" wiedereingeführt, 1986 der "Klassenkampf" wiedererweckt -, und restriktive Eingriffe in den Literaturbetrieb erinnerten an die Zeit der fünfziger Jahre. Die offiziell aufgehobene Zensur agierte mittels Kontrollorganen schärfer als je zuvor.[2] Der Schriftstellerverband arbeitete nicht mehr wie bisher; 1981 fand die letzte - statutengemäß alle vier Jahre eine neue Verbandsleitung wählende - Nationale Schriftstellerkonferenz statt. Seit diesem Jahr wurden keine neuen Mitglieder mehr in den Verband aufgenommen; Auslandsstipendien wurden abgelehnt, der traditionelle Schriftstelleraustausch auch mit sozialistischen Ländern auf ein Minimum reduziert; ungefähr 150 Schriftsteller gingen daraufhin bis 1989 ins Exil.[3]

Das rumänische Exil konzentriert sich besonders auf die europäischen Länder Frankreich, Spanien, Italien, Deutschland und außerhalb Europas auf Nord- und Südamerika. Grundsätzlich und durchgängig verkörperte das Exil nach 1944 eine totale Ablehnung der gesellschaftlichen Entwicklung im Heimatland. Angeklagt wurde die Unterdrückung von Freiheit und Selbstbestimmung des rumänischen Volkes sowie des Individuums. Verteidigung der nationalen Interessen und Werte standen als Forderung und Anspruch für das Exil.

In der Nachkriegszeit wurde konkret gegen die russische Überfremdung und Sowjetisierung der rumänischen Gesellschaft und Kultur, ja sogar der Sprache als geistige Unterdrückung des Volkes polemisiert. Aus Kritik am verordneten Bruch mit der nationalen Kultur und Kunst und der damit verbundenen Abwertung der Tradition resultierte zwangsläufig das Ziel der Emigranten, "die lebendige Verbindung zur rumänischen Sprache, Kunst und Kultur"[4] zu bewahren.

Das literarische Exil ist in seiner Gesamtheit schwer zu überblicken. Kulturell oder literarisch orientierte Exilzeitschriften und -verlage existierten unter anderem in München, Freising, Paris, Madrid, Buenos Aires. Literatur rumänischer Emigranten wurde natürlich auch von einheimischen Verlagen der Exilländer herausgegeben. Hinsichtlich des Anlie-

---

2 So wurde im Verlag Meridiane das Erscheinen von Arbeiten zur alten rumänischen Kunst und allgemein zur christlichen Kultur verboten.
3 Vgl. Mircea Dinescu, Interview für: Libération, 17. März 1989, S. 32 f.
4 Cuvânt de început. In: Luceafărul. Revista scriitorilor români în exil (Paris), Jg. 1., Nr.1, November 1948, S. 3.

gens, der Inhalte und Formen, hinsichtlich ihrer Qualität ist die rumänische Exilliteratur eine heterogene Erscheinung, spiegelt sie doch unterschiedliche weltanschauliche und ästhetische Positionen wider. Das literarische Exil beanspruchte aber stets für sich, Repräsentant der wahren rumänischen Literatur zu sein. Verfechter extremer Positionen vertraten die Ansicht, allein schon durch die Entscheidung für das Exil sei die einzig authentische Bewahrung und Fortführung des Nationalen gegeben.

Zweifellos konnte die Exilliteratur - frei von staatlichen Vorgaben - im Gegensatz und in Ergänzung zum literarischen Leben in Rumänien bestimmte Leerstellen besetzen. Hier liegt vielleicht auch ein Ansatzpunkt für ihre Bewertung innerhalb der Nationalliteratur als Ganzem.

Im folgenden werden vier Funktionsbereiche der Exilliteratur herausgearbeitet, die in einem konkreten literarischen Werk durchaus miteinander verschmelzen können.

1. In den ersten zwei Jahrzehnten nach dem Krieg spielte für das Exil die kulturelle und literarische Traditionspflege eine besondere Rolle. Ohne kulturpolitische Beschränkungen, wie sie im Mutterland besonders stark bis in die sechziger Jahre galten, konnte das Exil bezüglich Rezeption und Produktion ungehindert mit der nationalen literarischen Tradition umgehen. In Zeitschriften wurden z. B. literarische Texte aus dem nationalen Erbe abgedruckt, die in Rumänien zur gleichen Zeit tabu waren, wie von Grigore Cugler, einem Vertreter der rumänischen Avantgarde, oder Gedichte von Ion Barbu aus den zwanziger Jahren.[5] Ein - allerdings nicht realisiertes - Vorhaben für die "Revista Scriitorilor Români", das Münchener Organ der Rumänischen Akademischen Gesellschaft, war der Druck von in der Volksrepublik verbotenen bzw. nur verstümmelt publizierten Klassikertexten (Mihai Eminescu, Grigore Alexandrescu, Ion Creangă u. a.) einschließlich bedeutsamer Literaturkritiken aus der Zwischenkriegszeit, um gegen Vergessen und Abwertung der nationalen Tradition anzugehen.[6]

Zum anderen knüpften die Exilautoren in ihren Werken an frühere literarische und geistige Strömungen wie die moderne Lyrik, nationale bzw. nationalistische oder christliche Traditionen und Überzeugungen an, griffen überlieferte Themen und literarische Formen auf. So fühlte sich die Exilliteratur kontinuierlich den bis in die sechziger Jahre im Lande tabuisierten großen Literaturkritikern Titu Maiorescu und Eugen Lovinescu verpflichtet und vertrat deren Postulate, wie z. B. die Autonomie des Ästhetischen.[7] Sie stellte sich damit bewußt in die nationalliterarische Tradition, und zwar im Sinne eines inneren Auftrags, diese - und mit ihr die Kontinuität rumänischen Geisteslebens - zu erhalten.

Anknüpfend an die in Geschichte und Tradition verwurzelten Literaturrichtungen, versuchten die Exilliteraten, die eigene, spezifische Erfahrung zu verarbeiten. Hinwendung zum Thema der rumänischen Heimat als Natur, als geographischer Raum, als Ort der Kindheit, das Anrufen der rumänischen Geschichte, aber auch Kindheitserinnerungen im Stile eines Ion Creangă sollten der Selbstfindung dienen und das Heimweh nach dem

5   Vgl. Revista Scriitorilor Români (München), 3/1964, 4/1965 bis 6/1967, 9/1970 und 12/1973.
6   Vgl. Virgil Ierunca, Fragmente de jurnal - 1960. In: România literară (Bucureşti), 2/1992, S. 12.
7   Vgl. Mircea Popescu, Propaganda care ne trebuie. In: Revista Scriitorilor Români, 6/1967, S. 159-161.

fernen Vaterland bewältigen helfen. Auch die nationalen Mythen erfuhren in diesem Zu-
sammenhang literarische Aktualisierung. Besonders in der Lyrik wurden Sehnsüchte und
Träume in sprachliche Form gebracht. Titel von Lyrikbänden, wie Mihai Niculescus
"Cartea de vise" (Traumbuch) oder Horia Romans "Cenușa visărilor noastre" (Die Asche
unserer Träume)[8] zeugen davon. Die Formen dafür fanden sich häufig in der rumänischen
Folklore (horă, colindă) oder in geistlichen Liedern (Psalmen) und in Gebeten. Das
Schreiben erfüllte hier die Aufgabe, an die Vergangenheit - wenngleich oft verklärend -
zu erinnern, Geschichte, Kultur und eigene Identität wachzuhalten, aber auch Hoffnung
auf eine Zukunft, möglichst mit einer Rückkehr in die Heimat verknüpft, zu artikulieren.

2. Eine zweite Funktion, die für Exilliteratur im allgemeinen bedeutsam und auch für
das rumänische Exil gültig ist, stellt die polemische Auseinandersetzung mit jüngster Geschichte und der Gegenwartssituation im Heimatland dar. Anders als die offizielle Literatur im Lande, kann sie frei von politischen und ideologischen Zwängen Tabuthemen
aufgreifen, Zustände darstellen und Positionen formulieren, ist aber ihrerseits gleichfalls
durch - wenngleich andere - weltanschauliche Standpunkte und persönliche Erfahrungen
der Autoren geprägt.

Die Schriftsteller kritisierten in Lyrik und Prosa zunächst die sozialistische Entwicklung
der rumänischen Gesellschaft schlechthin, die sie als Versklavung des Volkes durch fremde Mächte empfanden. Literarisch polemisiert wurde gegen die Einschränkung geistiger
Freiheit, die Ausrichtung auf die kommunistische Weltanschauung,[9] gegen konkrete Ereignisse in der Heimat, wie den Bau des Donau-Schwarzmeer-Kanals, der - da politische
Häftlinge hier als Arbeiter ihr Leben ließen - als Kanal des Todes angeprangert wurde.

Einen besonderen Stellenwert nimmt die Dokumentarliteratur ein. Vor allem ehemalige
politische Häftlinge - häufig Gelegenheitsschriftsteller - schildern in diesem Genre ihre
Gefängnis- und Lagererfahrungen.[10] Drei Anliegen wurden damit verfolgt: die Aufarbeitung des eigenen Schicksals, die aus persönlichem Erleben gewonnene Information über
reale, aber offiziell verschwiegene gesellschaftliche Verhältnisse in Rumänien sowie die
Anklage des Regimes. Stärkere literarische Verarbeitung erfuhren autobiographische Erlebnisse im sozialistischen Rumänien, persönliche Erfahrungen mit Staatsmacht, Sicherheitsdienst und den Mitmenschen im Alltag - also die Auseinandersetzung mit der zeitgenössischen gesellschaftlichen Entwicklung. Das geschah aber auch in anderen Prosa-
genres (unter anderem in Schlüsselromanen)[11], die somit den moralischen und politischen
Protest der Verfasser transportierten. Nach einem höheren Verallgemeinerungsgrad streb-
ten jene Autoren, die mit ihren Werken die vereinnahmende Kraft von Ideologien und die

---

8 Beide Bände erschienen in München: Colecția "Revistei Scriitorilor Români", um 1970.
9 Typisch sind ironische Anspielungen auf die geistigen Väter der kommunistischen Weltanschauung
   in der Lyrik von Ștefan Baciu, wie "Der große Lenin" oder "Pinguine aller Länder, vereinigt euch!"
10 Vgl. z. B.: Dumitru Bacu, Pitești. Geschrieben 1963. București: Atlantida 1991 (rumän. Erstausgabe).
11 Vgl. Paul Goma, Bonifacia. Geschrieben 1983. București: Omega 1991 (rumän. Erstausgabe); vgl.
   auch den Schlüsselroman über die fünfziger Jahre in Rumänien: Petru Dumitriu, Treffpunkt Jüngstes
   Gericht. Dt. 1961 unter diesem Titel (vorher frz. Erstausgabe).

Einwirkung moderner Machtapparate auf den Menschen nachvollzogen und jede Art von Totalitarismus anklagten.[12]

Die Unterdrückung der Kirche und ihre Tabuisierung in der Öffentlichkeit - zeitweise wurden selbst Worte wie "Kirche" und "Kreuz" in der Literatur Rumäniens zensiert - veranlaßte Exilschriftsteller, die Rückkehr zur christlichen Tradition in der Heimat zu fordern.[13] In der Exilliteratur hatte Dichtung mit religiösem ebenso wie mit mystischem Gehalt ihren selbstverständlichen Platz.[14]

Ein anderes Tabuthema in der offiziellen Literatur waren historische Veränderungen in der Staatszugehörigkeit bestimmter Gebiete, wie Bessarabiens, das im Zweiten Weltkrieg von der Sowjetunion besetzt wurde. Im Exil konnte damit einerseits Heimatsehnsucht der von dort Vertriebenen artikuliert, andererseits Gebietsverluste Rumäniens, vor allem aber die kollektive Tragik des Geschehens, beklagt werden.[15]

3. Eine dritte Funktion der Exilliteratur ist die uneingeschränkte Möglichkeit des ästhetischen Experiments. Sie gewann für jene Autoren Bedeutung, die im Rahmen der offiziellen Literatur in Rumänien vor allem ihre innovativen literarisch-ästhetischen Ambitionen nicht realisieren konnten. Dazu zählen die Avantgarde-Schriftsteller, deren anfängliches gesellschaftliches und literarisches Engagement Ende der vierziger Jahre abgewürgt wurde. In den sechziger Jahren kämpfte die "Gruppe der Oniriker" um Țepeneag mit ihrem ästhetischen Programm im Lande gegen den sozialistischen Realismus als Pflichtrezept für gesellschaftliches Engagement, konnte sich aber mit ihrer "Literatur des unbegrenzten Raumes und der unbegrenzten Zeit", in der der Traum zur zweiten Wirklichkeit wurde, nicht durchsetzen.[16] Erst im Exil veröffentlichten sie weitere Werke.[17] Es bliebe in diesem Zusammenhang zu untersuchen, inwieweit Țepeneag als der eigentliche Begründer des in den achtziger Jahren in Rumänien praktizierten "textualism" gelten kann.

4. Ein vierter Funktionsbereich, der sich der Exilliteratur komplementär zur einheimischen Nationalliteratur eröffnete, stellt die uneingeschränkte schöpferische Verarbeitung internationaler geistiger und künstlerischer Strömungen und Richtungen dar. Der unmittelbare Zugang zu diesen Entwicklungstrends war günstigste Voraussetzung für die in einem anderen nationalen und kulturellen Kontext lebenden Exilschriftsteller. Die Aufnahme dieser Impulse erfolgte auf verschiedene Weise. So spiegelte sich in den Werken

---

12 Constantin Virgil Gheorghiu, La vingt-cinquième heure. Dt. unter dem Titel "25 Uhr", Berlin 1960 (frz. Erstausgabe 1949); Nicu Caranică, Anul 1940, Paris 1981.

13 Vgl. z. B. den Artikel: Mircea Popescu, Cărți în exil. In: Revista Scriitorilor Români, 11/1972, S. 159.

14 Vgl. Sergiu Grossu, Un rayon de soleil. Paris 1971 (Lyriksammlung).

15 Paul Goma, Din calidor. Geschrieben zwischen 1983 und 1985. Frz. erschienen ("Le calidor") 1987; rumän. Erstausgabe ("Din calidor") București: Albatros 1990.

16 Vgl. dazu: Dumitru Țepeneag in: Preuves (Paris), Nr. 217, April 1969, S. 68-72; vgl. auch: Monica Lovinescu, Zur Lage der Literatur in Rumänien. In: Osteuropäische Rundschau (München), 10/1969, S. X/15.

17 Vgl. z. B.: Dumitru Țepeneag, Exercices d'attente (1972), Arpièges (1973; rumän.: București 1991), Noces nécessaires (1977; rumän.: București 1992), Erzählungen in Zeitschriften (z. B. Le sablier. In: Cahiers de l'Est, 17/1979); Vintilă Ivănceanu, Pînă la dispariție. Dt. unter dem Titel "Aus". Frankfurt a. M. 1971.

weitgehende Integration in den fremden Kulturkreis oder die schöpferische Synthese beider Welten wider, die Skala reichte bis zu totaler Ablehnung des Fremden und Verharren im Rumänisch-Nationalen. Hier ergäbe sich ein weites Forschungsfeld.

Wie anfangs erwähnt, lassen sich die Funktionen der Exilliteratur in der Praxis nicht eindeutig trennen. Dennoch sei darauf verwiesen, daß sich die drei erstgenannten Funktionen - Traditionspflege, Systemkritik und ästhetische Innovation - offenbar in bestimmtem Maße dem jeweiligen Hauptinteresse dreier Exilgruppierungen zuordnen lassen. Diese Differenzierung führte innerhalb des Exils auch zu Abgrenzungen.

Wie sah es aber nun mit der Gegenkultur in Rumänien selbst aus?

Vom Exil sowie von einigen Stimmen im Lande wurde und wird in der Rückschau auf die letzten vierzig Jahre die Existenz einer Gegenkultur im Lande abgestritten. Alle oder beinahe alle im Lande verbliebenen Künstler werden der Kollaboration mit dem Regime beschuldigt. Der Verweis auf die wenigen Dissidenten in Rumänien scheint dieser Auffassung recht zu geben.

Aber die Situation in Gesellschaft, Kultur und Kunst rief zwangsläufig auch im Lande Reaktionen hervor, mit denen sich Schriftsteller dem offiziell verordneten Diktat zumindest zu entziehen versuchten oder sich ihm offen entgegenstellten.

Adrian Marino hat in seinem Artikel "Rezistenţa literară" (Literarischer Widerstand)[18] eine Typologie des literarischen Widerstands erstellt und damit eine Problematik von allgemeiner Bedeutung angesprochen: Als literarischen Widerstand definiert er die direkte oder indirekte, stillschweigende oder erklärte Weigerung, zugunsten des totalitären kommunistischen Regimes zu schreiben; die Weigerung, Literatur in ein Propagandainstrument zu verwandeln; den Protest und Widerstand gegen Anweisungen, Normative, Zensur, restriktive gesetzliche und administrative Verfügungen, die die rumänische Literatur unterdrückt haben. Marino nennt verschiedene Stufen dieses Widerstands:

1. Passiver Widerstand, der sich in Zurückhaltung, Verweigerung einer Mitarbeit äußert, darin, sich Verpflichtungen zu entziehen, der allerdings auf den kulturellen und literarischen Bereich beschränkt bleibt und in zwei Formen auftritt: a) in der niederen Form eines (ver)schweigenden, spontanen Widerstands, zu dem die unpolitische Literatur gehört; sie ist nach Marino die typische Form rumänischen literarischen Widerstands der letzten Jahrzehnte; und b) in der höheren Form einer diskreten, aber bewußten Weigerung, auf Bestellung zu schreiben.

2. Der Übergang vom passiven, rein literarischen zum aktiven, politisch-literarischen und schließlich zum politischen Widerstand durch Literatur mit a) der expliziten Verweigerung bis hin zum Selbstmord und b) der Gesetzesübertretung, die in unerlaubter Veröffentlichung von Texten, Sendung von Artikeln und Büchern ins Ausland, Mitarbeit bei Radio Freies Europa u. a. mit jeweils offenkundig politisch-ideologischem Subtext besteht.

Literarischer Widerstand im vollen Sinne des Wortes beginnt für Marino in Rumänien aber erst mit der - notwendigerweise - illegalen Veröffentlichung von literarischen Texten

---

18 Adrian Marino, Rezistenţa literară. In: România literară, 6. Juni 1991, S. 3.

mit direktem und vorwiegend politischem Ideengehalt. Ebenso gehören seiner Meinung nach nicht veröffentlichte, im Ausland herausgegebene oder geschriebene reine Widerstandstexte, Tagebücher, Autobiographien, Gefängniserinnerungen usw. zur Widerstandsliteratur. Marino bezieht sich auf moralisch-politische Kriterien bezüglich der Beurteilung von Schriftstellerpositionen, läßt dagegen die ästhetische Bewertung von literarischen Werken in diesem Zusammenhang außer acht. Er betont, daß in Rumänien die Zahl der jeweils möglichen Vertreter der einzelnen Kategorien mit zunehmender Handlungsintensität immer geringer werde.

Eine nähere Untersuchung des literarischen Lebens scheint diese These in der Tendenz zu bestätigen. Nach bisherigen Recherchen hat es in Rumänien offenbar kaum Samizdatliteratur gegeben. Hinweise fanden sich lediglich auf Vorkriegslyrik von Ion Barbu, einem Dichter der Moderne, die nach dem Krieg nicht publiziert werden durfte und in den sechziger Jahren illegal zirkulierte, sowie auf den Versuch, eine ungarischsprachige Samizdatzeitung mit dem Titel "Ellenpontok" zu gründen.

Grund für dieses Fehlen, wenn auch sicher nicht der einzige, dürfte die strenge Überwachung durch Staat und Sicherheitsdienst gewesen sein. Nicht selten wurden Manuskripte konfisziert. Von technischer Seite stand schon der Vervielfältigung von Manuskripten die unzureichende Versorgung mit Papier und mangelnde Druckkapazität entgegen; der Besitz einer Schreibmaschine mußte amtlich registriert werden. Trotzdem kursierten im Lande zumindest unter Schriftstellern und Kritikern, mitunter auch in weiteren Leserkreisen, zahlreiche maschinengeschriebene Manuskripte, die zensurbedingt nicht erscheinen konnten. Zu ihnen zählte z. B. Bujor Nedelcovicis Roman "Al doilea mesager" (Der zweite Bote)[19].

Tamizdat existierte - verglichen mit anderen sozialistischen Ländern - nur im begrenzten Umfang. Mitte der sechziger Jahre beklagte beispielsweise das literarische Exil, daß im Gegensatz zu polnischen, ungarischen, russischen Exilzeitschriften in der rumänischen Exilpresse weder offiziell noch geheim Autoren aus dem Mutterland mitarbeiten und sie damit Chancen für ein Zeugnis ihrer nonkonformistischen Haltung verschenken würden. Zumindest in den siebziger und achtziger Jahren meldeten sich einheimische Autoren in Presse und Funk mit literarischen Arbeiten und Äußerungen des Protestes gegen die politische und kulturelle Lage im Lande zu Wort.[20]

Die Tamizdatliteratur entstand aus illegal ins Ausland gebrachten Manuskripten, die entweder von der rumänischen Zensur für eine Veröffentlichung abgelehnt worden waren oder die als Schubfachliteratur von vornherein gar nicht für eine Publikation im Lande vorgesehen waren. Die Vertreter des Exils waren übrigens am Entstehen dieser Tamizdatliteratur durch Verlagsempfehlungen, Herausgebertätigkeit, Nachworte und Übersetzungen maßgeblich beteiligt.

---

19 Vgl. außerdem: die Theaterstücke von Matei Vişniec.
20 Zu den Wortführern gegen die von Ceauşescu erlassenen sogenannten Juli-Thesen, mit denen er eine erneute Dogmatisierung der rumänischen Kulturpolitik einleitete, gehörten z. B.: Dumitru Ţepeneag, Leonid Dimov, Petru Romosan, Dorin Turodan, Mircea Dinescu.

Ihre Funktion ist in erster Linie eine gesellschaftskritische. Zu ihr zählen unter anderem Gefängnis- und Lagerlyrik, enthalten z. B. in der Anthologie anonymer Lyrik "Poeme din închisori" (Gedichte aus dem Gefängnis)[21], sowie dokumentarisch und literarisch verarbeitete Erlebnisberichte ehemaliger Häftlinge und Insassen von Arbeitslagern. In ihnen wird ein im Lande tabuisiertes Thema aufgegriffen und Anklage erhoben angesichts eines erschütternden Kapitels rumänischer Verhältnisse.

Exemplarisch für die Tamizdatliteratur sei hier der Roman "Ostinato" des rumänischen Dissidentenautors Paul Goma genannt. Goma schrieb ihn 1965/66. Vermittels einer komplizierten Struktur verarbeitete er hier sehr radikal seine von 1956 bis 1962 gesammelten Erfahrungen als politischer Häftling und Zwangsarbeiter und schilderte Ausschreitungen gegen die deutsche Minderheit und Übergriffe bei der Kollektivierung der Landwirtschaft. Der Roman wurde trotz mehrmaliger Umarbeitung in Rumänien nicht veröffentlicht und erschien 1971 in einer deutschen Fassung im Suhrkamp-Verlag. Diese Publikation sorgte für skandalumwittertes Aufsehen: Die offizielle rumänische Delegation verließ angesichts der Veröffentlichung aus Protest die Frankfurter Buchmesse. Im Inland zog sie die Maßregelung Gomas durch den Schriftstellerverband nach sich; schließlich verlor er, der Systemkritiker, seine Arbeit, wurde inhaftiert und der Spionage angeklagt. 1977 ging Goma ins Pariser Exil.

Ebenfalls von der Zensur mehrmals abgelehnt wurde der schon erwähnte, 1982 von Bujor Nedelcovici beendete Roman "Al doilea mesager", der dann in Frankreich publiziert und vom französischen PEN-Club prämiiert wurde. Die Kritik hat den Roman als negative Utopie des rumänischen totalitären Regimes bezeichnet, als die in dieser Art erste umfassende literarische Anklage des Ceaușescu-Systems und seiner Funktionsweise.[22] Auch Nedelcovici emigrierte wenige Jahre später. Werke dieser Art wurden vorwiegend unter politischem Aspekt betrachtet, eine ästhetische Wertung wird derzeit in Rumänien versucht.

Beispiele aus der jüngeren Vergangenheit sind die Lyrikbände "Moartea citește ziarul" (Der Tod liest Zeitung) und "Pe o boabă de piper" (dt. unter dem Titel "Exil im Pfefferkorn")[23] von Mircea Dinescu, die zur Zeit seines Hausarrestes in Rumänien 1989 in Amsterdam bzw. in Frankfurt a. M. erschienen.

Wie diese Beispiele zeigen, riskierten Autoren von Tamizdatliteratur zumindest ihre Ausgrenzung aus der Gesellschaft, wenn nicht sogar akute physische und psychische Bedrohung.

Publikationsverbot oder Publikationsverzicht führten zu einer weiteren Kategorie nichtoffizieller Literatur, der Schubfachliteratur. Sie ist in ihrem Ausmaß schwer zu übersehen,

---

21 Die Anthologie "Poeme din închisori", hrsg. von Nicu Dima und Octavian Sigárto, Madrid 1970, bringt qualvolle Erfahrungen ans Licht: Prügel, Folterungen, Sklavenarbeit beim Kanalbau, Hunger, verzweifelte Gebete.

22 Vgl. Marino, Rezistența literară (vgl. Anm. 18); in diesem Zusammenhang erwähnt und zitiert Bujor Nedelcovici (Cum am scris "Al doilea mesager". In: România literară, 4. Juli 1991) auch Nicolae Manolescu.

23 Dieser Band enthält neben bereits in Rumänien erschienenen Gedichten auch Lyrik aus dem Manuskript "Moartea citește ziarul".

da sie - wenn überhaupt - erst im nachhinein der Öffentlichkeit zugänglich gemacht wird. Teilweise konnte sie, zeitversetzt zum Entstehungsdatum, bereits unter sozialistischen Verhältnissen erscheinen, wie die Arbeiten der sogenannten mittleren Lyrikergeneration[24], die von 1948 bis in die sechziger Jahre hinein keine Publikationsmöglichkeiten hatte, da sich ihr literarischer Anspruch damals nicht in das Korsett des sozialistischen Realismus einfügte.

Für die überwiegende Zahl jener Werke, die in den vierzig Jahren ideologischen Reglements nur für die Schublade geschrieben werden konnten, war die Chance einer Veröffentlichung erst nach 1989 gegeben, nun aber unter den - auf andere Weise regulierenden - Bedingungen des freien Marktes. In dem Streben nach Aufarbeitung und Abrechnung mit der sozialistischen Vergangenheit interessierten zunächst vor allem Tagebücher, Autobiographien, Memoiren. Die Erinnerungen ehemaliger politischer Häftlinge an ihre Zeit in rumänischen Gefängnissen schockierten die Öffentlichkeit und schienen im nachhinein noch einmal die Niederschlagung des Regimes zu legitimieren. Andere Aufzeichnungen geben oft Zeugnis ab von innerer Emigration (im weiteren Sinne des Wortes) bzw. vom Rückzug aus einer für die Verfasser unerträglichen gesellschaftlichen Realität. Für die Autoren funktionierten solche Niederschriften als Möglichkeit des psychischen Überlebens und der Auseinandersetzung mit eigener Machtlosigkeit, mit der drückenden Angst, mit dem Sinnverlust des Lebens; sie waren kritische Abrechnung mit der Wirklichkeit, sie dienten als Ort, an dem Tabuthemen, wie z. B. die Einstellung zum religiösen Glauben, zum Christentum, oder andere philosophische oder menschliche Fragen zur Sprache kommen konnten.[25]

Sukzessive werden nun auch etliche vor 1989 zurückgehaltene Lyrik- und Prosaarbeiten außerhalb des autobiographischen Rahmens gedruckt.[26] Ein wichtiges Moment in dieser vormals nicht genehmen Literatur ist die Auseinandersetzung der Intellektuellen mit Bedrohung und politischem Terror.[27] Die bedeutende rumänische Lyrikerin und Prosaautorin Ana Blandiana war wegen ihrer kritischen Haltung, die sie auch in ihrer Literatur vertrat, in den achtziger Jahren zunächst zeitweise und schließlich endgültig mit Publikationsverbot belegt worden. Ohne die Absicht einer Veröffentlichung schrieb sie von 1983 bis zum Dezember 1989 an dem "posthumen" Roman "Sertarul cu aplauze" (Die

---

24 Zu dieser Generation zählen: Geo Dumitrescu, Ion Caraion, Ştefan Aug(ustin) Doinaş, Dimitrie Stelaru u. a.

25 Vgl. z. B.: Octavian Paler, A doua poliţie. Jurnalul unui scriitor interzis (17 aprilie - 22 decembrie 1989). Abdruck in: România literară, 3/1990 ff.; N. Steinhardt, Jurnalul fericirii. Cluj-Napoca: Dacia 1990; Radu Ciuceanu, Intrarea în tunel, memorii. Bucureşti: Meridiane 1991; Andrei Ciurunga, Memorii optimiste. Evocări şi versuri din închisori. Bucureşti: Editura Fundaţiei Culturale Române 1992.

26 Dan Deşliu, Un glonţ pierdut. Poeme. Bucureşti: Albatros 1991 (Lyrik aus der Zeit 1985-1990); Stelian Tănase, Corpuri de iluminat. Bucureşti: Cartea Românească 1990 (Roman, geschrieben zwischen 1985 und 1987); Magda Cârneci, Haosmos (Poeme 1985-1989). Bucureşti: Cartea Românească 1992 u. a. m.

27 Vgl. den Lyrikband: Mariana Marin, Ateliere. Geschrieben 1980-1984, erschienen in Bucureşti: Cartea Românească 1991, in Frankreich: EST 1992 (zweisprachige Ausgabe: Ateliere - Les Ateliers).

Applausmaschine)[28], in dem sie sich dank absurder und grotesker Phantastik sowie Ironie in einer für sie wohl befreienden Weise mit den zeitgenössischen Zuständen, insbesondere mit dem Thema der Überwachung durch die Securitate auseinandersetzt. Die Wirklichkeit des Buches wurde für die Schriftstellerin wichtiger als das reale Leben.[29]

Flucht aus damaliger gesellschaftlicher Realität auf ganz andere Art zeigen Autoren von Schubfachliteratur, die sich unpolitischen Themen widmeten, unter anderem durch eine in Gegenstand und Schreibstil konsequente Hinwendung zum 19. Jahrhundert mit Sittenbeschreibung und Liebesgeschichte, z. B. Ion Gheţies Werk "O lume pentru fiecare" (Eine Welt für jedermann)[30] oder durch Konzentration auf Erotisch-Sexistisches[31] - ein im damaligen Rumänien verdrängtes Thema.

Eine andere Form der Verweigerung war für einige Schriftsteller die Mitwirkung in Literatenkreisen[32], die - meist angebunden an Schulen oder Universitäten - als eine Art von Dichterschulen zeitweise offiziell geduldet wurden. Regelmäßige Lesungen aus nicht veröffentlichten Werken und Literaturdiskussionen bildeten einen begrenzten zensurfreien Raum für das oftmals kühne ästhetische Experiment. Die Zirkel stellten für die Teilnehmer in einer von diesen nicht akzeptierten gesellschaftlichen Wirklichkeit eine eigene Welt dar, die ihnen innere Freiheit gewährte.

Eine Gruppe von Künstlern und Intellektuellen, die abseits der staatlichen Linie philosophische und kulturhistorische Fragestellungen debattierte, war die "Schule von Păltiniş" um den rumänischen Philosophen Constantin Noica. Für sie war die Aneignung und Diskussion europäischer kultureller Bildung erklärtermaßen eine Variante des - geistigen - Überlebens und Widerstands gegen die Diktatur. Sie bezeichnete ihr Modell der inneren Freiheit als einmalig in Osteuropa.

Zweifellos trägt nicht die gesamte im Lande erschienene Literatur die Merkmale der Unterordnung unter die prostaatliche Propagandafunktion. Vielmehr muß unterschieden werden zwischen jener, die diese Funktion bediente und daher offiziell ermutigt wurde, und einer gerade noch tolerierten Literatur.[33] Eine Vielzahl von Schriftstellern versuchte immer wieder, der staatlichen Zensur die Veröffentlichung von Werken abzuringen, die individuelle Wert- und Ästhetikvorstellungen zum Ausdruck brachten. Zumeist war das eine Gratwanderung zwischen Aufbegehren und Anpassung. Die Autoren kamen oft nicht umhin, Zugeständnisse zu machen (Streichungen, Änderungen von Texten), um überhaupt publizieren zu können. Dies wird ihnen heute häufig zum Vorwurf gemacht. Dem halten sie entgegen, daß der Verzicht auf Druck ihrer Bücher das Verschwinden der Literatur und ein Hinnehmen der Verhältnisse bedeutet hätte. Schließlich hätten sie auch eine Ver

---

28 Ana Blandiana, Sertarul cu aplauze. Bucureşti: Editura Tinerama 1992. Dt. unter dem Titel "Die Applausmaschine". Göttingen 1993.

29 So äußerte sich die Autorin auf einer Lesung am 30. März 1993 im Café Clara, Berlin.

30 Ion Gheție, O lume pentru fiecare. Band 1-2. Bucureşti: Cartea Românească 1992.

31 Vgl. z. B. die Prosa von Vasile Petre Fati.

32 Solche Foren für die "Achtziger Generation" waren "Junimea" unter der Leitung von Ov. S. Crohmălniceanu oder "Cenaclul de Luni" unter der Leitung von Nicolae Manolescu.

33 Vgl. auch das Interview: Cristian Teodorescu - Dieter Schlesak. In: România literară, 15/1990.

pflichtung gegenüber dem Adressaten, der rumänischen Leserschaft, gehabt, die auf litera
rische Botschaften wartete.[34]

Die Ideen dieser Schriftsteller entzogen sich der offiziellen Gesellschafts- und Kunst-
ideologie oder waren ihr mehr oder weniger intensiv entgegengestellt. So ist die Kultivierung des Ästhetischen, die in der rumänischen Literatur stark betrieben wurde und zu
einer ausgeprägten Qualität führte, ihrer Funktion nach in zweierlei Richtung inter-
pretierbar. Einerseits stellte sie eine Flucht vor der gesellschaftlichen Realität und eine
geistige Alternativwelt zu den ideologischen Postulaten dar; andererseits war sie für die
Schriftsteller aber auch eine Möglichkeit, ihrer moralischen Verantwortung gerecht zu
werden und zumindest versteckte Gesellschaftskritik anzubringen. Genutzt wurden dabei
parabelhafte Darstellungen, zeitlich und örtlich versetzte Handlungen, Übertragung
subversiver Diskurse auf literarische Personen oder lyrische "Stimmen", Phantastik,
Gestaltung von Traum- oder Alptraumwelten u. a. Die Entschlüsselung war oft nur dem
intellektuellen Leser möglich - die Wirkungsmöglichkeit dieser Art von Literatur somit
begrenzt -, aber mit diesem wissenden Leser gingen die Schriftsteller so eine Kom-
plizenschaft ein, die als Akt des Widerstands erkannt wurde. Man spricht hier sogar von
einer Art "offiziellem Samizdat"[35]. So ist es oft genug ganz erstaunlich, daß Werke mit
einem gehörigen subversiven Gehalt die Zensur passieren konnten. Gedeutet wurde das
als künstlerische Narrenfreiheit der Literatur, die hier als Ventil für Unzufriedenheit
fungierte. Die Literatur wurde aber für Autor und Leser eher zu einer Art Droge, wie es
Mircea Dinescu bezeichnete, die ersatzweise befriedigte, ohne zu mobilisieren.

Mircea Dinescu verwirklichte seinen Anspruch an einen Schriftsteller und damit an sich
selbst, "ein politisches System zu erschüttern, in Frage zu stellen"[36], indem er über die
Metapher hinausging zugunsten einer direkten und konkreten Analyse der Realität, ohne
in platte Systemkritik in Versen zu verfallen. Die ästhetische Qualität seiner Lyrik ist im
In- und Ausland bestätigt. Letztendlich verließ er die literarische Fiktion und entschloß
sich zur direkten politischen Äußerung. Der Fall Dinescu, d. h. seine Äußerungen in der
westeuropäischen Presse und deren Ahndung durch den rumänischen Staat, einte in einer
Zeit, als die Situation in Rumänien immer unerträglicher wurde, endlich eine Zahl von
Schriftstellern zum gemeinsamen offenen Protest. Über sechzig rumänische Exilschriftsteller erklärten sich übrigens mit ihnen solidarisch. Mircea Dinescu avancierte zur Symbolfigur der rumänischen Revolution vom Dezember 1989, aber er war weder auslösendes
Moment, noch treibende Kraft in diesem Prozeß.

---

34 In diesem Sinne äußerte sich Ana Blandiana in einer Berliner Diskussionsrunde zum Thema "Die
    Ursprünge des rumänischen Übels: Von der vorbeugenden Angst zur heimlichen Nachsicht" (Berlin,
    5. August 1993).
35 Klaus Hensel, Rez. zu: Ana Blandiana, Kopie eines Alptraums. Erzählungen. Göttingen 1990. Die
    Rez. erschien in: Neue Literatur (Bukarest), 5-6/1990-91, S. 154-157.
36 Mircea Dinescu im Gespräch. Vgl. Ulrike Ackermann, Wir haben uns an das Böse angeschmiegt.
    In: Frankfurter Rundschau, 3. März 1990, S. 3.

Eva Behring

Die Rezeption des rumänischen Exils und seine Integration in die Nationalkultur
Probleme und Debatten

Kaum ist der immer wieder gemachten Feststellung zu widersprechen, daß die rumänische Kultur vorrangig durch ihre Exilkünstler in der Welt bekannt geworden ist.

Unter den zahlreichen Emigranten erlangten vor allem in der Zwischenkriegszeit viele Weltruf: so der Bildhauer Constantin Brâncuşi (Brancusi), die Schriftsteller Panait Istrati und - etwas später - Eugen Ionescu (Eugène Ionesco, der Autor der "Nashörner" und der "Kahlen Sängerin"), unter ihnen auch der Religionswissenschaftler und Prosaschriftsteller Mircea Eliade und der Philosoph Emil Cioran.

Bevorzugtes Land ihrer Wahl war - aufgrund einer über hundertjährigen geistig-kulturellen Affinität - Frankreich. Dessen Sprache wurde für manch einen von ihnen so sehr zum Ausdruck seiner Kunst oder Wissenschaft, daß er heute in vielen Nachschlagewerken der französischen Kultur zugeordnet wird.

War für viele rumänische Exulanten die Emigration das Tor zur Aufnahme in die Weltkultur, so gestaltete sich die Rezeption im Mutterland oftmals auch noch viele Jahre nach ihrem Fortgang problematisch. Und das nicht von ungefähr.

Ein Blick auf die Umstände macht deutlich, daß vor 1944/45 die Gründe für die Entscheidung zur Emigration nicht vorrangig politisch, sondern komplexerer Art waren.

Die meisten Avantgarde-Künstler, die ab 1915 - beginnend mit Tristan Tzara, dem Begründer des Dadaismus - ihre Heimat verließen,[1] zeigten sich vor allem abgestoßen von dem als kleinbürgerlich-provinziell empfundenen Kulturbetrieb, den eine auch politisch starke populistische Fraktion dominierte. Deren kulturelle Grundwerte hießen nationale Autochthonie, Ruralismus, Antiurbanismus, Antiokzidentalismus.[2]

Die Distanzierung von einer solchermaßen verstandenen nationalkulturellen Identität war z. B. für Eugen Ionescu der Hauptantrieb, 1938 endgültig in das liberale, demokratische

---

1   Zu ihnen gehörten z. B. die Schriftsteller Mihail Cosma (der in Frankreich unter dem Namen Claude Sernet veröffentlichte), B. Fundoianu (Benjamin Fondane), Gherasim Luca oder die Maler und Bildhauer Marcel Iancu und Victor Brauner.

2   In der zweiten Hälfte der zwanziger Jahre erhielt "Partidul Naţional-Ţărănist" (Nationale Bauernpartei) großen Zulauf und löste als Regierungspartei die Liberalen zeitweilig ab. Im kulturellen und künstlerischen Leben spielten zwei populistische Gruppierungen eine Rolle, die ihre Konzepte bereits seit der Jahrhundertwende wirkungsvoll verbreitet hatten: die Sămănătoristen (sămănător - Sämann) und die Poporanisten (popor - Volk).

und kunststoffene Frankreich auszuwandern, obgleich er zu denen gehörte, die neben kulturellem und sprachlichem Provinzialismus ausdrücklich auch politische Motive geltend machten. Im Hinblick auf die wachsende Anhängerschaft der faschistischen "Eisernen Garde" spricht er 1936 in einer Tagebuchnotiz von "Brechreiz" und "der Sehnsucht, dieser unerträglichen Atmosphäre zu entrinnen".[3]

Nicht nur Tristan Tzara, Eugène Ionesco (vorher Eugen Ionescu), Benjamin Fondane und viele andere blieben aufgrund ihres rigorosen Traditionsbruches lange Zeit am Rande der rumänischen Literaturgeschichte angesiedelt.[4] Auch der ganz anders gelagerte Fall Panait Istrati offenbart jahrzehntelange Rezeptionsbarrieren, die aus radikalen Divergenzen zu den offiziellen - und oft auch allgemein geltenden - kulturellen Identifikationsklischees und -mythen erwuchsen.[5]

Es war die farbig-pralle, gewalttätige und zugleich sensibel-sentimentale Welt des Balkans und Rumäniens als einem dazugehörigen Teil, die den Novellen und Romanen Istratis ein begeistertes internationales Publikum brachte. Schlagartig wurde er 1924 berühmt mit "Kyra Kyralina", der abenteuerlichen Geschichte eines rumänischen Jungen, der auf seinen Irrfahrten durch den Balkan und orientalische Länder versucht, seine Ideale von Menschenliebe und Freiheitlichkeit zu retten.[6]

Mit den folgenden, autobiographisch gefärbten Romanzyklen über das Leben Adrien Zograffis setzte sich der internationale Siegeszug des rumänischen Autors fort.

Seine meisten Werke erschienen - auf Französisch geschrieben - in Frankreich, wohin es Istrati 1920 für fast zehn Jahre verschlug. Was hier begeisterte Aufnahme fand, wurde - in zumeist vom Autor selbst besorgten Übersetzungen - auch in Rumänien ein großer Publikumserfolg. Dies freilich nur im strikten Wortsinn, d. h. in Kreisen des gewöhnlichen, des "anonymen" Lesers.

Anders bei der Gilde der Literaten und Kritiker. Hier stießen Istratis Bücher mit wenigen Ausnahmen auf Ablehnung oder Schweigen. Sie monierten, daß die ebenso kraftvollen wie entlarvenden Milieuschilderungen des brutalen Lebens in einer rumänischen Hafenstadt oder in der Baragansteppe eine Diskriminierung, ja Blasphemie auf die rumänischen Verhältnisse sei. Noch schwerer wog offensichtlich, daß dieser Autor - und das oft auch noch in pathetisch-belehrender Diktion - ein gesellschaftliches Gegenbild entwarf, das den traditionellen Vorstellungen von einem erstrebenswerten nationalen Gemeinwesen zutiefst widersprach.

---

3 Vgl. François Bondy, Ionesco. Rheinbek b. Hamburg: Rowohlt 1975, S. 28.
4 Erst seit Mitte der sechziger Jahre erhielt die Avantgarde durch Arbeiten Adrian Marinos und Ion Pops, durch die Anthologien von Saşa Pană und Marin Mincu den ihr zukommenden Platz in der rumänischen Literaturgeschichte.
5 Vgl. Ilina Gregori, Zur Rezeption Panait Istratis in Rumänien und im Westen. In: Kurier der Bochumer Gesellschaft für rumänische Sprache und Literatur (Bochum), 16/1991. Diese Untersuchung vermittelt dem deutschen Leser einen guten Überblick der Problematik.
6 Die Vorstellungen Panait Istratis von einer besseren, auf Liebe und Freundschaft, Güte und Altruismus bauenden Welt trugen anarchosozialistische Züge. Sie waren lebenslang vom didaktischen Ethos des Moralisten Istrati getragen, für den Jean-Jacques Rousseau, Maxim Gorki und Romain Rolland Vorbildgeltung besaßen.

Die Welt des Orients, abgelehnt sowohl von den auf die autochthonen Werte pochenden Populisten wie von den Westeuropa zugewandten Liberalen bzw. den Vertretern der Moderne in der Kunst, präsentierte sich bei Istrati als brüskierende Lebensalternative, in der bei aller Armut und Unzulänglichkeit ein menschlich-tolerantes, von Fatalismus und Lebensweisheit durchdrungenes Miteinander möglich erschien. Sowohl die brutale, frühkapitalistische Züge tragende rumänische Wirklichkeit seiner Jugend, wie auch das in der UdSSR sich für ihn immer enttäuschender gestaltende Sozialismus-Experiment und - was die okzidentfreundlichen Intellektuellen besonders aufbringen mußte - auch das auf Rationalität, Geld und Leistung basierende Wertesystem der hochentwickelten Kulturnation Frankreich schätzte der Außenseiter Istrati geringer ein als die von allen verachteten orientalischen Lebensformen.

So "unrumänisch" erschien das in einer rumänischen Donauhafenstadt geborene Enfant terrible den auf nationale Identifikation bedachten Literaturpäpsten, daß sie ihm lange Zeit das Attribut versagten, ein rumänischer Schriftsteller zu sein.[7]

Erst im Verlauf der Ende der sechziger Jahre einsetzenden Istrati-Renaissance in Westeuropa gab es auch von rumänischer Seite ernsthafte Bemühungen, ihn in die Nationalliteratur einzugliedern. Nicht nur sein Œuvre erschien in sechs Bänden als zweisprachige Ausgabe,[8] auch fundierte Arbeiten über das Leben und Schaffen Istratis bezeugen ein unvermindertes Interesse bis in die späten achtziger Jahre.

Allerdings ging man selbst zu diesem Zeitpunkt den letzten Gründen für die verspätete Aufnahme nicht nach. Sie sind zweifellos in dem besonderen Selbstverständnis eines äußerst verletzbaren Rumänentums zu suchen, dessen komplizierte Schichtungen aufzudecken bis heute heikel geblieben ist.

So mag auch nicht verwundern, daß 1978 noch ein Lexikon "Scriitori români" (Rumänische Schriftsteller) erschien, in dem der weltberühmte Sohn unter einhundert aufgeführten Autoren nicht zu finden ist.[9]

---

7 Nach Alexandru Oprea wurde diese Meinung in den zwanziger Jahren von den Literaturkritikern Ovid Densusianu und Octav Şuluţiu vertreten (vgl. Oprea, Panait Istrati. Dosar al vieţii şi al operei. Bucureşti 1984). Andere Istrati-Exegeten, wie der Literaturästhetiker Tudor Vianu und der Kritiker Pompiliu Constantinescu, billigten dem Autor höchstenfalls das Verdienst einer originellen Neuverarbeitung des volkstümlich-pittoresken Balkanmilieus zu (vgl. Viaţa românească, 10/1924 und Mişcarea literară, Bucureşti 1925). Ein folgenschweres Wort für die langjährige Ignorierung Istratis in Fachkreisen kam von dem renommierten Literarhistoriker George Călinescu. Er schrieb in seiner "Geschichte der rumänischen Literatur von den Anfängen bis zur Gegenwart" (1941): "Wenn Panait Istrati auch rumänische Versionen seines französischsprachigen Werkes vorlegte, wird er doch niemals ein rumänischer Autor sein, denn seinen Versionen fehlen Spontaneität und die getreuliche Wiedergabe jener Wendungen, die im Französischen den exotischen Effekt hervorbringen" (S.883).
8 Es handelt sich um: Opere alese. 6 Bände, Bucureşti 1966-1974 (frz.-rumän.); Panait Istrati. Œuvre. 4 Bände, Paris: Gallimard 1968-1970. Die bislang umfassendste Ausgabe der Werke Panait Istratis in deutscher Sprache besorgte Heinrich Stiehler in 14 Bänden. Sie erschienen seit 1985 in Frankfurt a. M. in der Büchergilde Gutenberg.
9 Scriitori români. Hrsg. von Mircea Zaciu. Cluj-Napoca 1978.

Verfolgt man die Geschichte der rumänischen Diaspora zwischen 1944/45 und 1989, so ist die Gemeinde rumänischer Exulanten in etwa drei größeren Auswanderungswellen stetig angewachsen. Die Verhaftung Ion Antonescus am 23. August 1944 und erst recht die Überantwortung Rumäniens an die sowjetische Interessensphäre auf dem Gipfel in Jalta im Februar 1945 bewog Intellektuelle wie Mircea Eliade, Emil Cioran und viele andere, die durch ihre Verbundenheit mit dem Antonescu-Regime bzw. mit der "Eisernen Garde" und ihren Ideen Verfolgung und Aburteilung zu erwarten hatten, sich im Ausland niederzulassen.

Von 1948 an fand dieser erste Emigrationsschub in den Jahren des Stalinismus eine dramatische Steigerung und verdichtete sich auf dem Höhepunkt der Ceauşescu-Diktatur in den achtziger Jahren zu einem Exodus unbekannten Ausmaßes. Ein guter Teil der rumänischen Intelligentsia wurde nach Frankreich, Deutschland und Spanien, nach England oder in die Vereinigten Staaten getrieben.

Eindeutiger und homogener im Vergleich zur Vorkriegszeit waren nun die Hintergründe und Gründe für die illegale bzw. legale Auswanderung - letztere zumeist in Form des allbekannten "Freikaufes". Es handelte sich fast ausnahmslos um politische Emigranten, auf der Flucht vor der Eskalation der Gewalt, vor den Schreckenspraktiken der Securitate, die nicht nur bei Hochverrat, sondern schon bei mangelndem Wohlverhalten im kulturpolitischen Bereich zur Anwendung kamen.

Konsequenter als je zuvor wurde seit Ende der siebziger Jahre der Kommunikationsfluß von West nach Ost unterbrochen. Distribution und Rezeption künstlerischer Erzeugnisse glichen einer Einbahnstraße nach Westen, sieht man man einmal ab von der zwar deutlichen, aber in ihrer quantitativen Potenz beschränkten rumänischen Exil-Stimme im Sender Freies Europa.

Und doch gab es einige wenige Ausnahmen. Sie beweisen einmal mehr, wie stark die offiziellen Rezeptionsvorgänge nach einer fast ausschließlich an nationalen Werten orientierten Kulturpolitik abliefen, die bekanntlich in den nationalchauvinistischen Wahn der ceauşistischen Endzeit mündete.

Von Mircea Eliade wurden mehrere Werke herausgegeben, obgleich er ehemals Kulturattaché und Pressesekretär im Dienste Antonescus gewesen war und zu den führenden Köpfen einer jungen Bukarester Elite der dreißiger und frühen vierziger Jahre gehört hatte, die mit rechtem Ideengut sympathisierte.

Von ihm nun, der im Exil als Religionswissenschaftler, Mythenforscher und Schriftsteller internationale Reputation erlangt hatte, erschien in der Zeit des krassesten Ceauşismus unter anderem die Untersuchung "Von Zalmoxis bis Dschingis-Khan. Vergleichende Studien über die Religionen und Volkskunde Dakiens und Osteuropas"[10].

Vor allem diese wissenschaftlich anerkannte Arbeit Eliades galt wegen ihrer strikten Bezogenheit auf die nationale Mythologie und die klare Aufwertung der rumänischen

---

10 Das Buch war 1970 in Paris in französischer Sprache herausgekommen. 1980 erschien in Bukarest die Übersetzung "De la Zalmoxis la Genghis-Han. Studii comparative despre religiile şi folclorul Daciei şi Europei Orientale". Bezeichnend für diese Veröffentlichung war der Zusatz unter dem Namen des Autors: Mircea Eliade. Professor an der Universität von Chicago.

Kulturgeschichte als "patriotische", das Nationalbewußtsein fördernde Leistung. Ihr Autor wurde unter Auslassung eines Großteil seines Werkes in das nationalceauşistische Schriftsteller-Pantheon aufgenommen.[11]

Das jüngste Kapitel der Exilaneignung ist zwar das bislang kürzeste, doch deshalb nicht weniger spannend.

Stattliche Publikationslisten zeigen, daß dem rumänischen Leser unmittelbar nach dem Sturz Ceauşescus im Dezember 1989 eine Fülle von Werken aus dem Exil zugänglich gemacht wurden. Unter ihnen standen die Berichte von Opfern der Willkürherrschaft, wie die erschütternden Gefängnisromane Paul Gomas, die quälenden Aufzeichnungen Virgil Ieruncas, die Kommentare Monica Lovinescus in "Unde scurte" (Kurzwellen)[12] oder das bewegende Interview des Kunst- und Literaturkritikers Alexandru Paleologu über die Peripetien eines ständig Verdächtigten und Verfolgten[13] an erster Stelle.

Spontan bildete sich ein allgemeiner Publikumskonsensus heraus, ging es doch um die Verurteilung eines nationalgeschichtlichen Vorganges, dessen düstere Apotheose das "Phänomen Piteşti" darstellte. Die von Virgil Ierunca in einem ebenso betitelten Tatsachenbericht geschilderte Umwandlung politischer Opfer in überzeugte Täter und Henker des Regimes und alle, diese Umformung begleitenden Ungeheuerlichkeiten des physischen und psychischen Terrors, die Unkenntlichmachung und Zerstörung der menschlichen Persönlichkeit, gelten seitdem als die "pervertierteste Form stalinistischer Willkür", wie sie - nach Meinung des Autors - eben nur in Rumänien stattgefunden habe.[14]

Diese Erfahrungen und auch die von Paul Goma in den weltweit kommentierten Romanen "Ostinato", "Gherla" und "Patimile după Piteşti" (Die Leiden nach Piteşti)[15] beschworenen lebenslänglichen Gefangenensyndrome ließen Wellen der Erschütterung durch die Öffentlichkeit gehen und brachten die Bereitschaft zur Auseinandersetzung mit der jüngsten nationalen Geschichte in Gang. Sie wurde schonungslos geführt; die Polemiken und Analysen galten nicht nur den tragenden Mechanismen und Personen des ehemaligen

---

11 In den rumänischen Schriftstellerlexika erhielt Eliade einen ehrenvollen Platz; aus seinem umfangreichen Schrifttum waren 1969, während der Jahre einer liberalen Kulturpolitik, die Romane "Maitreyi" und "Nuntă în cer" (Hochzeit im Himmel) sowie der Novellenband "La ţigănci şi alte povestiri" (Bei den Zigeunerinnen und andere Erzählungen) erschienen. 1981 folgten eine weitere Ausgabe seiner Novellen, "In curte la Dionis" (Im Hofe Dionisos'), 1984 "Contribuţii la filozofia renaşterii" (Beiträge zur Renaissance-Philosophie), 1987 die Studie "Despre Eminescu şi Hasdeu" (Über E. und H.) und 1988 das Jugendwerk "Romanul adolescentului miop" (Roman des kurzsichtigen Jünglings).

12 Unde scurte. Bucureşti 1990.

13 Vgl. Minunatele amintiri ale unui ambasador al golanilor (Die wunderbaren Erinnerungen eines Botschafters der Taugenichtse). Bucureşti 1991.

14 Die Haftanstalt für politische Gefangene in Piteşti war - vor allem in den fünfziger Jahren - berüchtigt für ihre unmenschlichen Vollzugspraktiken. 1981 gab Virgil Ierunca in Madrid seine auf authentischen Erlebnissen ehemaliger Häftlinge basierenden Berichte über "Piteşti" heraus; die rumänische Version erschien 1990 in Bukarest in der Reihe "Totalitarism şi literatura estului" unter dem Titel "Fenomenul Piteşti".

15 "Ostinato" kam erstmals auf Deutsch (Frankfurt a. M.: Suhrkamp 1971) heraus; die Erstausgaben von "Gherla" und "Patimile după Piteşti" erschienen auf Französisch (1976 und 1981).

Ceaușescu-Systems als einer vom allgemeinen geschichtlichen Willen abgehobenen Erscheinung. Der Grad an Verwicklung, an kollektiver Mitwirkung und Schuld stand - und steht auch heute noch - im Vordergrund des Selbstverständigungsprozesses.

Als wesentlich komplizierter ließ sich dagegen der Umgang mit Exilautoren an, deren Vergangenheit aus dem Rumänien der dreißiger und frühen vierziger Jahren nicht in die Bemühungen um ein "geläutertes", ein "sauberes" Geschichtsbild paßte, welches seinerseits dazu dienen sollte, in erneuernder Weise identitätsstiftend zu wirken.

Als 1990 der Essayband "Revelaţiile durerii" (Offenbarungen des Schmerzes) des Philosophen und Schriftstellers Emil Cioran erschien, war dieser von all jenen Beiträgen seiner Publizistik aus der Vorkriegszeit bereinigt, die den Autor in der Pose eines jugendlichen Adepten von Führerkult, "Barbarei" und Diktatur, eines Bewunderers von Mussolini und Adolf Hitler zeigen.[16]

Inzwischen liegt das ab 1947 in Frankreich entstandene Werk Ciorans fast vollständig in rumänischer Sprache vor. Es ist ein Paradebeispiel dafür, daß Veröffentlichung nicht auch zugleich Integration bedeutet.

In Essays, Kontemplationen und Maximen erweist sich dieser Denker als überzeugter Nihilist, dessen wütende Zerstörungslust nicht nur jeder Form von Rationalismus und Aufklärung galt, der über Jahre auch gegen die "heiligen" Werte der Vaterlandsliebe zu Felde zog.

Die Quellen seiner Weltanschauung waren eine an Nietzsche und Kierkegaard orientierte irrationalistische Philosophie des "Lebens" und "Erlebens", die sich unter den jungen Intellektuellen der "neuen spiritualistischen Generation" im Bukarest der dreißiger Jahre verbreitete. Aus Verachtung gegenüber der angeblich unfähigen Demokratie leiteten sie das Recht zu einem Aktivismus her, der viele von ihnen in die Nähe der extrem nationalistischen, terroristisch agierenden "Eisernen Garde" brachte.

Ciorans 1934 unter dem Titel "Pe culmile disperării" (Auf den Gipfeln der Verzweiflung) erschienene Essays und die 1936 folgende Publikation "Schimbare la faţă a României" (Rumäniens neues Antlitz) waren in diesem Sinne das philosophische Bekenntnis zum "einmaligen Augenblick" - auch des eingreifenden Handelns - und zum totalen Selbstbezug.

Auch im Exil variierte er - erstmals auf Französisch in "Précis de décomposition" (Lehre vom Zerfall)[17] - alle Kategorien der Zerstörung und Selbstzerstörung aus der Zeit der rumänischen Jugendjahre. Mit seinem radikalen Haß, mit Gotteslästerung, Todeskult und vor allem der erbarmungslos vorgebrachten Überzeugung von der "Geschichtslosigkeit" des rumänischen Volkes stieß er im Lande wie im Exil auf herben Widerspruch.[18]

---

16 Dies wurde beim Erscheinen des Bandes von Zigu Ornea kritisch vermerkt, der in "Nihilismul în eseu" (in: România literară, 9. Mai 1991) von einer "kosmetisch aufgemachten Anthologie" sprach, die der zeitgemäßen Aufarbeitung des Exils nicht entspreche.

17 Précis de décomposition. Paris 1949.

18 Das rumänische Volk, so Cioran, habe im Gegensatz zu den großen Staaten Westeuropas bislang gar keine Geschichte gehabt und befinde sich noch in einem vorgeschichtlichen, geschichtslosen

Die Schwierigkeiten, diesen - hier nur beispielhaft herangezogenen - Denker in seinem konsequenten Negativismus der rumänischen Philosophiegeschichte zu subsumieren, zeigen, wie umfassend und tiefgreifend die Identitätskrise von den rumänischen Intellektuellen nach 1989 empfunden wird.

Gewiß läßt sich ein solches Krisenbewußtsein in allen ehemaligen Ostblockländern feststellen, insofern sie nämlich jenen Teil ihrer Identität verloren haben, der auf Abgrenzung und Widerstand gründete. Doch gibt es bei den nach 1989 einsetzenden Bemühungen und Debatten um eine neue Identitätsfindung nationale Spezifika.

In Rumänien gehört ganz zweifellos der Mythos von der "Rückkehr nach Europa" dazu. Kulturhistorisch tradiert, entfaltete er für die Intellektuellen im Lande auch in den letzten Jahren die gleiche starke Anziehungskraft wie zu Zeiten seiner Entstehung.

Im Zeichen der Aufklärung und ihrer Idee von der brüderlichen Einigkeit der Nationen auf der Grundlage des Naturrechtes machten die Rumänen im 18. Jahrhundert verstärkt ihren Anspruch geltend, als gleichberechtigtes Mitglied im Kreise der europäischen Kulturnationen anerkannt zu werden.[19] Die bis dahin akzeptierte ethno-kulturelle Identität im Sinne der Zugehörigkeit sowohl zur hellenisch-römischen wie zur slawisch-byzantinischen Zivilisationssphäre geriet in die Krise und wurde von nun an - aus der Begründung des lateinischen Ursprunges der Rumänen - mehr und mehr nach Westeuropa verlagert.

Über die folgenden zwei Jahrhunderte war das nationale Selbstverständnis immer wieder Gegenstand heftiger Kontroversen, die zum Teil ein beachtliches theoretisches Niveau aufwiesen.

Schon unter den westeuropabegeisterten Revolutionären von 1848 erhoben sich warnende Stimmen gegen eine mögliche kulturelle Überfremdung,[20] der Literaturkritiker und Mäzen Titu Maiorescu sprach in den sechziger Jahren des vorigen Jahrhunderts davon, daß "Formen ohne Gehalt" aus dem Westen übernommen würden, die der rumänischen Kultur nur dann nützten, wenn diese sie mit eigenen Werten ausfülle.[21]

Die gegen Ende des 19. Jahrhunderts entstehenden Volkstümlerbewegungen hatten über vier Jahrzehnte in dem Historiker Nicolae Iorga einen wortgewaltigen und politisch einflußreichen Sprecher, der für den Balkanraum erstmals nachdrücklich gemeinsame Wesenszüge im Sinne einer Berufung auf die osteuropäischen Traditionen und Geschichte geltend machte und den Begriff von einem diese Zone umfassenden "Byzance après Byzance", einem postbyzantinischen Byzanz, prägte.[22]

Stadium, aus dem herauszutreten es größter Anstrengung bedürfe.

19 Eine besondere Rolle bei der Durchsetzung dieses Anliegens spielten rumänische Kleriker der unierten Kirche in Siebenbürgen (die "Siebenbürgische Schule"), wo die Rumänen innerhalb der österreichisch-ungarischen Monarchie lange Zeit um ihre nationale und politische Gleichstellung mit den anderen Nationalitäten ringen mußten.

20 So z.B. von den Historikern und Schriftstellern Mihail Kogălniceanu und Nicolae Bălcescu.

21 Vgl. In contra direcţiei de astăzi în cultura română (Aufsatz, 1868).

22 Iorga gab seinem 1935 erschienenen Werk den Titel "Byzance après Byzance". Er prägte damit eine Formel, die in der Folgezeit für die Überzeugung stand, daß vor allem in den rumänischen Ländern auch nach dem Fall Konstantinopels im Jahre 1453 und mit dem Beginn der Türkenherrschaft auf

Als 1918 die Vereinigung des bis dahin zu Österreich-Ungarn gehörenden Transsilvanien mit dem über ein gutes halbes Jahrhundert zuvor entstandenen rumänischen Nationalstaat erfolgte, stellte man die Frage mit neuer Schärfe: "Wie soll die rumänische Kultur sich unter den neuen Bedingungen verstehen, wie soll sie sich weiterentwickeln?"[23]

Eugen Lovinescu, Bukarester Kulturtheoretiker, Literaturkritiker und Schriftsteller, wurde in den zwanziger Jahren zum einflußreichsten Vertreter einer - wie er es nannte - "Synchronisation" der rumänischen Kultur und Literatur mit den fortgeschrittenen westeuropäischen Zivilisationen. Durch die Interdependenz zwischen den Nationalkulturen, den internationalen Austausch, den Lovinescu aufgrund der guten Kommunikationsbedingungen im 20. Jahrhundert für möglich hielt, sah er eine "Mutation der ästhetischen Werte" gewährleistet, die der rumänischen Kultur Originalität im Rahmen eines allgemeinen europäischen Zeitgeistes sichere. Mit dieser auf der Imitationstheorie des französischen Soziologen Gabriel Tarde gründenden These setzte er einen Kontrapunkt zu dem sich auf die Bewahrung des "Volksgeistes" berufenden Kulturkonzept der Volkstümler.[24]

Auch heute, im postceaușistischen Rumänien unserer Tage, erweist sich das Problem der ethno-kulturellen Beschaffenheit als der tiefere Hintergrund für das Syndrom von der "Rückkehr nach Europa".

Die Rumänen im Inland wie im Ausland sind sich des Stellenwertes wohl bewußt, den eine kulturelle Neubesinnung in einem Land haben kann, das den Systemwandel im Vergleich zu den anderen ehemaligen Ostblockländern noch nicht endgültig vollzogen hat - in einem Land, wo es keine kontinuierliche liberale Tradition gab und die immer wieder unterbrochene Verbürgerlichung der Gesellschaft nicht ausreichte, um dem relativ jungen Nationalstaat ein solides wirtschaftliches Fundament und eine leistungsfähige Demokratie zu geben.

Rumäniens Integration in das Wertesystem Mittel- und Westeuropas im Sinne eines Nach- und Aufholebedarfs wird im Inland fast einhellig als unabdingbares Desiderat betrachtet.

Wohl mit dieser Erwartung stand man nach 1989 auch dem eigenen Exil gegenüber, das - im mehrheitlichen Verständnis der Inland-Rumänen - über Jahrzehnte freiheitliches Denken in Westeuropa praktiziert hatte. Doch statt dessen kehrten führende Köpfe der

---

dem Balkan die byzantinischen, d. h. die spezifisch oströmischen Zivilisations- und Kulturtraditionen fortwirkten.

23 Eine erkenntnisreiche Studie über den ethnokulturellen Selbstverständigungsprozeß der Rumänen erschien in deutscher Sprache: Klaus Heitmann, "Das rumänische Phänomen". Die Frage des nationalen Spezifikums in der Selbstbesinnung der rumänischen Kultur seit 1900. In: Südostforschungen, Band XXIX, München 1970.

24 Vgl. Eugen Lovinescu, Istoria civilizației române moderne (1921-1925); Istoria literaturii române contemporane (1926-1929) - Lovinescus Hauptwerke, in denen er seine These entwickelt hat.

Diaspora mit einem eher negativ geprägten Westeuropa-Bild nach Rumänien zurück[25] und postulierten die kulturelle Neubesinnung im Geiste der osteuropäischen Traditionen.

Beispielhaft ist in diesem Zusammenhang das stark auf einen integrativen Dialog mit der Nationalkultur gerichtete Vorgehen des Exil-Kunsthistorikers Pavel Chihaia.

In dem 1991 erschienenen Interview-Band "Fața cernită a libertății" (Das umdüsterte Antlitz der Freiheit)[26] fordert er 20 Schriftsteller, Bildhauer, Historiker (darunter Byzantinisten, Gräzisten, Mediävisten, Neuhistoriker), Kunstkritiker, Literaturwissenschaftler, Philosophen, Theologen und Würdenträger der orthodoxen Kirche auf, ihr Verständnis der Nationalkultur darzulegen.

Ausdrücklich und implizit stellt Chihaia immer wieder die folgende Frage: "... Zu den Lösungen, die die rumänische Gesellschaft (heute - E.B.) sucht, gehört gewiß auch das Problem der spezifischen Grundzüge unserer Kultur. Seit dem 18. Jahrhundert, dem Zeitalter der Aufklärung, ging es um das Verhältnis zwischen eigener Tradition und dem Einfluß des Westens ... In welchem Maße wird unsere Kultur wohl verhindern können, ein Anhang der westlichen Kultur zu werden, wird sie ihren eigenen, spezifischen Weg finden?"[27]

Gegenüber dem Literaturhistoriker und -kritiker Ion Negoițescu gibt er selbst eine Antwort: "Unsere europäische Integration wird sich auf wirtschaftlicher, wissenschaftlicher und anderer Ebene vollziehen. Unsere Kultur jedoch wird sich nicht 'integrieren' sondern in ihren spezifischen Parametern fortentwickeln ..."[28]

Und schließlich ein Zitat, das diese Parameter - nicht nur aus der Sicht Pavel Chihaias - benennt, nämlich den kulturgeschichtlichen Konnex mit Osteuropa. Zu dem Kulturhistoriker Victor Ieronim Stoichiță sagt Chihaia: "Ich beziehe mich auf Byzanz als Grundpfeiler Europas, nicht als periphäres Großreich. So glaube ich auch, daß das postbyzantinische Byzanz nicht als außerhalb Europas, sondern in der Sicht eines Giotto und später El Greco verstanden werden muß."[29]

Aus den Reaktionen der Interviewten auf die hier eingeforderte Neuverarbeitung einer im Mittelalter anzusetzenden Traditionslinie sind zwei Richtungen abzulesen. Unter den Exilrumänen läßt sich - wie beim Interviewer selbst - eine aus langjährigen Erfahrungen gespeiste Europa-Verdrossenheit feststellen. In der Überzeugung, daß der Westen sich als unfähig erwiesen habe, dem Osten zu helfen, sehen sie das Syntagma von der "Rückkehr nach Europa" als für die neu zu definierende Kulturidentität eher abträglich. Identitätsstiftend erscheint ihnen dagegen das oströmische Erbe mit seinen Elementen, der christ

---

25 Die Gründe hierfür sind vielfältiger Art. An erster Stelle steht wohl die Überzeugung, daß die westlichen Länder zu wenig getan haben, um die kommunistische Entwicklung aufzuhalten. Doch auch das bescheidene und stets nur kurzlebige Interesse westlicher Öffentlichkeit für die Probleme der Exulanten und ihrer Länder führte zu Enttäuschung und Abkehr.

26 Pavel Chihaia, Fața cernită a libertății. 20 convorbiri la "Europa liberă". București: Editura Jurnalul literar (Seria "Dialog", Nr.1) 1991.

27 Ebenda, S. 52 (Pavel Chihaia im Dialog mit dem Philosophen Gabriel Liiceanu).

28 Ebenda, S.140.

29 Ebenda, S.168.

lichen Orthodoxie, der römischen Gesetzgebung, der griechisch-hellenistischen und christlichen Kultur zu sein.

Nicht nur das enttäuschende, allzu lange Agreement des Westens mit dem kommunistischen Regime und vor allem mit der Diktatur Ceauşescus hatte zu einer Abkehr von Europa - im Sinne der Vorbildgebung westeuropäischer Kultur - geführt. Die Wurzeln dafür lagen bei vielen führenden Emigranten tiefer.

Schon in den fünfziger Jahren wurde die traditionsbildende Kraft der auf der kartesianischen Philosophie, auf Liberalismus und Individualismus gründenden westeuropäischen Zivilisation und ihr normativer Anspruch als ein Werte-Diktat, als Eingriff in die kulturelle Identität und Atomisierung des national Spezifischen zurückgewiesen. Dieser in verschiedenen Exilzeitschriften als kolonialistisch bezeichnete Anspruch des Westens war nach Meinung der Autoren Ausdruck für die Sinnlosigkeit rationalistischen Utopie-Denkens und dazu verurteilt, im Nihilismus zu enden.

Die internationalen Kronzeugen dieser kulturphilosophischen Ausrichtung waren über Jahre hinweg die gleichen. Immer wieder wurde der auf die westliche Welt bezogene Fortschrittspessimismus Friedrich Nietzsches, Max Schelers und Oskar Spenglers beschworen. Man distanzierte sich von dem durch Spengler definierten "faustischen" Typus westeuropäischer Kunst, pries die transrationalen Erfahrungen gegenüber dem rationalen Apriorismus Kants, berief sich auf Ludwig Klages' mystisches Schöpfungs- und Zeugungsprinzip, nahm Ernst Niekischs schon vor dem Krieg erhobene Forderung wieder auf, der liberalistisch entwertete Westen möge sich aus dem Bündnis mit den Völkern des Ostens erneuern.[30]

Im Lande fanden diese Positionen bei einigen Schülern und Adepten des Mythenforschers Mircea Vulcănescu und des Philosophen Constantin Noica Widerhall.[31]

Dagegen wirkte bei dem größten Teil der im Lande verbliebenen Intellektuellen die Europa-Idee unverändert im aufklärerischen Geiste weiter, was gewiß nicht zuletzt im Geschichtsdruck der letzten vierzig Jahre begründet war.

Der Literaturwissenschaftler Adrian Marino warnt ausdrücklich vor einer Situation, in der sich "Traditionalismus auch noch auf eine offizielle nationalistische Doktrin stützt", so daß dieser "noch ausschließlicher und autoritärer wird. Eben dies," so Marino weiter, "war der Fall in der Ceauşescu-Epoche, die chauvinistisch, antieuropäisch, antipluralistisch, nationalistisch bis zur Karikatur ... war."[32]

---

30 Innerhalb des rumänischen Exils meinungsbildende Arbeiten in diesem Zusammenhang waren: George Uscătescu, Europa absentă. Madrid 1953; Mircea Eliade, Destinul culturii româneşti. In: Destin (Madrid), 6-7/1953; Emil Cioran, La tentation d'exister. Paris 1956; Horia Stamatu, Impasul utopiilor. In: Fapta (Madrid), 7/1956; Stamatu, Declinul teoriei. In: Fapta, 8-10/1957; Emil Cioran, Histoire et utopie. Paris 1960; George Uscătescu, Ernst Jünger şi esenţa nihilismului. In: Caiete de dor (Paris), 13/1960.
31 Die Reflexionen des 1952 in einem rumänischen Gefängnis für politische Häftlinge zu Tode gekommenen Mircea Vulcănescu über den "Rumänischen Menschen" oder die "Rumänische Dimension des Seins" wie auch Constantin Noicas Gedanken über die "Rumänische Seele" oder das "Rumänische Seinsgefühl" gelten heute als Ausdruck eines unveräußerbaren geistigen Rumänentums.
32 Chihaia, Faţa cernită a libertăţii, S.94.

Die heutige "Europa-Fraktion" sieht in der politischen, wirtschaftlichen und kulturellen Integration Rumäniens in den Kreis der entwickelten Länder des Westens die einzige Perspektive, trotz der historischen Erbschaft der vergangenen Jahrzehnte ohne weitere Verzögerung den Weg zu einer demokratischen Zivilgesellschaft mit den entsprechenden Kulturverhältnissen einzuschlagen. Die eigene Tradition - so ihr Urteil - ist dabei einzubeziehen; doch sei sie zu kurz gewesen, um eine solche Aufgabe aus eigener Kraft zu Ende zu führen.

"Es gibt einen tragischen Umstand in der rumänischen Kulturentwicklung", sagt hierzu der Philosoph und gegenwärtige Cheflektor des Bukarester Humanitas-Verlages, Gabriel Liiceanu, "zwei-, dreimal schien es so, als ob unser Eintritt in den Kreislauf des europäischen Wertesystems endgültig gelungen sei. Doch haben wir diesen Prozeß niemals zum Abschluß gebracht. Der glanzvollste Moment in dieser Hinsicht war die Zwischenkriegszeit. Da ist es uns gelungen, aus dem engen Zirkel einer Provinzkultur herauszutreten. Und auch erst da, als unsere Kultur eine maximale Integration in die europäische Wertewelt erreicht hatte, wurde sie originär im wahren Sinne des Wortes ... D. h., alle diejenigen bei uns, die glauben, daß eine Assimilation europäischer kultureller Werte Verrat an der Eigenart rumänischer Kultur sei und Originalität in den Grenzeneines engen Begriffs von Nationalkultur ansiedeln, gehen fehl."[33]

Die Spannbreite des europäischen Wertesystems steckt Liiceanu von der griechischen Antike bis zu Heidegger ab, wobei letzterer im Verständnis des rumänischen Philosophen für Rumänien eine Art Katalysator sein könnte. Sei er es doch gewesen, der "den Bogen über die Jahrhunderte zur griechischen Kultur erneut zu schließen vermochte"[34].

Noch eine letzte Stimme sei zitiert, die das allseitig empfundene Dilemma einer neuen Identitätsbestimmung auf einen interessanten mentalitätsgeschichtlichen Einzelaspekt reduziert. Der Literaturhistoriker und -kritiker Ion Negoiţescu (seit 1979 und bis zu seinem Tode 1992 als Emigrant in München lebend) sieht einen wesentlichen Unterschied zwischen der rumänischen und der "europäischen Mentalität" im Fehlen des "simţul civic", eines Bürgersinnes also, der sich im Verlauf der griechisch-römischen Zivilisation, der mittelalterlichen europäischen Kultur und des Renaissance-Humanismus ausgebildet habe. Für Negoiţescu verläuft die Grenze dieser Entwicklung bei den ungarischen Nachbarn, die mit ihrer Geschichte und Kultur noch eingebunden waren in die westeuropäische Zivilisation, während die Rumänen aufgrund ihrer geopolitischen Lage nur schwach daran beteiligt gewesen seien.[35]

Gewiß ist diese, deutlich auf frühere Positionen Emil Ciorans und Mircea Eliades anspielende Sicht[36] für kaum einen Rumänen annehmbar. In ihrer Konsequenz, aus einem

---

33 Mit dieser Äußerung setzt Liiceanu sich auch von Tendenzen im Lande ab, die - zusammenfließend in einem Publikationsorgan wie der Zeitschrift "România Mare" - mit extrem nationalistischen Konzepten eine Erneuerung der rumänischen Kultur ausschließlich als Neubesinnung auf die autochthonen Traditionen und Werte proklamieren.

34 Chihaia, Faţa cernită a libertăţii, S. 52 f.

35 Ebenda, S.137.

36 Besondere Affinitäten scheinen mir zu der von Mircea Eliade 1934 in dem Essayband "Oceanografie" geäußerten These vorzuliegen, daß es in Rumänien z. B. keine Renaissance gegeben habe.

mangelnden Bürgersinn die mangelhafte Solidarisierung mit den Dissidenten der Ceau-
şescu-Ära zu erklären, erscheint sie in der Tat recht kurzgeschlossen.

Ihre Zitation soll das Spektrum der Argumente, die Spannbreite eines elitebewußten
Dialogs im heutigen Rumänien kennzeichnen.

Der stärkere Impuls für diesen Dialog zwischen Exil und Inland scheint mir im Augenblick von den Emigranten auszugehen - ein plausibler Vorgang, waren sie es doch, die
über Jahrzehnte im Bewußtsein einer Desintegration lebten und wirkten. Die Eingliederung in die Nationalkultur mit allem, was als Exilleistung inzwischen vorliegt, ist für sie
heute wichtigstes Anliegen.

Der spannungsreiche Diskurs um die assoziative bzw. dissoziative Rolle der Europa-Idee
für das rumänische Nationalbewußtsein wird gewiß noch andauern. Er drängt dem außen-
stehenden Beobachter die Frage auf: Wäre für Rumänien heute ein kultureller Paradigma-
und Elitenwechsel denkbar, der die weitere Gestaltung von Gesellschaft und Kultur in
einem neokonservativen Sinne prägen könnte?

Von dem 1992 gestorbenen Schriftsteller Vintilă Horia - seit 1948 zu den aktivsten und
produktivsten Persönlichkeiten des rumänischen Exils gehörend - stammen Vorstellungen
von einer "idealen Rechten", die zur Grundlage eines neuen Wertekanons werden müsse,
wenn sich Rumänien als nationales Gemeinwesen und Kulturnation weiterhin behaupten
wolle.[37] Es scheint so, als könnte diese Idee im gegenwärtigen Prozeß einer "nationalen
Wiederfindung" durchaus Gewicht erhalten.

Mit der originellen Begründung, daß das Land sich niemals mit historisch und zivilisatorisch
gleichrangigen Gegnern habe auseinandersetzen müssen, vertrat Eliade diese Auffassung auch später
noch im Exil.

37 Horia, 1960 mit dem Prix-Goncourt ausgezeichnet, schrieb zahlreiche Romane und Essays sowie
einige gesellschaftstheoretische Arbeiten. Unter den letzteren gehören "Premizele unui revizionism
românesc" (in: Destin, 2/1951) und "Eseu despre integrarea ciclică a istoriei" (in: Destin, 6-7/ 1953)
zu den wichtigsten.

Barbara Beyer

Des Zaren Eselsohren oder
Die Last der Wahrheit

Schreiben im Exil am Beispiel von Georgi Markovs
"Fernreportagen über Bulgarien"

Zwei widersprüchliche Wünsche, so in den siebziger Jahren der bulgarische Erzähler, Filmszenarist und Dramatiker Georgi Markov (1928-1978), hätten ihn seit dem Fortgang aus der Heimat beherrscht. Der eine - mit den äußeren auch alle inneren Brücken abzubrechen, ein gänzlich neues Leben zu beginnen fernab jeglicher Reminiszenzen, nostalgischen Gefühle oder auch Resentiments in bezug auf das Zurückgelassene. Sichtbarer Ausdruck dessen waren Arbeiten, mit denen Markov sich dem Publikum seiner Wahlheimat vorstellte: das Drama "Archangel Michael" (Erzengel Michael), 1974 auf dem Theaterfestival von Edinburgh prämiert, oder der gemeinsam mit David Philipps verfaßte Roman "The Right Honourable Chimpanzee" (Der hochverehrte Schimpanse; London 1978), eine Politsatire aus dem britischen Milieu.

Um den anderen Wunsch zu benennen, hat Markov auf das Märchen vom Zaren Trajan, die bulgarische Version des antiken König-Midas-Stoffes, zurückgegriffen: Er vergleicht sich mit dem jungen Barbier, der bei der Ausübung seines Geschäfts des Zaren Eselsohren zu Gesicht bekommt und, um der angedrohten Todesstrafe zu entgehen, Stillschweigen über dieses wohlgehütete Geheimnis gelobt. Die Last der unterdrückten Wahrheit indes wiegt so schwer, daß der Bursche krank wird an seinem inneren Dilemma. Schließlich weiß er sich keinen anderen Rat, als sein Wissen in eine Erdgrube zu flüstern. Aus der aber wächst ein Holunderstrauch, und als Hütejungen sich Pfeifen aus den Zweigen schnitzen und darauf zu spielen beginnen, da tönt es in die Welt hinaus: "Zar Trajan hat Eselsohren!"

Der Drang nach Freisetzung des lange Verschwiegenen, das Nun-reden-Müssen führte den Autor zu den "Zadočni reportaži za Bălgarija" (Fernreportagen über Bulgarien). Die Emigration als räumliche Entfernung vom Gegenstand der inneren Pein erlangte für ihn nach eigenem Bekunden wirklichen Sinn erst als Privileg und Verpflichtung in einem, sich offen und vorbehaltlos zur Wahrheit und gegen die Lüge zu bekennen. Anders freilich als im Märchen, durfte bei einem so verstandenen Amt des Exilautors die Herstellung einer der Wahrheit lebenden Öffentlichkeit nicht irgenwelchen zufälligen Mächten überlassen bleiben, sondern mußte Sache des Autors selbst sein.

Es war fast anderthalb Jahrzehnte später, im Sommer 1990, als in Sofia der Gewerkschaftsverlag Profizdat Markovs "Fernreportagen" auf den Markt brachte. Des kommerziellen Erfolgs konnte er sich mehr als gewiß sein, obwohl die heftigen Turbulenzen der politischen Umwälzung im Lande alles andere als eine Hoch-Zeit für Literatur verhießen. Aber allzulange hatte das bulgarische Publikum auf das Buch warten müssen, das, wie auch sein Autor, während jener Zeit zu den Tabuthemen des offiziellen Diskurses gehört hatte. Wenn dennoch feste Erwartungen daran geknüpft waren, für viele sich mit dem Titel die Vorstellung von schonungsloser und offener Gesellschaftskritik verband, dann war dies einem Medium zuzuschreiben, welches für die Entstehung eines "zweiten" geistig-kulturellen Umlaufs in Bulgarien größte Bedeutung besaß: dem Hörfunk, und genauer, den bulgarischen Programmen ausländischer Sender wie BBC London, Radio Freies Europa, Deutsche Welle. Für politische Emigranten boten sie im Grunde die einzige Möglichkeit, mit einem Publikum daheim in Kontakt zu bleiben und ihm auf frühere, teils auch privilegierte Positionen zurückgehende Einsichten über die dortige Wirklichkeit sowie eigene Gedanken zum Schicksal Bulgariens unter kommunistischer Herrschaft zu vermitteln - so die exemplarische Aussage des seit 1978 bei Radio Freies Europa beschäftigten Journalisten Vladimir Kostov, ehemals Offizier der Staatssicherheit und Korrespondentder bulgarischen Nachrichtenagentur BTA in Paris.[1]

Auch Georgi Markov wählte diesen Weg. Aus einem angestauten Empfinden heraus, den Konflikt zwischen eigener Identität und ihrer ständig abverlangten Preisgabe nicht länger ertragen zu können, hatte er sich im Sommer 1969 kurzerhand für die Emigration entschieden. Nach einer Zwischenstation in Italien war er Anfang der siebziger Jahre nach London gekommen, um bei der Bulgariensektion der BBC Anstellung zu finden; auch für Radio Freies Europa, den in München stationierten amerikanischen Sender für Ost- und Südosteuropa, sowie für die in Köln ansässige Deutsche Welle arbeitete er.

Der Schriftsteller Georgi Markov war vor seinem Weggang zwar als parteiloser "Querdenker" bekannt und keineswegs unumstritten gewesen; wie auch seine Privatkorrespondenz belegt, hatten es neue Werke von ihm zunächst häufig schwer, an die Öffentlichkeit zu gelangen, was Markov, der sich als "zeitgenössischen staatsbürgerlichen Schriftsteller" sah, "welcher nicht außerhalb der Probleme seiner Zeit stehen kann", überaus deprimierte.[2] Dennoch genoß er insgesamt seit seinem preisgekrönten und auch verfilmten Romandebüt "Măže" (Männer, 1963; dt. unter dem Titel "Zeit im Gepäck", 1965) große Beachtung und Ansehen, auch verschiedene Vorteile wie etwa die Möglichkeit, mehrfach ins westliche Ausland zu reisen, und ihm hatte als Drehbuchautor der über die Landesgrenzen hinaus bekannten Fernsehserie "Na vseki kilometăr" (An jedem Kilometer) sogar der Dimitrovpreis gewunken. Seine letzte Arbeit daheim war übrigens ein als Auftragswerk der Partei- und Staatsführung zum 25. Jahrestag der Revolution verfaßtes Dokumentarstück, "Komunisti" (Kommunisten), gewesen; hierfür hatte Markov seinerzeit die Sondergenehmigung erhalten, Polizeiakten und Verhörprotokolle aus der Zeit des Widerstandskampfes 1941/44 zu studieren. Das Drama allerdings gelangte nur zur Vorauführung vor geladenem Publikum; die allzu menschliche Zeichnung der Hel-

---

1   Vgl. Vladimir Kostov, Pod sjankata na čadăra. In: Literaturen front, 45/15, 12. April 1990, S. 7.
2   Vgl. acht erstmals veröffentlichte Briefe von Georgi Markov (besonders den Brief vom 12. Februar 1966). In: Literaturen forum, 28, 14. Juli 1993, S. 5.

den, vor allem aber der sich aufdrängende nachteilige Vergleich erlebbarer Gegenwart mit den Idealen von einst provozierten den Unwillen der Auftraggeber, das Stück wurde gesperrt. Markov, der damit seine schlimmsten Befürchtungen bestätigt sah, aber auch keinen weiteren Kompromiß auf Kosten seines künstlerischen Anliegens eingehen wollte, verließ das Land noch am selben Tag dank eines schon längere Zeit genehmigten Visums, um nicht mehr dorthin zurückzukehren.

Durch seine Rundfunkbeiträge nun erwarb sich Georgi Markov den Namen eines der wichtigsten bulgarischen Regimekritiker, sie machten ihn auf neue Weise populär und unpopulär zugleich. Die "Fernreportagen"-Folge, erstmals 1976/77 über Radio Freies Europa und die Deutsche Welle ausgestrahlt, stand hierbei an erster Stelle.

Obwohl die Empfangsbedingungen in Bulgarien miserabel waren, denn das "Jamming", d. h. der Einsatz von Störsendern gegen den "ideologischen Gegner", hatte dort die Zeiten des Kalten Krieges überdauert, besaßen sie ein nicht nur auf engere Intellektuellenzirkel begrenztes Stammpublikum und zogen weite Kreise - meist als Gesprächsstoff, doch auch als Mitschnitt bzw. Mitschrift. Der für diese Art der Verbreitung in der Sowjetunion geprägte Begriff "Radizdat"[3] erscheint auch mit Blick auf die bulgarischen Gegebenheiten wichtig, insbesondere unter dem Differenzierungsaspekt kommunikationstechnischer Voraussetzungen für das Funktionieren eines sogenannten "zweiten Umlaufs".

Vielleicht hatte auch Markov daran gedacht, verschiedene Möglichkeiten auszuschöpfen und die Funkmanuskripte nachträglich in Druck zu geben. Damit hätte er sie zudem in einen Umlauf innerhalb der bulgarischen Emigration einbringen können, welche von den Radiosendungen nur sehr bedingt profitieren konnte. Über lange Zeit hatte sich Markov von anderen Emigranten, vor allem von deren politischen Organisationen, ferngehalten und - aus Bedenken gegen neuerliche Vereinnahmung seiner Person - keine Notwendigkeit zu irgendwelchem koordinierten und übergreifenden Handeln gesehen. Seine Konzentration galt dem Auditorium daheim. Doch in dieser Abwehr eines Engagements für Belange der Exilbulgaren begannen sich erste Risse abzuzeichnen, so in Gestalt seiner Idee, eine Zeitschrift für bulgarische Exilliteratur unter dem verpflichtenden Namen "Nov Zlatorog" (Neues Goldhorn) herauszugeben, deren erste Nummer für das Frühjahr 1979 geplant war.[4] Zur Verwirklichung solcher Vorhaben jedoch sollte es nicht mehr kommen: die Ermordung des Autors im September 1978 (der Anschlag war übrigens, ob zufällig oder nicht, am Geburtstag des bulgarischen Partei- und Regierungschefs Todor Živkov erfolgt) hat seinerzeit das Wort vom "bulgarischen Schirm" als Inbegriff für geheimdienstlichen Terror in Umlauf gebracht.[5]

---

3 Vgl. dazu z. B.: H. Gordon Skilling, Samizdat and an Independent Society in Central and Eastern Europe. Houndmills 1989, S. 5.

4 Nach Angaben von Atanas Slavov. Vgl. Slavov, The Thaw in Bulgarian Literature. New York 1981, S. 156 (Anm. 72). Der Titel "Nov Zlatorog" nimmt Bezug auf das renommierteste bürgerliche Literaturorgan der Zwischenkriegszeit, die Monatszeitschrift "Zlatorog" (Sofija 1920-1943).

5 Der Fall wurde von Vladimir Kostov in seinem 1986 in Frankreich erschienenen und ins Deutsche und Englische übersetzten Buch "Der bulgarische Schirm" beschrieben, hier kommt auch die Ähnlichkeit mit einem gegen Kostov selbst zwei Wochen vor der Ermordung Markovs verübten Anschlag zur Sprache.

Daß dennoch schon 1980/81 die "Fernreportagen" in gedruckter Form vorlagen, ist einer von vier Exilbulgaren eigens gegründeten Stiftung "Georgi Markov" zu danken.[6] Aus der in Zürich in 1500 Exemplaren verlegten und privat vertriebenen zweibändigen Ausgabe, die übrigens mit der Sofioter von 1990 inhaltlich weitgehend identisch ist, ging unter Einbeziehung weiterer Manuskripte des Nachlasses der vom Pariser Emigrantenverlag Bǎlgarski glas edierte Band "Literaturni eseta" (Literarische Essays, 1982) hervor. Beide Titel bildeten die Grundlage für den englischen Auswahlband "The Truth That Killed" (Die Wahrheit, die tötete; London 1983), er wurde ein Jahr später in den USA nachgedruckt. Eine französische Auswahl von acht Reportagen erschien gleichfalls in dieser Zeit: "L'Odissée d'un passeport" (Die Odyssee eines Passes; Paris 1983). Auch in deutschsprachiger Übersetzung wurden einzelne Texte in Zeitschriften veröffentlicht ("Kontinent", 13,14/1980; "Gegenstimmen", 6/1981).

Für die Bulgaren daheim freilich blieben die Kurzwellensender weiterhin das Hauptmedium, um die Beschränkungen des geschlossenen Kommunikationssystems zu umgehen, und so haben nicht zuletzt die "Fernreportagen" über die Jahre immer wieder den inoffiziellen Weg durch den Äther zum bulgarischen Auditorium genommen, sind sie dort im Bewußtsein präsent geblieben.

Ein neuer Abschnitt in ihrer Wirkungsgeschichte setzte erst ein, als im Zuge der politischen Wende vom November 1989 auch in Bulgarien das Informationsmonopol der Partei brüchiger bzw. der Zugang zu bisher Ausgegrenztem auch durch die offiziellen Medien im Zeichen einer pluralistischen Öffnung ermöglicht wurde. Die eingangs erwähnte Buchausgabe von 1990[7] ist beredtes Beispiel dafür, ihr sind eine vom Verlag Bǎlgarski pisatel besorgte Ausgabe der "Literaturni eseta" (1990) sowie unter dem Titel "Kogato časovnicite sa spreli - Novi zadočni reportaži za Bǎlgarija" (Als die Uhren stehenblieben - Neue Fernreportagen über Bulgarien) eine größere Auswahl aus nachgelassenenen Materialien der Exiljahre (beim Sofioter Privatverlag Peju K. Javorov, 1991) gefolgt.

Auch der Autor selbst, durch den Verband noch Anfang 1990 rehabilitiert, ist natürlich keine Unperson mehr, im Gegenteil. Hatte vor Jahren die bloße schriftliche Erwähnung seines Namens den Ausschluß aus dem Schriftstellerverband und die Suspendierung vom Lehramt nach sich gezogen, so steht der selbe Name nunmehr hoch im Ansehen (so hoch, daß sogar Mißbrauch mit ihm getrieben wird, wie der Fall einer Scheinstiftung "Georgi Markov" belegt, die 1992 unbesehen aus dem ganzen Lande mit Manuskripten und Startprämien für einen angeblichen Literaturwettbewerb versorgt wurde).

Abgesehen davon, ist der Prozeß des Sichtens und der Wiedereingliederung von Markovs Werk in die Nationalliteratur im Gange; die Dramen haben einen festen Platz im Repertoire der bulgarischen Theater, nach dem Verbleib unveröffentlichter Arbeiten wird

---

6   Über die Hintergründe und die schwierige Umsetzung der Idee, Funkbeiträge von Markov als Buch zu veröffentlichen, informiert ausführlich ein Interview mit dem Initiator der Stiftung, dem in die Schweiz emigrierten ehemaligen Offizier der bulgarischen Luftstreitkräfte, Josif Zagorski. Vgl.: Za ustata na vǎlka i "Zadočnite reportaži". In: Literaturen forum, 8, 24. Februar 1993, S. 1 und 5.

7   Zeitschriftenabdrucke ausgewählter "Fernreportagen" erfolgten unter anderem Anfang 1990 durch "Otečestvo" und "Sǎvremennik".

geforscht; allein aus den Archivbeständen der Deutschen Welle sollen sich noch ungefähr 1500 Druckseiten zusammenstellen lassen. Nicht zuletzt gibt es erste Schritte, die kriminalistische Klärung des Falles Georgi Markov voranzutreiben, dessen internationale Dimension sich unter anderem im Spätherbst 1993 andeutete, als der frühere KGB-General Kalugin in London festgenommen und im Zusammenhang mit der Ermordung des bulgarischen Dissidenten verhört wurde.

Nach diesem knappen Einblick in Autor- und Werkbiographie soll nun der Versuch unternommen werden, Georgi Markovs "Fernreportagen über Bulgarien" zu charakterisieren mit Blick auf ihre ursächliche Autorstrategie. Hiervon leitet sich dann als eine Art Ausblick die Frage ab, wie sich ein solches Schreiben zum Gesamt des Gefüges von offizieller und inoffizieller Kommunikation im bulgarischen Kontext in Bezug setzen läßt.

Schreiben im Exil für ein Publikum daheim

Die "Fernreportagen über Bulgarien" fallen, wie bereits deutlich wurde, ursprünglich in den Bereich des Hörfunkjournalismus, sie wurden gezielt für dieses spezifische Medium verfaßt. Das hat ihre Gestaltung, aber auch ihre Wirkungsweise geprägt.

Sie ordneten sich schon durch die Verbreitung über westliche Auslandsdienste a priori einem bestimmten Funktionsrahmen zu, dessen programmatische Eckdaten ganz allgemein wie folgt zu benennen wären: Befriedigung des Bedürfnisses nach Informationen westlicher Provenienz als Ergänzung und Korrektiv zu den durch die offiziellen Kanäle im Zielland verfügbaren; Forum der freien Meinungsäußerung und Substitut für eine im Zielland selbst behinderte freie öffentliche Diskussion; Information als Lebenshilfe.[8] Es ging also sehr konkret um grenz- und systemüberschreitende Kommunikation und Öffentlichkeitsarbeit, um eine Form der "politisch-ideologischen Systemauseinandersetzung". Schätzungen, die freilich nur sehr vage sein konnten, nahmen für die achtziger Jahre an, daß etwa 30 % der bulgarischen Bevölkerung mindestens einmal in der Woche die Programme von Radio Freies Europa und gut die Hälfte regelmäßig westliche Sender überhaupt hörten.[9] Bei dieser Hörerschaft war eine gewisse rezeptive Disposition zu vermuten, die zwar nicht unbedingt aus einer Haltung des politischen Dissenses, aber doch des mobilisierten gesellschaftskritischen Bewußtseins resultieren mochte. Dies konnte nur von Vorteil sein auch für ein Anliegen, wie es Markov verfolgte, nämlich Beobachtungen und Erfahrungen aus dem gesellschaftlichen Leben daheim kundzutun - einem Leben, wie er es nannte, "unterm Topfdeckel, den wir nicht lüften können und von dem wir schon nicht

8 Vgl. dazu: Deutsche Welle. Auslandsrundfunk der Bundesrepublik Deutschland. Hrsg. von: Deutsche Welle, Hauptabteilung Öffentlichkeitsarbeit, Köln 1986, S. 7; Bernd F. Köhler, Auslandsrundfunk und Politik. Die politische Dimension eines internationalen Mediums. Berlin/West 1988, S. 52 und 67.
9 Vgl. ebenda, S. 33; Franz Ronneberger, Bedeutung und Funktion des grenzüberschreitenden Rundfunks (nach Paul Lendvai). In: Interkulturelle Kommunikation in Südosteuropa. Möglichkeiten und Probleme. Hrsg. von Franz Ronneberger. München 1989, S. 122 (Südosteuropa aktuell, 7).

mehr glauben, daß er jemals gelüftet wird" (S. 6)[10]. Zumindest das Bewußtsein für die Korrekturbedürftigkeit des offiziell entworfenen Bulgarienbildes war selbst bei den Hörern in Rechnung zu stellen, die eventuell nicht geneigt sein würden, Markovs deklarierten Anspruch auf "objektive Wahrheit" immer und überall zu teilen.

Dem Umstand, für den Hörer daheim zu schreiben, hatte Markov gerecht zu werden durch die Wahl solcher gestalterischen Mittel, welche die inhaltliche Aufnahme des gesprochen Wortes nicht unnötig erschwerten. Überdies konnte er, gestützt auf die eigene Erfahrung in Bulgarien, einen anschließenden mündlichen Informationstransfer in Rechnung stellen, also die vielfältige Aufnahme des durch den Äther Vermittelten in verschiedene private Kommunikationskreise. Daß sich der erfahrene Novellist und Erzähler Markov nun der halbliterarischen Gattung der Publizistik zuwandte, erklärt sich mit aus diesem Zusammenhang. Aber auch der ausgeprägte Gesprächscharakter vieler "Fernreportagen" signalisiert, wie sehr der Autor darum bemüht war, einen möglichst direkten Zugang zum Auditorium zu finden und diesem "Gesprächsstoff" zu geben. Neben dem massiven Einsatz typisch dialogorientierter Textelemente half ihm dabei vor allem eine familiäre Intimität des Duktus. Auf diesen besonderen Rededuktus trifft der in einem der Texte reflektierte volkstümliche Ausdruck "da si kažem prikazkata" - als Äquivalent für gleichberechtigtes kommunikatives Miteinander - vollauf zu. Diese Art des Sprechens war zudem schon an sich mit einer sozialkritischen Konnotation bedacht, zählten doch gerade der Verlust des vertrauensvollen Miteinanderredens und das Umsichgreifen von Sprechsituationen der Subordination zu den von Markov beobachteten Symptomen einer gesellschaftlich betriebenen Entindividualisierung des Lebens.

Für die angestrebte Verknüpfung von Information und kritisch wertender Gestaltung, von dokumentarischem Zeugnis und emotionaler Einwirkung bot das gewählte Genre, die Reportage, beste Voraussetzungen. Den Authentizitätsanspruch des Genres hat Markov immer wieder betont, die Verifizierbarkeit der Aussagen vorauszuschicken war dabei Grundsatz. Zwar tragen nicht wenige Reportagen einen durchaus belletrisierten Anstrich mit figuren- und handlungszentrierter Perspektive, doch fiktionale Überhöhung oder Ausschmückung verbot sich, eingedenk der verfolgten Absicht, die Wahrheit und nichts als die Wahrheit zu bezeugen, von selbst. Und wo, ausnahmsweise, dennoch einmal mit Konstrukten gearbeitet wurde, da geschah das unter Einweihung des Adressaten, quasi im gegenseitigen Einvernehmen, um Wesentliches von Unwesentlichem zu scheiden, zu den eigentlichen Strukturen und Mechanismen eines bestimmten Phänomens vorzudringen: etwa wenn Markov seinen fiktiven Romanautor Ivanov auf den Weg durch die Institutionen der permanenten inneren wie äußeren Gedankenkontrolle und -disziplinierung schickte - als groteskes Lehrstück dafür, daß eine staatliche Zensurbehörde in Bulgarien tatsächlich nicht benötigt wurde.

Das Insistieren auf Wahrheit und Authentizität schloß natürlich die Polemik als Grundhaltung in sich ein. Bei Markov hieß es dazu noch in der Einleitung: "Hinter dem gemal-

---

10 Die hier und im folgenden mit Seitenangaben belegten Zitate beziehen sich auf: Georgi Markov, Zadočni reportaži za Bǎlgarija. Sofija 1990 (Übersetzung der Zitate - B. B.).

ten Bild gesichtsloser Existenz, hinter dem ereignislosen Dahinplätschern des geschichts-
trächtigen Lebens von heute, hinter der provinziellen Ruhe im gogolesken transdanu-
bischen Sowjetgouvernement erkennt mein protestierendes Gewissen nicht nur Chlesta-
kovs und Stadthauptleute, sondern auch Menschen und Ereignisse, die den Charakter der
Zeit auf nachdrückliche, ja biblische Art und Weise verkörpern und unvergleichlich
reicher und bunter sind als jene, welche der fremde Herrscher im sozialistischen Schau-
fenster ausgestellt hat." (S. 1)

Daß die Polemik ganz konkret gegen das Bild von einem sozialistischen Bulgarien
zielte, wie es durch die offiziellen Repräsentanten nach innen und außen verbreitet wurde,
klang bereits an. Sie entsprach damit auch dem politischen Auftrag der Medien, in deren
Dienst sich Markov gestellt hatte bzw. die er für sein Anliegen nutzte. Diese Polemik
entbehrte nicht eines aufklärerischen Zuschnitts - insbesondere wenn man Markovs
mehrfach demonstrierte Abwehr linker westeuropäischer Illusionen und "Verblendungen"
bezüglich des real existierenden Sozialismus in Betracht zieht: ein Funktionsaspekt von
Exilliteratur generell, der gewöhnlich dann noch an Bedeutung gewinnt, wenn in einer
westeuropäischen Sprache publiziert wird.

In den "Fernreportagen" aber war der Hauptzweck des polemischen Operierens mit
Wahrheit ein anderer: es ging mit Blick auf den Adressaten daheim weniger darum, welche "Unwahrheiten" enthüllt und öffentlich gemacht wurden, sondern um den Akt der öffentlichen Demaskierung selbst. Hierzu schrieb Anfang 1990 die Sofioter Literaturwissenschaftlerin Rozalija Likova: "Sie (die "Fernreportagen" - B. B.) haben das große
Verdienst, daß sie mutig, klug und wahrheitsgetreu von Dingen sprechen, die wir kennen
und durchlebt haben, die aber, durch den klaren und aufrüttelnden Gedanken des Autors
gebrochen, in uns tiefe Spuren hinterlassen, zu Offenbarungen werden."[11] Es war also in
erster Linie die stellvertretende Artikulation von Gekanntem und Gewußtem, das exem-
pelhafte Brechen von Tabus, was die "Fernreportagen" leisten wollten; keiner besserwis-
serischen Enthüllungsästhetik, sondern einer Ästhetik kritischer Mitwisserschaft folgten
sie: Das eingangs zitierte Bild von den Eselsohren des Zaren meint daher wohl auch gar
nicht einmal so sehr die Entdeckung eines Geheimnisses, sondern die Entscheidung, dem
Disziplinierungsgebot zuwiderzuhandeln und sich zur Wahrheit zu bekennen. Das hatte
mit Autonomie, einem der wichtigsten Stichworte intellektueller Kritik am autoritären
Sozialismus, mit der eigenen Verwirklichung, der "Chance des 'aufrechten Ganges'"[12] zu
tun. Deshalb auch, weil dieser Funktionsaspekt nichts von seiner Brisanz verlor, konnten
die "Fernreportagen" über ein Jahrzehnt lang ungebrochen weiterwirken und, nachdem ihr
Informationsanliegen im Prinzip schon mit den ersten Ausstrahlungen realisiert war, auch
bei späteren Sendungen selbst dem "Stammpublikum" immer wieder von neuem Anre-
gungen vermitteln.

---

11 Rozalija Likova, Neponosimost. Opit za portret na Georgi Markov. In: Literaturen front, 45/4, 24.
    Januar 1990, S. 2.
12 Vgl. Wolfgang Eichwede, Auf der Suche nach Autonomie. In: Auf der Suche nach Autonomie.
    Kultur und Gesellschaft in Osteuropa. Hrsg. von Dietrich Beyrau, Wolfgang Eichwede. Bremen
    1987, S. 7 f. (Forschungen zu Osteuropa).

Nicht stimmig freilich wäre der Eindruck, das in den "Fernreportagen über Bulgarien" zur Sprache Gebrachte sei so und nicht anders immer schon geistiges Gemeingut gewesen - nur halt unterdrückt oder verdrängt. Dem widerspricht bereits der Fakt, daß Markov weitgehend aus seinem persönlichen Lebens- und Erfahrensregister schöpfte, um gesellschaftliche Entwicklungen und Erscheinungen, Perioden und Wendepunkte zu charakterisieren. Ausgangspunkt waren dabei immer wieder Beobachtungen und Begegnungen des Autors im Alltag, die aber von vornherein als etwas Symptomatisches, Verallgemeinerbares erscheinen und von daher über mehr als nur ein anekdotisches Potential verfügen. Die Texte folgen den Stationen von Markovs eigener Biographie über zwei Jahrzehnte - von der Studienzeit 1947/52 an bis zu den späten sechziger Jahren, als der Autor sich bereits einen solchen Namen gemacht hatte, daß er für höchste politische Kreise, die kulturelle Aufgeschlossenheit demonstrieren wollten, nicht nur als Komparse interessant geworden war. Damit boten sich ihm natürlich auch Einblicke hinter die Kulissen der Macht. Markov hat diese Interna vornehmlich für eine in sich geschlossene Reportagenfolge unter dem Titel "Sresti s Todor Živkov" (Begegnungen mit Todor Živkov) verwertet, die über den "Flirt des Ersten Sekretärs mit der künstlerischen Intelligenz" (S. 416) berichtet. Doch auch hier steht das Fragen nach den hintergründigen Strukturen und Funktionsmechanismen des Machtsystems an erster Stelle. So habe dieser "Flirt" den bulgarischen Künstlern und Schriftstellern zwar "herrliche Ferienheime, überquellende Verbandsfonds, ganze Stapel von Medaillen und Titeln, großzügige Honorare, materiellen Wohlstand, die Belohnung ehrgeiziger Posten- und Privilegienhascherei beschert", in Wirklichkeit jedoch seien all diese "Errungenschaften" nichts anderes gewesen als "verschwenderisch eingesetzte Mittel, um den Ungehorsam zu untergraben und zu entkräften, ohne den kein kreativer Geist existieren kann", und "um die künstlerische Intelligenz von jedem ernsthaften Kontakt zum Volke fernzuhalten und sie festzuhalten in der Rolle eines verhätschelten Kostgängers der Partei" (ebenda). Auch wenn gerade bei derartigen Texten ein gewisser Ansatz nicht zu leugnen ist, sozusagen "aus dem Nähkästchen zu plaudern" - wichtiger erscheint doch etwas anderes: Mit den verschiedenen Beobachtungen aus Alltag, Politik und geistigem Leben fügen sie sich facettenförmig zusammen, um - nicht etwa nach und nach, sondern (hier spielt wieder die Verbreitung der Reportagen durch den Hörfunk eine Rolle) an jedem Thema neuerlich extrapoliert - Markovs Korrektur-Bild vom Verhältnis zwischen Macht und Volk entstehen zu lassen. Dieses Verhältnis wird schon von seinen Ansätzen her als ein nichtauthentisches beschrieben, basiert es doch auf dem oktroyierten Modell des "sowjetischen Feudalismus" (Markov bezeichnet das Resultat als "Kreuzung zwischen Bär und Taube") und hat es doch die eigennationalen Voraussetzungen für einen demokratischen Sozialismus von Anfang an negiert (S. 64). Seine Erscheinungsform ist eben jenes bereits erwähnte "Leben unterm Topfdeckel", das keine Ausdehnung in die Breite kennt, sondern einzig in vertikaler Richtung verläuft: "Auf dieser senkrechten Leiter tobt der endlose Karneval der Macht des Menschen über den Menschen, Vorbeimarsch der Mengen im Klettern, Zwängen, Rempeln und Drängen, steil hinauf und dann wieder gewaltsam hinab. Auf dieser Leiter werden Verschwörungen angezettelt, Schlachten geschlagen, Kräfte neu gruppiert, Ambitionen und Urinstinkte entfacht, erlischt jede Flamme des Edelmuts und der Würde. Und die ewige Losung, von Millionen Lautsprechern hinausgebrüllt, lautet: jeder kämpft für das Glück des anderen. Alle Worte, die man unterm Deckel sagt, ändern sich unaufhörlich im Inhalt. Lüge und Wahrheit ändern sich im Wert mit der Frequenz von Wechselstrom" (S. 2).

Dieses zentrale Bild konnte von seinen Grundmustern her - gleich, ob es sich aus anekdotenhaft Erzähltem und Nacherzähltem ergab oder sich auf die reflektierende Auseinandersetzung mit den Funktionsweisen des stalinistischen und poststalinistischen Regimes bulgarischer Ausgabe stützte - nicht nur vom Autor, sondern auch durch den Rezipienten nach Belieben und Wissen weiter bestückt werden. Hierdurch scheint die große Wirkung der "Fernreportagen über Bulgarien" entscheidend mitbedingt worden zu sein.

Gleichfalls wichtig für diese Wirkung war aber auch, daß die von Markov anvisierte Argumentations- und Wertungsebene die eines größtmöglichen Konsenses im Dissens war, nämlich eine Ebene des patriotischen Ehrgefühls. Schon die These, daß "der Personenkult mit jenem Flugzeug in Bulgarien eintraf, aus dem Georgi Dimitrov stieg" (S. 14), ging massiv in diese Richtung, wonach das jüngere Schicksal der Nation eben zu weiten Teilen ein Produkt politischer Fremdbestimmung, der Preisgabe eigener Interessen war. In einer Reportage mit dem Titel "Mila Rodino, ti si zemen raj" ("Liebe Heimat, du bist ein Paradies auf Erden" - Anfangsvers der bulgarischen Nationalhymne) wurde beispielsweise die Frage dokumentiert: "Wenn die Sowjetunion und Bulgarien eines Tages Krieg gegeneinander führen, auf welcher Seite sollen wir dann kämpfen?" (S. 367) Parteiideologischer Mißbrauch eines ehrlichen Patriotismus im Volke war ein weiteres kritisch beleuchtetes Thema, das von Markov genutzt wurde, um nationale Traditionen gegenüber dem von außen Übergestülpten zu verteidigen.

Zahlreiche andere solcher Bogenschläge, durch die sich einzelne Reportagen miteinander verbinden und dabei auch einen Gegenstand von verschiedenen Seiten betrachten, ließen sich nachzeichnen: sei es die Problematik der Degradierung des Individuums zum bloßen Teil eines Funktionsapparats, sei es das Verhältnis zwischen dem einzelnen und der Gemeinschaft, sei es die Aushöhlung kultureller Werte und Maßstäbe usw. Nur einige wenige Titel, die für sich selbst sprechen, seien zur Vervollständigung des Eindrucks angeführt: "Da se prezivee njakak" (Irgendwie über die Runden kommen), "Mojat čovek" (Der ist mein Mann), "Vseki podozira vsekigo" (Jeder verdächtigt jeden), "Razdeljaj i vladej" (Teile und herrsche), "Poklon pred car Dolar" (Eine Verbeugung vor dem Zaren Dollar), "Zad fasadata na 8-i mart" (Hinter der Fassade des Achten März), "Zašto chorata kradat ot svojata dăržava?" (Warum bestehlen die Leute ihren Staat?), "Bălgarin li e Šekspir?" (Ist Shakespeare etwa Bulgare?) ...

All die massive und detaillierte Kritik der "Fernreportagen" an gesellschaftlichen Zuständen, Machtstrukturen und ihren Protagonisten mündete allerdings keineswegs in systematisch entwickelte Alternativvorstellungen. Erst im nachträglichen Zusammenlesen stellt sich eine mögliche Verbindung her zwischen spärlich, ja fast zaghaft eingestreuten Aussagen Markovs, die zeigen, daß für ihn das Reden über die "Eselsohren" nicht nur bedeutete, deren Existenz aktenkundig zu machen und über sie zu urteilen. Die Denkrichtung zielt dabei auf eine Ausweitung des Autonomiebegriffs vom Individuum hin zu Gesellschaft und Nation. Die Spezifik der "Fernreportagen" freilich rückte gegenüber solchen perspektivischeren Überlegungen doch vor allen Dingen operative Wirkungsaspekte in den Vordergrund, und die Autorstrategie Georgi Markovs galt deshalb ganz bewußt in allererster Linie dem Bekenntnis zu den Wahrheiten des Lebens.

Ausblick

Wie wäre nun aber eine solche Konzeption des Schreibens im Exil vor dem Hintergrund zeitgenössischer bulgarischer Literatur im Lande und außerhalb des Landes zu bewerten, wodurch zeichnete sie sich aus, worin bestanden ihre besonderen Wirkungsmöglichkeiten?

Um diese Frage zu beantworten, ist zunächst eine erklärende Vorbemerkung vonnöten. Ein Blick, der hinausgehen will über das, was die offiziell zugängliche bulgarische Literatur der letzten Jahrzehnte ausmachte, fällt zu großen Teilen auf eine Terra incognita mit nur vage erkennbaren Konturen und noch kaum erkundeten Populationen. Anders als etwa bei der polnischen, tschechischen, russischen Literatur, hat sich im Falle der bulgarischen weder im Inland noch im Ausland die Vorstellung von nennenswerten Gegententenzen zum "ersten Umlauf" eingebürgert. Im Gegenteil, bulgarische Literatur stand und steht oft pauschal in dem Rufe, in "vorauseilendem Gehorsam" besonders linientreu den kulturpolitischen und literaturtheoretischen Doktrinen nachgekommen zu sein. Daß dieser Eindruck des Monolithischen bei genauerer Betrachtung sowohl in der historischen Diachronie als auch hinsichtlich funktionaler Differenzierungen auf einer Synchronebene kritisch zu hinterfragen ist, war indes schon angesichts des keineswegs konfliktfrei und reibungslos verlaufenen öffentlichen literarischen Lebens in Bulgarien im Bewußtsein derer, die sich für diesen Gegenstand näher interessierten; um so angezeigter ist ein solches kritisches Hinterfragen im Zuge einer umfassenden Neusichtung der Literaturentwicklung vergangener Jahrzehnte, die eben auch bislang Ausgeklammertes mit zur Kenntnis nehmen und in die Bewertung einbringen wird.[13] Allerdings ist hier die bulgarische Literaturwissenschaft erst am Anfang, viele Quellen werden gerade erst erkundet und erschlossen, namentlich was im Exil entstandene Arbeiten betrifft, und so besitzen auch die folgenden Überlegungen noch stark sondierenden Charakter. Als Orientierungshilfen dienten dabei unter anderem Markovs eigene Aussagen zur bulgarischen Literaturentwicklung, Atanas Slavovs im Exil entstandene Monographie "The 'Thaw' in Bulgarian Literature" (Das "Tauwetter" in der bulgarischen Literatur; New York 1981) und die Bibliographie "Works of Bulgarian Emigrants" (Arbeiten bulgarischer Emigranten; Chicago 1985) von Georgi Paprikoff (Paprikov).

---

13 Diese Aufgabe stellte sich beispielsweise ein bulgarisch-deutsches Symposium, veranstaltet durch das Seminar für Slavische Philologie der Georg-August-Universität Göttingen und die Südosteuropa-Gesellschaft, unter der wiss. Leitung von Reinhard Lauer, 18. - 20. Oktober 1993 in Göttingen. Die Beiträge zum Thema "Die bulgarische Literatur in alter und neuer Sicht" sollen in einem Konferenzband publiziert werden.

Das, was die "Fernreportagen" von Grund auf von dem daheim Möglichen unterschied, war der dokumentarisch-publizistische Charakter der Darstellung, der, wie Markov schrieb, "ohne irgendwelche Auflagen und Beschränkungen" durchgehalten werden konnte (S. 516). Damit nahmen sie auch eine literarische Stellvertreterfunktion wahr für das, "was viele Schriftstellerkollegen daheim gleichfalls gern gesagt hätten" (ebenda), ihnen aber in dieser Offenheit innerhalb des offiziellen Diskurses verwehrt war. Markovs Wort vom Exil als Privileg weist genau in diese Richtung.

In Bulgarien selbst hat es zwar auch in Zeiten ärgster dogmatischer Verengung keine zentrale staatliche Zensurbehörde gegeben. Kaum woanders aber sind die Arbeit und das Leben des Schriftstellers - auch dank des Verbandes - derart durchadministriert und politisch reglementiert gewesen. Dadurch blieb auch der Aufgabenbereich der Zensur als ideologisches Kontrollorgan nicht unabgedeckt. Von verschiedensten Seiten, vor allem durch Parteiapparat und Staatssicherheit, waren Eingriffe in die Verlagspolitik, zumal in Zeiten geargwöhnter ideologischer Instabilität, gang und gäbe. Außerdem besaß auch in Bulgarien die Staatspartei die weitgehende Verfügungsgewalt über die Medien und deren materielle Voraussetzungen. Vor allem aber sorgte ein durch sämtliche Instanzen gehendes, psychologisch wirkungsvolles System der "freiwilligen" Selbstkontrolle und Selbstzensur - angefangen beim Autor, über Redakteure und Lektoren bis hin zum Verlagsleiter - dafür, daß das Wahrheitsmonopol der Partei nicht allzu offenkundig in Frage gestellt wurde.

Die Grenzziehung zwischen Machbarem und nicht Machbarem war dem individuellen Mutmaßen überlassen, das dabei fast ausschließlich auf Erwägungen tageskonjunktureller Art angewiesen war und immer auch die Folgen in Rechnung stellte. Genügten doch erfahrungsgemäß sogenannte "Signale", d. h. die bloße ideologische Verdächtigung durch wen auch immer, um seitens der Administrationsorgane im nachhinein eine "Schadensminimierung" in Gang zu setzen, die sich in schwerwiegenden Restriktionen und Sanktionen niederschlug: Reduzierung der Auflagenhöhe, Verweigerung von Nachauflagen, Entfernen von bereits Publiziertem aus dem öffentlichen Kreislauf, in letzter Konsequenz auch das Verdikt über Titel, Autoren, Publikationsorgane bis hin zur Strafverfolgung. Mitunter wurden im Verein damit Kampagnen der öffentlichen Verurteilung inszeniert, freilich lenkten solche Maßnahmen die Aufmerksamkeit des Publikums erst recht auf den Gegenstand und erreichten damit eher das Gegenteil.

Sogar Autoren, die als "legitime" Repräsentanten bulgarischer Gegenwartsliteratur hochangesehen waren und, so problematisch und illusorisch dies auch sein mochte, entsprechende kreative Freiräume für sich reklamieren konnten, gerieten - so sie bestimmte, ungeschriebene Tabuzonen verletzten - nicht nur in die institutionalisierte Kritik, sondern auch in eine merkwürdige "Grauzone" zwischen öffentlicher und nichtöffentlicher Kommunikation. Das betraf etwa - in den achtziger Jahren - David Ovadijas mit der offiziellen Geschichtsversion kollidierende Aufzeichnungen "Ded ili Razgromät" (Ded oder die Zerschlagung) über die Partisanenabteilung "Anton Ivanov"; Blaga Dimitrova mit ihrem Roman "Lice" (Gesicht), einem Psychogramm von Verhaltensweisen unter autoritären gesellschaftlichen Bedingungen, gehörte dazu; konfisziert wurde auch der Band "Ljuti

čuški" (Scharfe Schoten) von Bulgariens meistgelesenem Epigrammatiker Radoj Ralin;
Jordan Radičkovs groteskem Drama über das Funktonieren der Macht, "Obraz i podobie"
(Bild und Ebenbild), blieb nach dem Vorabdruck der Weg auf die bulgarische Bühne ver-
sperrt; das Miteinander nationaler Minderheiten, wie es Ivan Radoev in seinem poetischen
Drama "Čudo" (Ein Wunder) menschlich anrührend in Szene setzte, durfte nach der
1984/85 vollzogenen Zwangsbulgarisierung der türkischen Bevölkerung kein Thema mehr
sein; "Čajki daleč ot brega" (Möwen fern vom Ufer), ein Parabelroman von Evgeni Kuz-
manov, der am Modell einer "geschlossenen Gesellschaft" soziales Rollenspiel in allen
Schattierungen durchexerziert, wurde gleichfalls aus dem Verkehr gezogen. Paradoxerweise mußte, um außenpolitische Komplikationen zu vermeiden, selbst der höchst
offiziöse Venko Markovski mit seinen Aufzeichnungen aus dem jugoslawischen Konzen-
trationslager Goli Otok, die ihn als überzeugten Stalinisten und Kämpfer wider den "Tito-
ismus" auswiesen, nach einem Verleger im westlichen Ausland Ausschau halten - doch
ein solcher Fall wirft nun wirklich die Frage auf, wo ein "erster", "zweiter" und eventuell
"dritter Umlauf" beginnt, und wo die Grenzen zu ziehen sind.

Vor allem, dies zeigen zum Teil die genannten Beispiele, war das kritische Sezieren von
Machtmechanismen und -strukturen einer der heikelsten Themenbereiche öffentlicher
Kommunikation. Das bestätigt auch die schon 1968 fertiggestellte, als Maschinenmanu-
skript unter der Hand verbreitete politgeschichtliche Untersuchung "Fašizmăt" (Der Faschismus) von Želju Želev; sie wurde 1982 zwar durch den Komsomolverlag Narodna
mladež veröffentlicht, doch dies zog eine bis dahin beispiellose Welle von Sanktionen
gegen alle an der Edition beteiligten Personen, einschließlich der ersten, positiv wertenden
Kritiker, nach sich. Es ist übrigens sicher nicht übertrieben zu sagen, daß gerade zwischen
diesem Buch und den "Fernreportagen" von Markov ein enger geistiger Zusammenhang
besteht: die Strukturen und Mechanismen, die Markov an zahllosen Einzelbeobachtungen
verdeutlichte, waren bei Želev sozusagen pur dargelegt und systematisiert, wenn auch als
Analyse des historischen Faschismus ausgewiesen.

In den meisten dieser und ähnlicher Fälle, in denen sich die Staatsgewalt zum Einschrei-
ten veranlaßt sah, konnten freilich explizite Textaussagen und -formulierungen höchst selten als Indiz für ideologische "Entgleisungen" herhalten. Eigentlich ging es ja auch um
die kaum zu beweisende, aber natürlich zutreffende einvernehmliche Autor-Leser-Kom-
munikation zwischen den Zeilen, wobei die kritisch wahrgenommene gesellschaftliche
Erfahrung die gemeinsame Bezugs- und Verständigungsebene bildete. Die Absurdität des
Vorgehens gegen solche Literatur zeigte sich gerade dann, wenn - um den "sozialismus-
feindlichen" Ansätzen auf die Spur zu kommen - diese kritischen Beobachtungen geteilt
und eben die "verbotenen" Gedankenschlüsse mitvollzogen werden mußten.

Der Komplex der inoffiziellen Literatur im engeren Sinne hat sich hingegen in Bulgarien
nach dem Zweiten Weltkrieg tatsächlich in nur sehr geringem Umfang ausgebildet. Von
einem eigentlichen, sich schriftlich manifestierenden "zweiten Umlauf", der sich als
vielschichtiger Gegenwurf zur staatlich gelenkten und kontrollierten Sphäre der Kommunikation organisiert und für mehr oder weniger breite Kreise zu einem lebendigen Faktor
geistiger Wertebildung wird, kann kaum gesprochen werden. Und wo er sich andeutete,

da blieb es weitgehend bei internen Äußerungen ohne Ausstrahlung oder Echo nach außen.

Man nutzte vielmehr und viel häufiger die vermuteten "Freiräume" voll aus, suchte deren Grenzen sukzessive auszudehnen - ob nun mittels "äsopischer Sprache" bzw. einer besonderen "Syntax des Schweigens", unorthodoxer Sichtweisen auf bestimmte Probleme oder im behutsamen Vortasten in bis dato tabuisierte Themenbereiche. Freilich haben dabei immer auch Insiderkreise mit eigenen Diskussionskonsensen bestanden, hat es gerade unter Schriftstellern, Künstlern, Wissenschaftlern immer auch Versuche gegeben, sich außerhalb der allgegenwärtigen staatlichen Institutionen quasi einen zweiten Kommunikationszusammenhang zu schaffen - doch erst im Verlaufe des letzten Jahrzehnts materialisierte sich davon einiges auch nach außen hin. Erst die achtziger Jahre verzeichnen, durchaus im Zusammenhang mit Gorbatschows Politik der Perestroika, eine deutlichere Zunahme öffentlich arikulierten oppositionellen Bewußtseins in Bulgarien, wurde die Gesellschaft durch häufigere und tiefer greifende Eruptionen bewegt.

Bürgerinitiativen und -komitees machten mit Aktionen zur Verteidigung von Menschenrechten, nationalen Minderheiten sowie zum Schutze der Umwelt von sich reden. Auch im Bereich des literarischen und künstlerischen Lebens war zu beobachten, wie Nischen verlassen und Interessen bekundet oder eingeklagt wurden, die abseits von den sogenannten Magistralen der Kulturpolitik lagen, ja diese wie auch die offizielle Politik überhaupt attackierten. Beleg dafür war auch das Entstehen erster wirklicher Samizdat-Zeitschriften unmittelbar vor der politischen Wende vom November 1989.[14]

Deutlicher nachvollziehbare Kontinuität kennzeichnet allerdings den Komplex der Exilliteratur, zunächst einmal im weitesten Sinne als von bulgarischen Emigranten im Ausland publiziertes Schrifttum verstanden.

Bulgarien verzeichnete nach dem Zweiten Weltkrieg zwei größere politisch motivierte Auswanderungswellen: die erste unmittelbar nach 1944, während der Verfolgung der monarchistischen und militaristischen Kräfte und der Zerschlagung der bürgerlichen Opposition; die zweite etwa seit Mitte der sechziger bis Anfang der siebziger Jahre, als sich die Anzeichen für einen Abbruch der "Tauwetterperiode" mehrten und letztlich mit der Niederschlagung des Prager Frühlings Hoffnungen auf eine demokratisch-liberale Reformierung der sozialistischen Ordnung zusammenbrachen.[15]

---

14 Es handelt sich dabei um die Zeitschriften "Most", hrsg. von Edvin Sugarev, und "Glas", hrsg. von Vladimir Levcev, die in ca. 100 Exemplaren als Manuskript verbreitet wurden. Nach 1989/90 verloren sie ihren Samizdat-Status ("Most" beispielsweise erschien fortan als Ausgabe der nunmehr legalen Organisation "Ekoglasnost" und mit einer eigenen Lyrik-Bibliothek) bzw. fanden ihren Platz innerhalb eines zusehends aufkeimenden freien Presse- und Literaturmarktes.

15 Politisch motiviert war auch die Auswanderung der bulgarischen Türken in der zweiten Hälfte der achtziger Jahre, doch ob und inwieweit sie sich daraufhin in der Türkei eine Exilpresse und -literatur schufen, wäre noch zu eruieren. Die Ende der achtziger Jahre einsetzende Abwanderung junger, oftmals hochqualifizierter Bulgaren, wie auch von bulgarischen Roma hat hingegen vor allem ökonomische Gründe.

Zwischen den Vertretern der beiden Emigrantengenerationen gibt es, wie sich auch an
hand ihrer literarischen Aktivitäten im Ausland feststellen läßt, kaum engere Berührungs
punkte.

Annähernd 2000 Titel unterschiedlichster inhaltlicher Zuordnung sind in der von Georgi
Paprikov erarbeiteten Bibliographie von Büchern, Broschüren und Dissertationen für den
Zeitraum 1944 bis 1984 nachgewiesen. Auf ihrer Grundlage kristallisieren sich als Zen-
tren bulgarischer Öffentlichkeitsarbeit in der Emigration insbesondere die Vereinigten
Staaten (wo bulgarische Einwanderer in der ersten Hälfte des 20. Jahrhunderts bereits
vielfältige, freilich meist politisch orientierte publizistische Aktivitäten entfaltet hatten),
Israel (als Wahlheimat der bulgarischen Juden) sowie Frankreich und die Bundesrepublik
Deutschland heraus (zur französischen und zur deutschen Kultur bestanden traditionell
enge Beziehungen). In diesen Ländern wirkten und wirken bulgarische politische Organisationen, nationale Interessenvertretungen, kulturelle u. a. Vereinigungen - teils als selbständige Körperschaften, teils in Zusammenarbeit oder als gemeinsame Unternehmen mit
Vertretern und Einrichtungen des öffentlichen Lebens im Gastgeberland.

Breitesten Raum nimmt nach der erwähnten Bibliographie die politische Literatur ein.
Sie setzt sich aus Analysen des bulgarischen Gesellschaftssystems, aus Berichten über
politische Verfolgung und Dokumenten über Internierungslager, politische Strafprozesse
u. ä., aus Memoiren ehemaliger politischer Gefangener usw. zusammen.

Die eigentliche künstlerische Literatur verzeichnet zum einen eine umfangreiche patriotische Dichtung, in der Exilbulgaren ihrer Heimatverbundenheit Ausdruck verleihen,
Naturschönheiten, Volksbräuche oder auch Sternstunden in der Geschichte der Nation
thematisieren. Es scheinen dies - soweit aus den Angaben der Bibliographie zu ersehen
ist - überwiegend Bekundungen der Art zu sein, wie sie auch vom Sofioter Staatlichen
Komitee für Auslandsbulgaren gefördert und publiziert wurden: harmlose, ästhetisch kon-
ventionelle Zeugnisse von Hobbydichtern.

Zum anderen fällt die zahlreicher vertretene polemische und satirische Literatur auf -
Prosa wie Lyrik -, die sich mit "dem Leben im gegenwärtigen kommunistischen Bulga-
rien" (wie es in den Annotationen der Bibliographie heißt) auseinandersetzt. Unter den
Autoren solcher Werke finden sich unter anderem Irene Dolska (Kaleva), Atanas Slavov,
Dragomir Zagorski, Stoil Stoilov, die teilweise vor dem Weggang aus Bulgarien bereits
literarisch aktiv waren.

Schließlich sind Ausgaben solcher bulgarischer Schriftsteller zu erwähnen, die aus dem
offiziellen Erbekanon daheim ausgegrenzt bzw. ihm nur unter mancherlei Wenn und Aber
zugeordnet waren: die symbolistischen Dichter Trifon Kunev und Dimčo Debeljanov, der
Humorist Čudomir; neben solchen Editionen wurden für die Bedürfnisse des Exils aber
auch Auswahlsammlungen von Werken der Klassiker der Nationalliteratur zusammengestellt (Ivan Vazov, Christo Botev) sowie in Bulgarien reglementierte Werke zeitgenössischer gesellschaftskritischer Autoren nachgedruckt (Radoj Ralin).

Wurde bei solchen Editionen die bulgarische Muttersprache beibehalten, so nicht bei
Ausgaben, mit denen die nationale Kultur und Literatur dem Publikum im Gastland nahe-
gebracht werden sollte (auf diesem Gebiet ist insbesondere der in München lebende Chri-

sto Ognjanov aktiv, der auch eigene Lyrik zu bulgarischen Themen in deutscher Sprache publiziert).

Die Grenze der eigentlichen Exilliteratur markieren dann Autoren wie Dimităr Inkjov, der sich mit seinen in viele Sprachen übersetzten Büchern einen festen Platz in der Kinderliteratur Deutschlands erobert hat, Valentin Argirov als Verfasser von deutschsprachigen Unterhaltungsromanen (etwa aus dem Ärztemilieu) oder auch Stefan Gruev mit seinem 1967 erstmals in den USA erschienenen und international rezipierten Buch "Manhattan Project", das die Entwicklung der ersten Atombombe beschreibt.

Erst jetzt erfährt der Leser daheim, daß es bulgarische Autoren mit diesen Namen gibt. Sie werden durch die Literaturpresse vorgestellt, die Übersetzung bzw. der Nachdruck ihrer Werke erfolgt recht forciert. So gehörte Gruevs 1987 in den Vereinigten Staaten in englischer Sprache veröffentlichte Romanbiographie des letzten bulgarischen Zaren, "Korona ot trăni" (Dornenkrone), zu den ersten Werken, die nach dem politischen Umbruch in die literarische Kommunikation daheim eingebracht wurden (Zeitschriftenabdruck 1990/91 in "Septemvri", "Letopisi"; als Buch 1991) und dort zu einem Bestseller avancierten (wozu auch hier wieder die teilweise Vorabverbreitung über den westlichen Auslandsrundfunk beigetragen hat). Auch das in der Bundesrepublik Deutschland entstandene poetische Werk Cvetan Marangozovs, der bis zu seiner Emigration 1960 der bulgarischen Literaturkritik als vielversprechender junger Erzähler gegolten hatte und der mit seiner abstrusen Bildsprache wie schockierenden Sondierung von Lebenslagen der Entfremdung und Sinnlosigkeit heute als der vielleicht interessanteste bulgarische Exildichter anzusehen ist, wird nunmehr in einer massiven Nachholeaktion dem heimischen Publikum vorgestellt.

Insgesamt gesehen zeichnet sich aber doch ab, daß der kurz nach der politischen Wende 1989 eingeleitete Prozeß der Reintegration bislang vornehmlich solche Werke erfaßt, die sich auf dokumentarisch-publizistische Weise oder als belletrisierter Tatsachenbericht ihrer Gegenstände annehmen. Gerade ihnen wird am ehesten eine Breitenwirkung zugetraut und in erster Linie auch das Potential, erhellend und korrigierend in Geschichts- und Gegenwartbilder einzugreifen. Hierin spiegeln sich verständlicherweise Rezeptionsbedürfnisse wider, die sich aus dem langjährigen Tabuisieren bestimmter Themenbereiche ergeben. Auch wirken hier wohl konkrete Leseerwartungen weiter, wie sie sich seit der zweiten Hälfte der achtziger Jahre im Zusammenhang mit der sowjetischen Perestroika-Publizistik herausgebildet hatten (wobei man beachten sollte, daß die bulgarische Literatur seit dem ausgehenden 19. Jahrhundert nicht nur einmal mit einem Aufschwung dokumentarischer und publizistischer Genres auf gesellschaftliche Umbrüche reagierte). So steht z. B. die Lagerliteratur mit an vorderster Stelle - aus dem Schubfach oder als Nachdrucke von Exilausgaben; gleichfalls großen Interesses erfreuen sich Erinnerungen, Biographien u. ä. von einstigen Persönlichkeiten des politischen Lebens; doch auch für die politische Systemanalyse in der Art von Želevs "Fašismăt" sowie für jene Art der Auseinandersetzung mit gesellschaftlichen Schein- und Unwahrheiten, wie sie durch Georgi Markovs "Fernreportagen über Bulgarien" erstmals öffentlich ermöglicht worden war, wird sich dies gewiß noch für eine bestimmte Dauer sagen lassen - so sind bezeichnenderweise auch von

anderen bulgarischen Mitarbeitern westlicher Radiosender inzwischen ausgewählte Funkbeiträge auf dem bulgarischen Buchmarkt erschienen: z. B. von Atanas Slavov "S toč-
nostta na prilepi" (Mit der Genauigkeit von Fledermäusen; Sofija: Bălgarski pisatel 1992)
oder von Dimităr Bočev "Chomo emigrantikus" (Homo emigranticus; Sofija: BAN 1993).
Möglicherweise kann dabei die nun nicht mehr räumliche, sondern zeitliche Ferne auf
neue Weise helfen, der "objektiven Wahrheit" vom "So-ist-es-gewesen" noch näher zu
kommen.

Angela Richter

Liberalität ohne Grenzen?
Zum Umgang mit Literatur in Jugoslawien 1945-1990

Acht Thesen sollen der Annäherung an dieses vielschichtige Problem dienen und die spezifischen gesellschaftlichen Rahmenbedingungen für die Entwicklung von Literatur und Kultur in Jugoslawien einsehbar machen:

1. In ihrem ironisch-bitteren Essay "Papageien und Priester" stellt die kroatische Schriftstellerin und Literaturwissenschaftlerin Dubravka Ugrešić nüchtern fest: "Jugoslawien hatte nie eine große Emigration humanistisch gesinnter Intellektueller, wie etwa die anderen sozialistischen Länder. Es war eher bekannt durch den Export 'schwarzer' Arbeitskräfte, durch die Gastarbeiter. Gegenwärtig halten sich viele Intellektuelle in Paris, London, New York auf ... Natürlich solche, denen es möglich war, die Gelegenheit dazu hatten, freiwillig oder gezwungenermaßen zu gehen, die Erschrockenen und Verängstigten, die Verunsicherten, die von den Ereignissen im eigenen wie im fremden oder in beiden Milieus Angewiderten ..."[1]

Im Vergleich zu gängigen Praktiken in anderen ehemals sozialistischen Ländern Ostmittel- und Südosteuropas spricht es - bei allen notwendigen Einschränkungen - zunächst einmal für die relative Liberalität des einstigen jugoslawischen soziokulturellen Kontextes, wenn die Bezeichnung "Dissident" nicht zwangsläufig das Außensein des Autors aus diesem Kontext, d. h. Emigration oder Ausbürgerung, bedeutete. Vielmehr scheint es, daß der in der postkommunistischen Phase in den Ländern des einstigen Jugoslawien offen ausgebrochene kriegerische Konflikt mit all seinen katastrophalen Begleiterscheinungen erst zu einer wachsenden Emigrationsbewegung führt, der auch Schriftsteller angehören.

2. Oppositionelle Haltungen konnten sich in der Literatur Jugoslawiens zumeist innerhalb des offiziellen Diskurses entfalten. Das heißt jedoch nicht, daß die Integration der Autoren und Werke in den zeitgenössischen Kulturbetrieb stets problemlos verlaufen wäre. Die subversive Absicht stieß in der öffentlichen Kommunikation gleichermaßen auf Zu- wie auf Abneigung und hatte, je nach der Art der Tabuverletzung, in verschiedenen Phasen unterschiedliche Konsequenzen:

---

1   Vgl. die Veröffentlichung in: Lettre international, Nr. 18, Herbst 1992, S. 23.

Die Grenzen künstlerischer Freiheit bei der Wahl der Motive und Themen waren erreicht, wenn die Literatur als "antisozialistisch", "antikommunistisch" und "antiselbstverwalterisch" klassifiziert werden konnte. Das war z. B. der Fall, wenn der Partisanen- und der Tito-Mythos untergraben, oder die innenpolitische Situation nach dem "Informbürokonflikt" von 1948 erörtert wurde.

3. Es lassen sich durchaus Phasen von Repression ausmachen: Am spürbarsten war diese in den ersten Nachkriegsjahren, d. h. etwa bis Mitte der fünfziger Jahre. Die 1946 erfolgte Ausschaltung aller nichtkommunistischen Parteien und Organisationen zog Publikationsverbote nicht nur für deren Mitglieder und Symphatisanten, sondern überhaupt für Intellektuelle aller Schattierungen nach sich, die sich in irgendeiner Form gegen die herrschende Ideologie stellten, zur Abschreckung wurden sogar Gefängnisstrafen verhängt - wie z. B. gegen den serbischen Autor Borislav Pekić. Die Artikulation liberaler Gesinnung wurde eingeschränkt. Spätestens in diesem Zeitraum emigrierten zahlreiche Anhänger der alten Regime.

Nach einem längeren Abschnitt relativer Liberalität läßt sich um das Jahr 1968 eine neue repressive Welle erkennen. Angesichts der Popularität des kroatischen "Maspokret", jener "Massenbewegung", in der junge kroatische Intellektuelle um größere Unabhängigkeit von der Bundeszentrale rangen, verstärkte sich der Druck auf Literaten und Künstler wieder. Das repressive Wirken der Machtstrukturen war an der Schwelle der siebziger Jahre auf die Bewahrung des Machtmonopols des BdKJ auf dem Gebiet der Ideologie gerichtet und hatte kulturpolitische Konsequenzen. Es folgten ideologische Verdikte gegen einzelne Werke, Absetzungen von Theaterstücken, gravierende Eingriffe in die Belange von Film und Fernsehen. So wurde z. B. die Dramatisierung des Romans "Kad su cvetale tikve" (Als die Kürbisse blühten, 1968; dt. unter diesem Titel 1972) des serbischen Autors Dragoslav Mihailović nach wenigen Aufführungen abgesetzt.

Eine zentrale Zensurbehörde gab es im sozialistischen Jugoslawien nicht. Allerdings räumten das Pressegesetz von 1974 bzw. der Artikel 196 der Verfassung von 1974 die Möglichkeit staatlicher Eingriffe in die Presse- und Informationsfreiheit ein. Das dort festgeschriebene "Interesse des Bürgers" konnte nämlich nach Gutdünken interpretiert werden. Die in allen Teilrepubliken bis 1975 vorgenommenen "Säuberungen" unter Künstlern wie auch Universitätsprofessoren (für den kroatischen Lyriker und Publizisten Vlado Gotovac bedeuteten sie z. B. Gefängnis) führten allerdings nicht zu einer Emigrationswelle. Nach dem Tod der politischen Führer Tito und Kardelj nahm der innenpolitische Druck zunächst zu. 1981 wurde der serbische Lyriker Gojko Djogo, Autor des Gedichtbandes "Vunena vremena" (Wollene Zeiten) wegen "Beleidigung Titos" gerichtlich belangt und zu Gefängnis verurteilt. Die sich Mitte der achtziger Jahre zuspitzende Krise der jugoslawischen Gesellschaft bewirkte eine Überprüfung des ideologischen und politischen Erbes der Tito-Ära, sie brachte wieder eine verstärkte Politisierung der Literatur mit sich. Prosa, Dramatik und Lyrik setzten sich differenziert und kritisch mit den gesellschaftlichen Zuständen auseinander, in ihnen übewog der anklagende Impetus.

4. Die beträchtlichen Unterschiede bei den Toleranzgrenzen, welche die politischen Institutionen den Schriftstellern jeweils setzten und welche umgekehrt die Schriftsteller anzunehmen bereit waren, das verschiedene Maß an Loyalität, das letztere dem Apparat entgegenbrachten, erklärt teilweise, warum es in Serbien wie in Slowenien und Kroatien nicht zu einem ausgeprägten literarischen und politischen Dissidententum und damit zu Tamizdat- und Samizdatproduktionen kam. Es stellt sich jedoch gerade heute die Frage, inwieweit und unter welchen Zwängen die Autoren zu dem Zuflucht nahmen, was Danilo Kiš treffend als "Selbstkontrolle", "freundschaftliche Zensur" und "Autozensur" beschrieben hat. Freundschaftliche Zensur ist nach Kiš eine "Form des Übergangs" von Zensur zu Autozensur, "wo einem der Redakteur, selbst ein Mann der Feder, zum eigenen Wohle rät, aus dem Buch bestimmte Passagen oder Strophen herauszunehmen ..." - "Autozensur heißt, den eigenen Text wie einen fremden zu lesen ... Man wird sein eigener Zensor, zweifelnder und strenger als jeder andere, denn in dieser Rolle weiß man, was kein anderer Zensor entdecken wird, daß, was man verschwiegen hat, was nicht niedergeschrieben wurde, was aber, so hat man das Gefühl, 'zwischen den Zeilen' steht."[2]

5. Wenn im Nachkriegsjugoslawien eine herausragende Persönlichkeit die bekannten Attribute eines Dissidentenschicksals in sich vereint, so ist es der als "Vater des jugoslawischen Dissens" bekannte Milovan Djilas (geb. 1911). Sein Los zeugt davon, wie ein zunächst als Politiker, später als Künstler wirkender Mensch für politisches Engagement mit Gefängnis, Publikationsverbot und Paßentzug büßen mußte: Djilas, einst ein führender Vertreter des antifaschistischen Widerstands in Jugoslawien, nach dem Zweiten Weltkrieg in hohen staatlichen und Parteifunktionen, 1954 wegen liberalistischer, parteifeindlicher und antisozialistischer Auffassungen aller Funktionen enthoben, lebte dreißig Jahre lang beinahe wie ein Aussätziger.

Ein 1954 der "New York Times" gegebenes Interview, in dem er ein Mehrparteiensystem für Jugoslawien eingefordert hatte, leitete lange Jahre politischer Haft mit nur zeitweiligen Unterbrechungen der Gefängnisaufenthalte ein. Allein im Zusammenhang mit dem Erscheinen des Buches "The New Class" (Die neue Klasse, 1957; dt. unter dem Titel "Die neue Klasse. Eine Analyse des kommunistischen Systems"), das Anfang der sechziger Jahre bereits in mehr als 40 Sprachen vorlag, wurde Djilas zu sieben Jahren Gefängnis verurteilt. Unter dem stetigen Druck der Behörden und den Augen wachsamer Spitzel und Gefängnisaufseher schrieb Dijlas Erzählungen, Novellen, Romane, ein Buch über den montenegrinischen Dichter der Romantik Petar Petrović Njegoš[3] und vieles andere.

Sein erster Erzählungsband, der den bezeichnenden Titel "Gubavac i druge priče" (Der Aussätzige und andere Erzählungen, 1964) trägt, mußte wie all seine anderen Werke im Ausland erscheinen - größtenteils in den Vereinigten Staaten und der Bundesrepublik Deutschland - und wurde im eigenen Lande verschwiegen. Nur als Manuskript kursierte

---

2   Danilo Kiš, Život, literatura. Sarajevo 1990, S. 92 f.

3   Milovan Djilas, Njegoš. Poet - Prince - Bishop. New York 1966

in Jugoslawien Djilas' im Gefängnis geschriebener dreiteiliger Roman "Svetovi i mostovi" (Welten und Brücken, 1964/65, dt. 1987). Seine Handlung basiert auf einem authentischen Vorfall aus dem Jahre 1924 in Montenegro: der Ermordung des montenegrinischen Stammeshäuptlings Bulatović, die den dort lebenden Moslems angelastet wurde. Die Tat löste eine Welle von Hysterie aus, führte zu einem Pogrom unter den sich passiv ihrem Schicksal ergebenden Moslems. Djilas' Verdienst ist es, eine Geisteshaltung offengelegt zu haben, die zu jenen, von ihm kritisch reflektierten, faschistoiden Denk- und Handlungsmustern führt, die an der Schwelle der neunziger Jahre eine tragische Auferstehung erfahren sollten. Der Autor will Brücken zwischen den Nationen und Kulturen schlagen und zwischen den Fronten vermitteln.

Obwohl sich Djilas von Mitte der achtziger Jahre an freier bewegen, mehr und mehr auch öffentlich auftreten konnte, kamen seine Schriften erst allmählich im eigenen Land heraus. Seine künstlerische Prosa ist deshalb bisher noch nicht literarisch aufgearbeitet und aufbereitet worden.

6. Einer eingehenden Untersuchung und Bewertung harren z. B. die sogenannten "Schwarzen Listen" in der Nachkriegsliteratur. Ihre Existenz wurde immer wieder hartnäckig bestritten. Der serbische Literaturwissenschaftler Predrag Palavestra beschreibt jedoch sogar drei Kategorien dieser Listen: "Die erste Kategorie bilden Listen serbischer Schriftsteller, Journalisten, Publizisten, Künstler und Wissenschaftler, die während des Krieges mit den Besatzungs- und Quislingmächten zusammenarbeiteten. Es folgen diejenigen, die in Bürgerkrieg und Revolution ideologische Gegner waren und schließlich diejenigen, die militärischen oder politischen Organisationen angehörten, die gegen die Volksbefreiungsbewegung eingestellt waren. Die zweite Kategorie stellen Schwarze Listen der unerwünschten und unakzeptablen bürgerlichen Schriftsteller und Intellektuellen dar, die nach dem Krieg wegen ihrer prinzipiellen Standpunkte und Überzeugungen nicht gern gesehen wurden und die ohne besondere Zugeständnisse auf eine andere Zeit und das ideologische Tauwetter warteten. Die dritte Kategorie bilden Listen hiesiger moralisch und politisch unpassender und widerspenstiger Autoren, Listen von Abtrünnigen und Ungehorsamen, von kritisch veranlagten Intellektuellen, die moralischen Widerstand gegen die herrschende Bürokratie leisten ..."[4]

7. Wenige und schon gar keine differenzierenden Einschätzungen aus jüngerer Zeit liegen über die Literatur im Ausland vor. Die pauschale Wertung des Kroaten Dubravko Jeličić im Artikel "Tausend Jahre kroatische Literatur" läßt zunächst keinen relevanten Unterschied zwischen der kroatischen Literatur im Ausland und der in Kroatien erkennen.[5] Es wäre jedoch z. B. gerade die von ihm erwähnte Rolle der Zeitschrift "Hrvatska revija" (seit 1951 in München, Barcelona und Buenos Aires herausgegeben) für die Förderung

---

4 Predrag Palavestra, Književnici na crnim listama. In: Književnost - kritika ideologije. Beograd 1991, S. 305 f.

5 Dubravko Jeličić, Tausend Jahre kroatische Literatur. In: Tacheles (Berlin), 12/1990, S 24-29.

im Ausland geschriebener kroatischer Literatur genauer zu bestimmen. Literatur überlebte nach Meinung des Herausgebers dieser Revue, Vinko Nikolić, als "einzige der kroatischen Künste in der Emigration"[6]. Wie sie - vornehmlich die Lyrik - hier präsentiert wurde, welche Inhalte und ästhetischen Qualitäten sie aufweist, das bedarf einer eingehenden Untersuchung.

An der Serbischen Akademie der Wissenschaften und Künste wurde jüngst ein Projekt zur "Serbischen Literatur in der Emigration 1941-1991" in Angriff genommen. Die bisher dazu veröffentlichten Materialien, Ergebnisse einer Diskussion am Runden Tisch in der Akademie im April 1991, zeigen zunächst folgendes: mangelnde Kenntnis über Autoren und Publikationen der Serben im Ausland, fehlende Bibliographien und nicht zuletzt ein sehr unterschiedlich gefaßtes Emigrationsverständnis, das zwischen politischer Emigration, zeitweiliger und ständiger ökonomischer Emigration und dem Aussiedlertum hin- und herpendelt. Im übrigen sind so nüchterne Stimmen wie die von Desimir Tošić selten, der im Hinblick auf den zu prüfenden Wert exilliterarischer Schöpfungen meinte: "Die Literatur draußen ist arm an Qualität wie an Quantität, und ich hoffe, daß die Literaturhistoriker, die die Emigrantenliteratur erforschen werden, diese realistisch betrachten, ohne Pathetik und ohne nationale Euphorie."[7]

Nicht zu vergessen ist, daß gerade auch jene Autoren einer gerechten literarhistorischen Bewertung bedürfen, denen eines Tages im eigenen Land die Luft zum Atmen zu stickig wurde, die aber dennoch mit der Heimat nicht völlig brechen wollten und weiter dort publizierten. Prägnantestes und bekanntestes Beispiel ist hier wohl Danilo Kiš. Nach den extremen Kontroversen um das Buch "Grobnica za Borisa Davidoviča" (Ein Grabmal für Boris Dawidowitsch, 1976, dt. 1983) lebte er vorwiegend in Paris, als "Emigrant mit Rückfahrkarte", wie der serbische Literaturkritiker Sveta Lukić, hier ein wenig frei übersetzt, diese Lebensform bezeichnet hat.

8. Aus diesen skizzenhaften Bemerkungen ergibt sich m. E., daß es in den nationalen Literaturen des einstigen Jugoslawien primär nicht so sehr um die Reintegration einer bedeutsamen Exilliteratur in die nationalen Literaturen geht, sondern eher um eine Neubewertung bzw. Umwertung innerhalb und für die einzelnen Literaturgeschichten. Die damit korrespondierende Notwendigkeit der Neuschreibung von Literaturgeschichte ist jedoch ebenso wie in anderen einst sozialistischen Ländern nicht einzulösen, wenn man die ideologische, politische und moralische Rolle dieser Literaturen außer acht läßt.

Zur Verdeutlichung der in diesen Thesen umrissenen vielschichtigen Problemlage will ich im folgenden drei Autoren mit signifikanten Werken in den Mittelpunkt stellen, um an ihnen exemplarisch aufzuzeigen, wie sich differenzierendes, alternatives Denken innerhalb

---

6   Vinko Nikolić, Kultura i sloboda. Uz jubilarni zbornik Hrvatske revije. In: Hrvatska revija. Jubilarni zbornik 1951-1975. München - Barcelona 1976, S. VI.

7   Vgl. Književnost (Beograd), 9-10/1991, S. 1305 f.

der vorhandenen Machtstrukturen entwickeln konnte und welche Widerstände sich ihm in den Weg stellten.

Favorisierter Gegenstand der Literatur war nach 1945 in den nationalen Literaturen Jugoslawiens bekanntlich über einen längeren Zeitraum der antifaschistische Widerstandskampf. Es dominierten zunächst allerorts simple Bilder von den "Siegern der Geschichte". Prosa wie Lyrik dienten vor allem als "dokumentarische Belege" für die sozialen Wandlungsprozesse in Jugoslawien. Anders bei dem slowenischen Lyriker, Prosaautor, Essayisten und Übersetzer Edvard Kocbek (1904-1981). Sein Novellenband "Strah in pogum" (Angst und Mut, 1951) führte ein sehr spezifisches Erleben von Partisanentum vor, das die Kritiker mit scharfen ideologischen und ästhetischen Einwänden auf den Plan rief. Kocbek, zwischen den beiden Weltkriegen Führer der christlichen Linken in Slowenien, war 1941 zu den Partisanen gegangen, wurde nach 1945 Mitglied der ersten und zweiten Bundesregierung und war 1948-1952 Vizepräsident des Parlamentspräsidiums der Republik Slowenien. Die Kritik am Novellenband beschleunigte den Abbruch seiner politischen Tätigkeit; 1952 pensionierte man ihn. Was war geschehen? Das in seinem literarischen Werk dargestellte Partisanentum verriet große Differenzen zur offiziellen Geschichtsschreibung, wenngleich noch keine direkte Ablehnung der kommunistischen Ideologie als solcher. Im Novellenband geht es nicht vordergründig um äußeres Geschehen, sondern um Reflexionen über ethisch-moralische Probleme. Nicht genehm waren gerade die vom allgemeinen literarischen Trend abweichende Wahl der Motive und die existentialistischen Wertungen.

Einige Gedanken zu der Novelle "Črna orhideja" (Schwarze Orchidee) sollen die Herangehensweise von Kocbek zeigen. Die schöne Katharina, eine junge slowenische Intellektuelle, wird wegen vermeintlicher Kollaboration mit den Okkupanten von einem Partisanengericht zum Tode verurteilt. Der Partisanenkommandeur, der das Urteil vollstrecken soll, verliebt sich in diese "negative" Heldin, deren feindseliges Handeln im übrigen nicht bewiesen ist. Auf dem Höhepunkt des extrem kurzen und vom Tode überschatteten Liebesglücks vollstreckt der Kommandeur dann doch das Urteil, im "Namen der Geschichte". Symbolisch trägt die junge Frau in der Hinrichtungsszene ein weißes Hochzeitskleid. In der Wunschvorstellung des Erzählers soll der Tod eine erlösende, befreiende Wirkung für *alle* haben, die sich im Krieg befinden.[8]

Für die Prosa der sechziger und siebziger Jahre zu diesem Thema war eine derartige Sicht, die im Gegensatz zum starren Freund-Feind-Denken auch den Gegner mit menschlichem Verständnis bedachte, nicht gänzlich ungewöhnlich. Für den Autor Kocbek folgten jedoch schwierige Jahre. Wenn auch in neuerer Zeit betont wird, daß Kocbeks "verhältnismäßig starke und dauerhafte Präsenz in der literarischen Öffentlichkeit mit dem Schicksal seiner politischen Position in der Nachkriegszeit nicht gleichgesetzt werden kann"[9], ist nicht von der Hand zu weisen, daß zwischen "Strah in pogum" und dem mit

---

8   Vgl. dazu: France Bernik, Tipologija vojne tematike v slovenski prozi. In: Naši razgledi (Ljubljana), 11. Oktober 1985, S. 578-579.

9   Boris Paternu, Sodobna slovenska lirika - Die zeitgenössische slowenische Lyrik. In: Na zeleni strehi vetra - Auf dem grünen Dach des Windes. Hrsg. von Rudolf Neuhäuser, Klaus Detlev Olof und

dem Prešeren-Preis bedachten Gedichtband "Groza" (Das Grauen, 1963) immerhin zehn Jahre spürbarer Isolierung liegen. Und nach seinen Triester Äußerungen zur Ermordung von Angehörigen der slowenischen Landwehr in Kočevski Rog, einem der Hauptquartiere der Partisanenarmee, wurde es abermals schwierig für Kocbek. Mit den dennoch bereits 1977 veröffentlichten "Zbrane pesmi" (Gesammelte Gedichte, Teil 1-2) siegte zunächst der *Dichter* Kocbek. Spätestens die posthume Herausgabe seiner Tagebücher und Briefe und die Neuauflage von "Strah in pogum" im Jahre 1984 ließ die politische Opposition in Slowenien in Kocbek ihren Vorreiter erkennen. Dabei geriet nun das Literarische vorübergehend in den Hintergrund. Das Tauziehen und die Kontroversen um seine Person hörten bis in die jüngste Zeit nicht auf,[10] steht doch die Frage der adäquaten Integration Kocbeks - des Dichters, Schriftstellers und Zeitzeugen - in das Kulturleben seines Landes zur Debatte.

Mehr als einen Schritt zu weit bei der Thematisierung von Okkupation und Partisanenkampf wagte sich in den sechziger Jahren Miodrag Bulatović (1930-1991). Dem Fortsetzungsabdruck seines Romans "Heroj na magarcu" (Der Held auf dem Rücken des Esels, 1964; dt. 1965) in der Belgrader Zeitschrift "Savremenik" folgte ein striktes Publikationsverbot. Bulatović, bekannt für seine Hartnäckigkeit und seinen Geschäftssinn, gelang es, eine (west)deutsche Erstveröffentlichung als Buch zu erwirken.

Wenn dieses Buch die Funktionäre auf den Plan rief, so richtete sich deren Zorn gegen einen für sie vor allem ideologisch fremden Text, der mit dem Partisanenmythos den wichtigsten Mythos in Jugoslawien nach dem Zweiten Weltkrieg infrage stellte. Anders als etwa Kocbek förderte Bulatović in den thematischen Koordinaten eine groteske Heldenfigur zutage, die des Gastwirtes Gruban Malić. In diesem werden typische montenegrinische Eigenarten parodiert, unter anderem die sprichwörtliche Heldenmoral, der beliebte Ordensglanz, die rhetorischen Eskapaden. Malić wird in seinen überschießenden Emotionen, in trivialem Lebenshunger - gerade in Augenblicken wachsenden Kampfesmutes - und in seinem beschränktem Verstand gezeigt. Ernst genommen wird er daher weder von Freund noch von Feind. Es ergibt sich eher ein Schwebezustand zwischen Bedauernswertem und Lächerlichem. Die erkennbare Wiederaufnahme des Picaro-Motivs erweist sich als tragfähig, um einen Sonderling zu zeigen, der zwar in der Literatur, keineswegs aber im realen Leben eine so seltene Erscheinung ist.

Karikiert werden auch die italienischen Besatzer: als geschniegelte und nach Brillantine duftende Schürzenjäger, deren Äußerungen eine bombastische, verlogene Rhetorik kennzeichnet. Symptome der Angst werden von einer hedonistischen Lebensauffassung überdeckt, deren Illustration bei Bulatović zu einem Feuerwerk sexueller Obszönitäten gerät. Bulatović zeichnet den Krieg als eine Orgie. Durch seltsame Kombinationen von Erhabenem und Niedrigem, von Komischem und Tragischem, durch die spöttische Verkehrung hochgehaltener Werte gelang es ihm, sein Unbehagen über die gepriesenen Kriegsmythen und Geschichten von Ruhm kundzutun. Bulatović selbst äußerte sich in einem Gespräch

---

Boris Paternu. Klagenfurt 1980, S. 193.

10 Vgl. dazu: Überlegungen von Janko Kos. In: Sodobnost (Ljubljana), XL/1992, 5, S. 230 - 235.

mit Horst Bienek dazu folgendermaßen: "Ich habe ein ziemlich antimythologisches Buch geschrieben, aber doch ein objektives Buch. Es ist antimythologisch in jeder Hinsicht, das betrifft durchaus nicht nur die Jugoslawen. Die zeitgnössische Literatur - in Europa und überall - quillt über von schweren Verfälschungen. Ich habe meinen bescheidenen Beitrag leisten wollen zu den Anstrengungen vieler ehrlicher Schriftsteller, die gegen all diese gutbezahlten Mystifikatoren kämpfen. Denn ich glaube, daß gute und aufrichtige Bücher, schließlich auch die sogenannten persönlichen Bücher, für die Geschichte bedeutender sind als die Unzahl historischer Erfindungen und gefälschter Dokumente aller Art..."[11]

1967 fügten es günstige Umstände - das diplomatische Geschick des Autors nicht zu vergessen -, daß der Roman in Belgrad doch als Buch erschien. In den übrigen osteuropäischen Ländern wurde es offenbar nur der polnischen Leserschaft von ihren Kulturpolitikern zugemutet, ein solches Buch zu verkraften.

Bulatović stand trotz seines auch fürderhin provokanten Auftretens nicht außerhalb des Kulturbetriebs in Jugoslawien, dennoch fehlt zu seinem Gesamtwerk bisher eine prägnante Untersuchung wie auch die genaue literarhistorische Bestimmung seines Ranges und der Bedeutung seines spezifischen Beitrags zu einer Literatur des Widerspruchs. Allzu lange hat man ihn m. E. als Enfant terrible der jugoslawischen Nachkriegsliteratur abgetan.

"Das Exil, was nur ein Sammelbegriff für alle Arten der Entfremdung ist, stellt den letzten Akt eines Dramas dar, des Dramas der 'Nicht-Authentizität'. Der mitteleuropäische Schriftsteller befindet sich schon längst zwischen zwei Unterdrückungsmechanismen, dem ideologischen und dem nationalistischen; nach langer Versuchung wird er begreifen, daß er die Ideale der 'offenen Gesellschaft' in keiner der beiden Sphären finden kann ..."[12] - Nichts kann wohl besser als diese Worte Danilo Kiš' die ganze innere Verzweiflung eines Autors ausdrücken, den die Erfahrungen mit der Politik im eigenen Land, mit der (von ihm so empfundenen) Provinzialität des Kulturbetriebs und dem unseligen Fixiertsein auf die nationale Sache außer Landes getrieben hatten. Kiš lebte seit 1979 in einer Art "Verbannung à la Joyce, also einer freiwilligen, die dennoch aus dem Gefühl des Verletztseins und aus der Überzeugung resultierte, daß seine Literatur trotz der Auszeichnungen und Auflagen ... nicht verstanden wird. Und daß dies die Folge zweier Dinge war: seiner literarischen Handschrift, die keine Berührungspunkte mit den narrativen Standards unserer Prosa hat und seiner literarischen Themen, die nicht jene Merkmale tragen, die ihn problemlos als *nationalen Autor* bezeichnen ließen ..."[13]

Um es gleich zu sagen: Kiš wollte sich nie in der Position eines Dissidenten sehen. Er wehrte sich dagegen, daß seinem Werk außerliterarische Qualitäten beigemessen wurden. Um so interessanter scheint es, einiges zur Aufnahme seines Buches "Grobnica za Borisa Davidoviča" (Ein Grabmahl für Boris Dawidowitsch) auszuführen. Dieses Werk forderte

---

11 Horst Bienek, Borges, Bulatović, Canetti: Drei Gespräche mit Horst Bienek. München 1965, S. 19.

12 Danilo Kiš, Mitteleuropäische Variationen. In: Kiš, Homo poeticus. München - Wien 1994, S. 77.

13 So sieht die Lebensgefährtin, Mirjana Miočinović, Kiš' Situation. Vgl. dazu: Danilo Kiš, Gorki talog iskustva. 2. Aufl., Beograd 1991, S. 321. Ich stimme hier mit ihr überein.

nämlich 1976 die wohl intensivste Polemik im Nachkriegsjugoslawien heraus und führte gar bis zu einem fatalen Rechtsstreit. Die Dokumente dieses Falls finden sich in einem Buch erheblichen Umfangs mit dem bezeichnenden Titel "Treba li spaliti Kiša?" (Soll man Kiš verbrennen? 1980)[14].

"Grobnica za Borisa Davidoviča" besteht aus sieben Novellen - gleichartig strukturierten biographischen Porträts von Revolutionären, die als Opfer des stalinistischen Terrors in eine äußerst lebendige Geschichte verstrickt sind. Bei diesen "Sieben Kapiteln ein- und derselben Geschichte"[15] über die Revolution, die ihre Kinder opfert und sich durch ihre Methoden diskreditiert, sprengt Kiš die nationalen Grenzen und beschreibt einen "europäischen Kreidekreis". Dabei zieht er fremde Redeweisen heran, reiht sie aneinander, greift auf bereits existierendes literarisches wie dokumentarisches Material zurück, um dieses durch Kombination, Umbau, Paraphrase und poetische Imagination zu einer neuen literarischen Realität zusammenzufügen. Diese - von Kiš nicht verhehlte - Anleihe bei Borges führt jedoch nicht zur Abstraktion von Historischem; vielmehr gelangt Kiš über eine aktuelle Faktographie zu einer "Phantastik der Wirklichkeit"[16].

Worauf ist der aufklärerische Impuls gerichtet? Kiš geht es nicht so sehr bzw. allein um eine neue Interpretation des Stalinismus mit seiner grausamen Gefängnis- und Lagerwirklichkeit, sondern vielmehr um Verhaltensmodelle und -mechanismen in repressiven Systemen überhaupt. Individuelles Verhalten zwischen Mut und Angst und letztlich der Triumph des Subsystems der Angst - dies ist denn auch das Fazit der transtextuellen Bezüge zwischen der Titelnovelle und dem sechsten Porträt, das den Titel "Psi i knjige" (Hunde und Bücher) trägt.

In das Bild des Helden der Titelnovelle schreibt Kiš die Lebenswege vieler russischer Revolutionäre ein. Als ein Mann, der Namen und Gefängnisse vor der Revolution mit demselben Tempo wechselt wie die Ziele seiner terroristischen Anschläge, wird Boris Davidovič Novski in den zwanziger Jahren Volkskommissar und Mitglied des Stabes der Roten Armee. 193O wird er unter falschen Anschuldigungen verhaftet, zunächst zum Tode verurteilt und später zu langjähriger Lagerhaft begnadigt.

In "Psi i knjige" gesteht ein Bürger von Toulouse, Baruh David Nojman, im Jahre 1330 vor der Inquisition die Sünde, zum Judentum zurückgefunden zu haben, nachdem er während der Pogrome aus Furcht vor dem Tod zum katholischen Glauben übergetreten war. Boris Davidovič Novski und Baruh David Nojman unterliegen beide dem Druck der Macht. Novski unterschreibt ein falsches Geständnis, während Nojman sich von seinem Glauben lossagt, "innerlich" jedoch Jude bleibt. In einer Anmerkung läßt der Erzähler wissen, daß die Lebensgeschichte Nojmans die "Übersetzung eines lateinischen Textes aus dem Inquisitionsregister" darstelle, dessen Handschrift in der Bibliothek des Vatikans aufbewahrt werde. So erscheint die sechste Novelle wie eine Spiegelung der Titelnovelle. Sie sprengt den zeitlichen Rahmen und gerät zu einer Allegorie, die Aufschluß darüber

---

14 Boro Krivokapić, Treba li spaliti Kiša? Zagreb 1980.

15 So lautet der Untertitel des Buches.

16 Danilo Kiš, Čas anatomije. 4. Aufl., Beograd 1981, S. 63.

gibt, wie das Individuum in den Fängen einer übermächtigen Ideologie reagiert, die im Namen der "historischen Notwendigkeit" in der angewendeten Mitteln nicht wählerisch ist. Das angeblich erst nach Fertigstellung der Novelle über Novski entdeckte Dokument legt dem Leser die Zufälligkeit aller Ähnlichkeiten nahe (Name und Vorname, Daten, Motive, Prozesse und Repressalien). Durch die transtextuellen Bezüge treten fiktiver Text und "Dokument" in einen Dialog. Dieser führt die implizite Polemik zum Höhepunkt: Der Mythos von der (voranschreitenden) Zeit wird gebrochen, dargestellt im Gefühl des Erzählers von deren zyklischer Bewegung.

Des Autors Vision vom Schicksal des Einzelnen im Labyrinth der Welt politischer Repression teilt sich nicht nur dem Kenner exquisiter Textinterferenzen bzw. intertextueller Bezüge mit, sondern auch demjenigen, der die konstruierte Textrealität zu seinem Wissen und seiner lebensweltlich erworbenen Erfahrung in Beziehung setzt. Ein durch und durch politisches Buch also. Dennoch irrt man, wenn man annimmt, daß diese politische Dimension als Auslöserin der Diffamierungskampagne gegen den Autor nun in den Vordergrund trat. Vorerst nämlich zogen sich die Kritiker, die gegen das Buch auftraten, auf das poetologische Verfahren zurück. Sie bezichtigten Kiš wegen ungekennzeichneter Zitatensprache und angeblicher Verfälschung historiographischer Texte wie dokumentarischer Belege des Plagiats und warfen ihm vor, er schmücke sich mit fremden Federn.[17]

Zornig und verzweifelt schrieb Kiš in nur einem Monat das Buch "Čas anatomije" (Stunde der Anatomie, 1976) und nahm dort zu Detailfragen seiner Poetik Stellung. Aber nicht nur dazu. Er bekannte dort auch das, was bei den führenden (Kultur)politikern im Hintergrund wohl die eigentlich entscheidende Rolle spielte: "Zeitgenosse zweier Systeme von Gewalt zu sein, zweier blutiger historischer Realitäten, zweier Systeme von Lagern zur Vernichtung von Seele und Körper und dabei in meinen Büchern nur eines (den Faschismus) erscheinen zu lassen, während das andere (der Stalinismus) nachgerade als Schandfleck übersehen wird. Diese ... intellektuelle Idee, dieser moralische und moralistische Alptraum erdrückten mich in letzter Zeit mit solcher Kraft, daß ich zu einem derartigen Aderlaß 'lyrischen Blutes' Zuflucht nehmen mußte ..."[18]

Den öffentlich geführten Streit um "Grobnica za Borisa Davidoviča" wie auch um das polemische Buch "Čas anatomije" versuchte so manches Blatt in Belgrad, kommerziell für sich zu nutzen. Kiš half dies nicht. Er wurde trotz der Wissenschaftler und Kritiker, die für ihn eintraten, unter ihnen auch so bekannte Namen wie Nikola Milošević aus Belgrad, Predrag Matvejević und Velimir Visković aus Zagreb, seines Lebens nicht mehr froh. Die Gerichtsverfahren gegen ihn wie auch gegen Predrag Matvejević in Zagreb wurden zwar schließlich eingestellt, doch Kiš ging nach Paris. Er lehnte es von da an ab, Interviews für jugoslawische Blätter zu geben. Die einzige Ausnahme bildete das mit seiner Billigung im August 1989, wenige Wochen vor seinem Tode, veröffentlichte Gespräch in der Zeitung "Borba". Ich erwähne es besonders, weil Kiš das skandalöse Geschehen um "Grobnica za Borisa Davidoviča" hier auf den Punkt brachte: "Machen wir

---

17 Die unrühmliche Geschichte der Kampagne ist bei Boro Krivokapić dokumentiert.

18 Kiš, Čas anatomije, S. 67.

uns nichts vor! Die Polemik um 'Grobnica za Borisa Davidoviča' war in erster Linie eine politische. Wer hinter all dem stand, können wir erst jetzt sehen, obwohl ich natürlich von Anfang an wußte, woher der Wind weht. In den Lügenmemoiren eines der zu jener Zeit höchsten Parteifunktionäre steht folgendes: 'Ich habe das Buch *Grobnica za Borisa Davidoviča* gelesen, das die Kritik sehr gelobt und positiv bewertet hat. Es gefällt mir nicht, weder als Literatur (obwohl es in dieser Hinsicht nicht ganz wertlos ist) noch nach der Haltung, die es vertritt. Sein Antistalinismus ist gleich Antisozialismus. Außerdem beinhaltet es eine gehörige Portion Zionismus (so scheint mir).'"[19] Dieser potentiell "schädliche" Einfluß sollte verhindert werden, und zwar durch eine zunächst vordergründig auf das Poetologische konzentrierte Kritik. Gelungen ist dies nicht. Kiš hat ein aufrüttelndes Buch gegen die totalitäre Gewalt in der Geschichte geschrieben. Er, der von jeher gegen eine sogenannte naturalisierte Konsumption von Literatur aufgetreten war, forderte auch hier die aktive Partizipation des Lesers am Text heraus. Sein Prosamodell wurde führend in der serbischen Literatur der achtziger Jahre. Kiš' Buch hatte auch eine gewisse Katalysatorwirkung für die Auseinandersetzung mit der Lagerwirklichkeit von Goli otok, dem jugoslawischen Archipel Gulag. All das gehört neben vielen anderen Phänomenen zum Kontext seines Gesamtwerkes, dessen systematische Aufarbeitung Kiš auch in der Literatur des eigenen Landes die ihm zukommende Bedeutung beimessen wird - allerdings nicht im Sinne einer versuchten posthumen Vereinnahmung von der Art, wie sie treffender als durch Dubravka Ugrešić kaum geschildert werden kann: "Nicht einmal die Toten entgingen der nationalen Umgruppierung. Auch nicht Danilo Kiš, der letzte jugoslawische Schriftsteller, der Wert auf seine mitteleuropäische, seine jugoslawische Identität gelegt hatte und vor den einheimischen Manipulatoren nach Paris geflohen war. Zwar bekamen sie ihn nicht lebend, aber sie gaben dem Toten den Rest, indem sie ihn mit großem orthodoxen Pomp begruben. Jetzt schwenken dieselben seinen Namen als nationales Banner, die ihn einst vertrieben."[20]

Das Fazit aus dieser kurzen Darstellung kann nur ein vorläufiges sein[21]. Im Vergleich zu Praktiken in den anderen ehemals sozialistischen Ländern bleibt es m. E. ein Vorzug Jugoslawiens, daß zumeist über den *gedruckten Text* und *im Lande* diskutiert werden konnte. Allerdings zeigen sowohl die Beispiele der drei befragten Autoren als auch die vorangestellten Thesen symptomatisch, daß sich hier noch ein weites Feld offener Fragen auftut, daß sich z. B. hinter öffentlich geäußerter Kritik am ästhetischen bzw. poetologischen Gehalt eines Werkes nicht selten der Versuch politischer Reglementierung seitens eines Staates verbarg, der sich nach außen hin gern demokratisch gab. Eine allen diesen Aspekten gerecht werdende Bewertung der Autoren ist daher ohne Erforschung

---

19 Zitiert nach: Kiš, Gorki talog iskustva, S. 270.

20 Vgl. Lettre international, Nr. 18, Herbst 1992, S. 22.

21 Wichtige Materialien zum Forschungsgegenstand sind zur Zeit nicht einsehbar, unter anderem das "Schwarzbuch": Marko Lopušina, Crna knjiga Cenzura u Jugoslaviji 1945-1991, oder das "Weißbuch": Stipe Šuvar, Bela knjiga.

der vielschichtigen Entstehungsbedingungen ihrer Werke kaum denkbar - war doch die Suche nach poetologischer Innovation vielfach sehr wohl mit einer subversiven Absicht verquickt. Dies läßt sich - und hier beziehe ich mich abschließend explizit auf die serbische Prosa - am Beispiel von Miodrag Bulatović ebenso wie an Danilo Kiš, Borislav Pekić oder an Mirko Kovač[22] nachweisen. Die Antwort auf die eingangs gestellte Frage kann also nur heißen: Liberalität ja, aber sie hatte letztlich auch im sozialistischen Jugoslawien ihre festen ideologischen Grenzen.

---

22 Zur Prosa dieser Autoren vgl.: Angela Richter, Serbische Prosa nach 1945: Entwicklungstendenzen und Romanstrukturen. München 1991, S. 49 ff.

Personen- und Werkverzeichnis

Autorenverzeichnis

BEHRING, EVA, Dr. phil.
Förderungsgesellschaft wissenschaftliche Neuvorhaben mbH, Forschungsschwerpunkt Geschichte und Kultur Ostmitteleuropas. Leipziger St. 3-4, D-10117 Berlin.

BEYER, BARBARA, Dr. phil.
Universität Leipzig, Institut für Slavistik, Abt. Südslavistik. Augustusplatz 9, D-04109 Leipzig.

BRANDT, JULIANE, Dr. phil.
Freie Universität Berlin, Osteuropa-Institut, Abt. Geschichte. Garystr. 55, D-14195 Berlin.

ČULÍK, JAN, PhD.
325 Kilmarnock Road, GB-43 2DS Glasgow.

JÄHNICHEN, MANFRED, Prof. Dr. phil. habil.
Humboldt-Universität zu Berlin, Institut für Slawistik. Unter den Linden 6, D-10099 Berlin.

OLSCHOWSKY, HEINRICH, Prof. Dr. sc. phil.
Humboldt-Universität zu Berlin, Institut für Slawistik. Unter den Linden 6, D-10099 Berlin.

PFEIFER, ANKE, Dr. phil.
Europa-Universität Viadrina Frankfurt (Oder), Fakultät für Kulturwissenschaften. Große Scharrnstraße 59, D-15230 Frankfurt (Oder).

RASSLOFF, UTE, Dr. phil.
Humboldt-Universität zu Berlin, Institut für Slawistik. Unter den Linden 6, D-10099 Berlin.

RICHTER, ANGELA, Prof. Dr. sc. phil.
Martin-Luther-Universität Halle-Wittenberg, Institut für Slavistik. Gimritzer Damm 2, D-06122 Halle.

RICHTER, LUDWIG, Prof. Dr. sc. phil.
Förderungsgesellschaft wissenschaftliche Neuvorhaben mbH, Forschungsschwerpunkt Geschichte und Kultur Ostmitteleuropas. Leipziger St. 3-4, D-10117 Berlin.

SCHOLZE, DIETRICH, Dr. sc. phil.
Serbski institut z. t./Sorbisches Institut e. V., Dwórnišćowa/Bahnhofstr. 6, D-02625 Budyšin/Bautzen.

STĘPIEŃ, MARIAN, Prof. dr. hab.
Uniwersytet Jagielloński, Instytut Filologii Polskiej. Ul. Gołębia 16, Pl-31-007 Kraków.

ZAJAC, PETER, Doc. DrSc.
Slovenská akadémia vied, Ústav slovenskej literatúry. Konventná 13, Sk-81364 Bratislava